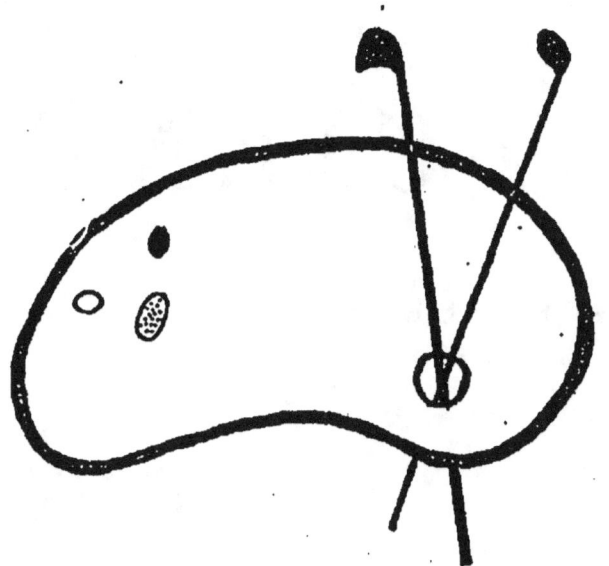

DEBUT D'UNE SERIE DE DOCUMENTS
EN COULEUR

ERNEST RENAN

L'AVENIR
DE
LA SCIENCE

— PENSÉES DE 1848 —

*Hoc nunc os ex ossibus
meis et caro de carne mea.*

PARIS
CALMANN LÉVY, ÉDITEUR
RUE AUBER, 3, ET BOULEVARD DES ITALIENS, 15
A LA LIBRAIRIE NOUVELLE

1890

CALMANN LÉVY, ÉDITEUR

OEUVRES COMPLÈTES D'ERNEST RENAN

HISTOIRE DES ORIGINES DU CHRISTIANISME

VIE DE JÉSUS.	LES ÉVANGILES ET LA SECONDE GÉNÉRATION CHRÉTIENNE.
LES APÔTRES.	
SAINT PAUL, avec une carte des voyages de saint Paul.	L'ÉGLISE CHRÉTIENNE.
	MARC-AURÈLE ET LA FIN DU MONDE ANTIQUE.
L'ANTÉCHRIST.	

INDEX GÉNÉRAL pour les sept volumes de l'HISTOIRE DES ORIGINES DU CHRISTIANISME.

FORMAT IN-8

LE LIVRE DE JOB, traduit de l'hébreu avec une étude sur le plan, l'âge et le caractère du poème.................... 1 vol.
LE CANTIQUE DES CANTIQUES, traduit de l'hébreu, avec une étude sur le plan, l'âge et le caractère du poème.................. 1 —
L'ECCLÉSIASTE, traduit de l'hébreu, avec une étude sur l'âge et le caractère du livre....................... 1 —
HISTOIRE GÉNÉRALE DES LANGUES SÉMITIQUES............. 1 —
HISTOIRE DU PEUPLE D'ISRAEL, tomes Ier et II........... 2 —
ÉTUDES D'HISTOIRE RELIGIEUSE................... 1 —
NOUVELLES ÉTUDES D'HISTOIRE RELIGIEUSE............. 1 —
AVERROÈS ET L'AVERROÏSME.................... 1 —
ESSAIS DE MORALE ET DE CRITIQUE................ 1 —
MÉLANGES D'HISTOIRE ET DE VOYAGES.............. 1 —
QUESTIONS CONTEMPORAINES................... 1 —
LA RÉFORME INTELLECTUELLE ET MORALE............. 1 —
DE L'ORIGINE DU LANGAGE.................... 1 —
DIALOGUES PHILOSOPHIQUES................... 1 —
DRAMES PHILOSOPHIQUES, édition complète........... 1 —
CALIBAN, drame philosophique................. 1 —
L'EAU DE JOUVENCE, drame philosophique........... 1 —
LE PRÊTRE DE NEMI, drame philosophique........... 1 —
L'ABBESSE DE JOUARRE, drame................. 1 —
VIE DE JÉSUS, édition illustrée................ 1 —
SOUVENIRS D'ENFANCE ET DE JEUNESSE............ 1 —
DISCOURS ET CONFÉRENCES................... 1 —

MISSION DE PHÉNICIE. — Cet ouvrage comprend un volume in-4° de 888 pages de texte, et un volume in-folio, composé de 70 planches, un titre et une table des planches.

FORMAT GRAND IN-18

CONFÉRENCES D'ANGLETERRE................... 1 vol.
ÉTUDES D'HISTOIRE RELIGIEUSE.................. 1 —
VIE DE JÉSUS, édition populaire................. 1 —
SOUVENIRS D'ENFANCE ET DE JEUNESSE............. 1 —

En collaboration avec M. VICTOR LE CLERC :

HISTOIRE LITTÉRAIRE DE LA FRANCE AU XIVe SIÈCLE.   Deux volumes grand in-8°.

Paris. — Imprimerie J. CATHY, 3, rue Auber.

L'AVENIR DE LA SCIENCE
1579

CALMANN LÉVY, ÉDITEUR

OEUVRES COMPLÈTES D'ERNEST RENAN

HISTOIRE DES ORIGINES DU CHRISTIANISME

VIE DE JÉSUS.
LES APÔTRES.
SAINT PAUL, avec une carte des voyages de saint Paul.
L'ANTÉCHRIST.

LES ÉVANGILES ET LA SECONDE GÉNÉRATION CHRÉTIENNE.
L'ÉGLISE CHRÉTIENNE.
MARC-AURÈLE ET LA FIN DU MONDE ANTIQUE.

INDEX GÉNÉRAL pour les sept volumes de l'HISTOIRE DES ORIGINES DU CHRISTIANISME.

FORMAT IN-8

LE LIVRE DE JOB, traduit de l'hébreu avec une étude sur le plan, l'âge et le caractère du poème.	1 vol.
LE CANTIQUE DES CANTIQUES, traduit de l'hébreu, avec une étude sur le plan, l'âge et le caractère du poème.	1 —
L'ECCLÉSIASTE, traduit de l'hébreu, avec une étude sur l'âge et le caractère du livre.	1 —
HISTOIRE GÉNÉRALE DES LANGUES SÉMITIQUES	1 —
HISTOIRE DU PEUPLE D'ISRAEL, tomes Ier et II	2 —
ÉTUDES D'HISTOIRE RELIGIEUSE.	1 —
NOUVELLES ÉTUDES D'HISTOIRE RELIGIEUSE	1 —
AVERROÈS ET L'AVERROÏSME	1 —
ESSAIS DE MORALE ET DE CRITIQUE.	1 —
MÉLANGES D'HISTOIRE ET DE VOYAGES.	1 —
QUESTIONS CONTEMPORAINES	1 —
LA RÉFORME INTELLECTUELLE ET MORALE	1 —
DE L'ORIGINE DU LANGAGE	1 —
DIALOGUES PHILOSOPHIQUES	1 —
DRAMES PHILOSOPHIQUES, édition complète.	1 —
CALIBAN, drame philosophique.	1 —
L'EAU DE JOUVENCE, drame philosophique	1 —
LE PRÊTRE DE NEMI, drame philosophique	1 —
L'ABBESSE DE JOUARRE, drame	1 —
VIE DE JÉSUS, édition illustrée.	1 —
SOUVENIRS D'ENFANCE ET DE JEUNESSE	1 —
DISCOURS ET CONFÉRENCES.	1 —

MISSION DE PHÉNICIE. — Cet ouvrage comprend un volume in-4º de 888 pages de texte, et un volume in-folio, composé de 70 planches, un titre et une table des planches.

FORMAT GRAND IN-18

CONFÉRENCES D'ANGLETERRE.	1 vol.
ÉTUDES D'HISTOIRE RELIGIEUSE.	1 —
VIE DE JÉSUS, édition populaire.	1 —
SOUVENIRS D'ENFANCE ET DE JEUNESSE	1 —

En collaboration avec M. VICTOR LE CLERC:

HISTOIRE LITTÉRAIRE DE LA FRANCE AU XIVᵉ SIÈCLE.   Deux volumes grand in-8º.

L'AVENIR
DE
LA SCIENCE

— PENSÉES DE 1848 —

PAR

ERNEST RENAN

*Hoc nunc os ex ossibus
meis et caro de carne mea.*

PARIS
CALMANN LÉVY, ÉDITEUR
ANCIENNE MAISON MICHEL LÉVY FRÈRES
3, RUE AUBER, 3
—
1890
Droits de traduction et de reproduction réservés

PRÉFACE

L'année 1848 fit sur moi une impression extrêmement vive. Je n'avais jamais réfléchi jusque-là aux problèmes socialistes. Ces problèmes, sortant en quelque sorte de terre et venant effrayer le monde, s'emparèrent de mon esprit et devinrent une partie intégrante de ma philosophie. Jusqu'au mois de mai, j'eus à peine le loisir d'écouter les bruits du dehors. Un mémoire sur l'Étude du grec au moyen âge, que j'avais commencé pour répondre à une question de l'Académie des inscriptions et belles-lettres, absorbait toutes mes pensées. Puis je passai mon concours d'agrégation de philosophie, en septembre. Vers le mois d'octobre, je me trouvai en face de moi-même. J'éprouvai le besoin de résumer la foi nouvelle qui avait remplacé chez moi le catholicisme ruiné. Cela me prit les deux derniers mois de 1848 et les quatre ou cinq premiers mois de 1849. Ma naïve chimère de débutant était de publier ce gros volume sur-le-champ. Le 15 juillet 1849, j'en donnai un extrait à la *Liberté de penser*, avec l'annonce que le volume paraîtrait « dans quelques semaines ».

C'était là de ma part une grande présomption. Vers le temps, où j'écrivais ces lignes, M. Victor Le Clerc eut l'idée de me faire charger, avec mon ami Charles Daremberg, de diverses commissions dans les bibliothèques d'Italie, en vue de l'Histoire littéraire de la France et d'une thèse que j'avais commencée sur l'averroïsme. Ce voyage, qui dura huit mois, eut sur mon esprit la plus grande influence. Le côté de l'art, jusque-là presque fermé pour moi, m'apparut radieux et consolateur. Une fée charmeresse sembla me dire ce que l'Église, en son hymne, dit au bois de la Croix :

> Flecte ramos, arbor alta,
> Tensa laxa viscera,
> Et rigor lentescat ille
> Quem dedit nativitas.

Une sorte de vent tiède détendit ma rigueur ; presque toutes mes illusions de 1848 tombèrent, comme impossibles. Je vis les fatales nécessités de la société humaine ; je me résignai à un état de la création où beaucoup de mal sert de condition à un peu de bien, ou une imperceptible quantité d'arome s'extrait d'une énorme *caput mortuum* de matière gâchée. Je me réconciliai à quelques égards avec la réalité, et, en reprenant, à mon retour, le livre écrit un an auparavant, je le trouvai âpre, dogmatique, sectaire et dur. Ma pensée, dans son premier état, était comme un fardeau branchu, qui s'accrochait de tous les côtés. Mes idées, trop entières pour la conversation, étaient encore bien moins faites pour une rédaction suivie. L'Allemagne, qui avait été depuis quelques années ma maîtresse, m'avait trop formé à son image, dans un genre où elle n'excelle pas, *im Büchermachen*. Je sentis que le public français trouverait tout cela d'une insupportable gaucherie.

Je consultai quelques amis, en particulier M. Augustin Thierry, qui avait pour moi les bontés d'un père. Cet homme excellent me dissuada nettement de faire mon entrée dans le monde littéraire avec cet énorme paquet sur la tête. Il me prédit un échec complet auprès du public, et me conseilla de donner à la *Revue des Deux Mondes* et au *Journal des Débats* des articles sur des sujets variés, où j'écoulerais en détail le stock d'idées qui, présenté en masse compacte, ne manquerait pas d'effrayer les lecteurs. La hardiesse des théories serait ainsi moins choquante. Les gens du monde acceptent souvent en détail ce qu'ils refusent d'avaler en bloc.

M. de Sacy, peu de temps après, m'encouragea dans la même voie. Le vieux janséniste s'apercevait bien de mes hérésies ; quand je lui lisais mes articles, je le voyais sourire à chaque phrase câline ou respectueuse. Certes le gros livre d'où tout cela venait, avec sa pesanteur et ses allures médiocrement littéraires, ne lui eût inspiré que de l'horreur. Il était clair que, si je voulais avoir quelque audience des gens cultivés, il fallait laisser beaucoup de mon bagage à la porte. La pensée se présente à moi d'une manière complexe ; la forme claire ne me vient qu'après un travail analogue à celui du jardinier qui taille son arbre, l'émonde, le dresse en espalier.

Ainsi je débitai en détail le gros volume que de bonnes inspirations et de sages conseils m'avaient fait reléguer au fond de mes tiroirs. Le coup d'État, qui vint peu après, acheva de me rattacher à la *Revue des Deux Mondes* et au *Journal des Débats*, en me dégoûtant du peuple, que j'avais vu, le 2 Décembre, accueillir d'un air narquois les signes de deuil des bons citoyens. Les travaux spéciaux, les voyages, m'absorbèrent ; mes *Origines du christianisme*, surtout, pendant vingt-cinq ans, ne me permirent pas de penser à autre chose. Je me disais que le vieux manuscrit serait publié après ma mort, qu'alors une élite d'esprits éclairés s'y plairait, et que de là peut-être viendrait pour moi un de ces rappels à l'attention du monde dont les pauvres morts ont besoin dans la concurrence inégale que leur font, à cet égard, les vivants.

Ma vie se prolongeant au delà de ce que j'avais toujours supposé, je me suis décidé, en ces derniers temps, à me faire moi-même mon propre éditeur. J'ai pensé que quelques personnes liraient, non sans profit, ces pages ressuscitées, et surtout que la jeunesse, un peu incertaine de sa voie, verrait avec plaisir comment un jeune homme, très franc et très sincère, pensait seul avec lui-même il y a quarante ans. Les jeunes aiment les ouvrages des jeunes. Dans mes écrits destinés aux gens du monde, j'ai dû faire beaucoup de sacrifices à ce qu'on appelle en France le goût. Ici, l'on trouvera, sans aucun dégrossissement, le petit Breton consciencieux qui, un jour, s'enfuit épouvanté de Saint-Sulpice, parce qu'il crut s'apercevoir qu'une partie de ce que ses maîtres lui avaient dit n'était peut-être pas tout à fait vrai. Si des critiques soutiennent un jour que la *Revue des Deux Mondes* et le *Journal des Débats* me gâtèrent, en m'apprenant à écrire, c'est-à-dire à me borner, à émousser sans cesse ma pensée, à surveiller mes défauts, ils aimeront peut-être ces pages, pour lesquelles on ne réclame qu'un mérite, celui de montrer, dans son naturel, atteint d'une forte encéphalite, un jeune homme vivant uniquement dans sa tête et croyant frénétiquement à la vérité.

Les défauts de cette première construction, en effet, sont énormes, et, si j'avais le moindre amour-propre littéraire, je devrais la supprimer de mon œuvre, conçue en général avec une certaine eurythmie. L'insinuation de la pensée manque de toute habileté. C'est un dîner où les matières premières sont bonnes, mais qui n'est nullement paré, et où l'on n'a pas eu soin d'éliminer les épluchures. Je tenais trop à ne rien perdre. Par peur de n'être pas compris, j'appuyais trop fort; pour enfoncer le clou, je me croyais obligé de frapper dessus à coups redoublés. L'art de la composition, impliquant de nombreuses coupes sombres dans la forêt de la pensée, m'était inconnu. On ne débute pas par la brièveté. Les exigences françaises de clarté et de discrétion, qui parfois, il faut l'avouer, forcent à ne dire qu'une partie de ce qu'on pense et nuisent à la profondeur, me semblaient une tyrannie. Le français ne veut exprimer que des choses claires ; or les lois les plus importantes, celles qui tiennent aux transformations de la vie, ne sont pas claires ; on les voit dans une sorte de demi-jour. C'est ainsi qu'après avoir aperçu la première les vérités de ce qu'on appelle maintenant le darwinisme, la France a été la dernière à s'y rallier. On voyait bien tout cela ; mais cela sortait des habitudes ordinaires de la langue et du moule des phrases bien faites. La France a ainsi passé à côté de précieuses vérités, non sans les voir, mais en les jetant au panier, comme inutiles ou impossibles à exprimer. Dans ma première manière, je voulais tout dire, et souvent je le disais mal. La nuance fugitive, que le vieux français regardait comme une quantité négligeable, j'essayais de la fixer, au risque de tomber dans l'insaisissable.

Autant, sous le rapport de l'exposition, j'ai modifié, à tort ou à raison, mes habitudes de style, autant, pour les idées fondamentales, j'ai peu varié depuis que je commençai de penser librement. Ma religion, c'est toujours le progrès de la raison, c'est-à-dire de la science. Mais souvent, en relisant ces pages juvéniles, j'ai trouvé une confusion qui fausse un peu certaines déductions. La culture intensive, augmentant sans cesse le capital des connaissances de l'esprit humain, n'est pas la même chose que la culture extensive, répandant de plus en plus ces connaissances, pour le bien des innombrables individus humains qui existent. La couche d'eau, en s'étendant, a coutume de s'amincir. Vers 1700, Newton avait atteint des vues sur le système du monde infiniment supérieures à tout ce qu'on avait pensé avant lui, sans que ces incomparables découvertes eussent le moins du monde influé sur l'éducation du peuple. Réciproquement, on pourrait concevoir un état d'instruction primaire très perfectionné, sans que la haute science fît de bien grandes acquisitions. Notre vraie raison de défendre l'instruction primaire, c'est qu'un peuple sans instruction est fanatique, et qu'un peuple fanatique crée toujours un danger à la science, les gouvernements ayant l'habitude, au nom des croyances de la foule et de prétendus pères de famille, d'imposer à la liberté de l'esprit des gênes insupportables.

L'idée d'une civilisation égalitaire, telle qu'elle résulte de quelques pages de cet écrit, est donc un rêve. Une école où les écoliers feraient la loi serait une triste école. La lumière, la moralité et l'art seront toujours représentés dans l'humanité par un magistère, par une minorité, gardant la tradition du vrai, du bien et du beau. Seulement, il faut éviter que ce magistère ne dispose de la force et ne fasse appel, pour maintenir son pouvoir, à des impostures, à des superstitions.

Il y avait aussi beaucoup d'illusions dans l'accueil que je faisais, en ces temps très anciens, aux idées socialistes de 1848. Tout en continuant de croire que la science seule peut améliorer la malheureuse situation de l'homme ici-bas, je ne crois plus la solution du problème aussi près de nous que je le croyais alors. L'inégalité est écrite dans la nature ; elle est la conséquence de la liberté ; or la liberté de l'individu est un postulat nécessaire du progrès humain. Ce progrès implique de grands sacrifices du bonheur individuel. L'état actuel de l'humanité, par exemple, exige le maintien des nations, qui sont des établissements extrêmement lourds à porter. Un état qui donnerait le plus grand bonheur possible aux individus serait probablement, au point de vue des nobles poursuites de l'humanité, un état de profond abaissement.

L'erreur dont ces vieilles pages sont imprégnées, c'est un optimisme exagéré, qui ne sait pas voir que le mal vit encore et qu'il faut payer cher, c'est-à-dire en privilèges, le pouvoir qui nous protège contre le mal. On y trouve également enraciné un vieux reste de catholicisme, l'idée qu'on reverra des âges de foi, où régnera une religion obligatoire et universelle, comme cela eut lieu dans la première moitié du moyen âge. Dieu nous garde d'une telle manière d'être sauvés ! L'unité de croyance, c'est-à-dire le fanatisme, ne renaîtrait dans le monde qu'avec l'ignorance et la crédulité des anciens jours. Mieux vaut un peuple immoral qu'un peuple fanatique ; car les masses immorales ne sont pas gênantes, tandis que les masses fanatiques abêtissent le monde, et un monde condamné à la bêtise n'a plus de raison pour que je m'y intéresse ; j'aime autant le voir mourir. Supposons les orangers atteints d'une maladie dont on ne puisse les guérir qu'en les empêchant de produire des oranges. Cela ne vaudrait pas la peine, puisque l'oranger qui ne produit pas d'oranges n'est plus bon à rien.

Une condition m'était imposée, pour qu'une telle publication ne fût pas dénuée de tout intérêt, c'était de reproduire mon essai de jeunesse dans sa forme naïve, touffue souvent abrupte. Si je m'étais arrêté à faire disparaître d'innombrables incorrections, à modifier une foule de pensées qui me semblent maintenant exprimées d'une façon exagérée, ou qui ont perdu leur justesse[1], j'aurais été amené à composer un nouveau livre ; or le cadre de mon vieil ouvrage n'est nullement celui que je choisirais aujourd'hui. Je me suis donc borné à corriger les inadvertances, ces grosses fautes qu'on ne voit que sur l'épreuve et que sûrement j'aurais effacées si j'avais imprimé le livre en son temps. J'ai laissé les notes en tas à la fin du volume. On sourira en maint endroit ; peu m'importe, si l'on veut bien reconnaître en ces pages l'expression d'une grande honnêteté intellectuelle et d'une parfaite sincérité.

Un gros embarras résultait du parti que j'avais pris d'imprimer mon vieux *pourana* tel qu'il est ; c'étaient les ressemblances qui ne pouvaient manquer de se remarquer entre certaines pages du présent volume et plusieurs endroits de mes écrits publiés antérieurement. Outre le fragment inséré dans la *Liberté de penser*, qui a été reproduit dans mes *Études contemporaines*, beaucoup d'autres passages ont coulé, soit pour la pensée seulement, soit pour la pensée et l'expression, dans mes ouvrages imprimés, surtout dans ceux de ma première époque. J'essayai d'abord de retrancher ces doubles emplois ; mais il

---

[1]. J'ai laissé tous les passages où je présentais la culture allemande comme synonyme d'aspiration à l'idéal. Ils étaient vrais quand je les écrivais. Ce n'est pas moi qui ai changé. M. Treitschke ne nous avait pas encore appris que ce sont là des rêveries démodées.

fut bientôt évident pour moi que j'allais rendre ainsi le livre tout à fait boiteux. Les parties répétées étaient les plus importantes; toute la composition, comme un mur d'où l'on retirait des pierres essentielles, allait crouler. Je résolus alors de m'en rapporter simplement à l'indulgence du lecteur. Les personnes qui me font l'honneur de lire mes écrits avec suite me pardonneront, je l'espère, ces répétitions, si la publication nouvelle leur montre ma pensée dans des agencements et des combinaisons qui ont pour elles quelque chose d'intéressant.

Quand j'essaye de faire le bilan de ce qui, dans ces rêves d'il y a un demi-siècle, est resté chimère et de ce qui s'est réalisé, j'éprouve, je l'avoue, un sentiment de joie morale assez sensible. En somme, j'avais raison. Le progrès, sauf quelques déceptions, s'est accompli selon les lignes que j'imaginais. Je ne voyais pas assez nettement à cette époque les arrachements que l'homme a laissés dans le règne animal; je ne me faisais pas une idée suffisamment claire de l'inégalité des races; mais j'avais un sentiment juste de ce que j'appelais les origines de la vie. Je voyais bien que tout *se fait* dans l'humanité et dans la nature, que la création n'a pas de place dans la série des effets et des causes. Trop peu naturaliste pour suivre les voies de la vie dans le labyrinthe que nous voyons sans le voir, j'étais évolutionniste décidé en tout ce qui concerne les produits de l'humanité, langues, écritures, littératures, législations, formes sociales. J'entrevoyais que le damier morphologique des espèces végétales et animales est bien l'indice d'une genèse, que tout est né selon un dessin dont nous voyons l'obscur canevas. L'objet de la connaissance est un immense développement dont les sciences cosmologiques nous donnent les premiers anneaux perceptibles, dont l'histoire proprement dite nous montre les derniers aboutissants. Comme Hegel, j'avais le tort d'attribuer trop affirmativement à l'humanité un rôle central dans l'univers. Il se peut que tout le développement humain n'ait pas plus de conséquence que la mousse ou le lichen dont s'entoure toute surface humectée. Pour nous, cependant, l'histoire de l'homme garde sa primauté, puisque l'humanité seule, autant que nous savons, crée la conscience de l'univers. La plante ne vaut que comme produisant des fleurs, des fruits, des tubercules nutritifs, un arome, qui ne sont rien comme masses, si on les compare à la masse de la plante, mais qui offrent, bien plus que les feuilles, les branches, le tronc, le caractère de la finalité.

Les sciences historiques et leurs auxiliaires, les sciences philologiques, ont fait d'immenses conquêtes depuis que je les embrassai avec tant d'amour, il y a quarante ans. Mais on en voit le bout. Dans un siècle, l'humanité saura à peu près ce qu'elle peut savoir sur son passé; et alors il sera temps de s'arrêter; car le propre de ces études est, aussitôt qu'elles ont atteint leur perfection relative, de commencer à se démolir. L'histoire des religions est éclaircie dans ses branches les plus importantes. Il est devenu clair, non par des raisons *a priori*, mais par la discussion même des prétendus témoignages, qu'il n'y a jamais eu, dans les siècles attingibles à l'homme, de révélation ni de fait surnaturel. Le *processus* de la civilisation est reconnu dans ses lois générales. L'inégalité des races est constatée. Les titres de chaque famille humaine à des mentions plus ou moins honorables dans l'histoire du progrès sont à peu près déterminés.

Quant aux sciences politiques et sociales, on peut dire que le progrès y est faible. La vieille économie politique, dont les prétentions étaient si hautes en 1848, a fait naufrage. Le socialisme, repris par les Allemands avec plus de sérieux et de profondeur, continue de troubler le monde, sans arborer de solution claire. M. de Bismarck, qui s'était annoncé comme devant l'arrêter en cinq ans au moyen de ses lois répressives, s'est évidemment trompé, au moins cette fois. Ce qui paraît maintenant bien probable, c'est que le socialisme ne finira pas. Mais sûrement le socialisme qui triomphera sera bien différent des utopies de 1848. Un œil sagace, en l'an 300 de notre ère, aurait pu voir que le christianisme ne finirait pas; mais il aurait dû voir que le monde ne finirait pas non plus, que la société humaine adapterait le christianisme à ses besoins et, d'une croyance destructive au premier chef, ferait un calmant, une machine essentiellement conservatrice.

En politique, la situation n'est pas plus claire. Le principe national a pris depuis 1848 un développement extraordinaire. Le gouvernement représentatif est établi presque partout. Mais des signes évidents de la fatigue causée par les charges nationales se montrent à l'horizon. Le patriotisme devient local; l'entraînement national diminue. Les nations modernes ressemblent aux héros écrasés par leur armure, du tombeau de Maximilien à Inspruck, corps rachitiques sous des mailles de fer. La France, qui a marché la première dans la voie de l'esprit nationaliste, sera, selon la loi commune, la première à réagir contre le mouvement qu'elle a provoqué.

Dans cinquante ans, le principe national sera en baisse. L'effroyable dureté des procédés par lesquels les anciens États monarchiques obtenaient les sacrifices de l'individu, deviendra impossible dans les États libres; on ne se discipline pas soi-même. Personne n'a plus de goût à servir de matériaux à ces tours bâties, comme celles de Tamerlan, avec des cadavres. Il est devenu trop clair, en effet, que le bonheur de l'individu n'est pas en proportion de la grandeur de la nation à laquelle il appartient, et puis il arrive d'ordinaire qu'une génération fait peu de cas de ce pourquoi la génération précédente a donné sa vie.

Ces variations ont pour cause l'incertitude de nos idées sur le but à atteindre et sur la fin ultérieure de l'humanité. Entre les deux objectifs de la politique, grandeur des nations, bien-être des individus, on choisit par intérêt ou par passion. Rien ne nous indique quelle est la volonté de la nature, ni le but de l'univers. Pour nous autres, idéalistes, une seule doctrine est vraie, la doctrine transcendante selon laquelle le but de l'humanité est la constitution d'une conscience supérieure, ou, comme on disait autrefois, « la plus grande gloire de Dieu »; mais cette doctrine ne saurait servir de base à une politique applicable. Un tel objectif doit, au contraire, être soigneusement dissimulé. Les hommes se révolteraient, s'ils savaient qu'ils sont ainsi exploités.

Combien de temps l'esprit national l'emportera-t-il encore sur l'égoïsme individuel ? Qui aura, dans des siècles, le plus servi l'humanité, du patriote, du libéral, du réactionnaire, du socialiste, du savant ? Nul ne le sait, et pourtant il serait capital de le savoir, car ce qui est bon dans une des hypothèses est mauvais dans l'autre. On aiguille sans savoir où l'on veut aller. Selon le point qu'il s'agit d'atteindre, ce que fait la France, par exemple, est excellent ou détestable. Les autres nations ne sont pas plus éclairées. La politique est comme un désert où l'on marche au hasard, vers le nord, vers le sud, car il faut marcher. Nul ne sait, dans l'ordre social, où est le bien. Ce qu'il y a de consolant, c'est qu'on arrive nécessairement quelque part. Dans le jeu de tir à la cible auquel s'amuse l'humanité, le point atteint paraît le point visé. Les hommes de bonne volonté ont toujours ainsi la conscience en repos. La liberté, d'ailleurs, dans le doute général où nous sommes, a sa valeur en tout cas ; puisqu'elle est une manière de laisser agir le ressort secret qui meut l'humanité, et qui bon gré mal gré l'emporte toujours.

En résumé, si, par l'incessant travail du xixe siècle,

la connaissance des faits s'est singulièrement augmentée, la destinée humaine est devenue plus obscure que jamais. Ce qu'il y a de grave, c'est que nous n'entrevoyons pas pour l'avenir, à moins d'un retour à la crédulité, le moyen de donner à l'humanité un catéchisme désormais acceptable. Il est donc possible que la ruine des croyances idéalistes soit destinée à suivre la ruine des croyances surnaturelles, et qu'un abaissement réel du moral de l'humanité date du jour où elle a vu la réalité des choses. A force de chimères, on avait réussi à obtenir du bon gorille un effort moral surprenant; ôtées les chimères, une partie de l'énergie factice qu'elles éveillaient disparaîtra. Même la gloire, comme force de traction, suppose à quelques égards l'immortalité, le fruit n'en devant d'ordinaire être touché qu'après la mort. Supprimez l'alcool au travailleur dont il fait la force, mais ne lui demandez plus la même somme de travail.

Je le dis franchement, je ne me figure pas comment on rebâtira, sans les anciens rêves, les assises d'une vie noble et heureuse. L'hypothèse où le vrai sage serait celui qui, s'interdisant les horizons lointains, renferme ses perspectives dans les jouissances vulgaires, cette hypothèse, dis-je, nous répugne absolument. Mais ce n'est pas d'aujourd'hui que le bonheur et la noblesse de l'homme reposent sur un porte-à-faux. Continuons de jouir du don suprême qui nous a été départi, celui d'être et de contempler la réalité. La science restera toujours la satisfaction du plus haut désir de notre nature, la curiosité; elle fournira toujours à l'homme le seul moyen qu'il ait pour améliorer son sort. Elle préserve de l'erreur plutôt qu'elle ne donne la vérité; mais c'est déjà quelque chose d'être sûr de n'être pas dupe. L'homme formé selon ces disciplines vaut mieux en définitive que l'homme instinctif des âges de foi. Il est exempt d'erreurs où l'être inculte est fatalement entraîné. Il est plus éclairé, il commet moins de crimes, il est moins sublime et moins absurde. Cela, dira-t-on, ne vaut pas le paradis que la science nous enlève. Qui sait d'abord si elle nous l'enlève? Et puis, après tout, on n'appauvrit personne en tirant de son portefeuille les mauvaises valeurs et les faux billets. Mieux vaut un peu de bonne science que beaucoup de mauvaise science. On se trompe moins en avouant qu'on ignore qu'en s'imaginant savoir beaucoup de choses qu'on ne sait pas.

J'eus donc raison, au début de ma carrière intellectuelle, de croire fermement à la science et de la prendre comme but de ma vie. Si j'étais à recommencer, je referais ce que j'ai fait, et, pendant le peu de temps qui me reste à vivre, je continuerai. L'immortalité, c'est de travailler à une œuvre éternelle. Selon la première idée chrétienne, qui était la vraie, ceux-là seuls ressusciteront qui ont servi au travail divin, c'est-à-dire à faire régner Dieu sur la terre. La punition des méchants et des frivoles sera le néant. Une formidable objection se dresse ici contre nous. La science peut-elle être plus éternelle que l'humanité, dont la fin est écrite par le fait seul qu'elle a commencé? N'importe; il n'y a guère plus d'un siècle que la raison travaille avec suite au problème des choses. Elle a trouvé des merveilles, qui ont prodigieusement multiplié le pouvoir de l'homme. Que sera-ce donc dans cent mille ans? Et songez qu'aucune vérité ne se perd, qu'aucune erreur ne se fonde. Cela donne une sécurité bien grande. Nous ne craignons vraiment que la chute du ciel, et, même quand le ciel croulerait, nous nous endormirions tranquilles encore sur cette pensée : l'Être, dont nous avons été l'efflorescence passagère, a toujours existé, existera toujours.

A M. EUGÈNE BURNOUF

Membre de l'Institut, Professeur au Collège de France

Monsieur,

Bien des fois je me suis rappelé, depuis une année, ce jour du 25 février 1848, où, après avoir franchi les barricades pour nous rendre au Collège de France, nous trouvâmes notre modeste salle transformée en un corps de garde, où nous faillîmes être reçus comme des suspects. Ce jour-là, je me demandai plus sérieusement que jamais s'il n'y avait rien de mieux à faire que de consacrer à l'étude et à la pensée tous les moments de sa vie, et, après avoir consulté ma conscience et m'être raffermi dans ma foi à l'esprit humain, je me répondis très résolument : Non. Si la science n'était qu'un agréable passe-temps, un jeu pour les oisifs, un ornement de luxe, une fantaisie d'amateur, la moins vaine des vanités *en un mot, il y aurait des jours où le savant devrait dire avec le poète :*

Honte à qui peut chanter, pendant que Rome brûle.

Mais si la science est la chose sérieuse, si les destinées de l'humanité et la perfection de l'individu y sont attachées, si elle est une religion, elle a, comme les choses religieuses, une valeur de tous les jours et de tous les instants. Ne donner à l'étude et à la culture intellectuelle que les moments de calme et de loisir, c'est faire injure à l'esprit humain, c'est supposer qu'il y a quelque chose de plus important que la recherche de la vérité. Or, s'il en était ainsi, si la science ne constituait qu'un intérêt de second ordre, l'homme qui a voué sa vie au parfait, qui veut pouvoir dire à ses derniers instants : J'ai accompli ma fin, devrait-il y consacrer une heure, quand il saurait que des devoirs plus élevés le réclament ?

Que les révolutions et les craintes de l'avenir soient une tentation pour la science qui ne comprend pas son objet, et ne s'est jamais interrogée sur sa valeur et sa signification véritable, cela se conçoit. Quant à la science sérieuse et philosophique, qui répond à un besoin de la nature humaine, les bouleversements sociaux ne sauraient l'atteindre, et peut-être la servent-ils en la portant à réfléchir sur elle-même, à se rendre compte de ses titres, à ne plus se contenter du jugement d'habitude sur lequel elle se reposait auparavant.

Ce sont ces réflexions, Monsieur, que j'ai faites pour moi-même, solitaire et calme au milieu de l'agitation universelle, et que j'ai déposées dans ces pages. Grâce aux sentiments qu'elles m'ont inspirés, j'ai traversé de tristes jours sans maudire personne, plein de confiance dans la rectitude naturelle de l'esprit humain et dans sa tendance nécessaire à un état plus éclairé, plus moral et par là plus heureux. Ce n'est pas sans avoir eu à vaincre quelque pudeur que je me suis décidé à dévoiler ainsi mes pensées de jeunesse, pour lesquelles peut-être à un autre âge je me ferai critique, et qui auront sans doute bien peu de valeur aux yeux des personnes avancées dans la carrière scientifique. J'ai pensé toutefois que quelques jeunes âmes, amoureuses du beau et du vrai, trouveraient dans cette confidence consolation et appui, au milieu des luttes que doit livrer à un certain âge tout esprit distingué pour découvrir et se formuler l'idéal de sa vie. J'ai voulu aussi professer, à mon début dans la science, ma foi profonde à la raison et à l'esprit moderne, dans un moment où tant d'âmes affaissées se laissent défaillir entre les bras de ceux qui regrettent l'ignorance et maudissent la critique. Que ceux qui exploitent nos faiblesses, et qui, escomptant par avance nos malheurs, fondent leurs espérances sur la fatigue et la dépression intellectuelle qu'amènent les grandes souffrances, ne s'imaginent pas que la génération qui entre dans la vie de la pensée est à eux ! Nous saurons maintenir la tradition de l'esprit moderne et contre ceux qui veulent ramener le passé, et contre ceux qui prétendent substituer à notre civilisation vivante et multiple je ne sais quelle société architecturale et pétrifiée, comme celle des siècles où l'on bâtit les pyramides.

Ce n'est point une pensée banale, Monsieur, qui me porte à vous adresser cet essai. C'est devant vous que je l'ai médité. Dans mes défaillances intérieures, toutes les fois que mon idéal scientifique a semblé s'obscurcir, en pensant à vous j'ai vu se dissiper tous les nuages, vous avez été la réponse à tous mes doutes. C'est votre image que j'ai eue sans cesse devant les yeux, quand j'ai cherché à exprimer l'idéal élevé où la vie est conçue non comme un rôle et une intrigue, mais comme une chose sérieuse et vraie. En écoutant vos leçons sur la plus belle des langues et des littératures du monde primitif, j'ai rencontré la réalisation de ce qu'auparavant je n'avais fait que rêver : la science devenant la philosophie, et les plus hauts résultats sortant de la plus scrupuleuse analyse des détails.

C'est à cette preuve vivante que je voudrais convier tous ceux que je n'aurai pu convaincre de ma *thèse favorite : la science de l'esprit humain doit surtout être l'histoire de l'esprit humain, et cette histoire n'est possible que par l'étude patiente et philologique des œuvres qu'il a produites à ses différents âges.*

J'ai l'honneur d'être, Monsieur, avec la plus haute admiration,

Votre élève respectueux,
Ernest RENAN.

Paris, mars 1849.

L'AVENIR DE LA SCIENCE

I

Une seule chose est nécessaire ! J'admets dans toute sa portée philosophique ce précepte du Grand Maître de la morale. Je le regarde comme le principe de toute noble vie, comme la formule expressive, quoique dangereuse en sa brièveté, de la nature humaine, au point de vue de la moralité et du devoir. Le premier pas de celui qui veut se donner à la sagesse, comme disait la respectable antiquité, est de faire deux parts dans la vie : l'une vulgaire et n'ayant rien de sacré, se résumant en des besoins et des jouissances d'un ordre inférieur (vie matérielle, plaisir, fortune, etc.); l'autre que l'on peut appeler idéale, céleste, divine, désintéressée, ayant pour objet les formes pures de la vérité, de la beauté, de la bonté morale, c'est-à-dire, pour prendre l'expression la plus compréhensive et la plus consacrée par les respects du passé, Dieu lui-même, touché, perçu, senti sous ses mille formes par l'intelligence de tout ce qui est vrai, et l'amour de tout ce qui est beau. C'est la grande opposition du *corps* et de l'*âme*, reconnue par toutes les religions et toutes les philosophies élevées, opposition très superficielle si on prétend y voir une dualité de substance dans la personne humaine, mais qui demeure d'une parfaite vérité, si, élargissant convenablement le sens de ces deux mots et les appliquant à deux ordres de phénomènes, on les entend des deux vies ouvertes devant l'homme. Reconnaître la distinction de ces deux vies, c'est reconnaître que la vie supérieure, la vie idéale, est tout, et que la vie inférieure, la vie des intérêts et des plaisirs n'est rien, qu'elle s'efface devant la première comme le fini devant l'infini, et que si la sagesse pratique ordonne d'y penser, ce n'est qu'en vue et comme condition de la première.

En débutant par de si pesantes vérités, j'ai pris, je le sais, mon brevet de béotien. Mais sur ce point je suis sans pudeur; depuis longtemps je me suis placé parmi les esprits simples et lourds qui prennent religieusement les choses. J'ai la faiblesse de regarder comme de mauvais ton et très facile à imiter cette prétendue délicatesse, qui ne peut se résoudre à prendre la vie comme chose sérieuse et sainte; et, s'il n'y avait pas d'autre choix à faire, je préférerais, au moins en morale, les formules du plus étroit dogmatisme à cette légèreté, à laquelle on fait beaucoup d'honneur en lui donnant le nom de scepticisme, et qu'il faudrait appeler niaiserie et nullité. S'il était vrai que la vie humaine ne fût qu'une vaine succession de faits vulgaires, sans valeur suprasensible, dès la première réflexion sérieuse, il faudrait se donner la mort; il n'y aurait pas de milieu entre l'ivresse, une occupation tyrannique de tous les instants, et le suicide. Vivre de la vie de l'esprit, aspirer l'infini par tous les pores, réaliser le beau, atteindre le parfait, chacun suivant sa mesure, c'est la seule chose nécessaire. Tout le reste est vanité et affliction d'esprit.

L'ascétisme chrétien, en proclamant cette grande simplification de la vie, entendit d'une façon si étroite la seule chose nécessaire, que son principe devint avec le temps pour l'esprit humain une chaîne intolérable. Non seulement il négligea totalement le vrai et le beau (la philosophie, la science, la poésie étaient des vanités); mais, en s'attachant exclusivement au bien, il le conçut sous sa forme la plus mesquine : le bien fut pour lui la réalisation de la volonté d'un être supérieur, une sorte de *sujétion* humiliante pour la dignité humaine : car la réalisation du bien moral n'est pas plus une obéissance à des lois imposées que la réalisation du beau dans une œuvre d'art n'est l'exécution de certaines règles. Ainsi la nature humaine se trouva mutilée dans sa portion la plus élevée. Parmi les choses intellectuelles qui sont toutes également saintes, on distingua du sacré et du profane. Le profane, grâce aux instincts de la nature plus forts que les principes d'un ascétisme artificiel, ne fut pas entièrement banni; on le tolérait, quoique vanité; quelquefois on s'adoucissait jusqu'à l'appeler la moins vaine des vanités; mais, si l'on eût été conséquent, on l'eût proscrit sans pitié; c'était une faiblesse à laquelle les parfaits renonçaient. Fatale distinction, qui a empoisonné l'existence de tant d'âmes belles et libres, nées pour savourer l'idéal dans toute son infinité, et dont la vie s'est écoulée triste et oppressée sous l'étreinte de l'étau fatal ! Que de luttes elle m'a coûtées! La première victoire philosophique de ma jeunesse fut de proclamer du fond de ma conscience : Tout ce qui est de l'âme est sacré.

Ce n'est donc pas une limite étroite que nous posons

à la nature humaine, en proposant à son activité une seule chose comme digne d'elle : car cette seule chose renferme l'infini. Elle n'exclut que le vulgaire, qui n'a de valeur qu'en tant qu'il est senti, et au moment où il est senti; et cette sphère inférieure elle-même est bien moins étendue qu'on pourrait le croire. Il y a dans la vie humaine très peu de choses tout à fait profanes. Le progrès de la moralité et de l'intelligence amènera des points de vue nouveaux, qui donneront une valeur idéale aux actes en apparence les plus grossiers. Le christianisme, aidé par les instincts des races celtiques et germaniques, n'a-t-il pas élevé à la dignité d'un sentiment esthétique et moral un fait où l'antiquité tout entière, Platon à peine excepté, n'avait vu qu'une jouissance? L'acte le plus matériel de la vie, celui de la nourriture, ne reçut-il pas des premiers chrétiens une admirable signification mystique? Le travail matériel, qui n'est aujourd'hui qu'une corvée abrutissante pour ceux qui y sont condamnés, n'était pas tel au moyen âge, pour ces ouvriers qui bâtissaient des cathédrales en chantant. Qui sait si un jour la vue du bien général de l'humanité, pour laquelle on construit, ne viendra pas adoucir et sanctifier les sueurs de l'homme? Car, au point de vue de l'humanité, les travaux les plus humbles ont une valeur idéale, puisqu'ils sont le moyen ou du moins la condition des conquêtes de l'esprit. La sanctification de la vie inférieure par des pratiques et des cérémonies extérieures est un trait commun à toutes les religions. Les progrès du rationalisme ont pu d'abord, et cela sans grand mérite, déclarer ces cérémonies purement superstitieuses. Qu'en est-il résulté? Privée de son idéalisation, la vie est devenue quelque chose de profane, de vulgaire, de prosaïque, à tel point que, pour certains actes, où le besoin d'une signification religieuse était plus sensible, comme la naissance, le mariage, la mort, on a conservé les anciennes cérémonies, lors même qu'on ne croit plus à leur efficacité. Un progrès ultérieur conciliera, ce me semble, ces deux tendances, en substituant à des actes sacramentels, qui ne peuvent valoir que par leur signification, et qui, envisagés dans leur exécution matérielle sont complètement inefficaces, le sentiment moral dans toute sa pureté.

Ainsi, tout ce qui se rattache à la vie supérieure de l'homme, à cette vie par laquelle il se distingue de l'animal, tout cela est sacré, tout cela est digne de la passion des belles âmes. Un beau sentiment vaut une belle pensée; une belle pensée vaut une belle action. Un système de philosophie vaut un poème, un poème vaut une découverte scientifique, une vie de science vaut une vie de vertu. L'homme parfait serait celui qui serait à la fois poète, philosophe, savant, homme vertueux, et cela non par intervalles et à des moments distincts (il ne le serait alors que médiocrement), mais par une intime compénétration à tous les moments de sa vie, qui serait poète alors qu'il est philosophe, philosophe alors qu'il est savant, chez qui, en un mot, tous les éléments de l'humanité se réuniraient en une harmonie supérieure, comme dans l'humanité elle-même. La faiblesse de notre âge d'analyse ne permet pas cette haute unité; la vie devient un métier, une profession; il faut afficher le titre de poète, d'artiste ou de savant, se créer un petit monde où l'on vit à part, sans comprendre tout le reste et souvent en le niant. Que ce soit là une nécessité de l'état actuel de l'esprit humain, nul ne peut songer à le nier; il faut toutefois reconnaître qu'un tel système de vie, bien qu'excusé par sa nécessité, est contraire à la dignité humaine et à la perfection de l'individu. Envisagé comme homme, un Newton, un Cuvier, un Heyne, rend un moins beau son qu'un *sage* antique, un Solon ou un Pythagore par exemple. La fin de l'homme n'est pas de savoir, de sentir, d'imaginer, mais d'être parfait, c'est-à-dire d'être homme dans toute l'acception du mot; c'est d'offrir dans un type individuel le tableau abrégé de l'humanité complète, et de montrer réunies dans une puissante unité toutes les faces de la vie que l'humanité a esquissées dans des temps et des lieux divers. On s'imagine trop souvent que la moralité seule fait la perfection, que la poursuite du vrai et du beau ne constitue qu'une jouissance, que l'homme parfait, c'est l'honnête homme, le frère morave par exemple. Le modèle de la perfection nous est donné par l'humanité elle-même; la vie la plus parfaite est celle qui représente le mieux toute l'humanité. Or l'humanité cultivée n'est pas seulement morale; elle est encore savante, curieuse, poétique, passionnée.

Ce serait sans doute porter ses espérances sur l'avenir de l'humanité au delà des limites respectées par les plus hardis utopistes, que de penser que l'homme individuel pourra un jour embrasser tout le champ de la culture intellectuelle. Mais il y a dans les branches diverses de la science et de l'art deux éléments parfaitement distincts et qui, également nécessaires pour la production de l'œuvre scientifique ou artistique, contribuent très inégalement à la perfection de l'individu : d'une part, les procédés, l'habileté pratique, indispensables pour la découverte du vrai ou la réalisation du beau ; de l'autre, l'esprit qui crée et anime, l'âme qui vivifie l'œuvre d'art, la grande loi qui donne un sens et une valeur à telle découverte scientifique. Il sera à tout jamais impossible que le même homme sache manier avec la même habileté le pinceau du peintre, l'instrument du musicien, l'appareil du chimiste. Il y a là une éducation spéciale et une habileté pratique qui, pour passer au rang d'habitude irréfléchie et spontanée, exige une vie entière d'exercice. Mais ce qui pourra devenir possible dans une forme plus avancée de la culture intellectuelle, c'est que le sentiment qui donne la vie à la composition de l'artiste ou du poète, la pénétration du savant et du philosophe, le sens moral du grand caractère, se réunissent pour former une seule âme, sympathique à toutes les choses belles, bonnes et vraies, et pour constituer un type moral de l'humanité complète, un idéal qui, sans se réaliser dans tel ou tel, soit pour l'avenir ce que le Christ a été depuis dix-huit cents ans, — un Christ qui ne représenterait plus seulement le côté moral à sa plus haute puissance, mais encore le côté esthétique et scientifique de l'humanité.

Au fond, toutes ces catégories des formes pures perçues par l'intelligence ne constituent que des faces d'une même unité. La divergence ne commence qu'à une région inférieure. Il y a un grand foyer central où la poésie, la science et la morale sont identiques, où savoir, admirer, aimer, sont une même chose, où tombent toutes les oppositions, où la nature humaine retrouve dans l'identité de l'objet la haute harmonie de toutes ses facultés et ce grand acte d'adoration, qui résume la tendance de tout son être vers l'éternel infini. Le saint est celui qui consacre sa vie à ce grand idéal, et déclare tout le reste inutile.

Pascal a supérieurement montré le cercle vicieux nécessaire de la vie positive. On travaille pour le repos, puis le repos est insupportable. On ne vit pas, mais on espère vivre. Le fait est que les gens du monde n'ont jamais, ce me semble, un système de vie bien arrêté, et ne peuvent dire précisément ce qui est principal, ce qui est accessoire, ce qui est fin, ce qui est moyen. La richesse ne saurait être le but final, puisqu'elle n'a de valeur que par les jouissances qu'elle procure. Et pourtant tout le sérieux de la vie s'use autour de l'acquisition de la richesse, et on ne regarde le plaisir que comme un délassement pour les moments perdus et les années inutiles. Le philosophe et l'homme religieux peuvent seuls à tous les instants se reposer pleinement, saisir et embrasser le moment qui passe, sans rien remettre à l'avenir.

Un homme disait un jour à un philosophe de l'antiquité qu'il ne se croyait pas né pour la philosophie : « Malheureux, lui dit le sage, pourquoi donc es-tu né? » Certes, si la philosophie était une spécialité, une profession comme une autre ; si philosopher, c'était étudier ou chercher la solution d'un certain nombre de questions plus ou moins importantes, la réponse de ce sage serait un étrange contre-sens. Et pourtant si l'on sait entendre la philosophie, dans son sens véritable, celui-là est en effet un misérable, qui n'est pas philosophe, c'est-à-dire qui n'est point arrivé à comprendre le sens élevé de la vie. Bien des gens renoncent aussi volontiers au titre de poète. Si être poète, c'était avoir l'habitude d'un certain mécanisme de langage, ils seraient excusables. Mais si l'on entend par poésie cette faculté qu'a l'âme d'être touchée d'une certaine façon, de rendre un son d'une nature particulière et indéfinissable en face des beautés des choses, celui qui n'est pas poète n'est pas homme, et renoncer à ce titre, c'est abdiquer volontairement la dignité de sa nature.

D'illustres exemples prouveraient au besoin que cette

haute harmonie des puissances de la nature humaine n'est pas une chimère. La vie des hommes de génie présente presque toujours le ravissant spectacle d'une vaste capacité intellectuelle jointe à un sens poétique très élevé et à une charmante bonté d'âme, si bien que leur vie, dans sa calme et suave placidité, est presque toujours leur plus bel ouvrage et forme une partie essentielle de leurs œuvres complètes. A vrai dire, ces mots de poésie, de philosophie, d'art, de science, désignent moins des objets divers proposés à l'activité intellectuelle de l'homme, que des manières différentes d'envisager le même objet, qui est l'être dans toutes ses manifestations. C'est pour cela que le grand philosophe n'est pas sans être poète; le grand artiste est souvent plus philosophe que ceux qui portent ce nom. Ce ne sont là que des formes différentes, qui, comme celles de la littérature, sont aptes à exprimer toute chose. Béranger a pu tout dire sous forme de chansons, tel autre sous forme de romans, tel autre sous forme d'histoire. Tous les génies sont universels quant à l'objet de leurs travaux, et, autant les petits esprits sont insoutenables quand ils veulent établir la prééminence exclusive de leur art, autant les grands hommes ont raison quand ils soutiennent que leur art est le tout de l'homme, puisqu'il leur sert en effet à exprimer la chose indivise par excellence, l'âme, Dieu.

Il faut pourtant reconnaître que le secret pour allier ces éléments divers n'est pas encore trouvé. Dans l'état actuel de l'esprit humain, une trop riche nature est un supplice. L'homme né avec une faculté éminente qui absorbe toutes les autres est bien plus heureux que celui qui trouve en lui des besoins toujours nouveaux, qu'il ne peut satisfaire. Il lui faudrait une vie pour savoir, une vie pour sentir et aimer, une vie pour agir, ou plutôt il voudrait pouvoir mener de front une série d'existences parallèles, tout en ayant dans une unité supérieure la conscience simultanée de chacune d'elles. Bornée par le temps et par des nécessités extérieures, son activité concentrée se dévore intérieurement. Il a tant à vivre pour lui-même qu'il n'a pas le temps de vivre pour le dehors. Il ne veut rien laisser perdre de cette vie brûlante et multiple, qui lui échappe et qu'il dévore avec précipitation et avidité. Il roule d'un monde sur l'autre, ou plutôt des mondes mal harmonisés se heurtent dans son sein. Il envie tour à tour, car il sait comprendre tour à tour, l'âme simple qui vit de foi et d'amour, l'âme virile qui prend la vie comme un musculeux athlète, l'esprit pénétrant et critique, qui savoure à loisir le charme de manier son instrument exact et sûr. Puis quand il se voit dans l'impossibilité de réaliser *cet idéal multiple*, quand il voit cette vie si courte, si partagée, si fatalement incomplète, quand il songe que des côtés entiers de sa riche et féconde nature resteront à jamais ensevelis dans l'ombre, c'est un retour d'une amertume sans pareille. Il maudit cette surabondance de vie, qui n'aboutit qu'à se consumer sans fruit, ou, s'il déverse son activité sur quelque œuvre extérieure, il souffre encore de n'y pouvoir mettre qu'une portion de lui-même. A peine a-t-il réalisé une face de la vie, que mille autres non moins belles se révèlent à lui, le déçoivent et l'entraînent à leur tour, jusqu'au jour où il faut finir, et où, jetant un regard en arrière, il peut enfin dire avec consolation : J'ai beaucoup vécu. C'est le premier jour où il trouve sa récompense.

II

Savoir est le premier mot du symbole de la religion naturelle : car savoir est la première condition du commerce de l'homme avec les choses, de cette pénétration de l'univers qui est la vie intellectuelle de l'individu : savoir, c'est s'initier à Dieu. Par l'ignorance l'homme est comme séquestré de la nature, renfermé en lui-même et réduit à se faire un non-moi fantastique, sur le modèle de sa personnalité. De là ce monde étrange où vit l'enfance, où vivait l'homme primitif. L'homme ne communique avec les choses que par le savoir et par l'amour : sans la science il n'aime que des chimères. La science seule fournit le fond de réalité nécessaire à la vie. En concevant l'âme individuelle, à la façon de Leibnitz, comme un miroir où se reflète l'univers, c'est par la science qu'elle peut réfléchir une portion plus ou moins grande de ce qui est, et approcher de sa fin, qui serait d'être en parfaite harmonie avec l'universalité des choses.

Savoir est de tous les actes de la vie le moins profane, car c'est le plus désintéressé, le plus indépendant de la jouissance, le plus *objectif* pour parler le langage de l'école. C'est perdre sa peine que de prouver sa sainteté ; car ceux-là seuls peuvent songer à la nier pour lesquels il n'y a rien de saint.

Ceux qui s'en tiennent aux faits de la nature humaine, sans se permettre de qualification sur la valeur des choses, ne peuvent nier au moins que la science ne soit le premier besoin de l'humanité. L'homme en face des choses est fatalement porté à en chercher le secret. Le problème se pose de lui-même, et en vertu de cette faculté qu'a l'homme d'aller au delà du phénomène qu'il perçoit. C'est d'abord la nature qui aiguise cet appétit de savoir ; il s'attaque à elle avec l'impatience de la présomption naïve, qui croit, dès ses premiers essais et en quelques pages, dresser le système de l'univers. Puis c'est lui-même ; bien plus tard, c'est son espèce, c'est l'humanité, c'est l'histoire. Puis c'est le problème final, la grande cause, la loi suprême qui tente sa curiosité. Le problème se varie, s'élargit à l'infini, suivant les horizons de chaque âge : mais toujours il se pose ; toujours, en face de l'inconnu, l'homme ressent un double sentiment : respect pour le mystère, noble témérité qui le porte à déchirer le voile pour connaître ce qui est au delà.

Rester indifférent devant l'univers est chose impossible pour l'homme. Dès qu'il pense, il cherche, il se pose des problèmes et les résout ; il lui faut un système sur le monde, sur lui-même, sur la cause première, sur son origine, sur sa fin. Il n'a pas les données nécessaires pour répondre aux questions qu'il s'adresse ; qu'importe ? Il y supplée de lui-même. De là les religions primitives, solutions improvisées d'un problème qui exigeait de longs siècles de recherches, mais pour lequel il fallait sans délai une réponse. La science méthodique sait se résoudre à ignorer ou du moins à supporter le délai ; la science primitive du premier bond voulait avait avoir la raison des choses. C'est qu'à vrai dire, demander à l'homme d'ajourner certains problèmes et de remettre aux siècles futurs de savoir ce qu'il est, quelle place il occupe dans le monde, quelle est la cause du monde et de lui-même, c'est lui demander l'impossible. Alors même qu'il saurait l'énigme insoluble, on ne pourrait l'empêcher de s'agacer et de s'user autour d'elle.

Il y a, je le sais, dans cet acte hardi par lequel l'homme soulève le mystère des choses, quelque chose d'irrévérencieux et d'attentatoire, une sorte de lèse-majesté divine. Ainsi, du moins, le comprirent tous les peuples anciens. La science à leurs yeux fut un vol fait à Dieu, une façon de le braver et de lui désobéir. Dans le beau mythe par lequel s'ouvre le livre des Hébreux, c'est le génie du mal qui pousse l'homme à sortir de son innocente ignorance, pour devenir semblable à Dieu par la science distincte et antithétique du bien et du mal. La fable de Prométhée n'a pas d'autre sens : les conquêtes de la civilisation présentées comme un attentat, comme un rapt illicite fait à une divinité jalouse, qui voulait se les réserver. De là ce fier caractère d'audace contre les dieux que portent les premiers inventeurs ; de là ce thème développé dans tant de légendes mythologiques : que le désir d'un meilleur état est la source de tout le mal dans le monde. On comprend que l'antiquité, n'ayant pas le grand mot de l'énigme, le progrès, n'ait éprouvé qu'un sentiment de crainte respectueuse en brisant les barrières qui lui semblaient posées par une force supérieure, que, n'osant placer le bonheur dans l'avenir, elle l'ait rêvé dans un âge d'or primitif (1), qu'elle ait dit : *Audax Iapeti genus*, qu'elle ait appelé la conquête du parfait un *vetitum nefas*. L'humanité avait alors le sentiment de l'obstacle et non celui de la victoire ; mais tout en s'appelant audacieuse et téméraire, elle marchait toujours. Pour nous, arrivés au grand moment de la conscience, il ne s'agit plus de dire : *Cœlum ipsum petimus stullitia !* et d'avancer en sacrilèges. Il faut marcher la tête haute et sans crainte vers ce qui est notre bien, et quand nous faisons violence aux choses pour leur arracher leur secret, être bien convaincus que nous agissons pour nous, pour elles et pour Dieu.

Ce n'est pas du premier coup que l'homme arrive à la conscience de sa force et de son pouvoir créateur. Chez les peuples primitifs, toutes les œuvres merveilleuses de l'intelligence sont rapportées à la Divinité ; les sages se croient inspirés, et se vantent avec une pleine conviction de relations mystérieuses avec des êtres supérieurs. Souvent ce sont les agents surnaturels qui sont eux-mêmes les auteurs des œuvres qui semblent dépasser les forces de l'homme. Dans Homère Héphæstos crée tous les mécanismes ingénieux. Les siècles crédules du moyen âge attribuent à des facultés secrètes, à un commerce avec le démon, toute science éminente ou toute habileté qui s'élève au-dessus du niveau commun. En général, les siècles peu réfléchis sont portés à substituer des explications théologiques aux explications psychologiques. Il semble naturel de croire que la *grâce* vient d'en haut ; ce n'est que bien tard qu'on arrive à découvrir qu'elle sort du fond de la conscience. Le vulgaire aussi se figure que la rosée tombe du ciel et croit à peine le savant qui l'assure qu'elle sort des plantes.

Quand je veux me représenter le fait générateur de la science dans toute sa naïveté primitive et son élan désintéressé, je me reporte avec un charme inexprimable aux premiers philosophes rationalistes de la Grèce. Il y a dans cette ardeur spontanée de quelques hommes qui, sans antécédent traditionnel ni motif officiel, par la simple impulsion intérieure de leur nature, abordent l'éternel problème sous sa forme véritable, une ingénuité, une vérité inappréciable aux yeux du psychologue. Aristote est déjà un savant réfléchi, qui a conscience de son procédé, qui fait de la science et de la philosophie comme Virgile faisait des vers. Ces premiers penseurs, au contraire, sont bien autrement possédés par leur curiosité spontanée. L'objet est là devant eux, aiguisant leur appétit; ils se prennent à lui comme l'enfant qui s'impatiente autour d'une machine compliquée, la tente par tous les côtés pour en avoir le secret, et ne s'arrête que quand il a trouvé un mot qu'il croit suffisamment explicatif. Cette science primitive n'est que le *pourquoi* répété de l'enfance, à la seule différence que l'enfant trouve chez nous une personne réfléchie pour répondre à sa question, tandis que là c'est l'enfant lui-même qui fait sa réponse avec la même naïveté. Il me semble aussi difficile de comprendre le vrai point de vue de la science sans avoir étudié ces savants primitifs, que d'avoir le haut sens de la poésie sans avoir étudié les poésies primitives.

Une civilisation affairée comme la nôtre est loin d'être favorable à l'exaltation de ces besoins spéculatifs. La curiosité n'est nulle part plus vive, plus pure, plus objective que chez l'enfant et chez les peuples sauvages. Comme ils s'intéressent naïvement à la nature, aux animaux (2), sans arrière-pensée, ni respect humain ! L'homme affairé, au contraire, s'ennuie dans la compagnie de la nature et des animaux; ces jouissances désintéressées n'ont rien à faire avec son égoïsme. L'homme simple, abandonné à sa propre pensée, se fait souvent un système des choses bien plus complet et plus étendu que l'homme qui n'a reçu qu'une instruction factice et conventionnelle. Les habitudes de la vie pratique affaiblissent l'instinct de curiosité pure; mais c'est une consolation pour l'amant de la science de songer que rien ne pourra le détruire, que le monument auquel il a ajouté une pierre est éternel, qu'il a sa garantie, comme la morale, dans les instincts mêmes de la nature humaine.

On n'envisage d'ordinaire la science que par ses résultats pratiques et ses effets civilisateurs. On découvre sans peine que la société moderne lui est redevable de ses principales améliorations. Cela est très vrai ; mais c'est poser la thèse d'une façon dangereuse. C'est comme si, pour établir la morale, on se bornait à présenter les avantages qu'elle procure à la société. La science, aussi bien que la morale, a sa valeur en elle-même et indépendamment de tout résultat avantageux.

Ces résultats, d'ailleurs, sont presque toujours conçus de la façon la plus mesquine. On n'y voit d'ordinaire que des *applications*, qui sans doute ont leur prix et servent puissamment par contre-coup le progrès de l'esprit, mais qui n'ont en elles-mêmes que peu ou point de valeur idéale. Les applications morales, en effet, détournent presque toujours la science de sa fin véritable. N'étudier l'histoire que pour les leçons de morale ou de sagesse pratique qui en découlent, c'est renouveler la plaisante théorie de ces mauvais interprètes d'Aristote qui donnaient pour but à l'art dramatique de guérir les passions qu'il met en scène. L'esprit que j'attaque ici est celui de la science anglaise si peu élevée, si peu philosophique. Je ne sais si aucun Anglais, Byron peut-être excepté, a compris d'une façon bien profonde la philosophie des choses. Régler sa vie conformément à la raison, éviter l'erreur, ne point s'engager dans des entreprises inexécutables, se procurer une existence douce et assurée, reconnaître la simplicité des lois de l'univers et arriver à quelques vues de théologie naturelle, voilà pour les Anglais qui pensent le but souverain de la science. Jamais une idée de haute et inquiète spéculation, jamais un regard profond jeté sur ce qui est. Cela tient sans doute à ce que, chez nos voisins, la religion positive, mise sous un séquestre conservateur, et tenue pour inattaquable, est considérée comme donnant encore le mot des grandes choses (3). La science, en effet, ne valant qu'en tant qu'elle peut remplacer la religion, que devient-elle dans un pareil système? Un petit procédé pour se former le bon sens, une façon de se bien poser dans la vie et d'acquérir d'utiles et curieuses connaissances. Misères que tout cela! Pour moi, je ne connais qu'un seul résultat à la science, c'est de résoudre l'énigme, c'est de dire définitivement à l'homme le mot des choses, c'est de l'expliquer à lui-même, c'est de lui donner, au nom de la seule autorité légitime qui est la nature humaine tout entière, le symbole que les religions lui donnaient tout fait et qu'il ne peut plus accepter. Vivre sans un système sur les choses, c'est ne pas vivre une vie d'homme. Je comprends certes le scepticisme, c'est un système comme un autre; il a sa grandeur et sa noblesse. Je comprends la foi, je l'envie et la regrette peut-être. Mais ce qui me semble un monstre dans l'humanité, c'est l'indifférence et la légèreté. Spirituel tant qu'on voudra, celui qui en face de l'infini ne se voit pas entouré de mystères et de problèmes, celui-là n'est à mes yeux qu'un hébété.

C'est énoncer une vérité désormais banale que de dire que ce sont les idées qui mènent le monde. C'est d'ailleurs dire plutôt ce qui devrait être et ce qui sera, que ce qui a été. Il est incontestable qu'il faut faire dans l'histoire une large part à la force, au caprice, et même à ce qu'on peut appeler le hasard, c'est-à-dire à ce qui n'a pas de cause morale proportionnée à l'effet (4). La philosophie pure n'a pas exercé d'action bien immédiate sur la marche de l'humanité avant le xviiie siècle, et il est beaucoup plus vrai de dire que les époques historiques font les philosophies, qu'il ne l'est de dire que les philosophies font les époques. Mais ce qui reste incontestable, c'est que l'humanité tend sans cesse, à travers ses oscillations, à un état plus parfait; c'est qu'elle a le droit et le pouvoir de faire prédominer de plus en plus, dans le gouvernement des choses, la raison sur le caprice et l'instinct.

Il n'y a pas à raisonner avec celui qui pense que l'histoire est une agitation sans but, un mouvement sans résultante. On ne prouvera jamais la marche de l'humanité à celui qui n'est point arrivé à la découvrir. C'est là le premier mot du symbole du xixe siècle, l'immense résultat que la science de l'humanité a conquis depuis un siècle. Au-dessus des individus, il y a l'humanité, qui vit et se développe comme tout être organique, et qui, comme tout être organique, tend au parfait, c'est-à-dire à la plénitude de son être (5). Après avoir marché de longs siècles dans la nuit de l'enfance, sans conscience d'elle-même et par la seule force de son ressort, est venu le grand moment où elle a pris, comme l'individu, possession d'elle-même, où elle s'est reconnue, où elle s'est sentie comme unité vivante; moment à jamais mémorable que nous ne voyons pas, parce qu'il est trop près de nous, mais qui constituera, ce me semble, aux yeux de l'avenir, une révolution comparable à celle qui a marqué une nouvelle ère dans l'histoire de tous les peuples. Il y a à peine un demi-siècle que l'humanité s'est comprise et réfléchie (6), et l'on s'étonne que la conscience de son unité et de sa solidarité soit encore si faible ! La révolution française est le premier essai de l'humanité pour prendre ses propres rênes et se diriger elle-même. C'est l'avénement de la réflexion dans le gouvernement de l'humanité. C'est le moment correspondant à celui où l'enfant, conduit jusque-là par les instincts spontanés, le caprice et la volonté des autres, se pose en personne libre, morale et responsable de ses actes. On peut, avec Robert Owen, appeler tout ce qui précède *période irrationnelle de l'existence humaine,* et un jour cette période ne comptera dans l'histoire de l'humanité, et dans celle de notre nation en particulier, que comme une curieuse préface, à peu près ce qu'est à l'Histoire de France ce chapitre dont on la fait d'ordinaire précéder sur l'histoire des Gaules. La vraie histoire de France commence à 89 ; tout ce qui précède est la lente préparation de 89, et n'a d'intérêt qu'à ce prix. Parcourez en effet l'histoire, vous ne trouverez rien d'analogue à ce fait immense que présente tout le xviii° siècle : des philosophes, des hommes d'esprit, ne s'occupant nullement de politique actuelle, qui changent radicalement le fond des idées reçues, et opèrent la plus grande des révolutions, et cela avec conscience, réflexion, sur la foi de leurs systèmes. La révolution de 89 est une révolution faite par des philosophes. Condorcet, Mirabeau, Robespierre offrent le premier exemple de théoriciens s'ingérant dans la direction des choses et cherchant à gouverner l'humanité d'une façon raisonnable et scientifique. Tous les membres de la Constituante, de la Législative et de la Convention étaient à la lettre et presque sans exception des disciples de Voltaire et de Rousseau. Je dirai bientôt comment le char dirigé par de telles mains ne pouvait d'abord être si bien conduit que quand il marchait tout seul, et comment il devait aller se briser dans un abîme. Ce qu'il importe de constater, c'est cette incomparable audace, cette merveilleuse et hardie tentative de réformer le monde conformément à la raison, de s'attaquer à tout ce qui est *préjugé*, établissement aveugle, usage en apparence irrationnel, pour y substituer un système calculé comme une formule, combiné comme une machine artificielle (7). Cela, dis-je, est unique et sans exemple dans tous les siècles antérieurs ; cela constitue un âge dans l'histoire de l'humanité. Certes une pareille tentative ne pouvait être de tout point irréprochable. Car ces institutions qui semblent si absurdes, ne le sont pas au fond autant qu'elles le paraissent ; ces préjugés ont leur raison, que vous ne voyez pas. Le principe est incontestable ; l'esprit seul doit régner, l'esprit seul, c'est-à-dire la raison, doit gouverner le monde. Mais qui vous dit que votre analyse est complète, que vous n'êtes point amené à nier ce que vous ne comprenez pas, et qu'une philosophie plus avancée n'arrivera point à justifier l'œuvre spontanée de l'humanité? Il est facile de montrer que la plupart des préjugés sur lesquels reposait l'ancienne société, le privilège de la noblesse, le droit d'aînesse, la légitimité, etc., sont irrationnels et absurdes au point de vue de la raison abstraite, que dans une société normalement constituée, de telles superstitions n'auraient point de place. Cela a une clarté analytique et séduisante comme l'aimait le XVIIIe siècle. Mais est-ce une raison pour blâmer absolument ces abus dans le vieil édifice de l'humanité, où ils entrent comme partie intégrante? Il est certain que la critique de ces premiers réformateurs fut, sur plusieurs points, aigre, inintelligente du spontané, trop orgueilleuse des faciles découvertes de la raison réfléchie.

En général la philosophie du xviiie siècle et la politique de la première Révolution présentent les défauts inséparables de la première réflexion : l'inintelligence du naïf, la tendance à déclarer absurde ce dont on ne voit point la raison immédiate. Ce siècle ne comprit bien que lui-même, et jugea tous les autres d'après lui-même. Dominé par l'idée de la puissance inventrice de l'homme, il étendit beaucoup trop la sphère de l'invention réfléchie. En poésie, il substitua la composition artificielle à l'inspiration intime, qui sort du fond de la conscience, sans aucune arrière-pensée de composition littéraire. En politique, l'homme créait librement et avec délibération la société et l'autorité qui la régit. En morale, l'homme trouvait et établissait le devoir, comme une invention utile. En psychologie, il semblait le créateur des résultats les plus nécessaires de sa constitution. En philologie, les grammairiens du temps s'amusaient à montrer l'inconséquence, les fautes du langage, tel que le peuple l'a fait, et à corriger les écarts de l'usage par la raison logique, sans s'apercevoir que les tours qu'ils voulaient supprimer étaient plus logiques, plus clairs, plus faciles que ceux qu'ils voulaient y substituer. Ce siècle ne comprit pas la nature, l'activité spontanée. Sans doute l'homme produit en un sens tout ce qui sort de sa nature ; il y dépense de son activité, il fournit la force brute qui amène le résultat ; mais la direction ne lui appartient pas ; il fournit la matière ; mais la forme vient d'en haut ; le véritable auteur est cette force vive et vraiment divine que recèlent les facultés humaines, qui n'est ni la convention, ni le calcul, qui produit son effet d'elle-même et par sa propre tension. De là cette confiance dans l'artificiel, le mécanique, dont nous sommes encore si profondément atteints. On croit qu'on pourra prévoir tous les cas possibles; mais l'œuvre est si compliquée qu'elle se joue de tous les efforts. On pousse si loin la sainte horreur de l'arbitraire qu'on détruit toute initiative. L'individu est circonvenu de règlements qui ne lui laissent la liberté d'aucun membre; de sorte qu'une statue de bois en ferait tout autant si on pouvait la styler à la manivelle. La différence des individus médiocres ou distingués est ainsi devenue presque insignifiante; l'administration est devenue comme une machine sans âme qui accomplirait les œuvres d'un homme. La France est trop portée à supposer qu'on peut suppléer à l'impulsion intime de l'âme par des mécanismes et des procédés extérieurs. N'a-t-on pas voulu appliquer ce détestable esprit à des choses plus délicates encore, à l'éducation, à la morale (8) ? N'avons-nous pas eu des ministres de l'instruction publique qui prétendaient faire des grands hommes au moyen de règlements convenables ? N'a-t-on pas imaginé des procédés pour moraliser l'homme, à peu près comme des fruits qu'on mûrit entre les doigts! Gens de peu de foi à la nature, laissez-les donc au soleil.

Excusable et nécessaire a donc été l'erreur des siècles où la réflexion se substitue à la spontanéité (9). Bien que ce premier degré de conscience soit un immense progrès, l'état qui en est résulté a pu sembler par quelques faces inférieur à celui qui avait précédé, et les ennemis de l'humanité ont pu en tirer avantage pour combattre avec quelque apparence plausible le dogme du progrès (10). En effet, dans l'état aveugle et irrationnel, les choses marchaient spontanément et d'elles-mêmes, en vertu de l'ordre établi. Il y avait des institutions faites tout d'une pièce, dont on ne discutait pas l'origine, des dogmes que l'on acceptait sans critique : le monde était une grande machine organisée de si longue main et avec si peu de réflexion, qu'on croyait que la machine venait d'être montée par Dieu même. Il n'en fut plus ainsi, aussitôt que l'humanité voulut se conduire elle-même, et reprendre en sous-œuvre le travail instinctif des siècles. Au lieu de vieilles institutions qui n'avaient pas d'origine et semblaient le résultat nécessaire du balancement des choses, on eut des constitutions faites de main d'hommes, toutes fraîches, avec des ratures, dépouillées par là du vieux prestige. Et puis, comme on connaissait les auteurs de l'œuvre nouvelle, qu'on se jugeait leur égal en autorité, que la machine improvisée avait de visibles défauts, et que l'affaire étant désormais transportée dans le champ de la discussion, il n'y avait pas de raison pour la déclarer jamais close, il en est résulté une ère de bouleversements et d'instabilité, durant laquelle des esprits lourds mais honnêtes ont pu regretter le vieil établissement. Autant vaudrait préférer les tranchantes affirmations de la vieille science, qui n'était jamais embarrassée, aux prudentes hésitations et aux fluctuations de la science moderne. Le règne non contrôlé de l'absolu en politique comme en philosophie est sans doute celui qui procure le plus de *repos*, et les grands seigneurs qui se trouvent bien du repos doivent aimer un tel régime. L'oscillation, au contraire, est le caractère du développement véritablement humain, et les constitutions modernes sont conséquentes, quand elles se posent des termes périodiques auxquels elles peuvent être modifiées.

Il ne faut donc pas s'étonner qu'après la disparition de l'état primitif et la destruction des vieux édifices bâtis par la conscience aveugle des siècles, il reste quelques regrets, et que les nouveaux édifices soient loin d'égaler les anciens. La réflexion imparfaite ne peut reproduire dès le premier essai les œuvres de la nature humaine agissant par toutes ses forces intimes. La combinaison est aussi impuissante à reconstruire les œuvres de l'instinct que l'art à imiter le travail aveugle de l'insecte qui tisse sa toile ou construit ses alvéoles. Est-ce une raison pour renoncer à la science réfléchie, pour revenir à l'instinct aveugle ? Non certes. C'est une raison pour pousser à bout la réflexion, en se tenant assuré que la réflexion parfaite, reproduira les mêmes œuvres, mais avec un degré supérieur de clarté et de raison. Il faut espérer, marcher toujours, et mépriser en attendant les objections des sceptiques. D'ailleurs, le pas n'est plus à faire : l'humanité s'est définitivement émancipée, elle s'est constituée personne libre, voulant se conduire elle-même, et supposé qu'on profite d'un instant de sommeil pour lui imposer de nouvelles chaînes, ce sera un jeu pour elle de les briser. Le seul moyen de ramener l'ancien ordre de choses, c'est de détruire la conscience en détruisant la science et la culture intellectuelle. Il y a des gens qui le savent ; mais, je vous le jure, ils n'y réussiront pas.

Tel est donc l'état de l'esprit humain en ce siècle. Il a renversé de gothiques édifices, construits on ne sait trop comment et qui pourtant suffisaient à abriter l'humanité. Puis il a essayé de reconstruire l'édifice sur de meilleures proportions, mais sans y réussir ; car le vieux temple élevé par l'humanité avait de merveilleuses finesses, qu'on n'avait pas d'abord aperçues, et que les modernes ingénieurs avec toute leur géométrie ne savent point ménager. Et puis l'on est devenu difficile ; on ne veut pas s'être fatigué en pure perte. Les siècles précédents ne se plaignaient pas de l'organisation de la société, parce que l'organisation y était nulle. Le mal était accepté comme venant de la fatalité. Ce qui maintenant ferait jeter les hauts cris n'excitait point alors une plainte. L'école néoféodale a étrangement abusé de ce malentendu. Que faire ? Reconstruire le vieux temple ? Ce serait bien plus difficile encore, car, lors même que le plan n'en serait pas perdu, les matériaux le seraient à jamais. Ce qu'il faut, c'est chercher le parfait au-delà, c'est pousser la science à ses dernières limites. La science, et la science seule, peut rendre à l'humanité ce sans quoi elle ne peut vivre, un symbole et une loi.

Le dogme qu'il faut maintenir à tout prix, c'est que la raison a pour mission de réformer la société d'après ses principes, c'est qu'il n'est point attentatoire à la Providence d'entreprendre de corriger son œuvre par des efforts réfléchis. Le véritable optimisme ne se conçoit qu'à cette condition. L'optimisme serait une erreur, si l'homme n'était point perfectible, s'il ne lui était donné d'améliorer par la science l'ordre établi. La formule : « Tout est pour le mieux » ne serait sans cela qu'une amère dérision (11). Oui, tout est pour le mieux, grâce à la raison humaine, capable de réformer les imperfections *nécessaires* du premier établissement des choses. Disons plutôt: Tout sera pour le mieux, quand l'homme, ayant accompli son œuvre légitime, aura rétabli l'harmonie dans le monde moral et se sera assujetti le monde physique. Quant aux vieilles théories de la Providence, où le monde est conçu comme fait une fois pour toutes, et devant rester tel qu'il est, où l'effort de l'homme contre la fatalité est considéré comme un sacrilège, elles sont vaincues et dépassées. Ce qu'il y a de sûr, au moins, c'est qu'elles n'arrêteront point l'homme dans son œuvre réformatrice, c'est qu'il persistera *per fas et nefas* à corriger la création, c'est qu'il poursuivra jusqu'au bout son œuvre sainte : combattre les causes aveugles et l'établissement fortuit, *substituer la raison à la nécessité*. Les religions de l'Orient disent à l'homme : Souffre le mal. La religion européenne se résume en ce mot : Combats le mal. Cette race est bien fille de Japet : elle est hardie contre Dieu.

Les clairvoyants remarqueront que c'est ici le nœud du problème, que toute la lutte a lieu en ce moment entre les vieilles et les nouvelles idées de théisme et de morale. Il suffit qu'ils le voient. Nous sommes ici à la ligne sacrée où les doctrines se séparent ; un point de divergence entre deux rayons partant du centre met entre eux l'infini. Retenez bien au moins que les théories du progrès sont inconciliables avec la vieille théodicée, qu'elles n'ont de sens qu'en attribuant à l'esprit humain une action divine, en admettant en un mot comme puissance primordiale dans le monde le pouvoir réformateur de *l'esprit*.

Le lien secret de ces doctrines n'est nulle part plus sensible que dans le dernier livre de M. Guizot, livre inestimable, et qui aura le rare privilège d'être lu de l'avenir, car il peint avec originalité un curieux moment intellectuel. Croira-t-on, dans cinq cents ans, qu'un des premiers esprits du xixe siècle ait pu dire que, depuis l'émancipation des diverses classes de la société, le nombre des hommes distingués ne s'est point accru en France, comme si la Providence, ajoute-t-il, « ne permettait pas aux lois humaines d'influer, dans l'ordre intellectuel, sur l'étendue et la magnificence de ses dons » (12). Les Aristarques d'alors tiendront ceci pour une *interpolation*, et en apporteront des preuves péremptoires, une aussi étroite conception du gouvernement du monde, n'ayant jamais pu, diront-ils, venir à la pensée de l'auteur de *l'Histoire de la Civilisation*. Mais comment excuseront-ils le raisonnement que voici : La société a toujours présenté jusqu'ici trois types de situation sociale, des hommes vivant de leur revenu, des hommes exploitant leur revenu, des hommes vivant de leur travail ; donc cela est de la nature humaine, et il en sera toujours ainsi. Avec autant de raison on eût pu dire dans l'antiquité : La société a toujours compté jusqu'ici trois classes d'hommes : une aristocratie, des hommes libres, des esclaves; donc cela est de la nature humaine, donc il en sera toujours ainsi. Avec autant de raison on eût pu dire en 1780 : L'État a toujours renfermé jusqu'ici trois classes d'hommes : les gouvernants, l'aristocratie limitant le pouvoir, la roture ; donc cela est de la nature humaine ; donc vous qui voulez changer cet ordre, vous êtes des fous dangereux, des utopistes.

Certes, nul plus que moi n'est convaincu qu'on ne réforme pas la nature humaine. Mais les esprits étroits et absolus ont une singulière façon de l'entendre. La nature humaine est pour eux ce qu'ils voient exister de leur temps et dont ils souhaitent la conservation. Il y a de meilleures raisons pour soutenir qu'une noblesse privilégiée est de l'essence de toute société que pour soutenir qu'une aristocratie pécuniaire lui est nécessaire. Le vrai, c'est que la nature humaine ne consiste qu'en instincts et en principes très généraux, lesquels consacrent, non tel état social de préférence à tel autre, mais seulement certaines conditions de l'état social, la famille, la propriété individuelle par exemple. Le vrai, c'est qu'avec les éternels principes de sa nature, l'homme peut réformer l'édifice politique et social ; il le peut, puisqu'il l'a incontestablement fait, puisqu'il n'est personne qui ne reconnaisse la société actuelle mieux organisée à certains égards que celle du passé. C'est l'œuvre des religions, direz-vous. Je vous l'accorde ; mais que sont les religions, sinon les plus belles créations de la nature humaine ? L'appel à la nature humaine est la raison dernière dans toutes les questions philosophiques et sociales. Mais il faut se garder de prendre cette nature, d'une façon étroite et mesquine, pour les usages, les coutumes, l'ordre que l'on a sous les yeux. Cette mer est autrement profonde ; on n'en touche pas si vite le fond, et il n'est jamais donné aux faibles yeux de l'apercevoir. Que d'erreurs dans la psychologie vulgaire par suite de l'oubli de ce principe ! Ces erreurs viennent presque toutes des idées étroites qu'on se fait sur les révolutions qu'a déjà subies le système moral et social de l'humanité, et de ce qu'on ignore les différences profondes qui séparent les littératures et la façon de sentir des peuples divers.

Sans embrasser aucun système de réforme sociale, un esprit élevé et pénétrant ne peut se refuser à reconnaître que la question même de cette réforme n'est pas d'une autre nature que celle de la réforme politique, dont la légitimité est, j'espère, incontestée. L'établissement social, comme l'établissement politique, s'est formé sous l'empire de l'instinct aveugle. C'est à la raison qu'il appartient de le corriger. Il n'est pas plus attentatoire de dire qu'on peut améliorer la société, qu'il ne l'est de dire qu'on peut souhaiter un meilleur gouvernement que celui du schah de Perse. La première fois qu'on s'est pris à ce terrible problème : réformer par la raison la société politique, on dut crier à l'attentat inouï. Les conservateurs de 1789 purent opposer aux révolutionnaires ce que les conservateurs de 1849 opposent aux socialistes : Vous tentez ce qui n'a pas d'exemple, vous vous en prenez à l'œuvre des siècles, vous ne tenez pas compte de l'histoire et de la nature humaine. Les faciles déclamations de la bourgeoisie contre la noblesse héréditaire peuvent se rétorquer avec avantage contre la ploutocratie. Il est clair que la noblesse n'est pas rationnelle, qu'elle est le résultat de l'établissement aveugle de l'humanité. Mais en raisonnant sur ce pied-là, où s'arrêter? J'avoue que, tout bien pesé, la tentative des réformateurs politiques de 89 me semble plus hardie, quant à son objet, et surtout plus inouïe que celle des réformateurs sociaux de nos jours. Je ne comprends donc pas comment ceux qui admettent 89 peuvent rejeter *en droit* la réforme sociale. (Quant aux moyens, je comprends, je le répète, la plus radicale diversité.) On ne fait aucune difficulté générale aux socialistes qu'on ne puisse rétorquer contre les constituants. Il est téméraire de poser des bornes au pouvoir réformateur de la raison, et de rejeter quelque tentative que ce soit, parce qu'elle est sans antécédent. Toutes les réformes ont eu ce défaut à leur origine, et d'ailleurs ceux qui leur adressent un tel reproche le font presque toujours parce qu'ils n'ont pas une idée assez étendue des formes diverses de la société humaine et de son histoire.

En Orient, des milliers d'hommes meurent de faim ou de misère sans avoir jamais songé à se révolter contre le pouvoir établi. Dans l'Europe moderne, un homme, plutôt que de mourir de faim, trouve plus simple de prendre un fusil et d'attaquer la société, guidé par cette vue profonde et instinctive que la société a envers lui des devoirs qu'elle n'a pas remplis. On trouve à chaque page, dans la littérature de nos jours, la tendance à regarder les souffrances individuelles comme un mal social, et à rendre la société responsable de la misère et de la dégradation de ses membres. Voilà une idée nouvelle, profondément nouvelle. On a cessé de prendre ses maux comme venant de la fatalité (13). Eh bien, songez que l'humanité ne s'est jamais attachée à une façon d'envisager les choses pour la lâcher ensuite.

Par toutes les voies nous arrivons donc à proclamer le droit qu'a la raison de réformer la société par la science rationnelle et la connaissance théorique de ce qui est. Ce n'est donc pas une exagération de dire que la science renferme l'avenir de l'humanité, qu'elle seule peut lui dire le mot de sa destinée et lui enseigner la manière d'atteindre sa fin. Jusqu'ici ce n'est pas la raison qui a mené le monde : c'est le caprice, c'est la passion. Un jour viendra où la raison éclairée par l'expérience ressaisira son légitime empire, le seul qui soit de droit divin, et conduira le monde non plus au hasard, mais avec la vue claire du but à atteindre. Notre époque de passion et d'erreur apparaîtra alors comme la pure barbarie, ou comme l'âge capricieux et fantasque qui, chez l'enfant, sépare les charmes du premier âge de la raison de l'homme fait. Notre politique machinale, nos partis aveugles et égoïstes sembleront des monstres d'un autre âge. On n'imaginera plus comment un siècle a pu décerner le titre d'habile à un homme comme Talleyrand, prenant le gouvernement de l'humanité comme une simple partie d'échecs, sans avoir l'idée du but à atteindre, sans avoir même l'idée de l'humanité. La science qui gouvernera le monde, ce ne sera plus la politique. La politique, c'est-à-dire la manière de gouverner l'humanité comme une machine, disparaîtra en tant qu'art spécial, aussitôt que l'humanité cessera d'être une machine. La science maîtresse, le souverain d'alors, ce sera la philosophie, c'est-à-dire la science qui recherche le but et les conditions de la société. Pour la politique, dit Herder, l'homme est un moyen; pour la morale, il est une fin. La révolution de l'avenir sera le triomphe de la morale sur la politique.

Organiser scientifiquement l'humanité, tel est donc le dernier mot de la science moderne, telle est son audacieuse, mais légitime prétention.

Je vais plus loin encore. L'œuvre universelle de tout ce qui vit étant de *faire Dieu parfait*, c'est-à-dire de réaliser la grande résultante définitive qui clora le cercle des choses par l'unité, il est indubitable que la *raison*, qui n'a eu jusqu'ici aucune part à cette œuvre, laquelle s'est opérée aveuglément et par la sourde tendance de tout ce qui est, la raison, dis-je, prendra un jour en main l'intendance de cette grande œuvre (14), et après avoir organisé l'humanité, organisera Dieu. Je n'insiste pas sur ce point, et je consens à ce qu'on le tienne pour chimérique; car aux yeux de plusieurs bons esprits à qui je veux plaire, ceci ne paraîtrait pas de bon aloi, et d'ailleurs, je n'en ai pas besoin pour ma thèse. Qu'il me suffise de dire que rien ne doit étonner quand on songe que tout le progrès accompli jusqu'ici n'est peut-être que la première page de la préface d'une œuvre infinie.

III

Tenez, si vous voulez, ce qui précède pour absurde et pour chimérique; mais, au nom du ciel, accordez-moi que la science seule peut fournir à l'homme les vérités vitales, sans lesquelles la vie ne serait pas supportable, ni la société possible. Si l'on supposait que ces vérités pussent venir d'ailleurs que de l'étude patiente des choses, la science élevée n'aurait plus aucun sens; il y aurait érudition, curiosité d'amateur, mais non science dans le noble sens du mot, et les âmes distinguées se garderaient de s'engager dans ces recherches sans horizon ni avenir. Ainsi ceux qui pensent que la spéculation métaphysique, la raison pure, peut sans l'étude *pragmatique* de ce qui est donner les hautes vérités, doivent nécessairement mépriser ce qui n'est à leurs yeux qu'un bagage inutile, une surcharge embarrassante pour l'esprit. Malebranche n'a pas été trop sévère pour ces savants « qui font de leur tête un garde-meuble, dans lequel ils entassent, sans discernement et sans ordre, tout ce qui porte un certain caractère d'érudition, et qui se font gloire de ressembler à ces cabinets de curiosités et d'antiques, qui n'ont rien de riche, ni de solide, et dont le prix ne dépend que de la fantaisie, de la passion et du hasard ». Ceux qui pensent que le vulgaire bon sens, le sens commun, est un maître suffisant pour l'homme, doivent envisager le savant à peu près comme Socrate envisageait les sophistes, comme de subtils et inutiles disputeurs. Ceux qui pensent que le sentiment et l'imagination, les instincts spontanés de la nature humaine peuvent par une sorte d'intuition atteindre les vérités essentielles seront également conséquents en envisageant les recherches du savant comme de frivoles hors-d'œuvre, qui n'ont même pas le mérite d'amuser. Enfin ceux qui pensent que l'esprit humain ne peut atteindre les hautes vérités, et qu'une autorité supérieure s'est chargée de les lui révéler, détruisent également la science, en lui enlevant ce qui fait sa vie et sa valeur véritable.

Que reste-t-il, en effet, si vous enlevez à la science son but philosophique? De menus détails, capables sans doute de piquer la curiosité des esprits actifs et de servir de passe-temps à ceux qui n'ont rien de mieux à faire, fort indifférents pour celui qui voit dans la vie une chose sérieuse, et se préoccupe avant tout des besoins religieux et moraux de l'homme. La science ne vaut qu'autant qu'elle peut rechercher ce que la révélation prétend enseigner. Si vous lui enlevez ce qui fait son prix, vous ne lui laissez qu'un résidu insipide, bon tout au plus à jeter à ceux qui ont besoin d'un os à ronger. Je félicite sincèrement les bonnes âmes qui s'en contentent; pour moi, je n'en veux pas. Dès qu'une doctrine me barre l'horizon, je la déclare fausse; je veux l'infini seul pour perspective. Si vous me présentez un système tout fait, que me reste-t-il à faire? Vérifier par la recherche rationnelle ce que la révélation m'enseigne? Jeu bien inutile, passe-temps bien oisif : car si je sais d'avance que ce qui m'est enseigné est la vérité absolue, pourquoi me fatiguer à en chercher la démonstration? C'est vouloir regarder les astres à l'œil nu quand on peut faire usage d'un télescope. C'est en appeler aux hommes quand on a à sa disposition le Saint-Esprit. Je ne connais qu'une seule contradiction plus flagrante que celle-ci : c'est un pape constitutionnel.

Il reste un vaste champ, direz-vous, dans les vérités naturelles que Dieu a livrées à la dispute des hommes. Vaste ! quand vous prélevez Dieu, l'homme, l'humanité, les origines de l'univers. Je le trouve bien étroit, bon tout au plus pour ceux qui au besoin de croire ajoutent celui de disputer. Vous croyez me faire une grâce en me permettant de m'exercer sur quelques points non définis, en me jetant le monde comme une matière à dispute, en m'avertissant bien par avance que du premier mot jusqu'au dernier je n'y entendrai rien. La science n'est pas une dispute d'esprits oisifs sur quelques questions laissées pour servir d'aliment à leur goût pour la controverse. Quel est l'esprit élevé qui voudrait consacrer sa vie à cet humble et abrutissant labeur ? J'hésite à le dire, car, pour prévenir les objections que l'on peut ici m'adresser, il faudrait de longues explications et de nombreuses restrictions : la science profane, dans un système quelconque de révélation *franchement admis*, ne peut être qu'une *dispute* (15). L'essentiel est donné ; la seule science sérieuse sera celle qui commentera la parole révélée, toute autre n'aura de prix qu'en se rattachant à celle-là. Les orthodoxes ont en général peu de *bonne foi scientifique*. Ils ne *cherchent* pas, ils tâchent de *prouver*, et cela doit être. Le résultat leur est connu d'avance ; ce résultat est vrai, certainement vrai. Il n'y a là rien à faire pour la science, qui part du doute sans savoir où elle arrivera, et se livre pieds et mains liés à la critique qui la mène où elle veut. Je connais très bien la méthode théologique, et je puis affirmer que ses procédés sont directement contraires au véritable esprit scientifique. Dieu me garde de prétendre qu'il n'y ait eu parmi les plus sincères croyants des hommes qui ont rendu à la science d'éminents services ; et pour ne parler que des contemporains, c'est parmi les catholiques sincères que je trouverais peut-être le plus d'hommes sympathiques à mon esprit et à mon cœur. Mais, s'il m'était permis de m'entendre de bien près avec eux, nous verrions jusqu'à quel point leur ardeur scientifique n'est pas une noble inconséquence. Qu'on me permette un exemple. Silvestre de Sacy est à mes yeux le type du savant orthodoxe. Certes il est impossible de demander une science de meilleur aloi, si on ne recherche que l'exactitude et la critique de détail. Mais si on s'élève plus haut, quel étrange spectacle qu'un homme qui, en possession d'une des plus vastes éruditions des temps modernes, n'est jamais arrivé à une pensée de haute critique ! Quand je travaille sur les œuvres de cet homme infiniment respectable, je suis toujours tenté de lui demander : A quoi bon ? A quoi bon savoir l'hébreu, l'arabe, le samaritain, le syriaque, le chaldéen, l'éthiopien, le persan, à quoi bon être le premier homme de l'Europe pour la connaissance des littératures de l'Orient, si on n'est point arrivé à l'idée de l'humanité, si tout cela n'est conçu dans un but religieux et supérieur ? La science vraiment élevée n'a commencé que le jour où la raison s'est prise au sérieux, et s'est dit à elle-même : Tout me fait défaut ; de moi seule viendra mon salut. C'est alors qu'on se met résolument à l'œuvre ; c'est alors que tout reprend son prix en vue du résultat final. Il ne s'agit plus de jouer avec la science, d'en faire un thème d'insipides et innocents paradoxes (16) ; il s'agit de la grande affaire de l'homme et de l'humanité : de là un sérieux, une attention, un respect que ne pouvaient connaître ceux qui ne faisaient de la science que par un côté d'eux-mêmes. Il faut être conséquent : si faire son salut est la seule chose nécessaire, on se prêtera à tout le reste comme à un hors-d'œuvre, on n'y sera point à son aise; si on y met trop de goût, on se le reprochera comme une faiblesse, on ne sera profane qu'à demi, on fera comme saint Augustin et Alcuin, qui s'accusent de trop aimer Virgile. Mon Dieu! ils ne sont pas si coupables qu'ils le pensent. La nature humaine, plus forte au fond que tous les systèmes religieux, sait trouver des secrets pour reprendre sa revanche. L'islamisme, par la plus flagrante contradiction, n'a-t-il pas vu dans son sein un développement de science purement rationaliste? Képler, Newton, Descartes et la plupart des fondateurs de la science moderne étaient des croyants. Étrange illusion, qui prouve au moins la bonne foi de ceux qui entreprirent cette œuvre, et plus encore la fatalité qui entraîne l'esprit humain engagé dans les voies du rationalisme à une rupture absolue, que d'abord il repousse, avec toute religion positive! Chez quelques-uns de ces grands hommes, cela s'expliquait par une vue bornée de la science et de son objet; chez d'autres, comme chez Descartes (17), qui prétendait bien tirer de la raison les vérités essentielles à l'homme, il y avait superfétation manifeste, emploi de deux rouages pour la même fin. — Je n'ai pas besoin, remarquez bien, de me poser ici en controversiste, de prouver qu'il y a contradiction entre la science et la révélation : il me suffit qu'il y ait double emploi pour prouver ma thèse actuelle. Dans un système révélé, la science n'a plus qu'une valeur très secondaire et ne mérite pas qu'on y consacre sa vie : car ce qui seul en fait le prix est donné d'ailleurs d'une façon plus éminente. Nul ne peut servir deux maîtres, ni adorer un double idéal.

Pour moi, je le dirai avec cette franchise qu'on voudra bien, j'espère, me reconnaître (qui n'est pas franc à vingt-cinq ans est un misérable), je ne conçois la haute science, la science comprenant son but et sa fin, qu'en dehors de toute croyance surnaturelle. C'est l'amour pur de la science qui m'a fait briser les liens de toute croyance révélée, et j'ai senti que, le jour où je me suis proclamé sans autre maître que la raison, j'ai posé la condition de la science et de la philosophie. Si une âme religieuse en lisant ces lignes pouvait s'imaginer que j'insulte : Oh! non, lui dirais-je, je suis votre frère. Moi, insulter quelque chose qui est de l'âme ! C'est parce que je suis sérieux et que je traite sérieusement les choses religieuses que je parle de la sorte. Si comme tant d'autres je ne voyais dans la religion qu'une machine, une digue, un utile préjugé, je prendrais ce demi-ton insaisissable qui n'est au fond qu'indifférence et légèreté. Mais comme je crois à la vérité, comme je crois que le christianisme est une chose grave et considérable, j'ai quasi l'air controversiste, et certains délicats vont crier, j'en suis sûr, à la renaissance du voltairianisme. Je suis bien aise de le dire une fois pour toutes : si je porte dans les discussions religieuses une franchise et une lourdeur qui ne sont plus de mode, c'est que je n'aborde jamais les choses de l'âme qu'avec un profond respect. Vous n'avez pas, messieurs, de plus dangereux ennemis que ces cauteleux adversaires à demi-mot. Le siècle n'est plus controversiste parce qu'au fond il est incrédule et frivole. Si donc je suis plus franc et si mes attaques sont plus à bout portant, sachez-le, c'est que je suis plus respectueux et plus soucieux de la *vérité intrinsèque…*

Mais on va dire que je suis bien maladroit de prendre les choses de la sorte.

Je parlerai souvent dans ma vie du christianisme, et comment n'en parlerais-je pas ? C'est la gloire du christianisme d'occuper encore la moitié de nos pensées et d'absorber l'attention de tous les penseurs, de ceux qui luttent, comme de ceux qui croient. J'ai longtemps réussi à penser et à écrire comme s'il n'y avait pas au monde de religions, ainsi que font tant de philosophes rationalistes, qui ont écrit des volumes sans dire un mot du christianisme. Mais cette abstraction m'est ensuite apparue comme si irrévérencieuse envers l'histoire, si partielle, si négative de tout ce qu'il y a de plus sublime dans la nature humaine, que, dussent les inquisiteurs et les philosophes s'en irriter, j'ai résolu de prendre l'esprit humain pour ce qu'il est, et de ne pas me priver de l'étude de sa plus belle moitié. Je trouve, moi, que les religions valent la peine qu'on en parle, et qu'il y a dans leur étude autant de philosophie que dans quelques chapitres de sèche et insipide philosophie morale.

Le jour n'est pas loin où, avec un peu de franchise de part et d'autre, et en levant les malentendus qui séparent les gens les mieux faits pour s'entendre, on reconnaîtra que le sens élevé des choses, la haute critique, le grand amour, l'art vraiment noble, le saint idéal de la morale ne sont possibles qu'à la condition de se poser dès le premier abord dans le divin, de déclarer tout ce qui est beau, tout ce qui est pur, tout ce qui est aimable, également saint, également adorable; de considérer tout ce qui est comme un seul ordre de choses, qui est la nature, comme la variété, l'efflorescence, la germination superficielle d'un fond identique et vivant.

La science vraiment digne de ce nom n'est donc possible qu'à la condition de la plus parfaite autonomie. La critique ne connait pas le respect; pour elle, il n'y a ni prestige ni mystère; elle rompt tous les charmes, elle dérange tous les voiles. Cette irrévérencieuse puissance, portant sur toute chose un œil ferme et scrutateur, est, par son essence même, coupable de lèse-majesté divine et humaine. C'est la seule autorité sans contrôle; c'est l'homme spirituel de saint Paul, qui juge tout et n'est jugé par personne. La cause de la critique, c'est la cause du rationalisme, et la cause du rationalisme, c'est la cause même de l'esprit moderne. Maudire le rationalisme, c'est maudire tout le développement de l'esprit humain depuis Pétrarque et Boccace, c'est-à-dire depuis la première apparition de l'esprit critique. C'est en appeler au moyen âge; que dis-je? le moyen âge a eu aussi ses hardies tentatives de rationalisme. C'est proclamer le règne sans contrôle de la superstition et de la crédulité. Il s'agit de savoir s'il faut refluer cinq siècles et blâmer un développement qui était évidemment appelé par la nécessité des choses. Or, *a priori* et indépendamment de tout examen, un tel développement se légitime par lui-même. Les faits accomplis ont eu raison d'être, et si l'on peut en appeler contre eux, c'est à l'avenir, jamais au passé.

Étudiez, en effet, depuis Pétrarque et Boccace, la marche de la critique moderne, vous la verrez, suivant toujours la ligne de son inflexible progrès, renverser l'une après l'autre toutes les idoles de la science incomplète, toutes les superstitions du passé. C'est d'abord Aristote, le dieu de la philosophie du moyen âge, qui tombe sous les coups des réformateurs du xv° et du xvi° siècle, avec son grotesque cortège d'Arabes et de commentateurs; puis c'est

Platon, qui, élevé un instant contre son rival, prêché comme l'Évangile, retrouve sa dignité en retombant du rang de prophète à celui d'homme; puis c'est l'antiquité tout entière qui reprend son sens véritable et sa valeur d'abord mal comprise dans l'histoire de l'esprit humain; puis c'est Homère, l'idole de la philologie antique, qui, un beau jour, a disparu de dessus son piédestal de trois mille ans et est allé noyer sa personnalité dans l'océan sans fond de l'humanité; puis c'est toute l'histoire primitive, acceptée jusque-là avec une grossière littéralité, qui trouve d'ingénieux interprètes, hiérophantes rationalistes, qui lèvent le voile des vieux mystères. Puis ce sont ces écrits tenus pour sacrés qui deviennent aux yeux d'une ingénieuse et fine exégèse la plus curieuse littérature. Admirable déchiffrement d'un superstitieux hiéroglyphisme, marche courageuse de la lettre à l'esprit, voilà l'œuvre de la critique moderne !

L'esprit moderne, c'est l'intelligence réfléchie. La croyance à une révélation, à un ordre surnaturel, c'est la négation de la critique, c'est un reste de la vieille conception anthropomorphique du monde, formée à une époque où l'homme n'était pas encore arrivé à l'idée claire des lois de la nature. Il faut dire du surnaturel ce que Schleiermacher disait des anges : « On ne peut en prouver l'impossibilité ; cependant, toute cette conception est telle qu'elle ne pourrait plus naître de notre temps; elle appartient exclusivement à l'idée que l'antiquité se faisait du monde » (18). La croyance au miracle est, en effet, la conséquence d'un état intellectuel où le monde est considéré comme gouverné par la fantaisie et non par des lois immuables. Sans doute, ce n'est pas ainsi que l'envisagent les supernaturalistes modernes, lesquels forcés par la science, qu'ils n'osent froisser assez hardiment, d'admettre un ordre stable de la nature, supposent seulement que l'action libre de Dieu peut parfois le changer, et conçoivent ainsi le miracle comme une *dérogation* à des lois établies. Mais ce concept, je le répète, n'était nullement celui des hommes primitifs. Le miracle n'était pas conçu alors comme surnaturel. L'idée de *surnaturel* n'apparaît que quand l'idée des lois de la nature s'est nettement formulée et s'impose même à ceux qui veulent timidement concilier le merveilleux et l'expérience. C'est là une de ces pâles compositions entre les idées primitives et les données de l'expérience, qui ne réussissent qu'à n'être ni poétiques ni scientifiques. Pour les hommes primitifs, au contraire, le miracle était parfaitement naturel et surgissait à chaque pas, ou plutôt il n'y avait ni lois ni nature pour ces âmes naïves, voyant partout action immédiate d'agents libres. L'idée de lois de la nature n'apparaît qu'assez tard et n'est accessible qu'à des intelligences cultivées. Elle manque complètement chez le sauvage, et, aujourd'hui encore, les simples supposent le miracle avec une facilité étrange.

Ce n'est pas d'un raisonnement, mais de tout l'ensemble des sciences modernes que sort cet immense résultat : Il n'y a pas de surnaturel. Il est impossible de réfuter par des arguments directs celui qui s'obstine à y croire ; il se jouera de tous les raisonnements *a priori*. C'est comme si l'on voulait argumenter un sauvage sur l'absurdité de ses fétiches. Le fétichiste est inconvertissable ; le moyen de l'amener à une religion supérieure n'est pas de la lui prêcher directement ; car s'il l'accepte en cet état, il ne l'acceptera que comme une autre sorte de fétichisme. Le moyen, c'est de le civiliser, de l'élever au point de l'échelle humaine auquel correspond cette religion. De même le supernaturaliste orthodoxe est inabordable. Aucun argument logique ou métaphysique ne vaut contre lui. Mais si l'on s'élève à un degré supérieur du développement de l'esprit humain, le supernaturalisme apparaît comme une conception dépassée. Le seul moyen de guérir de cette étrange maladie qui, à la honte de la civilisation, n'a pas encore disparu de l'humanité, c'est la culture moderne. Mettez l'esprit au niveau de la science, nourrissez-le dans la méthode rationnelle, et, sans lutte, sans argumentation, tomberont ces superstitions surannées. Depuis qu'il y a de l'être, tout ce qui s'est passé dans le monde des phénomènes a été le développement régulier des lois de l'être, lois qui ne constituent qu'un seul ordre de gouvernement, qui est la nature. Qui dit au-dessus ou en dehors de la nature dans l'ordre des faits dit une contradiction, comme qui dirait surdivin, dans l'ordre des substances. Vain effort pour monter au-dessus du suprême! Tous les faits ont pour théâtre l'espace ou l'esprit. La nature, c'est la raison, c'est l'immuable, c'est l'exclusion du caprice. L'œuvre moderne ne sera accomplie que quand la croyance au surnaturel, sous quelque forme que ce soit, sera détruite comme l'est déjà la croyance à la magie, à la sorcellerie. Tout cela est du même ordre. Ceux qui combattent aujourd'hui les supernaturalistes, seront, aux yeux de l'avenir, ce que sont à nos yeux ceux qui ont combattu la croyance à la magie, au xvie et au xviie siècle. Certes, ces derniers ont rendu à l'esprit humain un éminent service; mais leur victoire même les a fait oublier. C'est le sort de tous ceux qui combattent les préjugés d'être oubliés, sitôt que le préjugé n'est plus.

La science positive et expérimentale, en donnant à l'homme le sentiment de la vie réelle, peut seule détruire le supernaturalisme. La spéculation métaphysique est loin d'atteindre ce but. L'Inde nous présente le curieux phénomène du développement métaphysique le plus puissant peut-être qu'ait réalisé l'esprit humain, à côté de la mythologie la plus exubérante. Des spéculations de l'ordre de Kant et de Schelling ont coexisté dans des têtes brahmaniques, avec des fables plus extravagantes que celles qu'Ovide a chantées.

Quand je me rends compte des motifs pour lesquels j'ai cessé de croire au christianisme, qui captiva mon enfance et ma première jeunesse, il me semble que le système des choses, tel que je l'entends aujourd'hui, diffère seulement de mes premiers concepts en ce que je considère tous les faits réels comme de même ordre et que je fais rentrer dans la nature ce qu'autrefois je regardais comme supérieur à la nature. Il faut avouer qu'il y avait, dans le supernaturalisme primitif, dans celui qui a créé les systèmes mythologiques de l'Inde et de la Grèce, quelque chose d'admirablement puissant et élevé (19); à celui-là, je pardonne bien volontiers, et quelquefois je le regrette ; mais il n'est plus possible ; la réflexion est trop avancée, l'imagination trop refroidie pour permettre ces superbes contre-bon sens. Quant au timide compromis, qui cherche à concilier un surnaturalisme affaibli avec un état intellectuel exclusif de la croyance au surnaturel, il ne réussit qu'à faire violence aux instincts scientifiques les plus impérieux des temps modernes, sans faire revivre la vieille poésie merveilleuse, devenue à jamais impossible. Tout ou rien ; supernaturalisme absolu ou rationalisme sans réserve.

La foi simple a ses charmes ; mais la demi-critique ne

sera jamais que pesanteur d'esprit. Il y a autant de bonhomie et de crédulité, mais beaucoup moins de poésie, à discuter lourdement des fables qu'à les accepter en bloc. Nous traitons avec raison de barbares les hagiographes du xviie siècle, qui, en écrivant la *Vie des Saints*, admettaient certains miracles et en rejetaient d'autres comme trop excentriques (il est clair qu'avec ce principe il eût fallu tout rejeter), et nous préférons, au point de vue artistique, la *Sainte Élisabeth* de M. de Montalembert, par exemple, où tout est accepté sans distinction. La ligne entre tout croire et ne rien croire est alors bien indécise et pour le lecteur et pour l'auteur ; on peut incliner vers l'un ou vers l'autre, suivant les heures de rationalisme ou de poésie, et l'œuvre conserve au moins un incontestable mérite comme œuvre d'art. Telle était aussi la belle et poétique manière de Platon ; tel est le secret du charme inimitable que l'usage demi-croyant, demi-sceptique des mythes populaires donne à sa philosophie. Mais accepter une partie et rejeter l'autre ne peut être que le fait d'un esprit étroit. Rien de moins philosophique que d'appliquer une demi-critique aux récits conçus en dehors de toute critique.

L'œuvre de la critique moderne est donc de détruire tout système de croyance entaché de supernaturalisme. L'islamisme qui, par un étrange destin, à peine constitué comme religion dans ses premières années, est allé depuis acquérant sans cesse un nouveau degré de force et de stabilité, l'islamisme périra par l'influence seule de la science européenne, et ce sera notre siècle qui sera désigné par l'histoire comme celui où commencèrent à se poser les causes de cet immense événement. La jeunesse d'Orient, en venant dans les écoles d'Occident puiser la science curopéenne, emportera avec elle ce qui en est le corollaire inséparable, la méthode rationnelle, l'esprit expérimental, le sens du réel, l'impossibilité de croire à des traditions religieuses évidemment conçues en dehors de toute critique. Déjà les musulmans rigides s'en inquiètent et signalent le danger à la jeunesse émigrante. Le scheich Rifaa, dans l'intéressante relation de son voyage en Europe, insiste vivement sur les déplorables erreurs qui déparent nos livres de science, comme le mouvement de la terre, etc., et ne regarde pas encore comme impossible de les expurger de ce venin. Mais il est évident que ces hérésies ne tarderont pas à être plus fortes que le Coran, dans des esprits initiés aux méthodes modernes. La cause de cette révolution sera non pas notre *littérature*, qui n'a pas plus de sens aux yeux des Orientaux que n'en eut celle des Grecs aux yeux des Arabes du $ıx^e$ et du xe siècle, mais notre *science*, qui, comme celle des Grecs, n'ayant aucun cachet national, est une œuvre pure de l'esprit humain (20).

Il y a, je le sais, dans l'homme des instincts faibles, humbles, féminins, si j'ose le dire, une certaine mollesse, qui a des analogies fort étendues qu'on devine sans vouloir se les définir, et dont le physiologiste aurait peut-être autant à s'occuper que le psychologue (21), instincts qui souffrent de cette mâle et ferme tenue du rationalisme, laquelle ressemble parfois à une sorte de raideur (22). Dans la vie des individus, comme dans celle de l'humanité, il y a des moyen âges, des moments où la réflexion se voile, s'obscurcit, et où les instincts reprennent momentanément le dessus. Il est certaines âmes d'une nature fort délicate qu'il sera à jamais impossible de plier à ce sévère régime et à cette austère discipline. Ces instincts étant de la nature humaine, il ne faut pas les blâmer, et le vrai système moral et intellectuel saura leur faire une part : mais cette part ne doit jamais être l'affaissement ni la superstition. Les grandes calamités, en humiliant l'homme et en émoussant la pointe de ses vives et audacieuses facultés, deviennent par là un véritable danger pour le rationalisme, et inspirent à l'humanité, comme les maladies à l'individu, un certain besoin de soumission, d'abaissement, d'humiliation. Il passe un vent tiède et humide, qui distend toute rigidité, amollit ce qui tenait ferme. On est presque tenté de se frapper la poitrine pour l'audace que l'on a eue en bonne santé; les ressorts s'affaiblissent; les instincts généreux et forts tombent; on éprouve je ne sais quelle molle velléité de se convertir et de tomber à genoux. Si les calamités du moyen âge revenaient, les monastères se repeupleraient, les superstitions du moyen âge reviendraient. Les vieilles croyances n'ont plus d'autre ressource que l'ignorance et les calamités publiques (23). La foi sera toujours en raison inverse de la vigueur de l'esprit et de la culture intellectuelle. Elle est là derrière l'humanité attendant ses moments de défaillance, pour la recevoir dans ses bras et prétendre ensuite que c'est l'humanité qui s'est donnée à elle. Pour nous, nous ne plierons pas; nous tiendrons ferme comme Ajax contre les dieux; s'ils prétendent nous faire fléchir en nous frappant, ils se trompent. Honte aux timides qui ont peur! Honte surtout aux lâches qui exploitent nos misères, et attendent pour nous vaincre que le malheur nous ait déjà à moitié vaincus.

L'éternelle objection qui éloigne du rationalisme certaines âmes très distinguées, qui par suite même de leur délicatesse sont possédées d'un plus vif besoin de croire, c'est la brièveté de son symbole, la contradiction de ses systèmes, l'apparence de négation qui lui donne les airs du scepticisme. Peu douées du côté de l'intelligence et de la critique, elles voudraient un système tout fait, réunissant une grande masse de suffrages, et qu'on pût accepter sans examen intrinsèque. Comment croire ces philosophes, disent-elles? il n'y en a pas deux qui disent de la même manière (24). Scrupules de petits esprits, incapables de discussion rationnelle, et désireux de pouvoir s'en tenir à des caractères extérieurs; scrupules respectables pourtant, car ils sont honnêtes et supposent la foi à la vérité! Répondre à ces belles et bonnes âmes que c'est bien dommage qu'il en soit ainsi, mais qu'après tout ce n'est pas la faute du rationalisme si l'homme peut affirmer peu de choses, qu'il vaut mieux affirmer peu avec certitude que d'affirmer ce que l'on ne sait pas légitimement, que si le meilleur système intellectuel était celui qui affirme le plus, aucun ne serait préférable à la crédulité primitive admettant tout sans critique ; répondre ainsi à ces âmes faciles et expansives, c'est comme si on raisonnait avec un appétit surexcité pour lui prouver que le besoin qu'il ressent est désordonné. Il faut répondre une seule chose, et cette chose est la vérité, c'est que la brièveté du symbole de la science n'est qu'apparente, que ses contradictions ne sont qu'apparentes, que sa forme négative n'est qu'apparente. Les esprits rationnels le plus souvent ne se contredisent que par malentendu, parce qu'ils ne parlent pas des mêmes choses, ou qu'ils ne les envisagent pas par le même côté. Il est certain que deux hommes qui auraient reçu exactement la même culture et fait les mêmes études verraient exactement de la même manière, bien qu'ils puissent sentir très différemment.

Sans doute la science ne formule pas ses résultats comme la théologie dogmatique; elle ne compte pas ses propositions, elle n'arrête pas à un chiffre donné ses articles de foi. Ses vérités acquises ne sont pas de lourds théorèmes, qui viennent poser à plein devant les esprits les plus grossiers. Ce sont de délicats aperçus, des vues fugitives et indéfinissables, des manières de cadrer sa pensée plutôt que des données positives, des façons d'envisager les choses, une culture de finesse et de délicatesse plutôt qu'un dogmatisme positif. Mais au fond telle est la véritable forme des vérités morales : c'est les fausser que de leur appliquer ces moules inflexibles des sciences mathématiques, qui ne conviennent qu'à des vérités d'un autre ordre, acquises par d'autres procédés. Platon n'a pas de symbole, pas de propositions arrêtées, pas de principes fixes, dans le sens scolastique que nous attachons à ce mot; c'est fausser sa pensée que de vouloir en extraire une théorie dogmatique. Et pourtant Platon représente un *esprit;* Platon est une religion. Un *esprit*, voilà le mot essentiel. L'esprit est tout, le dogme positif est peu de chose, et c'est bien merveille s'il n'est contradictoire; que dis-je? il sera nécessairement étroit, s'il ne semble contradictoire. Un *esprit* ne s'exprime pas par une théorie analytique, où chaque point de la science est successivement élucidé. Ce n'est ni par *Oui*, ni par *Non*, qu'il résout les problèmes délicats qu'il se pose. Un *esprit* s'exprime tout entier à la fois ; il est dans vingt pages comme dans tout un livre; dans un livre comme dans une collection d'œuvres complètes. Il n'y a pas un dialogue d Platon qui ne soit une philosophie, une variation sur un thème toujours identique. Qui dit *voltairien* exprime une nuance aussi tranchée et aussi facile à saisir que *cartésien*; et pourtant Descartes a un système, et Voltaire n'en a pas. Descartes peut se réduire en propositions, Voltaire ne le peut pas. Mais Voltaire a un *esprit*, une façon de prendre les choses, qui résulte de tout un ensemble d'habitudes intellectuelles. Parcourez son œuvre, et dites si cet homme n'a pas pris siège d'une manière bien fixe et bien arrêtée, pour dessiner à sa guise le grand paysage, s'il n'avait pas un système de vie, une façon à lui de voir les choses.

Quand donc cesserons-nous d'être de lourds scolastiques, et d'exiger sur Dieu, sur l'âme, sur la morale, des petits bouts de phrases à la façon de la géométrie? Je suppose ces phrases aussi exactes que possible, elles seraient fausses, radicalement fausses, par leur absurde tentative de *définir*, de limiter l'infini. Ah! lisez-moi un dialogue de Platon, une méditation de Lamartine, une page de Herder, une scène de *Faust*. Voilà une philosophie, c'est-à-dire une façon de prendre la vie et les choses. Quant aux propositions particulières, chacun les arrange à sa guise, et c'est le moins essentiel. Cela démonte fort les petits esprits, qui n'aiment que des formules de deux ou trois lignes, afin de les apprendre par cœur. Puis, quand ils voient que chaque philosophe a les siennes, que tout cela ne coïncide pas, ils entrent dans une grand affliction d'esprit, et dans de merveilleuses impatiences : C'est la tour de Babel, disent-ils; chacun y parle sa langue; adressons-nous à des gens qui aient des propositions mieux dressées et un symbole fait une fois pour toutes.

Quand je veux initier de jeunes esprits à la philosophie, je commence par n'importe quel sujet, je parle dans un certain sens et sur un certain ton, je m'occupe peu qu'ils retiennent les données positives que je leur expose, je ne cherche même pas à les prouver; mais j'insinue un esprit, une manière, un tour; puis quand je leur ai inoculé ce sens nouveau, je les laisse chercher à leur guise et se bâtir leur temple suivant leur propre style. Là commence l'originalité individuelle, qu'il faut souverainement respecter. Les résultats positifs ne s'enseignent pas, ne s'imposent pas; ils n'ont aucune valeur s'ils sont transmis et acceptés de mémoire. Il faut y avoir été conduit, il faut les avoir découverts ou devinés d'avance sur les lèvres de celui qui les expose. Les propositions positives sont l'affaire de chacun; l'esprit seul est transmissible. Je le dis en toute franchise. Je n'ai pas, et je ne crois pas que la science puisse donner un ensemble de propositions délimitées et arrêtées, constituant une religion naturelle. Mais il y a une *position intellectuelle*, susceptible d'être exprimée en un livre, non en une phrase, qui est à elle seule une religion; il y a une façon religieuse de prendre les choses, et cette façon est la mienne. Ceux qui une fois dans leur vie ont respiré l'air de l'autre monde, et goûté le nectar idéal, ceux-là me comprendront (25).

— On ne tardera point, ce me semble, à reconnaître que la trop grande précision dans les choses morales est aussi peu philosophique qu'elle est peu poétique. Tous les systèmes sont attaquables par leur précision même (26). Combien, par exemple, ces admirables oraisons funèbres, où Bossuet a commenté la mort dans un si magnifique langage, sont loin de ce que réclamerait notre manière actuelle de sentir, à cause du cadre délimité et précis où la théologie avait réduit les idées de l'autre vie. Aujourd'hui nous ne concevrions plus de grande éloquence sur une tombe sans un doute, un voile tiré sur ce qui est au delà, une espérance, mais laissée dans ses nuages, doctrine moins éloquente peut-être, mais certainement plus poétique et plus philosophique qu'un dogmatisme trop défini, donnant, si j'ose le dire, la carte de l'autre vie. Le sauvage de l'Océanie prend son île pour le monde. Plus téméraires encore sont ceux qui prétendent enserrer de lignes l'infini. Voilà pourquoi de toutes les études la plus abrutissante, la plus destructive de toute poésie et de toute intelligence, c'est la théologie.

Un système c'est une épopée sur les choses. Il serait aussi absurde qu'un système renfermât le dernier mot de la réalité qu'il le serait qu'une épopée épuisât le cercle entier de la beauté. Une épopée est d'autant plus parfaite qu'elle correspond mieux à toute l'humanité, et pourtant, après la plus parfaite épopée, le thème est encore nouveau et peut prêter à d'infinies variations, selon le caractère individuel du poète, son siècle ou la nation à laquelle il appartient. Comment sentir la nature, comment aspirer en liberté le parfum des choses, si on ne les voit que dans les formes étroites et moulées d'un système? Je sentis cela un jour divinement en entrant dans un petit bois. Une main m'en repoussa, parce que je me figurais en ce moment la nature sous je ne sais quel aspect de physique, et je ne me réconciliai qu'en me disant bien que tout cela n'était qu'un trait saisi dans l'infini, une vapeur sur un ciel pur, une strie sur un vaste rideau. Il faut renoncer à l'étroit concept de la scolastique, prenant l'esprit humain comme une machine parfaitement exacte et adéquate à l'absolu. Des vues, des aperçus, des jours, des ouvertures, des sensations, des couleurs, des physionomies, des aspects, voilà les formes sous lesquelles l'esprit perçoit les choses (27). La géométrie seule se formule en axiomes et en théorèmes. Ailleurs le vague est le vrai.

Telle est l'activité de l'intelligence humaine que c'est la forcer à délirer que de la renfermer dans un cercle trop étroit. La liberté de penser est imprescriptible : si vous barrez à l'homme les vastes horizons, il s'en vengera par la subtilité: si vous lui imposez un texte, il y échappera par le contre-sens. Le contre-sens, aux époques d'autorité, est la revanche que prend l'esprit humain sur la chaîne qu'on lui impose ; c'est la protestation contre le texte. Ce texte est infaillible; à la bonne heure. Mais il est diversement interprétable, et là recommence la diversité, simulacre de liberté dont on se contente à défaut d'autre. Sous le régime d'Aristote, comme sous celui de la Bible, on a pu penser presque aussi librement que de nos jours, mais à la condition de prouver que telle pensée était réellement dans Aristote ou dans la Bible, ce qui ne faisait jamais grande difficulté. Le Talmud, la Masore, la Cabbale sont les produits étranges de ce que peut l'esprit humain enchaîné sur un texte. On en compte les lettres, les mots, les syllabes, on s'attache aux sons matériels bien plus qu'au sens, on multiplie à l'infini les subtilités exégétiques, les modes d'interprétation, comme l'affamé, qui, après avoir mangé son pain, en recueille les miettes. Tous les commentaires des livres sacrés se ressemblent, depuis ceux de Manou, jusqu'à ceux de la Bible, jusqu'à ceux du Coran. Tous sont la protestation de l'esprit humain contre la lettre asservissante, un effort malheureux pour féconder un champ infécond. Quand l'esprit ne trouve pas un objet proportionné à son activité, il s'en crée un par mille tours de force.

Ce que l'esprit humain fait devant un texte imposé, il le fait devant un dogme arrêté. Pourquoi s'est-on si horriblement ennuyé au xviie siècle ? Pourquoi madame de Maintenon mourait-elle d'ennui à Versailles ? Hélas ! c'est qu'il n'y avait pas d'horizon. Un prisonnier enchaîné en face d'un mur, après en avoir compté les pierres, que lui restera-t-il à faire ? C'est par la même raison que ce siècle d'orthodoxie et de règle fut le siècle de l'équivoque. C'est la règle étroite qui fait naître l'équivoque. Pourquoi le droit est-il la science de l'équivoque ? C'est qu'on y est limité de toutes parts par des formules. Pourquoi a-t-on tant équivoqué au moyen âge ? C'est qu'Aristote était là. Pourquoi la théologie est-elle d'un bout à l'autre une longue subtilité ? C'est que l'autorité y est toujours présente : on la coudoie sans cesse, on sent à chaque instant sa gênante pression. C'est une lutte perpétuelle de la liberté et du texte divin. Le jet d'eau laissé libre s'élève en ligne droite ; gêné, comprimé, il biaise, il gauchit. De même l'esprit laissé libre s'exerce normalement ; comprimé, il subtilise.

Je suis persuadé que si les esprits cultivés par la science rationnelle s'interrogeaient eux-mêmes, ils trouveraient que, sans formuler aucune proposition susceptible d'être mise en une phrase, ils ont des vues suffisamment arrêtées sur les choses vitales, et que ces vues, diversement exprimées pour chacun, reviennent à peu près au même. Seulement elles ne sont pas fixées dans des formes dures et déterminées une fois pour toutes. De là la couleur individuelle de toutes les philosophies, et surtout des philosophies allemandes. Chaque système est la façon dont un esprit éminent a vu le monde, façon toujours profondément empreinte de l'individualité du penseur. Je ne doute pas que chacun de ces systèmes ne fût très vrai dans la tête de l'auteur; mais par leur individualité même ils sont incommunicables et surtout indémontrables (28). Ce sont de pures hypothèses explicatives, comme celles de la physique, lesquelles n'empêchent pas qu'il n'y ait lieu ultérieurement d'en essayer d'autre. Il ne faut pas dire absolument qu'il en est ainsi; car nous ne pouvons avoir de conception adéquate aux causes primordiales; mais que les choses se passent comme s'il en était ainsi (29). Il est impossible que deux esprits bien faits envisageant le même objet en jugent différemment. Si l'un dit oui, l'autre non, c'est qu'évidemment ils ne parlent pas de la même chose, où qu'ils n'attachent pas le même sens aux mots (30). C'est ce que Hegel entendait dire, quand il avance que chaque penseur est libre de créer le monde à sa manière.

Il n'est donc pas étonnant que l'orthodoxe puisse serrer ses croyances plus que le philosophe. L'orthodoxie met, si j'ose le dire, toute sa provision vitale dans un tube dur et résistant, qui est un fait extérieur et palpable, la révélation, sorte de carapace qui la protège, mais la rend lourde et sans grâce. La foi du philosophe au contraire est toujours à nu, dans sa simple eauté. Jugez combien elle prête à la brutalité. Mais un jour viendra où le stylet de la critique pénétrera à son tour les défauts de la carapace du croyant, et atteindra la chair vive.

La vérité n'est aux yeux du penseur qu'une forme plus ou moins avancée, mais toujours incomplète ou du moins susceptible de perfectionnement. L'orthodoxie, au contraire, pétrifiée, stéréotypée dans ses formes, ne peut jamais se départir de son passé. Comme sa prétention est d'être faite du premier coup et tout d'une pièce, elle se met par là en dehors du progrès ; elle devient raide, cassante, inflexible, et, tandis que la philosophie est toujours contemporaine à l'humanité, la théologie à un certain jour devient arriérée. Car elle est immuable et l'humanité marche. Ce n'est pas que de force la théologie aussi n'ait marché comme tout le reste. Mais elle le nie, elle ment à l'histoire, elle fausse toute critique pour prouver que son état actuel est son état primitif, et elle y est obligée pour rester dans les conditions de son existence. Le philosophe, au contraire, ne conçoit en aucune circonstance ni la rétractation absolue ni l'immobilité prédécidée. Il veut que l'on se prête aux modifications successives amenées par le temps, sans jamais rompre catégoriquement avec son passé, mais sans en être l'esclave ; il veut que, sans le renier, on sache l'expliquer au sens nouveau, et montrer la part de vérité mal définie qu'il contenait. Qu'un philosophe se dépasse lui-même et use plusieurs systèmes (c'est-à-dire plusieurs expressions inégalement parfaites de la vérité), cela n'a rien de contradictoire, cela lui fait honneur.

Le problème de la philosophie est toujours nouveau ; il n'arrivera jamais à une formule définitive, et le jour où l'on s'en tiendrait aux assertions du passé, en les acceptant comme vérité absolue et irréformable, ce jour serait le dernier de la philosophie. L'orthodoxe n'est jamais plus agaçant que quand se targuant de son immobilité, il reproche au penseur ses fluctuations, et à la philosophie ses perpétuelles modifications (31). Ce sont ces modifications qui prouvent justement que la philosophie est le vrai ; par là elle est en harmonie avec la nature humaine toujours en travail et heureusement condamnée à faire toutes ses conquêtes à la sueur de son front. Cela seul ne varie pas qui n'est pas progressif. Rien de plus immuable que la nullité, qui n'a jamais vécu de la vie de l'intelligence, ou l'esprit lourd, qui n'a jamais vu qu'une face des choses. Le moyen de ne pas varier, c'est de ne pas penser. Si l'orthodoxie est immuable, c'est qu'elle se pose en dehors de la nature humaine et de la raison.

Et ne dites pas que c'est là le scepticisme ; c'est la *critique*, c'est-à-dire la discussion ultérieure et transcendante de ce qui avait d'abord été admis sans un examen suffisant, pour en tirer une vérité plus pure et plus avancée. Il est temps que l'on s'accoutume à appeler sceptiques tous ceux qui ne croient point encore à la religion de l'esprit moderne, et qui, s'attardant autour de systèmes usés, nient avec une haine aveugle les dogmes acquis du siècle vivant. Nous acceptons l'héritage des trois grands mouvements modernes, le protestantisme, la philosophie, la révolution, sans avoir la moindre envie de nous convertir aux symboles du xvie siècle, ou de nous faire voltairiens, ou de recommencer 1793 et 1848. Nous n'avons nul besoin de recommencer ce que nos pères ont fait. Libéralisme résume leur œuvre ; nous saurons la continuer.

« En logique, en morale, en politique, l'homme aspire à tenir quelque chose d'absolu. Ceux qui font reposer la connaissance humaine et le devoir et le gouvernement sur la nature humaine ont l'air de se priver d'un tel fondement ; car le libre examen, c'est la dissidence, c'est la variété de vues. Il semble donc plus commode de chercher et à la connaissance et à la morale et à la politique une base extérieure à l'homme, une révélation, un droit divin. Mais le malheur est qu'il n'y a rien de tel, qu'une pareille révélation aurait besoin d'être prouvée, qu'elle ne l'est pas, et que, quand elle le serait, elle ne le serait que par la raison, que par conséquent la diversité renaîtrait sur l'appréciation de ces preuves. Mieux vaut donc rester dans le champ de la nature humaine, ne chercher l'absolu que dans la science, et renoncer à ces timides palliatifs qui ne font que faire illusion et reculer la difficulté.

Il n'y a de nos jours que deux systèmes en face : les uns, désespérant de la raison, la croyant condamnée à se contredire éternellement, embrassent avec fureur une autorité extérieure et deviennent croyants par scepticisme (système jésuitique : l'autorité, le directeur, le pape, substitués à la raison, à Dieu). Les autres, par une vue plus profonde de la marche de l'esprit humain, au-dessous des contradictions apparentes, voient le progrès et l'unité. Mais, notez-le, ceci est essentiel : à moins de croire par instinct, comme les simples, on ne peut plus croire que par scepticisme : désespérer de la philosophie est devenu la première base de la théologie. J'aime et j'admire le grand scepticisme désespérant, dont l'expression a enrichi la littérature moderne de tant d'œuvres admirables. Mais je ne trouve que le rire et le dégoût pour cette mesquine ironie de la nature humaine, qui n'aboutit qu'à la superstition, et prétend guérir Byron, en lui prêchant le pape.

On parle beaucoup de l'accord de la raison et de la foi, de la science et de la révélation, et quelques pédants qui veulent se donner une façon d'intérêt et se poser en esprits impartiaux et supérieurs, en ont fait un thème d'ambiguïtés et de frivoles non-sens. Il faut s'entendre. Si la révélation est réellement ce qu'elle prétend être, la parole de Dieu, il est trop clair qu'elle est maîtresse, qu'elle n'a pas à pactiser avec la science, que celle-ci n'a qu'à plier bagage devant cette autorité infaillible, et que son rôle se réduit à celui de *serva et pedissequa*, à commenter ou expliquer la parole révélée. Dès lors aussi les dépositaires de cette parole révélée seront supérieurs en droit aux investigateurs de la science humaine, ou plutôt ils seront la seule puissance devant laquelle les autres disparaissent, comme l'humain devant le divin. Sans doute la vérité ne pouvant être contraire à elle-même, on reconnaîtra volontiers que la *bonne science* ne saurait contredire la révélation. Mais comme celle-ci est infaillible et plus claire, si la science semble la contredire, on en conclura qu'elle n'est pas la *bonne science*, et on imposera silence à ses objections. — Que si, au contraire, le fait de la révélation n'est pas réel, ou du moins, s'il n'a rien de surnaturel, les religions ne sont plus que des créations tout humaines, et tout se réduit alors à trouver la raison des diverses fictions de l'esprit humain. L'homme dans cette hypothèse a tout fait par ses facultés naturelles : ici spontanément et obscurément ; là scientifiquement et avec réflexion ; mais enfin l'homme a tout fait : il se retrouve partout en face de sa propre autorité et de son propre ouvrage. Les théologiens ont raison quand ils disent qu'il faut avant tout discuter le fait : cette doctrine est-elle la parole de Dieu? Et qu'on réponde oui ou non, le problème prétendu de l'accord de la foi et de la raison, supposant deux puissances égales qu'il s'agit de concilier, n'a pas de sens; car dans le premier cas, la raison disparaît devant la foi, comme le fini devant l'infini, et les orthodoxes les plus sévères ont raison; dans le second, il n'y a plus que la raison, se manifestant diversement et néanmoins toujours identique à elle-même (32).

C'est vous qui êtes les sceptiques, et nous qui sommes les croyants. Nous croyons à l'œuvre des temps modernes, à sa sainteté, à son avenir, et vous la maudissez. Nous croyons à la raison, et vous l'insultez; nous croyons à l'humanité, à ses divines destinées, à son impérissable avenir, et vous en riez; nous croyons à la dignité de l'homme, à la bonté de sa nature, à la rectitude de son cœur, au droit qu'il a d'arriver au parfait, et vous secouez la tête sur ces consolantes vérités, et vous vous appesantissez complaisamment sur le mal, et les plus saintes aspirations au céleste idéal, vous les appelez œuvres de Satan, et vous parlez de rébellion, de péché, de châtiment, d'expiation, d'humiliation, de pénitence, de bourreau à celui à qui il ne faudrait parler que d'expansion et de déification. Nous croyons à tout ce qui est vrai; nous aimons tout ce qui est beau (33); et vous, les yeux fermés sur les charmes infinis des choses, vous traversez ce beau monde sans avoir pour lui un sourire. Le monde est-il donc un cimetière, la vie une cérémonie funèbre? Au lieu de la réalité, nous aimez une abstraction. Qui est-ce qui nie, de vous ou de nous? Et celui qui nie n'est-il pas le sceptique?

Notre rationalisme n'est donc pas cette morgue analytique, sèche, négative, incapable de comprendre les choses du cœur et de l'imagination, qu'inaugura le xviii⁰ siècle ; ce n'est pas l'emploi exclusif de ce que l'on a appelé « l'acide du raisonnement » ; ce n'est pas la *philosophie positive* de M. Auguste Comte, ni la critique irréligieuse de M. Proudhon. C'est la reconnaissance de la nature humaine, consacrée dans toutes ses parties, c'est l'usage simultané et harmonique de toutes les facultés, c'est l'exclusion de toute exclusion. M. de Lamartine est, à nos yeux, un rationaliste, et pourtant, dans un sens plus restreint, il récuserait sans doute ce titre, puisqu'il nous apprend lui-même qu'il arrive à ses résultats non par combinaison ni raisonnement, mais par instinct et intuition immédiate. La critique n'a guère été conçue jusqu'ici que comme une épreuve dissolvante, une analyse détruisant la vie ; d'un point de vue plus avancé on comprendra que la haute critique n'est possible qu'à la condition du jeu complet de la nature humaine, et que réciproquement le haut amour et la grande admiration ne sont possibles qu'à la condition de la critique. Les prétendues natures poétiques, qui auront cru atteindre au sens vrai des choses sans la science, apparaîtront alors comme chimériques ; et les austères savants, qui auront fait fi des dons plus délicats, soit par vertu scientifique, soit par mépris forcé de ce qu'ils n'avaient pas, rappelleront l'ingénieux mythe des filles de Minée, changées en chauves-souris pour n'avoir été que raisonneuses devant des symboles auxquels il eût fallu appliquer des procédés plus indulgents.

L'histoire semble élever contre la science, la critique, le rationalisme, la civilisation, termes synonymes, une objection qu'il importe de résoudre. Elle semble, en effet, nous montrer le peuple le plus lettré succombant toujours sous le peuple le plus barbare : Athènes sous la Macédoine, la Grèce sous les Romains, les Romains sous les barbares, les Chinois sous les Mantchoux. La réflexion use vite. Nos familles bourgeoises, qui ne se possèdent que depuis une ou deux générations, sont déjà fatiguées. Le demi-siècle qui s'est écoulé depuis 89 les a plus épuisées que les innombrables générations de la nuit primitive. Trop savoir affaiblit en apparence l'humanité ; un peuple de philologues, de penseurs et de critiques serait bien faible pour défendre sa propre civilisation. L'Allemagne, au commencement de ce siècle, a honteusement plié devant la France, et combien pourtant l'Allemagne de Gœthe et de Kant était supérieure pour la pensée à la France de Napoléon. La barbarie, n'ayant pas la conscience d'elle-même, est obéissante et passive : l'individu ne se possédant pas lui-même se perd dans la masse, et obéit au commandement comme à la fatalité. L'obéissance passive n'est possible qu'à la condition de la stupidité. L'homme réfléchi, au contraire, calcule trop bien son intérêt, et se demande avec le positif qu'il porte en toute chose si c'est bien réellement son intérêt de se faire tuer. Il tient d'ailleurs plus profondément à la vie, et la raison en est simple. Son individualité est bien plus forte que celle du barbare ; l'homme civilisé dit Moi avec une énergie sans pareille ; chez le barbare, au contraire, la vie s'élève à peine au-dessus de cette sensation sourde qui constitue la vie de l'animal. Il ne résiste pas, car il existe à peine. De là ce mépris de la vie humaine (de la sienne comme de celle des autres) qui fait tout le secret de l'héroïsme du barbare. L'homme cultivé, dont la vie a un prix réel, en fait trop d'estime pour la jouer au hasard (34). La force brutale lui semble une telle extravagance qu'il se révolte contre d'aussi absurdes moyens, et ne peut se résoudre à se mesurer avec des armes qu'un sauvage manie mieux que lui. Dans ces luttes grossières, la conscience la plus obscure est la meilleure ; la personnalité, la réflexion sont des causes d'infériorité. Aussi la liberté de penser a-t-elle été jusqu'ici peu favorable aux entreprises qui exigent que des masses d'individus renoncent à leur individualité pour s'atteler au joug d'une grande pensée et la traîner majestueusement par le monde. Qu'eût fait Napoléon avec des raisonneurs ?

C'est là une contradiction réelle, qui, comme tant d'autres, ne peut se lever qu'en reconnaissant que l'humanité est bien loin de son état normal. Tandis qu'une portion de l'humanité mènera encore la vie brutale, les malentendus et les passions pourront exploiter l'humanité barbare contre l'humanité civilisée, et lâcher ces bêtes féroces sur les hommes raisonnables. Les critiques ont raison ; qu'ils soient ou non les plus forts, cela ne les empêche pas d'avoir raison, et, s'ils succombent, cela prouve simplement que l'état actuel de l'humanité est loin d'être celui où la justice et la raison seront les seules forces réelles comme elles sont les seules légitimes.

Observez bien, je vous prie, que ce n'est pas ici une vaine question, un rêve discuté à loisir. C'est la question même de l'humanité et de la légitimité de sa nature. Si l'humanité est ainsi faite qu'il y ait pour elle des illusions nécessaires, que trop de raffinement amène la dissolution et la faiblesse, que trop bien savoir la réalité des choses lui devienne nuisible, s'il lui faut des superstitions et des vues incomplètes, si le légitime et nécessaire développement de son être est sa propre dégradation, l'humanité est mal faite, elle est fondée sur le faux, elle ne tend qu'à sa propre destruction, puisque ceux qui ont vaincu grâce à leurs illusions sont ensuite entraînés forcément à se désillusionner par la civilisation et le rationalisme. Notre symbole est de la sorte détruit; car notre symbole, c'est la légitimité du progrès. Or, dans cette hypothèse, l'humanité serait engagée dans une impasse, sa ligne ne serait pas la ligne droite, marchant toujours à l'infini, puisqu'en poussant toujours devant elle, elle se trouverait avoir reculé. La loi qu'on devrait poser à la nature humaine ne serait plus alors de porter à l'absolu toutes ses puissances; la civilisation aurait son *maximum*, atteint par un balancement de contraires, et la sagesse serait de l'y retenir. Il s'agit de savoir, en un mot, si la loi de l'humanité est une expression telle qu'en augmentant toutes les variables, on augmente la valeur totale, ou si elle doit être assimilée à ces expressions qui atteignent un *maximum*, au delà duquel une augmentation apportée aux éléments divers fait décroître la valeur totale.

Heureux ceux qui auront dans une expérience définitive une réponse expérimentale à opposer à ces terribles appréhensions. Peut-être nos affirmations à cet égard ont-elles un peu du mérite de la foi, qui croit sans avoir vu, et à vrai dire, quand on envisage les faits isolés, l'optimisme semble une générosité faite à Dieu en toute gratuité. Pour moi, je verrais l'humanité crouler sur ses fondements, je verrais les hommes s'égorger dans une nuit fatale, que je proclamerais encore que la nature humaine est droite et faite pour le parfait, que les malentendus se lèveront, et qu'un jour viendra le règne de la raison et du parfait. Alors on se souviendra de nous, et l'on dira : Oh! qu'ils durent souffrir!

Il faut se garder d'assimiler notre civilisation et notre rationalisme à la culture factice de l'antiquité et surtout de la Grèce dégénérée. Notre XVIIIe siècle est certes une

époque de dépression morale, et pourtant il se termine
par la plus grande éruption de dévouement, d'abnégation
de la vie que présente l'histoire. Étaient-ce de tremblants
rhéteurs que ces philosophes, ces girondins, qui portaient
si fièrement leur tête à l'échafaud ? Étaient-ce de superstitieuses illusions qui raidissaient ces nobles âmes ? Il y a,
je le sais, une génération d'égoïstes, qui a grandi à l'ombre
d'une longue paix, génération sceptique, née sous les
influences de Mercure, sans croyance ni amour, laquelle,
au premier coup d'œil, a l'air de mener le monde. Oh!
si cela était, il ne faudrait pas désespérer de l'humanité
sans doute, car l'humanité ne meurt pas ; il faudrait
désespérer de la France. Mais quoi ? Sont-ce ces hommes
qu'on peut de bonne foi opposer comme une objection à
la science et à la philosophie ? Est-ce de trop savoir qui
les a amollis ? Est-ce de trop penser qui a détruit en eux
le sentiment de la patrie et de l'honneur ? Est-ce de trop
vivre dans le monde de l'esprit qui les a rendus inha-
biles aux grandes choses ? Eux, fermés à toute idée ; eux,
n'ayant pour science que celle d'un monde factice ; eux,
n'ayant pour philosophie que la frivolité ! Au nom du
ciel, ne nous parlez pas de ces hommes, quand il s'agit
de civilisation et de philosophie ! Lors même qu'il serait
prouvé que le ton de la société qui devenait de plus en
plus dominant sous Louis-Philippe allait à couper le
nerf des grandes choses, certes rien ne serait prouvé
contre la société qu'amèneront la raison et la nature
humaine développée dans sa franche vérité. Lors même
qu'il serait prouvé que le monde officiel est définitivement impuissant, qu'il ne peut rien créer d'original et de
fort, il ne faudrait pas désespérer de l'humanité ; car
l'humanité a des sources inconnues, où elle va sans cesse

puiser la jeunesse. Est-ce trop de rationalisme qui a perdu cette malheureuse Italie, qui nous offre en ce moment le lamentable spectacle d'un membre de l'humanité atteint de paralysie! Est-ce trop de critique qui a desséché les vaisseaux qui lui portaient la vie? N'était-elle pas plus belle et plus forte au xv° et dans la première moitié du xvi° siècle, alors qu'elle devançait l'Europe dans les voies de la civilisation, et ouvrait ses ailes au plus hardi rationalisme? Sont-ce les croyances religieuses qui lui ont maintenu sa vigueur? L'Italie païenne de Jules II et de Léon X ne valait-elle pas cette Italie exclusivement catholique de Pie V et du concile de Trente? Renverser le Capitole ou le temple de Jupiter Stateur eût été renverser Rome. Il faut qu'il n'en soit plus ainsi chez les nations modernes, puisque le repos dans les cultes religieux suffit pour énerver une nation (35). Il y a quelques mois les Romains fondaient leurs cloches pour en faire de gros sous. Certes si la religion des modernes était comme celle des anciens, la moelle épinière de la nation elle-même, c'eût été là une grosse absurdité. C'est comme si l'on croyait enrichir la France en convertissant la Colonne en monnaie. Mais que faire quand les dieux s'en sont allés? Symmaque demandant le rétablissement de l'autel de la Victoire faisait tout simplement acte de *rhéteur*.

L'antiquité n'ayant jamais compris le grand objet de la culture lettrée, et l'ayant toujours envisagée comme un exercice pour apprendre à *bien dire*, il n'est pas étonnant que les âmes fortes de ce temps se soient montrées sévères pour la petite manière des rhéteurs et l'éducation factice et sophistique qu'ils donnaient à la jeunesse. Les hommes sérieux concevaient comme idéal de la vertu des caractères grossiers et incultes, et comme idéal de la société un développement tourné exclusivement vers le dévouement à la patrie et le *bien faire* (Sparte, l'ancienne Rome, etc.). Or, comme on remarquait que la culture lettrée était subversive d'un tel état, on déclamait contre cette culture, qui rendait, disait-on, plus facile à vaincre. De là ces lieux communs, supériorité du *bien faire* sur le *bien dire*, de la vertu grossière sur la civilisation raffinée, mépris du *Græculus*, chargé de grammaire, etc. De nos jours, ce sont là des non-sens. A notre point de vue, en effet Sparte et l'ancienne Rome représentent un des états les plus imparfaits de l'humanité, puisqu'un des éléments essentiels de notre nature, la pensée, la perfection intellectuelle, y était complètement négligé. Sans doute la simple culture patriotique et vraie est supérieure à cette culture artificielle des derniers temps de l'empire, et si quelque chose pouvait inspirer des craintes sur l'avenir de la civilisation moderne, ce serait de voir combien l'éducation prétendue humaniste qu'on donne à notre jeunesse ressemble à celle de cette triste époque. Mais rien n'est supérieur à la science et à la grande civilisation purement humaine, et il n'y a qu'un esprit superficiel qui puisse comparer cette grande forme de la vie complète à ces siècles factices où l'on ne pouvait avoir un noble sentiment qu'avec une réminiscence de rhétorique, où l'on faisait venir un philosophe pour s'entendre lire une Consolation quand on avait perdu un être cher, et où l'on tirait de sa poche en mourant un discours préparé pour la circonstance.

Ainsi, lors même que la civilisation devrait sombrer encore une fois devant la barbarie, ce ne serait pas une objection contre elle. Elle aurait raison au delà. Elle vaincrait encore une fois ses vainqueurs, et toujours de même, jusqu'au jour où elle n'aurait plus personne à vaincre, et où, seule maîtresse, elle règnerait de plein droit. Qu'importe par qui s'opère le travail de la civilisation et le bien de l'humanité? Aux yeux de Dieu et de l'avenir, Russes et Français ne sont que des hommes. Nous n'en appelons au principe des nationalités que quand la nation opprimée est supérieure selon l'esprit à celle qui l'opprime. Les partisans absolus de la nationalité ne peuvent être que des esprits étroits. La perfection humanitaire est le but. A ce point de vue, la civilisation triomphe toujours; or, il serait par trop étrange qu'un poids invincible entraînât en ce sens l'espèce humaine, si ce n'était qu'une dégénération.

Il n'y a pas de décadence au point de vue de l'humanité. Décadence est un mot qu'il faut définitivement bannir de la philosophie de l'histoire. Où commence la décadence de Rome? Les esprits étroits, préoccupés de la conservation des mœurs anciennes, diront que c'est après les guerres puniques, c'est-à-dire précisément au moment où, les préliminaires étant posés, Rome commence sa mission et dépouille les mœurs de son enfance devenues impossibles. Ceux qui sont préoccupés de l'idée de la république placeront la ligne fatale à la bataille d'Actium; pauvres gens qui se seraient suicidés avec Brutus, ils croient voir la mort dans la crise de l'âge mûr. Cette décadence peut elle être mieux placée au IV° siècle, alors que l'œuvre de l'assimilation romaine est dans toute sa force, ou au V°, alors que Rome impose sa civilisation aux barbares qui l'envahissent? Et la Grèce?... Des temps homériques à Héraclius, où est sa décadence? Est-ce à l'époque de Philippe, alors qu'elle est à la veille de faire par Alexandre sa brillante apparition dans l'œuvre humanitaire? Est-ce sous la domination romaine, alors qu'elle est le berceau du christianisme? Tant il est vrai que le mot de décadence n'a de sens qu'au point de vue étroit de la politique et des nationalités, non au grand et large point de vue de l'œuvre humanitaire. Quand des races s'atrophient, l'humanité a des réserves de forces vives pour suppléer à ces défaillances. Que si l'on pouvait craindre que l'humanité, ayant épuisé ses réserves, n'éprouvât un jour le sort de chaque nation en particulier, et ne fût condamnée à la décadence, je répondrai qu'avant cette époque l'humanité sera sans doute devenue plus forte que toutes les causes destructives. Dans l'état actuel, une extrême critique est une cause d'affaiblissement physique et moral ; dans l'état normal, la science sera mère de la force. La science n'étant guère apparue jusqu'ici que sous la forme critique, on ne conçoit pas qu'elle puisse devenir un mobile puissant d'action. Cela sera pourtant, du moment où elle aura créé dans le monde moral une conviction égale à celle que produisait jadis la foi religieuse. Tous les arguments tirés du passé pour prouver l'impuissance de la philosophie ne prouvent rien pour l'avenir ; car le passé n'a été qu'une introduction nécessaire à la grande ère de la raison. La réflexion ne s'est point encore montrée créatrice. Attendez ! Attendez !...

Plusieurs en lisant ce livre s'étonneront peut-être de mes fréquents appels à l'avenir. C'est qu'en effet je suis persuadé que la plupart des arguments que l'on allègue pour faire l'apologie de la science et de la civilisation modernes, envisagées en elles-mêmes, et sans tenir compte de l'état ultérieur qu'elles auront contribué à amener, sont très fautifs et prêtent le flanc aux attaques des écoles rétrogrades. Il n'y a qu'un moyen de comprendre et de justifier l'esprit moderne : c'est de l'envisager comme un degré nécessaire vers le parfait ; c'est-à-dire vers l'avenir. Et cet appel n'est pas l'acte d'une foi aveugle, qui se rejette vers l'inconnu. C'est le légitime résultat qui sort de toute l'histoire de l'esprit humain. « L'espérance, dit George Sand, c'est la foi de ce siècle. »

A côté d'un dogmatisme théologique qui rend la science inutile et lui enlève sa dignité, il faut placer un autre dogmatisme encore plus étroit et plus absolu, celui d'un bon sens superficiel, qui n'est au fond que suffisance et nullité, et qui, ne voyant pas la difficulté des problèmes, trouve étrange qu'on en cherche la solution en dehors des routes battues. Il est trop clair que le bon sens dont il est ici question n'est pas celui qui résulte des facultés humaines agissant dans toute leur rectitude sur un sujet suffisamment connu. Celui que j'attaque est ce quelque chose d'assez équivoque dont les petits esprits s'arrogent la possession exclusive et qu'ils accordent si libéralement à ceux qui sont de leur avis, cette subtile puérilité qui sait donner à tout une apparence d'évidence. Or il est clair que le bon sens ainsi entendu ne peut suppléer la science dans la recherche de la vérité. Observez d'abord que les esprits superficiels qui en appellent sans cesse au bon sens désignent par ce nom la forme très particulière et très bornée de coutumes et d'habitudes où le hasard les a fait naître. Leur bon sens est la manière de voir de leur siècle ou de leur province. Celui qui a comparé savamment les faces diverses de l'humanité aurait seul le droit de faire cet appel à des opinions universelles. Est-ce le bon sens d'ailleurs qui me fournira ces connaissances de philosophie, d'histoire, de philologie, nécessaires pour la critique des plus importantes vérités ? Le bon sens a tous les droits quand il s'agit d'établir les bases de la morale et de la psychologie ; parce qu'il ne s'agit là que de constater ce qui est de la nature humaine, laquelle doit être cherchée dans son expression la plus générale, et par conséquent la plus vulgaire ; mais le bon sens n'est que lourd et maladroit, quand il veut résoudre seul les problèmes où il faut deviner plutôt que voir, saisir mille nuances presque imperceptibles, poursuivre des analogies secrètes et cachées. Le bon sens est partiel ; il n'envisage son opinion que par le dedans, et n'en sort jamais pour la juger du dehors. Or presque toute opinion est vraie en elle-même, mais relative quant au point de vue où elle est conçue. Les esprits délicats et fins sont seuls faits pour le vrai dans les sciences morales et historiques, comme les esprits exacts en mathématiques. Les vérités de la critique ne sont point à la surface ; elles ont presque l'air de paradoxes, elles ne viennent pas poser à plein devant le bon esprit comme des théorèmes de géométrie : ce sont de fugitives lueurs qu'on entrevoit de côté et comme par le coin de l'œil, qu'on saisit d'une manière tout individuelle, et qu'il est presque impossible de communiquer aux autres. Il ne reste d'autre ressource que d'amener les esprits au même point de vue, afin de leur faire voir les choses par la même face. Que vient faire dans ce monde de finesse et de ténuité infinie ce vulgaire bon sens avec ses lourdes allures, sa grosse voix et son rire satisfait ? *Je n'y comprends rien* est sa dernière et souveraine condamnation, et combien il est facile à la prononcer ! Le ton suffisant qu'il se permet vis-à-vis des résultats de la science et de la réflexion est une des plus sensibles agaceries que rencontre le penseur. Elle le fait sortir de ses gonds, et, s'il n'est très intimement philosophe, il ne peut s'empêcher de concevoir quelque sentiment d'humeur contre ceux qui abusent ainsi de leur privilège contre sa délicate et faible voix.

On n'est donc jamais recevable à en appeler de la science au bon sens, puisque la science n'est que le bon sens éclairé et s'exerçant en connaissance de cause. Le vrai est sans doute la voix de la nature humaine, mais de la nature convenablement développée et amenée par la culture à tout ce qu'elle peut être.

IV

La science n'a d'ennemis que ceux qui jugent la vérité inutile et indifférente, et ceux qui, tout en conservant à la vérité sa valeur transcendante, prétendent y arriver par d'autres voies que la critique et la recherche rationnelle. Ces derniers sont à plaindre, sans doute, comme dévoyés de la droite méthode de l'esprit humain; mais ils reconnaissent au moins le but idéal de la vie; ils peuvent s'entendre et jusqu'à un certain point sympathiser avec le savant. Quant à ceux qui méprisent la science comme ils méprisent la haute poésie, comme ils méprisent la vertu, parce que leur âme avilie ne comprend que le périssable, nous n'avons rien à leur dire. Ils sont d'un autre monde, ils ne méritent pas le nom d'hommes, puisqu'ils n'ont pas la faculté qui fait la noble prérogative de l'humanité. Aux yeux de ceux-là, nous sommes fiers de passer pour des gens d'un autre âge, pour des fous et des rêveurs ; nous nous faisons gloire d'entendre moins bien qu'eux la routine de la vie, nous aimons à proclamer nos études *inutiles ;* leur mépris est pour nous ce qui les relève. Les immoraux et les athées, ce sont ces hommes, fermés à tous les airs venant d'en haut. L'athée, c'est l'indifférent, c'est l'homme superficiel et léger, celui qui n'a d'autre culte que l'intérêt et la jouissance. L'Angleterre, en apparence un des pays du monde les plus religieux, est en effet le plus athée ; car c'est le moins idéal. Je ne veux pas faire comme les déclamateurs latins le *convicium seculi.* Je crois qu'il y a dans les âmes du xixe siècle tout autant de besoins intellectuels que dans celles d'aucune autre époque, et je tiens pour certain qu'il n'y a jamais eu autant d'esprits ouverts à la critique. Le malheur est que la frivolité générale les condamne à former un monde à part, et que l'aristocratie du siècle, qui est celle de la richesse, ait généralement perdu le sens idéal de la vie. J'en parle par conjecture ; car ce monde m'est entièrement inconnu, et je pourrais plus facilement citer d'illustres exceptions que dire précisément ceux sur qui tombe ici mon reproche. Il me semble toutefois qu'une société qui de fait n'encourage qu'une misérable littérature, où tout est réduit à une affaire d'aunage et de charpentage, qu'une société, qui ne voit pas de milieu entre l'absence d'idées morales et une religion qu'elle a préalablement *désossée* pour se la rendre plus acceptable, qu'une telle société, dis-je, est loin des sentiments vrais et grands de l'humanité. L'avenir est dans ceux qui, embrassant sérieusement la vie, reviennent au fond éternel du vrai, c'est-à-dire à la nature humaine, prise dans son milieu et non dans ses raffinements extrêmes. Car l'humanité sera toujours sérieuse, croyante, religieuse ; jamais la légèreté qui ne croit à rien ne tiendra la première place dans les affaires humaines.

Il ne faut pas, ce semble, prendre trop au sérieux ces déclamations devenues banales contre les tendances *utilitaires* et réalistes de notre époque, et si quelque chose devait prouver que ces lamentations sont peu sincères, c'est l'étrange résignation avec laquelle ceux qui les font se soumettent eux-mêmes à la fatale nécessité du siècle. Presque tous en effet semblent assez disposés à dire en finissant :

> Oh ! le bon temps que le siècle de fer !

Quelque opinion qu'on se fasse sur les tendances du xixe siècle, il serait juste au moins de reconnaître que, la somme d'activité ayant augmenté, il a pu y avoir accroissement d'un côté, sans qu'il y eût déchet de l'autre. Il est parfaitement incontestable qu'il y a de nos jours plus d'activité commerciale et industrielle qu'au xe siècle, par exemple. En conclura-t-on que ce dernier siècle fut mieux partagé sous le rapport de l'activité intellectuelle ?

Il y a là une sorte d'illusion d'optique fort dangereuse en histoire. Le siècle présent n'apparaît jamais qu'à travers un nuage de poussière soulevé par le tumulte de la vie réelle ; on a peine à distinguer dans ce tourbillon les formes belles et pures de l'idéal. Au contraire, ce nuage des petits intérêts étant tombé pour le passé, il nous apparaît grave, sévère, désintéressé. Ne le voyant que dans ses livres et dans ses monuments, dans sa pensée en un mot, nous sommes tentés de croire qu'on ne faisait alors que penser. Ce n'est pas le fracas de la rue et du comptoir qui passe à la postérité. Quand l'avenir nous verra dégagés de ce tumulte étourdissant, il nous jugera comme nous jugeons le passé. La race des égoïstes qui n'ont le sens ni de l'art, ni de la science, ni de la morale, est de tous les temps. Mais ceux-là meurent tout entiers ; ils n'ont pas leur place dans cette grande tapisserie historique que l'humanité tisse et laisse se défiler derrière elle : ce sont les flots bruyants qui murmurent sous les roues du pyroscaphe dans sa course, mais se taisent derrière lui.

Que ceux donc qui redoutent de voir les soins de l'esprit étouffés par les préoccupations matérielles se rassurent. La culture intellectuelle, la recherche spéculative, la science et la philosophie en un mot, ont la meilleure de toutes les garanties, je veux dire le besoin de la nature humaine. L'homme ne vivra jamais seulement de pain ; poursuivre d'une manière désintéressée la vérité, la beauté et le bien, réaliser la science, l'art et la morale, est pour lui un besoin aussi impérieux que de satisfaire sa faim et sa soif. D'ailleurs l'activité qui, en apparence, ne se propose pour but qu'une amélioration matérielle a presque toujours une valeur intellectuelle. Quelle découverte spéculative a eu autant d'influence que celle de la vapeur ? Un chemin de fer fait plus pour le progrès qu'un ouvrage de génie, qui, par des circonstances purement extérieures, peut être privé de son influence.

On ne peut nier que le christianisme, en présentant la vie actuelle comme indifférente et détournant par conséquent les hommes de songer à l'améliorer, n'ait fait un tort réel à l'humanité. Car bien que « ce soit l'esprit qui vivifie, et que la chair ne serve de rien », le grand règne de l'esprit ne commencera que quand le monde matériel sera parfaitement soumis à l'homme. D'ailleurs la vie actuelle est le théâtre de cette vie parfaite que le christianisme reléguait par delà. Il n'y a rien d'exagéré dans le spiritualisme de l'Évangile ni dans la prépondérance exclusive qu'il accorde à la vie supérieure. Mais c'est ici-bas et non dans un ciel fantastique que se réalisera cette vie de l'esprit. Il est donc essentiel que l'homme commence par s'établir en maître dans le monde des corps, afin de pouvoir ensuite être libre pour les conquêtes de l'esprit. Voilà ce qu'il y a d'injuste dans l'anathème jeté par le christianisme sur la vie présente. Toutes les grandes améliorations matérielles et sociales de cette vie se sont faites en dehors du christianisme et même à son préjudice. De là, cette mauvaise humeur que les représentants actuels du catholicisme montrent contre toutes les réformes les plus rationnelles des abus du passé, réforme de la justice, réforme de la pénalité, etc. Ils sentent bien que tout cela se tient, et qu'un pas fait dans cette voie entraîne tous les autres. L'avenir n'approuvera pas sans doute entièrement nos tendances matérialistes. Il jugera notre œuvre comme nous jugeons celle du christianisme, et la trouvera également partielle. Mais enfin il reconnaîtra que sans le savoir nous avons posé la condition des progrès futurs, et que notre industrialisme a été, quant à ses résultats, une œuvre méritoire et sainte.

On reproche souvent à certaines doctrines sociales de ne se préoccuper que des intérêts matériels, de supposer qu'il n'y a pour l'homme qu'une espèce de travail et qu'une espèce de nourriture et de concevoir pour tout idéal une vie commode. Cela est malheureusement vrai ; il faut toutefois observer que, si ces systèmes devaient avoir réellement pour effet d'améliorer la position matérielle d'une portion notable de l'humanité, ce ne serait pas là un véritable reproche. Car l'amélioration de la condition matérielle est la condition de l'amélioration intellectuelle et morale, et ce progrès comme tous les autres devra s'opérer par un travail spécial : quand l'humanité fait une chose, elle n'en fait pas une autre. Il est évident qu'un homme qui n'a pas le nécessaire, ou est obligé pour se le procurer de se livrer à un travail mécanique de tous les instants, est forcément condamné à la dépression et à la nullité. Le plus grand service à rendre à l'esprit humain, au moment où nous sommes, ce serait de trouver un procédé pour procurer à tous l'aisance matérielle. L'esprit humain ne sera réellement libre, que quand il sera parfaitement affranchi de ces nécessités matérielles qui l'humilient et l'arrêtent dans son développement. De telles améliorations n'ont aucune valeur idéale en elles-mêmes ; mais elles sont la condition de la dignité humaine et du perfectionnement de l'individu. Ce long travail par lequel la classe bourgeoise s'est enrichie durant tout le moyen âge est en apparence quelque chose d'assez profane. On cesse de l'envisager ainsi quand on songe que toute la civilisation moderne, qui est l'œuvre de la bourgeoisie, eût été sans cela impossible. La sécularisation de la science ne pouvait s'opérer que par une classe indépendante et par conséquent aisée. Si la population des villes fût restée pauvre ou attachée à un travail sans relâche, comme le paysan, la science serait encore aujourd'hui le monopole de la classe sacerdotale. Tout ce qui sert au progrès de l'humanité, quelque humble et profane qu'il puisse paraître, est par le fait respectable et sacré.

Il est singulier que les deux classes qui se partagent aujourd'hui la société française se jettent réciproquement l'accusation de matérialisme. La franchise oblige à dire que le matérialisme des classes opulentes est seul condamnable. La tendance des classes pauvres au bien-être est juste, légitime et sainte, puisque les classes pauvres n'arriveront à la vraie sainteté, qui est la perfection intellectuelle et morale, que par l'acquisition d'un certain degré de bien-être. Quand un homme aisé cherche à s'enrichir encore, il fait une œuvre au moins profane, puisqu'il ne peut se proposer pour but que la jouissance. Mais quand un misérable travaille à s'élever au-dessus du besoin, il fait une action vertueuse ; car il pose la condition de sa rédemption, il fait ce qu'il doit faire pour le moment. Quand Cléanthe passait ses nuits à puiser de l'eau, il faisait œuvre aussi sainte que quand il passait les jours à écouter Zénon. Je n'entends jamais sans colère les heureux du siècle accuser de basse jalousie et de honteuse concupiscence le sentiment qu'éprouve l'homme du peuple devant la vie plus distinguée des classes supérieures. Quoi ! vous trouvez mauvais qu'ils désirent ce dont vous jouissez. Voudriez-vous prêcher au peuple la claustration monacale et l'abstinence du plaisir, quand le plaisir est toute votre vie, quand vous avez des poëtes qui ne chantent que cela ! Si cette vie est bonne, pourquoi ne la désireraient-ils pas? Si elle est mauvaise, pourquoi en jouissez-vous ?

La tendance vers les améliorations matérielles est donc loin d'être préjudiciable au progrès de l'esprit humain, pourvu qu'elle soit convenablement ordonnée à sa fin. Ce qui avilit, ce qui dégrade, ce qui fait perdre le sens des grandes choses, c'est le petit esprit qu'on y porte ; ce sont les petites combinaisons, les petits procédés pour faire fortune. En vérité, je crois qu'il vaudrait mieux laisser le peuple pauvre que de lui faire son éducation de la sorte. Ignorant et inculte, il aspire aveuglément à l'idéal, par l'instinct sourd et puissant de la nature humaine, il est énergique et vrai comme toutes les grandes masses de consciences obscures. Inspirez-lui ces chétifs instincts de lucre, vous le rapetissez, vous détruisez son originalité, sans le rendre plus instruit ni plus moral. La *science* du bonhomme Richard m'a toujours semblé une assez mauvaise science. Quoi! un homme qui résume toute sa vie en ces mots : *faire honnêtement fortune* (et encore on pourrait croire qu'*honnêtement* n'est là qu'afin de la *mieux* faire), la dernière chose à laquelle il faudrait penser, une chose qui n'a quelque valeur qu'en tant que servant à une fin idéale ultérieure! Cela est immoral; cela est une conception étroite et finie de l'existence; cela ne peut partir que d'une âme dépourvue de religion et de poésie (36). Eh grand Dieu! qu'importe, je vous prie? Qu'importe, à la fin de cette courte vie, d'avoir réalisé un type plus ou moins complet de félicité extérieure? Ce qui importe, c'est d'avoir beaucoup pensé et beaucoup aimé; c'est d'avoir levé un œil ferme sur toute chose, c'est en mourant de pouvoir critiquer la mort elle-même. J'aime mieux un iogui, j'aime mieux un mouni de l'Inde, j'aime mieux Siméon Stylite mangé des vers sur son étrange piédestal, qu'un prosaïque industriel, capable de suivre pendant vingt ans une même pensée de fortune.

Héros de la vie désintéressée, saints, apôtres, mounis, solitaires, cénobites, ascètes de tous les siècles, poètes et philosophes sublimes qui aimâtes à n'avoir pas d'héritage ici-bas; sages, qui avez traversé la vie ayant l'œil gauche pour la terre, et l'œil droit pour le ciel, et toi surtout, divin Spinoza, qui restas pauvre et oublié pour le culte de ta pensée et pour mieux adorer l'infini, que vous avez mieux compris la vie que ceux qui la prennent comme un étroit calcul d'intérêt, comme une lutte insignifiante d'ambition ou de vanité! Il eût mieux valu sans doute ne pas abstraire si fort votre Dieu, ne pas le placer dans ces nuageuses hauteurs où pour le contempler il vous fallut une position si tendue. Dieu n'est pas seulement au ciel, il est près de chacun de nous; il est dans la fleur que vous foulez sous vos pieds, dans le souffle qui vous embaume, dans cette petite vie qui bourdonne et murmure de toutes parts, dans votre cœur surtout. Mais que je retrouve bien plus dans vos sublimes folies les besoins et les instincts suprasensibles de l'humanité, que dans ces pâles existences que n'a jamais traversées le rayon de l'idéal, qui, depuis leur premier jusqu'à leur dernier moment, se sont déroulées jour par jour exactes et cadrées, comme les feuillets d'un livre de comptoir!

Certes, il ne faut pas regretter de voir les peuples passer de l'aspiration spontanée et aveugle à la vue claire et réfléchie; mais c'est à la condition qu'on ne donne pas pour objet à cette réflexion ce qui n'est pas digne de l'occuper. Ce penchant qui, aux époques de civilisation, porte certains esprits à s'éprendre d'admiration pour les peuples barbares et originaux, a sa raison et en un sens sa légitimité. Car le barbare, avec ses rêves et ses fables, vaut mieux que l'homme positif qui ne comprend que le fini. La perfection, ce serait l'aspiration à l'idéal, c'est-à-dire la religion, s'exerçant non plus dans le monde des chimères et des créations fantastiques, mais dans celui de la réalité. Jusqu'à ce qu'on soit arrivé à comprendre que l'idéal est près de chacun de nous, on n'empêchera pas certaines âmes (et ce sont les plus belles) de le chercher par delà la vie vulgaire, de faire leurs délices de l'ascétisme. Le sceptique et l'esprit frivole hausseront à loisir les épaules sur la folie de ces belles âmes ; que leur importe ? les âmes religieuses et pures les comprennent ; et le philosophe les admire, comme toute manifestation énergique d'un besoin vrai, qui s'égare faute de critique et de rationalisme.

Il nous est facile, avec notre esprit positif, de relever l'absurdité de tous les sacrifices que l'homme fait de son bien-être au suprasensible. Aux yeux du réalisme, un homme à genoux devant l'invisible ressemble fort à un nigaud, et, si les libations antiques étaient encore d'usage (37), bien des gens diraient comme les apôtres : *Utquid perditio hæc?* Pourquoi perdre ainsi cette liqueur ? Vous auriez mieux fait de la boire ou de la vendre, ce qui vous eût procuré plaisir ou profit, que de la sacrifier à l'invisible. Sainte Eulalie, fascinée par le charme de l'ascétisme, s'échappe de la maison paternelle ; elle prend le premier chemin qui s'offre à elle, erre à l'aventure, s'égare dans les marais, se déchire les pieds dans les ronces. — Elle était folle, cette fille ! — Folle tant qu'il vous plaira. Je donnerais tout au monde pour l'avoir vue à ce moment-là. Les jugements que l'on porte sur la vie ascétique partent du même principe : l'ascète se sacrifie à l'inutile ; donc il est absurde ; ou si l'on essaye d'en faire l'apologie, ce sera uniquement par les services matériels qu'il a pu rendre accidentellement, sans songer que ces services n'étaient nullement son but et que ces travaux dont on lui fait honneur, il n'y attachait de valeur qu'en tant qu'ils servaient son ascèse. Assurément, un homme qui embrasserait une vie inutile non par un besoin contemplatif, mais pour ne rien faire (et ce fut ce qui arriva, dans l'institution dégénérée) serait profondément méprisable.

Quant à l'ascétisme pur, il restera toujours, comme les pyramides, un de ces grands monuments des besoins intimes de l'homme, se produisant avec énergie et grandeur, mais avec trop peu de conscience et de raison. Le principe de l'ascétisme est éternel dans l'humanité ; le progrès de la réflexion lui donnera une direction plus rationnelle (38). L'ascète de l'avenir ne sera pas le trappiste, un des types d'homme les plus imparfaits ; ce sera l'amant du beau pur, sacrifiant à ce cher idéal tous les soins personnels de la vie inférieure.

Les Anglais ont cru faire pour la saine morale en interdisant dans l'Inde les processions ensanglantées par des sacrifices volontaires, le suicide de la femme sur le tombeau du mari. Étrange méprise ! Croyez-vous que ce fanatique qui va poser avec joie sa tête sous les roues du char de Jagatnata n'est pas plus heureux et plus beau que vous, insipides marchands ? Croyez-vous qu'il ne fait pas plus d'honneur à la nature humaine en témoignant, d'une façon irrationnelle sans doute mais puissante, qu'il y a dans l'homme des instincts supérieurs à tous les désirs du fini et à l'amour de soi-même ! Certes si l'on ne voyait dans ces actes que le sacrifice à une divinité chimérique, ils seraient tout simplement absurdes. Mais il faut y voir la fascination que l'infini exerce sur l'homme, l'enthousiasme impersonnel, le culte du suprasensible. Et c'est à ces superbes débordements des grands instincts de la nature humaine que vous venez tracer des limites, avec votre petite morale et votre étroit bon sens !... Il y a dans ces grands abus pittoresques de la nature humaine une audace, une spontanéité que n'égalera jamais l'exercice sain et régulier de la raison, et que préféreront toujours l'artiste et le poète (39). Un développement morbide et exclusif est plus original, et fait mieux ressortir l'énergie de la nature, comme une veine injectée qui saille plus nette aux yeux de l'anatomiste. Allez voir au Louvre ce merveilleux musée espagnol : c'est l'extase, le surhumain, saints qui ne touchent pas la terre, yeux caves et aspirant le ciel ; vierges au cou allongé, aux yeux hagards ou fixes; martyrs s'arrachant le cœur ou se déchirant les entrailles, moines se torturant, etc. Eh bien, j'aime ces folies, j'aime ces moines de Ribeira et de Zurbaran, sans lesquels on ne comprendrait pas l'Inquisition. C'est la force morale de l'homme exagérée, dévoyée, mais originale et hardie dans ses excès. L'apôtre n'est certainement pas le type pur de l'humanité, et pourtant dans quelle plus puissante manifestation le psychologue peut-il étudier l'énergie intime de la nature humaine et de ses élans divins ?

Il faut faire à toute chose sa part. Il y a une incontestable vérité dans quelques-uns des reproches que les ennemis de l'esprit moderne adressent à notre civilisation bourgeoise. Le moyen âge, qui assurément entendait moins bien que nous la vie réelle, comprenait mieux à quelques égards la vie suprasensible. L'erreur de l'école néoféodale est de ne pas s'apercevoir que les défauts de la société moderne sont nécessaires à titre de transition, que ces défauts viennent d'une tendance parfaitement légitime, s'exerçant sous une forme partielle et exclusive. Et cette forme partielle est elle-même nécessaire; car c'est une loi de l'humanité qu'elle parcoure ses phases les unes après les autres et en abstrayant provisoirement tout le reste; d'où l'apparence incomplète de tous ses développements successifs.

Si quelque chose pouvait inspirer des doutes au penseur sur l'avenir de la raison, ce serait sans doute l'absence de la grande originalité, et le peu d'initiative que semble révéler l'esprit humain, à mesure qu'il s'enfonce dans les voies de la réflexion. Quand on compare les œuvres timides que notre âge raisonneur enfante avec tant de peine aux créations sublimes que la spontanéité primitive engendrait, sans avoir même le sentiment de leur difficulté ; quand on songe aux faits étranges qui ont dû se passer dans des consciences d'hommes pour créer une génération d'apôtres et de martyrs, on serait tenté de regretter que l'homme ait cessé d'être instinctif pour devenir rationnel. Mais on se console en songeant que, si sa puissance interne est diminuée, sa création est bien plus personnelle, qu'il possède plus éminemment son œuvre, qu'il en est l'auteur à un titre plus élevé ; en songeant que l'état actuel n'est qu'un état pénible, difficile, plein d'efforts et de sueurs, que l'esprit humain aura dû traverser pour arriver à un état supérieur ; en songeant enfin que le progrès de l'état réfléchi amènera une autre phase, où l'esprit sera de nouveau créateur, mais librement et avec conscience. Il est triste sans doute pour l'homme d'intelligence de traverser ces siècles de peu de foi, de voir les choses saintes raillées par les profanes et de subir le rire insultant de la frivolité triomphante. Mais n'importe ; il tient le dépôt sacré, il porte l'avenir, il est homme dans le grand et large sens. Il le sait, et de là ses joies et ses tristesses : ses tristesses, car pénétré de l'amour du parfait, il souffre que tant de consciences y demeurent à jamais fermées ; ses joies, car il sait que les ressorts de l'humanité ne s'usent pas, que pour être assoupies, ses puissances n'en résident pas moins au fond de son être, et qu'un jour elles se réveilleront pour étonner de leur fière originalité et de leur indomptable énergie et leurs timides apologistes et leurs insolents contempteurs.

Je suppose une pensée aussi originale et aussi forte que celle du christianisme primitif apparaissant de nos jours. Il semble au premier coup d'œil qu'elle n'aurait aucune chance de fortune. L'égoïsme est dominant, le sens du grand dévouement et de l'apostolat désintéressé est perdu. Le siècle paraît n'obéir qu'à deux mobiles, l'intérêt et la peur. A cette vue, une profonde tristesse saisit l'âme : C'en est donc fait ! Il faut renoncer aux grandes choses ; les généreuses pensées ne vivront plus que dans le souvenir des rhéteurs ; la religion ne sera plus qu'un frein que la peur des classes riches saura manier. La mer de glace s'étend et s'épaissit sans cesse. Qui pourra la percer ?

Ames timides, qui désespérez ainsi de l'humanité, remontez avec moi dix-huit cents ans. Placez-vous à cette époque où quelques inconnus fondaient en Orient le dogme qui depuis a régi l'humanité. Jetez un regard sur ce triste monde qui obéit à Tibère ; dites-moi s'il est bien mort. Chantez donc encore une fois l'hymne funèbre de l'humanité : elle n'est plus, le froid lui a monté au cœur. Comment ces pauvres enthousiastes rendraient-ils la vie à un cadavre, et sans levier soulèveraient-ils un monde ? Eh bien ! ils l'ont fait : trois cents après, le dogme nouveau était maître, et quatre cents ans après, il était tyran à son tour.

Voilà notre triomphante réponse. L'état de l'humanité ne sera jamais si désespéré que nous ne puissions dire : Bien des fois déjà on l'a crue morte ; la pierre du tombeau semblait à jamais scellée, et le troisième jour, elle est ressuscitée !

V

Ce n'est pas sans quelque dessein que j'appelle du nom de *science* ce que d'ordinaire on appelle *philosophie*. Philosopher est le mot sous lequel j'aimerais le mieux à résumer ma vie; pourtant ce mot n'exprimant dans l'usage vulgaire qu'une forme encore partielle de la vie intérieure, et n'impliquant d'ailleurs que le fait subjectif du penseur solitaire, il faut, quand on se transporte au point de vue de l'humanité, employer le mot plus objectif de *savoir*. Oui, il viendra un jour où l'humanité ne croira plus, mais où elle saura; un jour où elle saura le monde métaphysique et moral, comme elle sait déjà le monde physique; un jour où le gouvernement de l'humanité ne sera plus livré au hasard et à l'intrigue, mais à la discussion rationnelle du meilleur et des moyens les plus efficaces de l'atteindre. Si tel est le but de la science, si elle a pour objet d'enseigner à l'homme sa fin et sa loi, de lui faire saisir le vrai sens de la vie, de composer, avec l'art, la poésie et la vertu, le divin idéal qui seul donne du prix à l'existence humaine, peut-elle avoir de sérieux détracteurs?

Mais, dira-t-on, la science accomplira-t-elle ces merveilleuses destinées? Tout ce que je sais, c'est que si elle ne le fait pas, nul ne le fera, et que l'humanité ignorera à jamais le mot des choses; car la science est la seule manière légitime de connaître, et si les religions ont pu exercer sur la marche de l'humanité une salutaire influence c'est uniquement par ce qui s'y trouvait obscurément mêlé de science, c'est-à-dire d'exercice régulier de l'esprit humain.

Sans doute, si l'on s'en tenait à ce qu'a fait jusqu'ici la science sans considérer l'avenir, on pourrait se demander si elle remplira jamais ce programme, et si elle arrivera un jour à donner à l'humanité un symbole comparable à celui des religions. La science n'a guère fait jusqu'ici que détruire. Appliquée à la nature, elle en a détruit le charme et le mystère, en montrant des forces mathématiques là où l'imagination populaire voyait vie, expression morale et liberté. Appliquée à l'histoire de l'esprit humain, elle a détruit ces poétiques superstitions des individus privilégiés où se complaisait si fort l'admiration de la demi-science. Appliquée aux choses morales, elle a détruit ces consolantes croyances que rien ne remplace dans le cœur qui s'y est reposé. Quel est celui qui, après s'être livré *franchement* à la science, n'a pas maudit le jour où il naquit à la pensée, et n'a pas eu à regretter quelque chère illusion? Pour moi, je l'avoue, j'ai eu beaucoup à regretter; oui, à certains jours, j'aurais souhaité dormir encore avec les simples, je me serais irrité contre la critique et le rationalisme, si l'on s'irritait contre la fatalité. Le premier sentiment de celui qui passe de la croyance naïve à l'examen critique, c'est le regret et presque la malédiction contre cette inflexible puissance, qui, du moment où elle l'a saisi, le force de parcourir avec elle toutes les étapes de sa marche inéluctable, jusqu'au terme final où l'on s'arrête pour pleurer (40). Malheureux comme la Cassandre de Schiller, pour avoir trop vu la réalité, il serait tenté de dire avec elle : Rends-moi ma cécité. Faut-il conclure que la science ne va qu'à décolorer la vie, et à détruire de beaux rêves?

Reconnaissons d'abord que s'il en est ainsi, c'est là un mal incurable, nécessaire, et dont il ne faut accuser personne. S'il y a quelque chose de fatal au monde, c'est la raison et la science. De murmurer contre elle et de perdre patience, il est mal à propos, et les orthodoxes sont vraiment plaisants dans leurs colères contre les libres penseurs, comme s'il avait dépendu d'eux de se développer autrement, comme si l'on était maître de croire ce que l'on veut. Il est impossible d'empêcher la raison de s'exercer sur tous les objets de croyance; et tous ces objets prêtant à la critique, c'est fatalement que la raison arrive à déclarer qu'ils ne constituent pas la vérité absolue. Il n'y a pas un seul anneau de cette chaîne qu'on ait été libre un instant de secouer; le seul coupable en tout cela, c'est la nature humaine et sa légitime évolution. Or, le principe indubitable, c'est que la nature humaine est en tout irréprochable, et marche au parfait par des formes successivement et diversement imparfaites.

C'est qu'en effet la science n'aura détruit les rêves du passé que pour mettre à leur place une réalité mille fois supérieure. Si la science devait rester ce qu'elle est, il faudrait la subir en la maudissant; car elle a détruit, et elle n'a pas rebâti; elle a tiré l'homme d'un doux sommeil, sans lui adoucir la réalité. Ce que me donne la science ne me suffit pas, j'ai faim encore. Si je croyais à une religion, ma foi aurait plus d'aliment, je l'avoue; mais mieux vaut peu de bonne science que beaucoup de science hasardée. S'il fallait admettre à la lettre tout ce que les légendaires et les chroniqueurs nous rapportent sur les origines des peuples et des religions, nous en saurions bien plus long qu'avec le système de Niebuhr et de Strauss. L'histoire ancienne de l'Orient, dans ce qu'elle a de certain, pourrait se réduire à quelques pages; si l'on ajoutait foi aux histoires hébraïques, arabes, persanes, grecques, etc., on aurait une bibliothèque. Les gens chez lesquels l'appétit de croire est très développé peuvent se donner le plaisir d'avaler tout cela. L'esprit critique est l'homme sobre, ou, si l'on veut, délicat; il s'assure avant tout de la qualité. Il aime mieux s'abstenir que de tout accepter indistinctement; il préfère la vérité à lui-même; il y sacrifie ses plus beaux rêves. Croyez-vous donc qu'il ne nous serait pas plus doux de chanter au temple avec les femmes ou de rêver avec les enfants que de chasser sur ces âpres montagnes une vérité qui fuit toujours. Ne nous reprochez donc pas de savoir peu de choses; car vous, vous ne *savez* rien. Le peu de choses que nous savons est au moins parfaitement acquis et ira toujours grossissant. Nous en avons pour garant la plus invincible des inductions, tirée de l'exemple des sciences de la nature.

Si, comme Burke l'a soutenu, « notre ignorance des choses de la nature était la cause principale de l'admiration qu'elles nous inspirent, si cette ignorance devenait pour nous la source du sentiment du sublime, » on pourrait se demander si les sciences modernes, en déchirant le voile qui nous dérobait les forces et les agents des phénomènes physiques, en nous montrant partout une régularité assujettie à des lois mathématiques, et par conséquent sans mystère, ont avancé la contemplation de l'univers, et servi l'esthétique, en même temps qu'elles ont servi la connaissance de la vérité. Sans doute les impatientes investigations de l'observateur, les chiffres qu'accumule l'astronome, les longues énumérations du naturaliste ne sont guère propres à réveiller le sentiment du beau : le beau n'est pas dans l'analyse; mais le beau réel, celui qui ne repose pas sur les fictions de la fantaisie humaine, est caché dans les résultats de l'analyse. Disséquer le corps humain, c'est détruire sa beauté ; et pourtant, par cette dissection, la science arrive à y reconnaître une beauté d'un ordre bien supérieur et que la vue superficielle n'aurait pas soupçonnée. Sans doute ce monde enchanté, où a vécu l'humanité avant d'arriver à la vie réfléchie, ce monde conçu comme moral, passionné, plein de vie et de sentiment, avait un charme inexprimable, et il se peut qu'en face de cette nature sévère et inflexible que nous a créée le rationalisme, quelques-uns se prennent à regretter le miracle et à reprocher à l'expérience de l'avoir banni de l'univers. Mais ce ne peut être que par l'effet d'une vue incomplète des résultats de la science. Car le monde véritable que la science nous révèle est de beaucoup supérieur au monde fantastique créé par l'imagination. On eût mis l'esprit humain au défi de concevoir les plus étonnantes merveilles, on l'eût affranchi des limites que la réalisation impose toujours à l'idéal, qu'il n'eût pas osé concevoir la millième partie des splendeurs que l'observation a démontrées. Nous avons beau enfler nos conceptions, nous n'enfantons que des atomes au prix de la réalité des choses. N'est-ce pas un fait étrange que toutes les idées que la science primitive s'était formées sur le monde nous paraissent étroites, mesquines, ridicules, auprès de ce qui s'est trouvé véritable. La terre semblable à un disque, à une colonne, à un cône, le soleil gros comme le Péloponnèse, ou conçu comme un simple météore s'allumant tous les jours, les étoiles roulant à quelques lieues sur une voûte solide, des sphères concentriques, *un univers fermé*, étouffant, des murailles, un cintre étroit contre lequel va se briser l'instinct de l'infini (41), voilà les plus brillantes hypothèses auxquelles était arrivé l'esprit humain. Au delà, il est vrai, était le monde des anges avec ses éternelles splendeurs ; mais là encore, quelles étroites limites, quelles conceptions finies ! Le temple de notre Dieu n'est-il pas agrandi, depuis que la science nous a découvert l'infinité des mondes ? Et pourtant on était libre alors de créer des merveilles ; on taillait en pleine étoffe, si j'ose le dire ; l'observation ne venait pas gêner la fantaisie ; mais c'était à la méthode expérimentale, que plusieurs se plaisent à représenter comme étroite et sans idéal, qu'il était réservé de nous révéler, non pas cet infini métaphysique dont l'idée est la base même de la raison de l'homme, mais cet infini réel, que jamais il n'atteint dans les plus hardies excursions de sa fantaisie. Disons donc sans crainte que, si le merveilleux de la fiction a pu jusqu'ici sembler nécessaire à la poésie, le merveilleux de la nature, quand il sera dévoilé dans toute sa splendeur, constituera une poésie mille fois plus sublime, une poésie qui sera la réalité même, qui sera à la fois science et philosophie. Que si la connaissance expérimentale de l'univers physique a de beaucoup dépassé les rêves que l'imagination s'était formés, n'est-il pas permis de croire que l'esprit humain, en approfondissant de plus en plus la sphère métaphysique et morale, et en y appliquant la plus sévère méthode, sans égard pour les chimères et les rêves désirables, s'il y en a, ne fera que briser un monde étroit et mesquin pour ouvrir un autre monde de merveilles infinies ? Qui sait si notre métaphysique et notre théologie ne sont pas à celles que la science rationnelle révélera un jour, ce que le Cosmos d'Anaximène ou d'Indicopleustès était au Cosmos de Herschell et de Humboldt ?

Cette considération est bien propre, ce me semble, à rassurer sur les résultats futurs et éventuels de la science, comme aussi à justifier toute hardiesse et à condamner toute restriction timide. Quelque destructive que paraisse une critique, il faut la laisser faire, pourvu qu'elle soit réellement scientifique; le salut n'est jamais en arrière. Il est trop clair d'abord que la seule conscience d'avoir reculé devant la saine méthode, et le sentiment permanent d'une objection non réelle jetteraient sur toute la vie ultérieure un scepticisme plus désolant que la négation même. Il faut ou ne discuter jamais ou discuter jusqu'au bout. D'ailleurs, il est certain que le vrai système moral des choses est infiniment supérieur aux misérables hypothèses que renverse la sévère raison, qu'un jour la science retrouvera une réalité mille fois plus belle, et qu'ainsi la critique aura été un premier pas vers des croyances plus consolantes que celles qu'elle semble détruire. Oui, je verrais toutes les vérités qui constituent ce qu'on appelle la religion naturelle, Dieu personnel, providence, prière, anthropomorphisme, immortalité personnelle, etc., je verrais toutes ces vérités, sans lesquelles il n'y a pas de vie heureuse, s'abîmer sous le légitime effort de l'examen critique, que je battrais des mains sur leur ruine, bien assuré que le système réel des choses que je puis encore ignorer, mais vers lequel cette négation est un acheminement, dépasse de l'infini les pauvres imaginations sans lesquelles nous ne concevions pas la beauté de l'univers. Les dieux ne s'en vont que pour faire place à d'autres. Elle est, elle est, cette beauté infinie que nous apercevons dans ses vagues contours, et que nous essayons de rendre par de mesquines images. Elle est plus belle, plus consolante mille fois que celle que j'ai pu rêver. Quand la vieille conception anthropomorphique du monde disparut devant la science positive, on put dire un instant : Adieu la poésie, adieu le beau ! et voilà que le beau a revécu plus illustre. De même, loin que le monde moral ait reçu un coup mortel de la destruction des vieilles chimères, la méthode la plus réaliste est celle qui nous mènera aux plus éblouissantes merveilles, et jusqu'à ce que nous ayons découvert d'ineffables splendeurs, d'enivrantes vérités, de délicieuses et consolantes croyances, nous pouvons être assurés que nous ne sommes pas dans le vrai, que nous traversons une de ces époques fatales de transition, où l'humanité cesse de croire à de chimériques beautés pour arriver à découvrir les merveilles de la réalité. Il ne faut jamais s'effrayer de la marche de la science, puisqu'il est sûr qu'elle ne mènera qu'à découvrir d'incomparables beautés. Laissons les âmes vulgaires crier avec Mika, ayant perdu ses idoles : « J'ai perdu mes dieux ! J'ai perdu mes dieux ! » Laissons-les dire avec Sérapion, l'anthropomorphiste converti du Mont-Athos : « Hélas ! on m'a enlevé mon dieu, et je ne sais plus ce que j'adore ! » Pour nous, quand le temple s'écroule, au lieu de pleurer sur ses ruines, songeons aux temples qui, plus vastes et plus magnifiques, s'élèveront dans l'avenir, jusqu'au jour où, l'idée enfonçant à tout jamais ces étroites murailles, n'aura plus qu'un seul temple, dont le toit sera le ciel !

La science doit donc poursuivre son chemin, sans regarder qui elle heurte. C'est aux autres à se garer. Si elle paraît soulever des objections contre les dogmes reçus, ce n'est pas à la science, c'est aux dogmes reçus à se mettre en garde et à répondre aux objections. La science doit se comporter comme si le monde était libre d'opinions préconçues, et ne pas s'inquiéter des difficultés qu'elle soulève. Que les théologiens s'arrangent entre eux pour se mettre d'accord avec elle. Il faut bien se figurer que ce qui est surpasse infiniment en beauté tout ce qu'on peut concevoir ; que l'utopiste qui se met à créer de fantaisie le meilleur monde n'imagine qu'enfantillage auprès de la réalité, que, quand la science positive semble ne révéler que petitesse et fini, c'est qu'elle n'est pas arrivée à son résultat définitif. Fourier, répandant à pleines mains les ceintures, les couronnes et les aurores boréales sur les mondes, est plus près du vrai que le physicien qui croit son petit univers égal à celui de Dieu, et pourtant un jour Fourier sera dépassé par les réalistes qui connaîtront de science certaine la vérité des choses.

Qu'on me permette un exemple. La vieille manière d'envisager l'immortalité est à mes yeux un reste des conceptions du monde primitif et me semble aussi étroite et aussi inacceptable que le Dieu anthropomorphique. L'homme, en effet, n'est pas pour moi un composé de deux substances, c'est une unité, une individualité résultante, un grand phénomène persistant, une pensée prolongée. D'un autre côté, niez l'immortalité d'une façon absolue, et aussitôt le monde devient pâle et triste. Or, il est indubitable que le monde est beau au delà de toute expression. Il faut donc admettre que tout ce qui aura été sacrifié pour le progrès se retrouvera au bout de l'infini, par une façon d'immortalité que la science morale découvrira un jour (42), et qui sera à l'immortalité fantastique du passé ce que le palais de Versailles est au château de cartes d'un enfant. On en peut dire autant de tous les dogmes de notre religion naturelle et de notre morale, si pâle, si étroite, si peu poétique, que je craindrais d'offenser Dieu en y croyant. Les vieux dogmes peuvent être comparés à ces hypothèses des sciences physiques qui offrent des manières suffisamment exactes de se représenter les faits, bien que l'expression en soit très fautive et renferme une grande part de fiction. On ne peut dire qu'il en soit ainsi ; mais on peut dire que les choses vont comme s'il en était ainsi. En calculant dans ces hypothèses, on arrivera à des résultats exacts, parce que l'erreur n'est que dans l'expression et l'image, non dans le *schema* et la catégorie elle-même.

Il y a des siècles condamnés, pour le bien ultérieur de l'humanité, à être sceptiques et immoraux. Pour passer du beau monde poétique des peuples naïfs au grand Cosmos de la science moderne, il a fallu traverser le monde atomique et mécanique. De même, pour que l'humanité se crée une nouvelle forme de croyances, il faut qu'elle détruise l'ancienne, ce qui ne peut se faire qu'en traversant un siècle d'incrédulité et d'immoralité spéculative. Je dis spéculative, car nul n'est admissible à rejeter son immoralité personnelle sur le compte de son siècle ; les belles âmes sont dans l'heureuse nécessité d'être vertueuses, et le xviiie siècle a prouvé que l'on peut allier les plus laides doctrines avec la conduite la plus pure et le caractère le plus honorable. C'est une inconséquence si l'on veut. Mais il n'y a pas d'état de l'humanité qui n'en exige, et le premier pas de celui qui veut penser est de s'enhardir aux contradictions, laissant à l'avenir le soin de tout concilier. Un homme conséquent dans son système de vie est certainement un esprit étroit. Car je le défie, dans l'état actuel de l'esprit humain, de faire concorder tous les éléments de la nature humaine. S'il veut un système tout d'une pièce, il sera donc réduit à nier et exclure.

La critique mesquine et absolue vient toujours de ce

qu'on envisage chaque développement de l'histoire philosophique en lui-même, et non au point de vue de l'humanité. Tous les états que traverse l'humanité sont fautifs et attaquables. Chaque siècle court vers l'avenir, en portant dans le flanc son objection comme le fer dans la plaie. La ruine des croyances anciennes et la formation des croyances nouvelles ne se fait pas toujours dans l'ordre le plus désirable. La science détruit souvent une croyance alors qu'elle est encore nécessaire. En supposant qu'un jour vienne où l'humanité n'aura plus besoin de croire à l'immortalité, quelles angoisses la destruction prématurée de cette foi consolante n'aura pas causées aux infortunés sacrifiés au destin durant notre âge de douleur. Dans la constitution définitive de l'humanité, la science sera le bonheur; mais, dans l'état imparfait que nous traversons, il peut être dangereux de savoir trop tôt.

Ma conviction intime est que la religion de l'avenir sera le pur *humanisme*, c'est-à-dire le culte de tout ce qui est de l'homme, la vie entière sanctifiée et élevée à une valeur morale. *Soigner sa belle humanité* (43) sera alors la Loi et les Prophètes, et cela, sans aucune forme particulière, sans aucune limite qui rappelle la secte et la confraternité exclusive. Le trait général des œuvres religieuses est d'être particulières, c'est-à-dire d'avoir besoin, pour être comprises, d'un sens spécial que tout le monde n'a pas : croyances à part, sentiments à part, style à part, figures à part. Les œuvres religieuses sont pour les adeptes ; il y a pour elles des profanes. C'est assurément un admirable génie que saint Paul ; et pourtant, sont-ce les grands instincts de la nature humaine pris dans leur forme la plus générale qui font la beauté de ses lettres, comme ils font la beauté des dialogues de Platon, par exemple? Non.

Sénèque ou Tacite, en lisant ces curieuses compositions, ne les eussent pas trouvées belles, du moins au même degré que nous, initiés que nous sommes aux données de l'esthétique chrétienne. Plusieurs sectes religieuses de l'Orient, les druzes, les mendaïtes, les Ausariens, ont des livres sacrés qui leur fournissent un pain très substantiel et qui, pour nous, sont ridicules ou parfaitement insignifiants. Le sectaire est fermé à la moitié du monde. Toute *secte* se présente à nous avec des limites; or, une limite quelconque est ce qu'il y a de plus antipathique à notre étendue d'esprit. Nous en avons tant vu que nous ne pouvons nous résigner à croire que l'une possède plus que l'autre la vérité absolue. Tout en reconnaissant volontiers que la grande originalité a été jusqu'ici sectaire ou au moins dogmatique, nous ne percevons pas avec moins de certitude l'impossibilité absolue de renfermer à l'avenir l'esprit humain dans aucun de ces étaux. Avec une conscience de l'humanité aussi développée que la nôtre, nous aurions bien vite fait le rapprochement, nous nous jugerions comme nous jugeons le passé, nous nous critiquerions tout vivants. Le dogmatisme sectaire est inconciliable avec la critique; car comment s'empêcher de vérifier sur soi-même les lois observées dans le développement des autres doctrines, et comment concilier avec une telle vue réfléchie la croyance absolue. Il faut donc dire sans hésiter qu'aucune secte religieuse ne surgira désormais en Europe, à moins que des races neuves et naïves, étrangères à la réflexion, n'étouffent encore une fois la civilisation; et alors même, on peut affirmer que cette forme religieuse aurait beaucoup moins d'énergie que par le passé, et n'aboutirait à rien de bien caractérisé. On ne se convertit pas de la finesse au béotisme. On se rappelle toujours avoir été critique, et on se prend parfois à rire, ne fût-ce que de ses adversaires. Or les apôtres ne rient pas; rire, c'est déjà du scepticisme, car après avoir ri des autres, si l'on est conséquent, l'on rira aussi de soi-même.

Pour qu'une secte religieuse fût désormais possible, il faudrait un large fossé d'oubli, comme celui qui fut creusé par l'invasion barbare, où vinssent s'abîmer tous les souvenirs du monde moderne. Conservez une bibliothèque, une école, un monument tant soit peu significatif, vous conservez la critique ou du moins le souvenir d'un âge critique. Or, je le répète, il n'y a qu'un moyen de guérir de la critique comme du scepticisme, c'est d'oublier radicalement tout son développement antérieur, et de recommencer sur un autre pied. Voilà pourquoi toutes les sectes religieuses qui ont essayé, depuis un demi-siècle, de s'établir en Europe sont venues se briser contre cet esprit critique qui les a prises par leur côté ridicule et peu rationnel, si bien que les sectaires, à leur tour, ont pris le bon parti de rire d'eux-mêmes. Le siècle est si peu religieux qu'il n'a pas même pu enfanter une hérésie (44). Tenter une innovation religieuse c'est faire acte de croyant, et c'est parce que le monde sait fort bien qu'il n'y a rien à faire dans cet ordre, qu'il devient de mauvais goût de rien changer au *statu quo* en religion. La France est le pays du monde le plus orthodoxe, car c'est le pays du monde le moins religieux. Si la France avait davantage le sentiment religieux, elle fût devenue protestante comme l'Allemagne. Mais n'entendant absolument rien en théologie, et sentant pourtant le besoin d'une croyance, elle trouve commode de prendre tout fait le système qu'elle rencontre sous sa main, sans se soucier de le perfectionner ; car tenter de le perfectionner ce serait le prendre au sérieux, ce serait se poser en théologien ; or, il est de bon ton, parmi nous, de déclarer qu'on ne s'occupe pas de ces sortes de choses. Rien de plus voisin que l'indifférence et l'orthodoxie. L'hérésiarque n'a donc rien à espérer de nos jours, ni des orthodoxes sévères, qui l'anathématiseront, ni des libres penseurs, qui souriront à la tentative de réformer l'irréformable.

Il y a une ligne très délicate au delà de laquelle l'école philosophique devient secte : malheur à qui la franchit ! A l'instant, la langue s'altère, on ne parle plus pour tout le monde, on affecte les formes mystiques, une part de superstition et de crédulité apparaît tout d'un coup, on ne sait d'où, dans les doctrines qui semblaient les plus rationnelles, la rêverie se mêle à la science dans un indiscernable tissu. L'école d'Alexandrie offre le plus curieux exemple de cette transformation. Le saint-simonisme l'a renouvelé de nos jours. Je suis persuadé que si cette école célèbre fût restée dans la ligne de Saint-Simon, qui, bien que superficiel par défaut d'éducation première, avait réellement l'esprit scientifique, et sous la direction de Bazard, qui était bien certainement un philosophe dans la plus belle acception du mot, elle fût devenue la philosophie originale de la France au XIXe siècle. Mais du moment où des esprits moins sérieux y prennent le dessus, les scories de la superstition apparaissent, l'école tourne à la religion, n'excite plus que le rire et va mourir à Ménilmontant, au milieu des extravagances qui ferment l'histoire de toutes les sectes. Immense leçon pour l'avenir !

La science large et libre, sans autre chaîne que celle de la raison, sans symbole clos, sans temples, sans prêtres, vivant bien à son aise dans ce qu'on appelle le monde profane, voilà la forme des croyances qui seules désormais entraîneront l'humanité. Les temples de cette doctrine ce sont les écoles, non pas comme aujourd'hui enfantines, étriquées, scolastiques, mais comme dans l'antiquité de lieux de loisir *(scholæ)* où les hommes se réunissent pour prendre ensemble l'aliment suprasensible. Les prêtres ce sont les philosophes, les savants, les artistes, les poètes, c'est-à-dire les hommes qui ont pris l'idéal pour la part de leur héritage et ont renoncé à la portion terrestre (45). Ainsi reviendra le sacerdoce poétique des premiers civilisateurs. D'excellents esprits regrettent souvent que la philosophie n'ait pas ses églises et ses chaires. Rien de mieux, pourvu qu'il soit bien entendu qu'on n'y enseignera pas autre chose qu'à la Sorbonne ou au Collège de France, que ce seront en un mot des écoles dépouillées de leur vernis pédagogique. L'école est la vraie concurrence du temple. Si vous élevez autel contre autel, on vous dira : « Nous aimons mieux les anciens ; ce n'est pas que nous y croyions davantage, mais enfin nos pères ont ainsi adoré. » On nous chargerait de l'éducation religieuse du peuple, que nous devrions commencer par son éducation dite profane, lui apprendre l'histoire, les sciences, les langues. Car la vraie religion n'est que la splendeur de la culture intellectuelle, et elle ne sera accessible à tous que quand l'éducation sera accessible à tous. C'est notre gloire à nous d'en appeler toujours à la lumière ; c'est notre gloire qu'on ne puisse nous comprendre sans une haute culture, et que notre force soit en raison directe de la civilisation. Le xviiie siècle demeure ici notre éternel modèle, le xviiie siècle qui a changé le monde et inspiré d'énergiques convictions, sans se faire secte ou religion, en restant bien purement science et philosophie. La réforme religieuse et sociale viendra, puisque tous l'appellent; mais elle ne viendra d'aucune secte; elle viendra de la grande science commune, s'exerçant dans le libre milieu de l'esprit humain.

La question de l'avenir des religions doit donc être résolue diversement, suivant le sens qu'on attache à ce mot. Si on entend par religion un ensemble de doctrines léguées traditionnellement, revêtant une forme mythique, exclusive et sectaire, il faut dire, sans hésiter, que les religions auront signalé un âge de l'humanité, mais qu'elles ne tiennent pas au fond même de la nature humaine (46) et qu'elles disparaîtront un jour. Si au contraire on entend par ce mot une croyance accompagnée d'enthousiasme, couronnant la conviction par le dévouement et la foi par le sacrifice, il est indubitable que l'humanité sera éternellement religieuse. Mais ce qui ne l'est pas moins, c'est qu'une doctrine n'a désormais quelque chance de faire fortune qu'en se rattachant bien largement à l'humanité, en éliminant toute forme particulière, en s'adressant à tout le monde, sans distinction d'adeptes et de profanes. C'est pour moi une véritable souffrance de voir des esprits distingués déserter le grand auditoire de l'humanité, pour jouer le rôle facile et flatteur pour l'amour-propre de grands prêtres et de prophètes, dans des cénacles, qui ne sont encore que des clubs. Quelle différence du philosophe qui s'est appelé autrefois Pierre Leroux, au patriarche d'une petite église, entouré d'affiliés dont on se demande parfois avec hésitation : Sont-ils assez béotiens pour être des croyants ? Au nom du ciel, si vous possédez le vrai, adressez-vous donc à l'humanité tout entière. L'homme des sociétés secrètes est toujours étroit, soupçonneux, partiel. L'habitude de ce petit monde déshabitue du grand air ; on en vient à se défier de la nature humaine et à fonder l'espérance du succès sur des moyens factices, sur d'obscures manœuvres. Les belles choses se font en plein jour. Je n'insulte pas ceux que la nécessité des temps force à se renfermer dans des cénacles; souvent, il faut le dire, ce n'est pas leur faute. Quand la majorité du public est égoïste et immorale, il faut pardonner à ceux qui se forment en comité secret, quelque préjudice qu'une telle vie doive porter à leur développement intellectuel. Qui peut blâmer les premiers chrétiens de s'être fait un monde à part dans la société corrompue de leur temps ? Mais une telle nécessité est toujours un malheur. Si mes études historiques ont eu pour moi un résultat, c'est de me faire comprendre l'apôtre, le prophète, le fondateur en religion; je me rends très bien compte de la sublimité et des égarements inséparables d'une telle position intellectuelle. Il me semble que parfois j'ai réussi à reproduire en moi par la réflexion les faits psychologiques qui durent se passer naïvement dans ces grandes âmes. Eh bien! je n'hésite pas à le dire, le temps de ces sortes de rôles est passé. *L'universel*, c'est-à-dire l'humain, tel doit être désormais le critérium extérieur d'une doctrine qui s'offre à la foi du genre humain. Tout ce qui est secte doit être placé sur le même rang que ces chétives littératures qui ont besoin, pour vivre, de l'atmosphère du salon où elles sont écloses. Il faut se défier des gens qui ne peuvent être compris que d'un comité. Le bon sens a fait justice de cette singulière école esthétique de *l'ironie*, mise en vogue par Schlegel, où l'artiste, se drapant fièrement dans sa *virtuosité* et sa *génialité,* faisait exprès de ne présenter que des choses fades et insignifiantes, puis haussait les épaules sur le sens obtus du public, qui ne pouvait goûter ces platitudes. A cet excès doit aboutir tout ce qui est monopole dans le monde de la pensée, tout ce qui exige pour être compris une sorte de révélation particulière, un sens à part que n'a pas l'humanité.

La science est donc une religion; la science seule fera désormais les symboles; la science seule peut résoudre à l'homme les éternels problèmes dont sa nature exige impérieusement la solution.

VI

Pourquoi donc la science, dont les destinées tiennent de si près à celles de l'esprit humain, est-elle en général si mal comprise? Pourquoi ne semble-t-elle qu'un passe-temps ou un hors-d'œuvre? Pourquoi l'érudit est-il en France, je ne dis pas l'objet de la raillerie des esprits légers, — ce serait pour lui un titre d'honneur, — mais un meuble inutile aux yeux de bien des esprits délicats, quelque chose d'analogue à ces vieux abbés lettrés, qui faisaient partie de l'ameublement d'un château au même titre que la bibliothèque. La *littérature* en effet est bien mieux comprise. Il n'est personne qui, à un point de vue plus ou moins élevé, n'avoue qu'il est nécessaire qu'il y ait des gens pour faire des pièces de théâtre, des romans et des feuilletons. Bien peu de personnes, il est vrai, conçoivent le côté sérieux de la littérature et de la poésie; le littérateur n'est, aux yeux de la plupart, qu'un homme chargé de les amuser, et le savant n'ayant pas ce privilège, est par là même déclaré inutile et ennuyeux. On se figure volontiers que c'est parce qu'il ne peut produire, qu'il recherche, édite et commente les œuvres des autres. Il est d'ailleurs si facile de tourner en ridicule ses patientes investigations. Il faudrait avoir l'imagination bien malheureuse pour ne pas trouver quelque fade plaisanterie contre un homme qui passe sa vie à déchiffrer de vieux marbres, à deviner des alphabets inconnus, à interpréter et commenter des textes qui, aux yeux de l'ignorance, ne sont que ridicules et absurdes. Ces plaisanteries ont ce faux air de bon sens si puissant en France, et qui y règle trop souvent l'opinion publique. Un journaliste, un industriel sont des hommes sérieux. Mais le savant ne vaut quelque chose s'il n'est professeur. La science ne doit pas sortir du collège ou de l'école spéciale; le public n'a rien à faire avec elle. Que le professeur s'en occupe, à la bonne heure, c'est son métier. Mais tout autre qui y consacre sa vie se mêle de ce qui ne le regarde pas, à peu près comme un homme qui apprendrait les procédés d'un métier, sans vouloir jamais l'exercer. De là le discrédit où est tombée toute branche d'études qui ne sert pas directement à l'instruction classique et pédagogique, dont on accepte de confiance la nécessité, sans trop en savoir la raison. Les meilleurs juges reconnaissent que de toutes les branches des études philologiques, l'Orient, l'Inde surtout, peuvent offrir pour l'histoire de l'esprit humain les plus précieuses données. Pourquoi donc cette Californie est-elle si peu exploitée? Hélas! disons le mot dans sa dureté prosaïque, c'est qu'il n'y a pas de débouché.

D'où peut venir cette ignoble méprise? Reconnaissons d'abord que l'enthousiasme de la science est beaucoup plus rare et plus difficile dans un siècle comme le nôtre, où toutes les branches de la connaissance humaine ont fait d'incontestables progrès, qu'à une époque où toutes les sciences étaient en voie de création. La conquête et la découverte supposent un éveil et amènent une exertion de force que ne peuvent connaître ceux qui n'ont qu'à marcher dans une voie déjà tracée. Quel est le philologue de nos jours qui apporte dans ses recherches l'ivresse des premiers humanistes, Pétrarque, Boccace, le Pogge, Ambroise Traversari, ces hommes si puissamment possédés par l'ardeur de savoir, portant jusqu'à la mysticité la plus exaltée le culte des études nouvelles dont ils enrichissaient l'esprit humain, souffrant les persécutions et la faim pour la poursuite de leur objet idéal? Quel est l'orientaliste qui délire sur son objet comme Guillaume Postel? Quel est l'astronome capable des extases de Kepler, le physicien capable des transports prophétiques des deux Bacon? C'était alors l'âge héroïque de la science, quand tel philologue comptait parmi ses *Anecdota* Homère, tel autre Tite-Live, tel autre Platon. Il est commode de jeter sur ces nobles folies le mot si équivoque de pédantisme; il est plus facile encore de montrer que ces amants passionnés de la science n'avaient ni le bon goût ni la sévère méthode de notre siècle. Mais ne pourrions-nous pas aussi leur envier leur puissant amour et leur désintéressement?

Il n'entre pas dans mon plan de rechercher jusqu'à quel point le système d'instruction publique adopté en France est responsable du dépérissement de l'esprit scientifique. Il semble pourtant que le peu d'importance que l'on attache parmi nous à l'enseignement supérieur, le manque total de quelque institution qui corresponde à ce que sont les *universités* allemandes en soit une des principales causes (47). Ce n'est pas moi qui calomnierai l'enseignement des facultés: l'Allemagne n'a rien à comparer à la Sorbonne ni au Collège de France. Je ne sais s'il existe ailleurs qu'à Paris un établissement où des savants et des penseurs viennent à peu près sans programme entretenir régulièrement un public attiré uniquement par le charme ou l'importance de leurs leçons. Ce sont là deux admirables institutions, éminemment françaises; mais ce ne sont pas les universités allemandes. Elles les surpassent, mais ne les remplacent pas. A part quelques cours d'un caractère tout spécial, le manque d'un auditoire constant et obligé ne permet pas une exposition d'un caractère bien scientifique. En face d'un public dont la plus grande partie veut être *intéressée*, il faut des aperçus, des vues ingénieuses, bien plus qu'une discussion savante. Ces aperçus sont, je le reconnais, le but principal qu'il faut se proposer dans la recherche; mais quelle, que soit l'excellence avec laquelle ils sont proposés, n'est-il pas vrai que les cours qui attirent à juste titre un grand nombre d'auditeurs et qui exercent la plus puissante influence sur la culture des esprits, ne contribuent qu'assez peu à répandre l'esprit scientifique? Une foule de théories ne peuvent ainsi trouver place que dans l'enseignement des lycées, où la science ne saurait avoir sa dignité (48). Comment l'opinion publique serait-elle favorable à la science, quand la plupart ne la connaissent que par de vieux souvenirs de collège, qu'on se hâte de laisser tomber et qui ne pourraient d'ailleurs la faire concevoir sous son véritable jour? Les livres sérieux et les études paraissent ainsi n'avoir de sens qu'en vue de l'éducation, tandis que l'éducation ne devrait être qu'une des moindres applications de la science. Ce ridicule préjugé est une des plus sensibles peines que rencontre celui qui consacre sa vie à la science pure.

Ainsi, par un étrange renversement, la science n'est chez nous que pour l'école, tandis que l'école ne devrait être que pour la science. Sans doute, si l'école était dans les temps modernes ce qu'elle était dans l'antiquité, une réunion d'hommes poussés par le seul désir de connaître et réunis par une méthode commune de philosopher, on permettrait à la science de s'y renfermer. Mais l'école ayant en général chez nous un but *pédagogique* ou pratique, réduire la science à ces étroites proportions, supposer par exemple que la philologie ne vaut quelque chose que parce qu'elle sert à l'enseignement classique, c'est la plus grande humiliation qui se puisse concevoir et le plus absurde contre-bon sens. Le département de la science et des recherches sérieuses devient ainsi celui de l'instruction publique, comme si ces choses n'avaient de valeur qu'en tant qu'elles servent à l'enseignement. De là l'idée que, l'éducation finie, on n'a point à s'en occuper et qu'elles ne peuvent regarder que les professeurs. En effet, il serait, je crois, difficile de trouver chez nous un philologue qui n'appartienne de quelque manière à l'enseignement, et un livre philologique qui ne se rapporte à l'usage des classes ou à tout autre but universitaire. Étrange cercle vicieux; car si ces choses ne sont bonnes qu'à être professées, si ceux-là seuls les étudient qui doivent les enseigner, à quoi bon les enseigner?

A Dieu ne plaise que nous cherchions à rabaisser ces nobles et utiles fonctions qui préparent des esprits sérieux à toutes les carrières; mais il convient, ce semble, de distinguer profondément la science de l'instruction, et de donner à la première, en dehors de la seconde, un but religieux et philosophique. Le savant et le professeur diffèrent autant que le fabricant et le débitant. La confusion qu'on en a faite a contribué à jeter une sorte de défaveur sur les branches les plus importantes de la science, sur celles-là même qui, à cause de leur importance, ont mérité d'être choisies pour servir de bases aux études classiques. La mode n'est pas aussi sévère contre des études d'une moindre portée, mais qui n'ont pas l'inconvénient de rappeler autant le collège.

Il faudrait donc s'habituer à considérer l'application que l'on fait de certaines parties de la science, et en particulier de la philologie, aux études classiques comme quelque chose d'accessoire et d'assez secondaire au point de vue de la science. Ce n'est que par rapport à la philosophie positive que tout a son prix et sa valeur. La légèreté d'esprit, que ne comprend pas la science, le pédantisme, qui la comprend mal et la rabaisse, viennent également de l'absence d'esprit philosophique. Il faut s'accoutumer à chercher le prix du savoir en lui-même, et non dans l'usage qu'on en peut faire pour l'instruction de l'enfance ou de la jeunesse.

Sans doute, par la force des choses, les hommes les plus éminents dans chaque branche de la science seront appelés à les professer, et réciproquement les professeurs auront toujours un don à part. Il est même à remarquer que les noms les plus illustres de la science moderne sont tous ceux de professeurs ; on chercherait en vain parmi les libres amateurs des Heyne, des Bopp, des Sacy, des Burnouf. Ce n'est pas toutefois sans un grave danger que la science deviendrait trop exclusivement une affaire d'écoles. Elle y prendrait des habitudes de pédantisme, qui, en lui donnant une couleur particulière, la tireraient du grand milieu de l'humanité. Plus que personne, nous pensons que la science ne peut exister sans ce qu'on appelle le *technique* ; moins que personne nous avons de sympathie pour cette science de salon énervée dans sa forme, visant à être intéressante, science de revues demi-scientifiques, demi-mondaines. La vraie science est celle qui n'appartient ni à l'école, ni au salon, mais qui correspond directement à un besoin de l'homme ; celle qui ne porte aucune trace d'institution ou de coutume factice; celle en un mot qui rappelle de plus près les écoles de la Grèce antique, qui en ceci comme en tout nous a offert le modèle pur du vrai et du sincère. Voyez Aristote ; certes l'appareil scientifique occupe chez lui une plus grande place que chez aucun savant moderne, Kant peut-être excepté. Il est clair que l'esprit humain, enchanté de la découverte de ces casiers réguliers de la pensée que révèle la dialectique, y attacha d'abord trop d'importance, et crut naïvement que toute pensée pouvait avec avantage se mouler dans ces formes. Et pourtant Aristote, si éminemment *technique*, est-il précisément *scolastique*? Non. Comparez sa *Rhétorique* aux rhétoriques modernes qui n'en sont pourtant au fond que la reproduction affaiblie, vous aurez, d'une part, un ouvrage original, quoique d'une forme bizarre, une analyse vraie, quoique un peu vaine, d'une des faces de l'esprit humain; de l'autre des livres profondément insignifiants, et parfaitement inutiles en dehors du collège. Comparez les *Analytiques* aux Logiques scolastiques de la vieille école, vous retrouverez le même contraste.

En défendant à la science les airs d'école, nous ne faisons donc point une concession à l'esprit superficiel, qu'il ne faut jamais ménager. Nous la rappelons à sa grande et belle forme, que l'esprit français sait du reste si bien comprendre. Il y a pour la science, comme pour la littérature, un *bon goût,* que nos compatriotes ont su parfois saisir avec une délicatesse supérieure. La science allemande n'est pas obligée sous ce rapport à autant de précautions. Elle peut se permettre des airs d'école et s'entourer d'un parfum de scolasticité, qui chez nous passeraient pour scandaleux. Faut-il l'en féliciter? Les esprits sérieux excusent volontiers le pédantisme. Ils savent que cette forme du travail intellectuel est souvent nécessaire, toujours excusable. Personne ne s'en offense chez les humanistes de la restauration carlovingienne, ni chez ceux de la Renaissance : il faut que l'esprit humain s'amuse d'abord quelque temps de ses découvertes et des résultats nouveaux qu'il introduit dans la science, qu'il s'en fasse un plaisir, quelquefois même un jouet, avant d'en faire un objet de méditation philosophique. Le même ton devra se retrouver et pareillement s'excuser chez l'érudit exclusif et absorbé, qui creuse sa mine avec passion, surtout si un puissant esprit ne vient pas animer ses patientes recherches, et si la simplicité de sa vie extérieure le réduit à n'être jamais qu'érudit. La haute philosophie, le commerce de la société ou la pratique des affaires peuvent seuls préserver la science du pédantisme. Mais longtemps encore il faudra pardonner aux savants de n'être ni philosophes, ni hommes du monde, ni hommes d'État, même quand ils s'intitulent, comme en Allemagne, *conseillers de cour.*

Notre susceptibilité à cet égard est peut-être une des causes pour lesquelles la philologie, bien que représentée en France par tant de noms illustres, est toujours retenue par je ne sais quelle pudeur, et n'ose s'avouer franchement elle-même. Nous sommes si timides contre le ridicule, que tout ce qui peut y prêter nous devient suspect; or les meilleures choses, en changeant légèrement de nom et de nuance, peuvent être prises par ce côté. Le nom de pédantisme, qui, si on ne le définit nettement, peut être si mal appliqué, et qui pour les esprits légers est à peu près synonyme de toute recherche sérieuse et savante, est ainsi devenu un épouvantail pour les esprits fins et délicats, qui ont souvent mieux aimé rester superficiels que de donner prise à cette attaque, la plus sensible pour nous. Ce scrupule a été poussé si loin, qu'on a vu des critiques de l'esprit le plus distingué rendre à dessein leur expression incomplète, plutôt que d'employer le mot de l'école, alors qu'il était le mot propre. Le jargon scolastique, quand il ne cache aucune pensée, ou qu'il ne fait que servir de parade à d'étroits esprits, est fade et ridicule. Mais vouloir bannir le style exact et technique, qui seul peut exprimer certaines nuances délicates ou profondes de la pensée, c'est tomber dans un purisme aussi peu raisonnable. Kant et Hegel, ou même des esprits aussi dégagés de l'école que Herder, Schiller et Gœthe, n'échapperaient point à ce prix à notre terrible accusation de pédantisme.

Félicitons nos voisins de n'avoir point ces entraves, qui pourtant, il faut le dire, leur seraient moins nuisibles qu'à nous. Chez eux, l'école et la science se touchent; chez nous, tout enseignement supérieur qui, par sa manière, sent encore le collège, est déclaré de mauvais ton et insupportable; on croit faire preuve de finesse en se mettant au dessus de tout ce qui rappelle l'enseignement des classes. Chacun se passe cette petite vanité, et croit prouver par là qu'il a bien dépassé son époque de pédagogie. Croirat-on que, dans des cérémonies analogues à nos distributions de prix, où les frais d'éloquence sont chez nous de rigueur, les Allemands se bornent à des lectures de dissertations grammaticales du genre le plus sévère et toutes hérissées de mots grecs et latins (49)? Comprendrions nous des séances solennelles et publiques occupées par les lectures suivantes : *Sur la nature de la conjonction. — Sur la période allemande. — Sur les mathématiciens grecs. — Sur la topographie de la bataille de Marathon. — Sur la plaine de Crissa. — Sur les centuries de Servius Tullius. — Sur les vignes de l'Attique. — Classification des prépositions. — Éclaircissement sur les mots difficiles d'Homère. — Commentaire sur le portrait de Thersite dans Homère*, etc. (50)? Cela suppose chez nos voisins un goût merveilleux pour les choses sérieuses, et peut-être aussi quelque courage à s'ennuyer bravement, quand cela est de règle. Madame de Staël dit que les Viennois de son temps s'amusaient méthodiquement et pour l'acquit de leur conscience. Peut-être le public de l'Allemagne est-il aussi plus patient que le nôtre, quand il s'agit de s'ennuyer cérémonieusement et sur convocation officielle. Bientôt ce sera chez nous un acte méritoire d'assister à une séance solennelle de l'Académie des Inscriptions, et cela sans qu'il y ait aucunement de la faute de l'Académie. Notre public est trop difficile ; il exige de l'intérêt et même de l'amusement, là où l'instruction devrait suffire; et de fait, jusqu'à ce qu'on ait conçu le but élevé et philosophique de la science, tant qu'on n'y verra qu'une curiosité comme une autre, on devra la trouver ennuyeuse et lui faire un reproche de l'ennui qu'elle peut causer. Jeu pour jeu, pourquoi prendre le moins attrayant ?

Montaigne, qui à tant d'égards est le type éminent de l'esprit français, le représente surtout par son horreur pour tout ce qui rappelle le pédantisme. C'est plaisir de le voir faire le brave et le dégagé, l'homme du monde qui n'entend rien aux sciences et sait tout sans avoir jamais rien appris. « Ce ne sont ici, dit-il, que resveries d'homme qui n'a gousté des sciences que la crouste première en son enfance, et n'en a retenu qu'un général et informe visage : un peu de chaque chose, et rien du tout, à la Françoise. Car, en somme, je sçay qu'il y a une médecine, une jurisprudence, quatre parties en la mathématique, et grossièrement ce à quoy elles visent. Et à l'adventure encore sçay-je la prétention des sciences en général, au service de nostre vie : mais d'y enfoncer plus avant, de m'estre rongé les ongles à l'estude d'Aristote, monarque de la doctrine moderne, ou opiniastré après quelque science, je ne l'ay jamais faict : ny n'est art de quoy je puisse peindre seulement les premiers linéaments. Et n'est enfant des classes moyennes, qui ne se puisse dire plus savant que moy : qui n'ay seulement pas de quoy l'examiner sur sa première leçon. Et s'y l'on m'y force, je suis contraint, assez ineptement, d'en tirer quelque matière de propos universels, sur quoy j'examine son jugement naturel : leçon qui leur est autant incognue, comme à moi la leur. »

Il a bien soin pourtant de montrer qu'il s'y entend aussi bien qu'un autre, et de relever les traits d'érudition qui peuvent faire honneur à son savoir ; pourvu qu'il soit bien entendu qu'il n'en fait aucun cas, et qu'il est au-dessus de ces pédanteries. Il se vante de n'avoir aucune *rétention* et d'être *excellent en oubliance (je n'ay point de gardoire)* ; car c'est par là que brillent les érudits. Enfin, c'est toute une petite manière de faire fi des qualités du savant, pour se relever par celles de l'homme de sens et de l'homme d'esprit, qui caractérise supérieurement l'esprit français, et que madame de Staël a si finement appelé le *pédantisme de la légèreté* (51).

VII

De même qu'au sein des religions, une foule d'hommes manient les choses sacrées sans en avoir le sens élevé, et sans y voir autre chose qu'une manipulation vulgaire; de même, dans le champ de la science, des travailleurs, fort estimables d'ailleurs, sont souvent complètement dépourvus du sentiment de leur œuvre et de sa valeur idéale. Hâtons-nous de le dire : il serait injuste d'exiger du savant la conscience toujours immédiate du but de son travail, et il y aurait mauvais goût à vouloir qu'il en parlât expressément à tout propos; ce serait l'obliger à mettre en tête de tous ses ouvrages des prolégomènes identiques. Prenez les plus beaux travaux de la science, parcourez l'œuvre des Letronne, des Burnouf, des Lassen, des Grimm, et en général de tous les princes de la critique moderne; peut-être y chercherez-vous en vain une page *directement* et *abstraitement* philosophique. C'est une intime pénétration de l'esprit philosophique, qui se manifeste, non par une tirade isolée, mais par la méthode et l'esprit général. Souvent même cette prudente abstention est un acte de vertu scientifique, et ceux-là sont les héros de la science qui, plus capables que personne de se livrer à de hautes spéculations, ont la force de se borner à la sévère constatation des faits, en s'interdisant les généralités anticipées. Des travaux entrepris sans ce grand esprit peuvent même servir puissamment au travail de l'esprit humain, indépendamment des intentions plus ou moins mesquines de leurs auteurs. Est-il nécessaire que l'ouvrier qui extrait les blocs de la carrière ait l'idée du monument futur dans lequel ils entreront ? Parmi les laborieux travailleurs qui ont construit l'édifice de la science, plusieurs n'ont vu que la pierre qu'ils taillaient, ou tout au plus la région limitée où ils la plaçaient. Semblables à des fourmis, ils apportent chacun leur tribut individuel, renversent quelque obstacle, se croisent sans cesse, en apparence dans un désordre complet et ne faisant que se gêner les uns les autres. Et pourtant il arrive que, par les travaux réunis de tant d'hommes, sans qu'aucun plan ait été combiné à l'avance, une science se trouve organisée dans ses belles proportions. Un génie invisible a été l'architecte qui présidait à l'ensemble, et faisait concourir ces efforts isolés à une parfaite unité.

En étudiant les origines de chaque science, on trouverait que les premiers pas ont été presque toujours faits sans une conscience bien distincte, et que les études philologiques entre autres doivent une extrême reconnaissance à des esprits très médiocres, qui les premiers en ont posé les conditions matérielles. Ce n'étaient certes pas des génies que Hervas, Paulin de Saint-Barthélemi, Pigafetta, qui peuvent être regardés comme les fondateurs de la linguistique. Quel fait immense dans l'histoire de l'esprit humain que l'initiation du monde latin à la connaissance de la littérature grecque ! Les deux hommes qui y contribuèrent le plus, Barlaam et Léonce Pilati, étaient, au dire de Pétrarque et de Boccace, qui les pratiquèrent de si près, deux hommes aussi nuls que bourrus et fantasques. La plupart des Grecs émigrés qui ont joué un rôle si important dans le développement de l'esprit européen étaient des hommes plus que médiocres, de vrais manœuvres, qui tiraient parti, *per alcuni denari*, de la connaissance qu'ils possédaient de la langue grecque. Pour un Bessarion, on avait cent Philelphes. Les lexicographes ne sont pas en général de très grands philosophes, et pourtant le plus beau livre de généralités n'a pas eu sur la haute science une aussi grande influence que le dictionnaire très médiocrement philosophique par lequel Wilson a rendu possible en Europe les études sanskrites. Il est des œuvres de patience, auxquelles s'astreindraient difficilement des hommes travaillés de besoins philosophiques trop exigeants. Des esprits vifs et élevés auraient-ils mené à fin ces immenses travaux sortis des ateliers scientifiques de la congrégation de Saint-Maur? Tout travail scientifique, conduit suivant une saine méthode, conserve une incontestable valeur, quelle que soit l'étendue des vues de l'auteur. Les seuls travaux inutiles sont ceux où l'esprit superficiel et le charlatanisme prétendent imiter les allures de la vraie science, et ceux où l'auteur, obéissant à une pensée intéressée ou aux rêves préconçus de son imagination, veut à tout prix retrouver partout ses chimères.

Bien qu'il ne soit pas nécessaire que l'ouvrier ait la connaissance parfaite de l'œuvre qu'il exécute, il serait pourtant bien à souhaiter que ceux qui se livrent aux travaux spéciaux eussent l'idée de l'ensemble qui seul donne du prix à leurs recherches. Si tant de laborieux travailleurs, auxquels la science moderne doit ses progrès, eussent eu l'intelligence philosophique de ce qu'ils faisaient, s'ils eussent vu dans l'érudition autre chose qu'une satisfaction de leur vanité ou de leur curiosité, que de moments précieux ménagés, que d'excursions stériles épargnées, que de vies consacrées à des travaux insignifiants l'eussent été à des recherches plus utiles. Quand on pense que le travail intellectuel de siècles et de pays entiers, de l'Espagne, par exemple, s'est consumé lui-même, faute d'un objet substantiel, que des millions de volumes sont allés s'enfouir dans la poussière sans aucun résultat, on regrette vivement cette immense déperdition des forces humaines, qui a lieu par l'absence de direction et faute d'une conscience claire du but à atteindre. L'impression profondément triste que produit l'entrée dans une bibliothèque vient en grande partie de la pensée que les neuf dixièmes des livres qui sont là entassés ont porté à faux, et, soit par la faute de l'auteur, soit par celle des circonstances, n'ont eu et n'auront jamais aucune action directe sur la marche de l'humanité.

Il me semble que la science ne retrouvera sa dignité qu'en se posant définitivement au grand et large point de vue de sa fin véritable. Autrefois il y avait place pour ce petit rôle assez innocent du savant de la Restauration ; rôle demi-courtisanesque, manière de se laisser prendre pour un homme *solide*, qui hoche la tête sur les ambitieuses nouveautés, façon de s'attacher à des Mécènes ducs et pairs, qui pour suprême faveur vous admettaient au nombre des meubles de leur salon ou des antiques de leur cabinet ; sous tout cela quelque chose d'assez peu sérieux, le rire niais de la vanité, si agaçant quand il se mêle aux choses sérieuses !... Voilà le genre qui doit à jamais disparaître ; voilà ce qui est enterré avec les hochets d'une société où le factice avait encore une si grande part. C'est rabaisser la science que de la tirer du grand milieu de l'humanité pour en faire une vanité de cour ou de salon ; car le jour n'est pas loin où tout ce qui n'est pas sérieux et vrai sera ridicule. Soyons donc vrais, au nom de Dieu, vrais comme Thalès quand, de sa propre initiative et par besoin intime, il se mit à spéculer sur la nature; vrais comme Socrate, vrais comme Jésus, vrais comme saint Paul, vrais comme tous ces grands hommes que l'idéal a possédés et entraînés après lui! Laissons les gens du vieux temps dire petitement pour l'apologie de la science : elle est nécessaire comme toute autre chose; elle orne, elle donne du lustre à un pays, etc... Niaiserie que tout cela! Quelle est l'âme philosophique et belle, jalouse d'être parfaite, ayant le sentiment de sa valeur intérieure, qui consentirait à se sacrifier à de telles vanités, à se mettre de gaieté de cœur dans la tapisserie inanimée de l'humanité, à jouer dans le monde le rôle des momies d'un musée! Pour moi, je le dis du fond de ma conscience, si je voyais une forme de vie plus belle que la science, j'y courrais. Comment se résigner à ce qu'on sait être le moins parfait? Comment se mettre soi-même au rebut, accepter un rôle de parade, quand la vie est si courte, quand rien ne peut réparer la perte des moments qu'on n'a point donnés aux délices de l'idéal? O vérité, sincérité de la vie! ô sainte poésie des choses, avec quoi se consoler de ne pas te sentir? Et à cette heure sérieuse à laquelle il faut toujours se transporter pour apprécier les choses à leur vrai jour, qui pourra mourir tranquille, si, en jetant un regard en arrière, il ne trouve dans sa vie que frivolité ou curiosité satisfaite? La fin seule est digne du regard; tout le reste est vanité. Vivre, ce n'est pas glisser sur une agréable surface, ce n'est pas jouer avec le monde pour y trouver son plaisir; c'est consommer beaucoup de belles choses, c'est être le compagnon de route des étoiles; c'est savoir, c'est espérer, c'est aimer, c'est admirer, c'est bien faire. Celui-là a le plus vécu, qui, par son esprit, par son cœur et par ses actes a le plus adoré !

Ne voir dans la science qu'une mesquine satisfaction de la curiosité ou de la vanité, c'est donc une aussi grande méprise que de ne voir dans la poésie qu'un fade exercice d'esprits frivoles, et dans la littérature l'amusement dont on se lasse le moins vite et auquel on revient le plus volontiers. Le curieux et l'amateur peuvent rendre à la science d'éminents services ; mais ils ne sont ni le savant ni le philosophe. Ils en sont aussi loin que l'industriel. Car ils s'amusent, ils cherchent leur plaisir, comme l'industriel cherche son profit. Il y a, je le sais, dans la curiosité des degrés divers ; il y a loin de cet instinct mesquin de collection, qui diffère à peine de l'attachement de l'enfant pour ses jouets, à cette forme plus élevée, où elle devient amour de savoir, c'est-à-dire instinct légitime de la nature humaine, et peut constituer une très noble existence. Bayle et Charles Nodier ne sont que des curieux, et pourtant ils sont déjà presque des philosophes. Il est même bien rare qu'à l'exercice le plus élevé de la raison ne se mêle un peu de ce plaisir, qui, pour n'avoir aucune valeur idéale, n'en est pas moins utile. Combien de découvertes en effet ont été amenées par la simple curiosité ? Combien de compilations, précieuses pour les recherches ultérieures, n'eussent point été faites sans cet innocent amour du travail, par lequel tant d'âmes doucement actives réussissent à tromper leur faim ? Ce serait une barbarie de refuser à ces humbles travailleurs, ce petit plaisir mesquin, peu élevé, mais fort doux, que M. Daunou appelait si bien *paperasser*. Nous nous sommes tous bien trouvés d'avoir éprouvé cette innocente jouissance, pour nous aider à dévorer les pages arides de la science. Les premières études que l'on consacre à apprendre le bagage matériel d'une langue seraient sans cela insupportables, et grâce à ce goût, elles deviennent des plus attrayantes qui se puissent imaginer.

On peut affirmer que sans cet attrait, jamais les premiers érudits des temps modernes, qui n'étaient soutenus ni par une haute vue philosophique, ni par un motif immédiatement religieux, n'eussent entrepris ces immenses travaux, qui nous rendent possibles les recherches de haute critique. Celui qui, avec nos besoins intellectuels plus excités, ferait maintenant un tel acte d'abnégation, serait un héros. Mais ce qu'il importe de maintenir, c'est que cette curiosité n'a aucune valeur morale immédiate, et qu'elle ne peut constituer le savant. Il y a des industriels qui exploitent la science pour leur profit; ceux-ci l'exploitent pour leur plaisir. Cela vaut mieux sans doute; mais enfin il n'y a pas l'infini de l'un à l'autre. Le plaisir étant essentiellement personnel et intéressé, n'a rien de sacré, rien de moral. Toute littérature, toute poésie, toute science, qui ne se propose que d'amuser ou d'intéresser, est par ce fait même frivole et vaine, ou pour mieux dire, n'a plus aucun droit à s'appeler littérature, poésie, science. Les bateleurs en font autant, et même y réussissent beaucoup mieux. D'où vient que l'on regarde comme une occupation sérieuse de lire Corneille, Goethe, Byron, et que l'on ne se permet de lire tel roman, tel drame moderne, qu'à titre de passe-temps? De la même raison qui fait que la *Revue d'Édimbourg* ou la *Quarterly Review* sont des recueils sérieux, et que le *Magasin pittoresque* est un livre frivole.

C'est donc humilier la science que de ne la relever que comme intéressante et curieuse. L'ascétisme chrétien aurait alors parfaitement raison contre elle. Le seul moyen légitime de faire l'apologie de la science, c'est de l'envisager comme élément essentiel de la perfection humaine. Le livre chrétien par excellence, l'*Imitation*, après avoir débuté comme le Maître de ceux qui savent par ces mots: « Tout homme désire naturellement savoir, » avait toute raison d'ajouter : « Mais qu'importe la science sans l'amour? Mieux vaut l'humble paysan qui sert Dieu, que le superbe philosophe qui considère le cours des astres et se néglige lui-même. Qu'importe la connaissance des choses dont l'ignorance ne nous fera point condamner? Tout est vanité, excepté aimer Dieu et le servir. » Cela est indubitable, si la science est conçue comme une simple série de formules, si le parfait amour est possible sans savoir. Si l'on met d'un côté la perfection, de l'autre la vanité, comment ne pas suivre la perfection? Mais c'est précisément ce partage qui est illégitime. Car la perfection est impossible sans la science. La vraie façon d'adorer Dieu, c'est de connaître et d'aimer ce qui est.

VIII

La *philologie* est, de toutes les branches de la connaissance humaine, celle dont il est le plus difficile de saisir le but et l'unité. L'astronomie, la zoologie, la botanique ont un objet déterminé. Mais quel est celui de la philologie? Le grammairien, le linguiste, le lexicographe, le critique, le *littérateur* dans le sens spécial du mot, ont droit au titre de philologues, et nous saisissons en effet entre ces études diverses un rapport suffisant pour les appeler d'un nom commun. C'est qu'il en est du mot de philologie comme de celui de philosophie, de poésie et de tant d'autres dont le vague même est expressif. Quand on cherche, d'après les habitudes des logiciens, à trouver une phrase équivalente à ces mots compréhensifs, et qui en soit la définition, l'embarras est grand, parce qu'ils n'ont ni dans leur objet ni dans leur méthode rien qui les caractérise uniquement. Socrate, Diogène, Pascal, Voltaire sont appelés philosophes; Homère, Aristophane, Lucrèce, Martial, Chaulieu et Lamartine sont appelés poètes, sans qu'il soit facile de trouver le lien de parenté qui réunit sous un même nom des esprits si divers. De telles appellations n'ont pas été formées sur des notions d'avance définies; elles doivent leur origine à des procédés plus libres et au fond plus exacts que ceux de la logique artificielle. Ces mots désignent des régions de l'esprit humain entre lesquelles il faut se garder de tracer des démarcations trop rigoureuses. Où finit l'éloquence, où commence la poésie (52)? Platon est-il poète, est-il philosophe? Questions bien inutiles sans doute, puisque, quelque nom qu'on lui donne, il n'en sera pas moins admirable, et que les génies ne travaillent pas dans les catégories exclusives que le langage forme après coup sur leurs œuvres. Toute la différence consiste en une harmonie particulière, un timbre plus ou moins sonore, sur lequel un sens exercé n'hésite jamais.

L'antiquité, en cela plus sage, et plus rapprochée de l'origine de ces mots, les appliquait avec moins d'embarras. Le sens si complexe de son mot de *grammaire* ne lui causait aucune hésitation. Depuis que nous avons dressé une carte de la science, nous nous obstinons à donner une place à part à la philologie, à la philosophie; et pourtant ce sont là moins des sciences spéciales que des façons diverses de traiter les choses de l'esprit.

A une époque où l'on demande avant tout au savant de quoi il s'occupe, et à quel résultat il arrive, la philologie a dû trouver peu de faveur. On comprend le physicien, le chimiste, l'astronome, beaucoup moins le philosophe, encore moins le philologue. La plupart, interprétant mal l'étymologie de son nom, s'imaginent qu'il ne travaille que sur les mots (quoi, dit-on, de plus frivole?) et ne songent guère à distinguer comme Zénon le *philologue* du *logophile* (53). Ce vague qui plane sur l'objet de ses études, cette nature *sporadique*, comme disent les Allemands, cette latitude presque indéfinie qui renferme sous le même nom des recherches si diverses, font croire volontiers qu'il n'est qu'un amateur, qui se promène dans la variété de ses travaux, et fait des explorations dans le passé, à peu près comme certaines espèces d'animaux fouisseurs creusent des mines souterraines, pour le plaisir d'en faire. Sa place dans l'organisation philosophique n'est pas encore suffisamment déterminée, les monographies s'accumulent sans qu'on en voie le but.

La philologie, en effet, semble au premier coup d'œil ne présenter qu'un ensemble d'études sans aucune unité scientifique. Tout ce qui sert à la restauration ou à l'illustration du passé a droit d'y trouver place. Entendue dans son sens étymologique, elle ne comprendrait que la grammaire, l'exégèse et la critique des textes; les travaux d'érudition, d'archéologie, de critique esthétique en seraient distraits. Une telle exclusion serait pourtant peu naturelle. Car ces travaux ont entre eux les rapports les plus étroits; d'ordinaire, ils sont réunis dans les études d'un même individu, souvent dans le même ouvrage. En éliminer quelques-uns de l'ensemble des travaux philologiques, serait opérer une scission artificielle et arbitraire dans un groupe naturel. Que l'on prenne, par exemple, l'école d'Alexandrie; à part quelques spéculations philosophiques et théurgiques, tous les travaux de cette école, ceux-mêmes qui ne rentrent pas directement dans la philologie, ne sont-ils pas empreints d'un même esprit, qu'on peut appeler philologique, esprit qu'elle porte même dans la poésie et la philosophie? Une histoire de la philologie serait-elle complète si elle ne parlait d'Apollonius de Rhodes, d'Apollodore, d'Élien, de Diogène Laërce, d'Athénée et des autres polygraphes, dont les œuvres pourtant sont loin d'être philologiques dans le sens le plus restreint. — Si, d'un autre côté, on donne à la philologie toute l'extension possible, où s'arrêter? Si l'on n'y prend garde, on sera forcément amené à y renfermer presque toute la littérature réfléchie. Les historiens, les critiques, les polygraphes, les écrivains d'histoire littéraire devront y trouver place (54). Tel est l'inconvénient, grave sans doute, mais nécessaire et compensé par de grands avantages, de séparer ainsi un groupe d'idées de l'ensemble de l'esprit humain, auquel il tient par toutes ses fibres. Ajoutons que les rapports des mots changent avec les révolutions des choses, et que, dans l'appréciation de leur sens, il ne faut considérer que le centre des notions, sans chercher à enclaver ces notions dans des formules qui ne leur seront jamais parfaitement équivalentes. Quand il s'agit de littérature ancienne, la critique et l'érudition rentrent de droit dans le cadre de la philologie; au contraire, celui qui ferait l'histoire de la philologie moderne ne se croirait pas sans doute obligé de parler de nos grandes collections d'histoire civile et littéraire ni de ces brillantes œuvres de critique esthétique qui se sont élevées au niveau des plus belles créations philosophiques (55).

Le champ du philologue ne peut donc être plus défini que celui du philosophe, parce qu'en effet l'un et l'autre s'occupent non d'un objet distinct, mais de toutes choses à un point de vue spécial. Le vrai philologue doit être à la fois linguiste, historien, archéologue, artiste, philosophe. Tout prend à ses yeux un sens et une valeur, en vue du but important qu'il se propose, lequel rend sérieuses les choses les plus frivoles qui de près ou de loin s'y rattachent. Ceux qui, comme Heyne et Wolf, ont borné le rôle du philologue à reproduire dans sa science, comme en une bibliothèque vivante, tous les traits du monde ancien (56), ne me semblent pas en avoir compris toute la portée. La philologie n'a point son but en elle-même : elle a sa valeur comme condition nécessaire de l'histoire de l'esprit humain et de l'étude du passé. Sans doute plusieurs des philologues dont les savantes études nous ont ouvert l'antiquité, n'ont rien vu au delà du texte qu'ils interprétaient et autour duquel ils groupaient les mille paillettes de leur érudition. Ici, comme dans toutes les sciences, il a pu être utile que la curiosité naturelle de l'esprit humain ait suppléé à l'esprit philosophique et soutenu la patience des chercheurs.

Bien des gens sont tentés de rire en voyant des esprits sérieux dépenser une prodigieuse activité pour expliquer des particularités grammaticales, recueillir des gloses, comparer les variantes de quelque ancien auteur, qui n'est souvent remarquable que par sa bizarrerie ou sa médiocrité. Tout cela faute d'avoir compris dans un sens assez large l'histoire de l'esprit humain et l'étude du passé. L'intelligence, après avoir parcouru un certain espace, aime à revenir sur ses pas pour revoir la route qu'elle a fournie, et repenser ce qu'elle a pensé. Les premiers créateurs ne regardaient pas derrière eux; ils marchaient en avant, sans autre guide que les éternels principes de la nature humaine. A un certain jour, au contraire, quand les livres sont assez multipliés pour pouvoir être recueillis et comparés, l'esprit veut avancer avec connaissance de cause, il songe à confronter son œuvre avec celle des siècles passés; ce jour-là naît la littérature réfléchie, et parallèlement à elle la philologie. Cette apparition ne signale donc pas, comme on l'a dit trop souvent, la mort des littératures; elle atteste seulement qu'elles ont déjà toute une vie accomplie. La littérature grecque n'était pas morte apparemment au siècle des Pisistratides, où déjà l'esprit philologique nous apparaît si caractérisé. Dans les littératures latine et française, l'esprit philologique a devancé les grandes époques productrices. La Chine, l'Inde, l'Arabie, la Syrie, la Grèce, Rome, les nations modernes ont connu ce moment où le travail intellectuel de spontané devient savant, et ne procède plus sans consulter ses archives déposées dans les musées et les bibliothèques. Le développement du peuple hébreu lui-même, qui semble offrir avant Jésus-Christ moins de trace qu'aucun autre de travail réfléchi, présente dans son déclin des vestiges sensibles de cet esprit de recension, de collection, de rapiécetage, si j'ose le dire, qui termine la vie originale de toutes les littératures.

Ces considérations seraient suffisantes, ce me semble, pour l'apologie des sciences philologiques. Et pourtant elles ne sont à mes yeux que bien secondaires, eu égard à la place nouvelle que le développement de la philosophie contemporaine devra faire à ces études. Un pas encore, et l'on proclamera que la vraie philosophie est la science de l'humanité, et que la science d'un être qui est dans un perpétuel *devenir* ne peut être que son histoire. L'histoire, non pas curieuse mais théorique, de l'esprit humain, telle est la philosophie du xixe siècle. Or cette étude n'est possible que par l'étude immédiate des monuments, et ces monuments ne sont pas abordables sans les recherches spéciales du philologue. Telle forme du passé suffit à elle seule pour occuper une laborieuse existence. Une langue ancienne et souvent inconnue, une paléographie à part, une archéologie et une histoire péniblement déchiffrées, voilà certes plus qu'il n'en faut pour absorber tous les efforts de l'investigateur le plus patient, si d'humbles artisans n'ont consacré de longs travaux à extraire de la carrière et présenter réunis à son appréciation les matériaux avec lesquels il doit reconstruire l'édifice du passé (57). Il se peut qu'aux yeux de l'avenir, tel esprit lourd et médiocre, mais patient, qui a fourni à cette œuvre gigantesque une pierre de quelque importance, occupe une place plus élevée que tel spéculatif de second ordre, qui s'intitulait philosophe, et n'a fait que bavarder sur le problème, sans fournir une seule donnée nouvelle à sa solution. La révolution qui depuis 1820 a changé complètement la face des études historiques, ou pour mieux dire qui a fondé l'histoire parmi nous, est apparemment un fait aussi important que l'apparition de quelque nouveau système. Eh bien! les travaux si pleins d'originalité des Guizot, des Thierry, des Michelet auraient-ils été possibles sans les collections bénédictines et tant d'autres travaux préparatoires? Mabillon, Muratori, Baluze, Du Cange, n'étaient pas de grands philosophes, et pourtant ils ont plus fait pour la vraie philosophie que tant d'esprits creux et systématiques qui ont voulu bâtir en l'air l'édifice des choses, et dont pas une syllabe ne restera parmi les acquisitions définitives. Je ne parle point ici de ces œuvres où la plus solide érudition s'unit à une critique fine ou élevée, comme les derniers volumes de l'*Histoire littéraire de la France*, comme l'*Essai sur le buddhisme* de M. Eugène Burnouf, comme l'*Archéologie indienne* de M. Lassen, comme la *Grammaire comparée* de M. Bopp, ou les *Religions de l'antiquité* de M. Guigniaut. J'affirme, pour ma part, qu'il n'est aucun de ces ouvrages où je n'aie puisé plus de choses philosophiques que dans toute la collection de Descartes et de son école. Mais je parle de ces œuvres du caractère le plus sévère et que les profanes tiennent pour illisibles, comme par exemple des Catalogues de manuscrits, des grandes compilations, des Bibliothèques, comme celle de Fabricius, etc., eh bien ! dis-je, de tels livres, presque insignifiants en eux-mêmes, ont une valeur inappréciable, si on les envisage comme matériaux de l'histoire de l'esprit humain. Je verrais brûler dix mille volumes de philosophie dans le genre des leçons de La Romiguière ou de la Logique de Port-Royal, que je sauverais de préférence la *Bibliothèque orientale* d'Assémani ou la *Bibliotheca arabico-hispana* de Casiri. Car pour la philosophie, il y a toujours avantage à reprendre les choses *ab integro*, et après tout le philosophe peut toujours dire : *Omnia mecum porto;* au lieu que les plus beaux génies du monde ne sauraient me rendre les documents que ces collections renferment sur les littératures syriaque et arabe, deux faces très secondaires sans doute, mais enfin deux faces de l'esprit humain.

Il est facile de jeter le ridicule sur ces tentatives de restauration de littératures obscures et souvent médiocres. Cela vient de ce qu'on ne comprend pas dans toute son étendue et son infinie variété la science de l'esprit humain. Un savant élève de M. Burnouf, M. Foucaux, essaie depuis quelques années de fonder en France des études tibétaines. Je m'étonnerais bien si sa louable entreprise ne lui a pas déjà valu plus d'une épigramme ; eh bien ! je déclare, moi, que M. Foucaux fait une œuvre plus méritoire pour la philosophie de l'avenir que les trois quarts de ceux qui se posent en philosophes et en penseurs. Quand M. Hodgson découvrit dans les monastères du Népal les monuments primitifs du buddhisme indien, il servit plus la pensée que n'aurait pu faire une génération de métaphysiciens scolastiques. Il fournissait un des éléments les plus essentiels pour l'explication du christianisme et de l'Évangile, en dévoilant à la critique une des plus curieuses apparitions religieuses et le seul fait qui ait une analogie intime avec le plus grand phénomène de l'histoire de l'humanité. Celui qui nous rapporterait de l'Orient quelques ouvrages zends ou pehlvis, qui ferait connaître à l'Europe les poèmes épiques et toute la civilisation des Radjpoutes, qui pénétrerait dans les bibliothèques des Djaïns du Guzarate, ou qui nous ferait connaître exactement les livres de la secte gnostique qui se conserve encore sous le nom de mendéens ou de nasoréens, celui-là serait certain de poser une pierre éternelle dans le grand édifice de la science de l'humanité. Quel est le penseur abstrait qui peut avoir la même assurance ?

C'est donc dans la philosophie qu'il faut chercher la véritable valeur de la philologie. Chaque branche de la connaissance humaine a ses résultats spéciaux qu'elle apporte en tribut à la science générale des choses et à la critique universelle, l'un des premiers besoins de l'homme pensant. Là est la dignité de toute recherche particulière et des derniers détails d'érudition, qui n'ont point de sens pour les esprits superficiels et légers. A ce point de vue, il n'y a pas de recherche inutile ou frivole. Il n'est pas d'étude, quelque mince que paraisse son objet, qui n'apporte son trait de lumière à la science du tout, à la vraie philosophie des réalités. Les résultats généraux qui seuls, il faut l'avouer, ont de la valeur en eux-mêmes, et sont la *fin* de la science, ne sont possibles que par le *moyen* de la connaissance, et de la connaissance érudite des détails. Bien plus, les résultats généraux qui ne s'appuient pas sur la connaissance des derniers détails sont nécessairement creux et factices, au lieu que les recherches particulières, même destituées de l'esprit philosophique, peuvent être du plus grand prix, quand elles sont exactes et conduites suivant une sévère méthode. L'esprit de la science est cette communauté intellectuelle qui rattache l'un à l'autre l'érudit et le penseur, fait à chacun d'eux sa gloire méritée, et confond dans une même fin leurs rôles divers.

L'union de la philologie et de la philosophie, de l'érudition et de la pensée, devrait donc être le caractère du travail intellectuel de notre époque. C'est la philologie ou l'érudition qui fournira au penseur cette forêt de choses (*silva rerum ac sententiarum*, comme dit Cicéron), sans laquelle la philosophie ne sera jamais qu'une toile de Pénélope, qu'on devra recommencer sans cesse. Il faut renoncer définitivement à la tentative de la vieille école, de construire la théorie des choses par le jeu des formules vides de l'esprit, à peu près comme si, en faisant aller la manivelle d'un tisserand sans y mettre du fil, on prétendait faire de la toile, ou qu'on crût obtenir de la farine en faisant tourner un moulin sans y mettre du blé. Le penseur suppose l'érudit ; et ne fût-ce qu'en vue de la sévère discipline de l'esprit, je ferais peu de cas du philosophe qui n'aurait pas travaillé, au moins une fois dans sa vie, à éclaircir quelque point spécial de la science. Sans doute les deux rôles peuvent se séparer, et ce partage même est souvent désirable. Mais il faudrait au moins qu'un commerce intime s'établît entre ces fonctions diverses, que les travaux de l'érudit ne demeurassent plus ensevelis dans la masse des collections savantes, où ils sont comme s'ils n'étaient pas, et que le philosophe, d'un autre côté, ne s'obstinât plus à chercher au dedans de lui-même les vérités vitales dont les sciences du dehors sont si riches pour celui qui les explore avec intelligence et critique.

D'où viennent tant de vues nouvelles sur la marche des littératures et de l'esprit humain, sur la poésie spontanée, sur les âges primitifs, si ce n'est de l'étude patiente des plus arides détails. Vico, Wolf, Niebuhr, Strauss auraient-ils enrichi la pensée de tant d'aperçus nouveaux, sans la plus minutieuse érudition? N'est-ce pas l'érudition qui a ouvert devant nous ces mondes de l'Orient, dont la connaissance a rendu possible la science comparée des développements de l'esprit humain ? Pourquoi un des plus beaux génies des temps modernes, Herder, dans ce traité de la *Poésie des Hébreux*, où il a mis toute son âme, est-il si souvent inexact, faux, chimérique, si ce n'est pour n'avoir point appuyé d'une critique savante l'admirable sens esthétique dont il était doué ? A ce point de vue, l'étude même des folies de l'esprit a son prix pour l'histoire et la psychologie. Plusieurs problèmes importants de critique historique ne seront résolus que quand un érudit intelligent aura consacré sa vie au dépouillement du Talmud et de la Cabbale. Si Montesquieu, dépouillant le chaos des lois ripuaires, visigothes et burgondes, a pu se comparer à Saturne dévorant des pierres, quelle force ne faudrait-il pas supposer à l'esprit capable de digérer un tel fatras ? Et pourtant il y aurait à en extraire une foule de données précieuses pour l'histoire des religions comparées.

Depuis le xve siècle, les sciences qui ont pour objet l'esprit humain et ses œuvres n'ont pas fait de découverte comparable à celle qui nous a révélé dans l'Inde un monde intellectuel d'une richesse, d'une variété, d'une profondeur merveilleuses, une autre Europe en un mot. Parcourez nos idées les plus arrêtées en littérature comparée, en linguistique, en ethnographie, en critique, vous les verrez toutes empreintes et modifiées par cette grande et capitale découverte. Pour moi, je trouve peu d'éléments de ma pensée dont les racines ne plongent en ce terrain sacré, et je prétends qu'aucune création philosophique n'a fourni autant de parties vivantes à la science moderne que cette patiente restitution d'un monde qu'on ne soupçonnait pas. Voilà donc une série de résultats essentiels introduits dans le courant de l'esprit humain par des philologues, des érudits, des hommes dont les partisans de l'*a priori* feraient sans doute bien peu de cas. Que sera-ce donc quand cette mine à peine effleurée aura été exploitée dans tous les sens ? Que sera-ce, quand tous les recoins de l'esprit humain auront été ainsi explorés et comparés ? Or la philologie seule est compétente pour accomplir cette œuvre. Anquetil-Duperron était certes un patient et zélé chercheur. Pourquoi cependant tous ses travaux ont-ils dû être repris en sous-œuvre et radicalement réformés ? C'est qu'il n'était pas philologue.

On pourrait croire qu'en rappelant l'activité intellectuelle à l'érudition on constate par là même son épuisement, et qu'on assimile notre siècle à ces époques où la littérature ne pouvant plus rien produire d'original devient critique et rétrospective. Sans doute, si notre érudition n'était qu'une lettre pâle et morte, si, comme certains esprits étroits, nous ne cherchions dans la connaissance et l'admiration des œuvres du passé que le droit pédantesque de mépriser les œuvres du présent. Mais, outre que nos créations sont plus vivaces que celles des anciens, et que chaque nation moderne peut fournir de la sève à deux ou trois littératures superposées, notre manière de concevoir la philologie est bien plus philosophique et plus féconde que celle de l'antiquité. La philologie n'est pas chez nous, comme dans l'école d'Alexandrie, une simple curiosité d'érudit ; c'est une science organisée, ayant un but sérieux et élevé ; c'est la *science des produits de l'esprit humain*. Je ne crains pas d'exagérer en disant que la philologie, inséparablement liée à la critique, est un des éléments les plus essentiels de l'esprit moderne, que sans la philologie le monde moderne ne serait pas ce qu'il est, que la philologie constitue la grande différence entre le moyen âge et les temps modernes. Si nous surpassons le moyen âge en netteté, en précision, en critique, nous le devons uniquement à l'éducation philologique.

Le moyen âge travaillait autant que nous, le moyen âge a produit des esprits aussi actifs, aussi pénétrants que les nôtres; le moyen âge a eu des philosophes, des savants, des poètes; mais il n'a pas eu de philologues (58); de là ce manque de critique qui le constitue à l'état d'enfance intellectuelle. Entraîné vers l'antiquité par ce besoin nécessaire qui porte toutes les nations néo-latines vers leurs origines intellectuelles, il n'a pu la connaître dans sa vérité, faute de l'instrument nécessaire (59). Il y avait autant d'auteurs latins et aussi peu d'auteurs grecs en Occident à l'époque de Vincent de Beauvais qu'à l'époque de Pétrarque. Et pourtant Vincent de Beauvais ignore l'antiquité, il n'en possède que quelques bribes insignifiantes et détachées, ne formant aucun sens, et ne constituant pas un esprit. Pétrarque, au contraire, qui n'a pas encore lu Homère, mais qui en possède un manuscrit en langue originale et l'adore sans le comprendre (60), a deviné l'antiquité; il en possède l'esprit aussi éminemment qu'aucun savant des siècles qui ont suivi; il comprend par son âme ce dont la lettre lui échappe; il s'enthousiasme pour un idéal qu'il ne peut encore que soupçonner. C'est que l'esprit philologique fait en lui sa première apparition. Voilà pourquoi il doit être regardé comme le fondateur de l'esprit moderne en critique et en littérature. Il est à la limite de la connaissance inexacte, fragmentaire, matérielle, et de la connaissance comparée, délicate, critique en un mot. Si le moyen âge, par exemple, a si mal compris la philosophie ancienne, est-ce faute de l'avoir suffisamment étudiée ? Qui oserait le dire du siècle qui a produit les vastes commentaires d'Albert et de saint Thomas ? Est-ce faute de documents suffisants ? Pas davantage. Il possédait le corps complet du péripatétisme, c'est-à-dire l'encyclopédie philosophique de l'antiquité; il y joignait de nombreux documents sur le platonisme, et possédait dans les œuvres de Cicéron, de Sénèque, de Macrobe, de Chalcidius et dans les commentaires sur Aristote presque autant de renseignements sur la philosophie ancienne que nous en possédons nous-mêmes. Que manqua-t-il donc à ces laborieux travailleurs qui consacrèrent tant de veilles à la grande étude? Il leur manqua ce qu'eut la Renaissance, la philologie. Si au lieu de consumer leur vie sur de barbares traductions et des travaux de seconde main, les commentateurs scolastiques eussent appris le grec et lu dans leur texte Aristote, Platon, Alexandre d'Aphrodise, le xve siècle n'eût pas vu le combat de deux Aristote, l'un resté solitaire et oublié dans ses pages originales, l'autre créé artificiellement par des déviations successives et insensibles du texte primitif. Les textes originaux d'une littérature en sont le tableau véritable et complet. Les traductions et les travaux de seconde main en sont des copies affaiblies, et laissent toujours subsister de nombreuses lacunes que l'imagination se charge de remplir. A mesure que les copies s'éloignent et se reproduisent en des copies plus imparfaites encore, les lacunes s'augmentent, les conjectures se multiplient, la vraie couleur des choses disparaît. La traduction classique au xive siècle ressemblait à l'antiquité, comme l'Aristote et le Galien des facultés, pour lesquels on renvoyait les élèves et les professeurs aux cahiers traditionnels, ressemblaient au véritable Aristote, au véritable Galien, comme la culture grecque ressemble aux bribes insignifiantes recueillies d'après d'autres compilateurs par Martien Capella ou Isidore de Séville. Ce qui manque au moyen âge, ce n'est ni la production originale, ni la curiosité du passé, ni la persévérance du travail. Les érudits de la Renaissance ne l'emportaient ni en pénétration ni en zèle sur un Alcuin, un Alain de Lille, un Alexandre de Halès, un Roger Bacon. Mais ils étaient plus critiques; ils jouissaient du bénéfice du temps et des connaissances acquises; ils profitaient des heureuses circonstances amenées par les événements. C'est le sort de la philologie comme de toutes les sciences d'être inévitablement enchaînée à la marche des choses, et de ne pouvoir avancer d'un jour par des efforts voulus le progrès qui doit s'accomplir.

L'ἀκρισία est donc le caractère général de la connaissance de l'antiquité au moyen âge, ou, pour mieux dire, de tout l'état intellectuel de cette époque. La politique y participait comme la littérature. Ces fictions de *rois*, de *patrices*, d'*empereurs*, de *Césars*, d'*Augustes*, transportées en pleine barbarie, ces légendes de Brut, de Francus, cette opinion que toute autorité doit remonter à l'Empire romain, comme toute haute noblesse à Troie, cette manière d'envisager le droit romain comme le droit absolu, le savoir grec comme le savoir absolu, d'où venaient-ils, si ce n'est du grossier à-peu-près auquel on était réduit sur l'antiquité, du jour demi fantastique sous lequel on voyait ce vieux monde, auquel on aspirait à se rattacher? L'esprit moderne, c'est-à-dire le rationalisme, la critique, le libéralisme, a été fondé le même jour que la philologie. *Les fondateurs de l'esprit moderne sont des philologues.*

La philologie constitue aussi une des supériorités que les modernes peuvent à bon droit revendiquer sur les anciens. L'antiquité n'offre aucun beau type de philologue philosophe, dans le genre de Humboldt, Lessing, Fauriel. Si quelques Alexandrins, comme Porphyre et Longin, réunissent la philologie et la philosophie, ces deux mondes chez eux se touchent à peine ; la philosophie ne sort pas de la philologie, la philologie n'est pas philosophique. Que sont Denys d'Halicarnasse, Aristarque, Aphthonius, Macrobe, comparés à ces fins et excellents esprits, qui sont à un certain point de vue les philosophes du xixe siècle (61)! Que sont des questions comme celles-ci : « Pourquoi Homère a-t-il commencé le catalogue des vaisseaux par les Béotiens ? Comment la tête de Méduse pouvait-elle être à la fois aux enfers et sur le bouclier d'un Dieu ? Combien Ulysse avait-il de rameurs ? » et autres *problèmes* qui défrayaient les disputes des écoles d'Alexandrie et de Pergame, si on les compare à cette façon ingénieuse, compréhensive et délicate de discourir sur toutes les surfaces des choses, de cueillir la fine fleur de tous les sujets, de se promener en observateur multiple dans un coin de l'universel, que de nos jours on appelle la critique ? Une telle infériorité est du reste facile à expliquer. Les moyens de comparaison manquaient aux anciens ; partout où ils ont eu sous la main des matériaux suffisants, comme dans la question homérique, ils nous ont laissé peu à faire, excepté pour la haute critique, à laquelle la comparaison des littératures est indispensable. Ainsi leur grammaire est surtout défectueuse, parce qu'ils ne savaient que leur langue : or les grammaires particulières ne vivent que par la grammaire générale, et la grammaire générale suppose la comparaison des idiomes. Par la minutie des détails et la patience des rapprochements, les anciens ont égalé les plus absorbés des philologues modernes. Quant à la critique des textes, leur position était fort différente de la nôtre. Ils n'étaient pas comme nous en face d'un inventaire arrêté une fois pour toutes des manuscrits faisant autorité. Ils devraient donc songer moins que nous à les comparer et à les compter. Aulu-Gelle, par exemple, dans les discussions critiques auxquelles il se livre fréquemment, raisonne presque toujours *a priori*, et n'en appelle presque jamais à l'autorité des exemplaires anciens. Aristarque, dit Cicéron, rejetait comme interpolés les vers d'Homère qui ne lui plaisaient pas (62). L'imperfection de la lexicographie, l'état d'enfance de la linguistique, jetaient aussi beaucoup d'incertitude sur l'exégèse des textes archaïques. La langue ancienne en était venue, aux époques philologiques, à former un idiome savant, qui exigeait une étude particulière, à peu près comme la langue littérale des Orientaux, et il ne faut pas s'étonner que les modernes se permettent de censurer parfois les interprétations des philologues anciens; car ils n'étaient guère plus compétents que nous pour la théorie scientifique de leur propre langue, et nous avons incontestablement des moyens herméneutiques qu'ils n'avaient pas (63). Les anciens en effet ne savaient guère que leur propre langue, et de cette langue que la forme classique et arrêtée.

Mais c'est surtout dans l'érudition que l'infériorité de l'antiquité était sensible. Le manque de livres élémentaires, de manuels renfermant les notions communes et nécessaires (64), de dictionnaires biographiques, historiques et géographiques, etc..., réduisait chacun à ses propres recherches et multipliait les erreurs mêmes sous les plumes les plus exercées (65). Où en serions-nous, si pour apprendre l'histoire ou la géographie, nous en étions réduits aux faits épars que nous avons pu recueillir dans des livres qui ne traitent pas de cette science *ex professo*? La rareté des livres, l'absence des Index et de ces concordances qui facilitent si fort nos recherches, obligeaient à citer souvent de mémoire, c'est-à-dire d'une manière très inexacte. — Enfin les anciens n'avaient pas l'expérience d'un assez grand nombre de révolutions littéraires, ils ne pouvaient comparer assez de littératures pour s'élever bien haut en critique esthétique. Rappelons-nous que notre supériorité en ce genre ne date guère que de quelques années. Les anciens sous ce rapport étaient exactement au niveau de notre xviie siècle. Quand on lit les opuscules de Denys d'Halicarnasse sur Platon, sur Thucydide, sur le style de Démosthène, on croit lire les *Mémoires* de M. et de madame Dacier et des honnêtes savants qui remplissent les premiers volumes des *Mémoires de l'Académie des Inscriptions et Belles-Lettres*. Dans le *Traité du Sublime* lui-même, c'est-à-dire dans la meilleure œuvre critique de l'antiquité, œuvre que l'on peut comparer aux productions de l'école française du xviiie siècle, que d'artificiel, que de puérilités (66) ! Peut-être les siècles qui savent le mieux produire le beau sont-ils ceux qui savent le moins en donner la théorie. Rien de plus insipide que ce que Racine et Corneille nous ont laissé en fait de critique. On dirait qu'ils n'ont pas compris leurs propres beautés.

Pour apprécier la valeur de la philologie, il ne faut pas se demander ce que vaut telle ou telle obscure monographie, telle note que l'érudit serre au bas des pages de son auteur favori : on aurait autant de droit de demander à quoi sert en histoire naturelle la monographie de telle variété perdue parmi les cinquante mille espèces d'insectes. Il faut prendre la révolution qu'elle a opérée ; examiner ce que l'esprit humain était avant la culture philologique, ce qu'il est devenu depuis qu'il l'a subie, quels changements la connaissance critique de l'antiquité a introduits dans la manière de voir des modernes. Or, une histoire attentive de l'esprit humain depuis le xv⁰ siècle démontrerait, ce me semble, que les plus importantes révolutions de la pensée ont été amenées directement ou indirectement par des hommes qu'on doit appeler littérateurs ou philologues. Il est indubitable au moins que de tels hommes ont exercé une influence bien plus directe que ceux qu'on appelle proprement philosophes. Quand l'avenir réglera les rangs dans le Panthéon de l'humanité d'après l'action exercée sur le mouvement des choses, les noms de Pétrarque, de Voltaire, de Rousseau, de Lamartine, précéderont sans doute ceux de Descartes et de Kant. Les premiers réformateurs, Luther, Mélanchthon, Eobanus Hessus, Calvin, tous les fauteurs de la Réforme, Érasme, les Étienne, étaient des philologues; la Réforme est née en pleine philologie. Le xviii⁰ siècle, bien que superficiel en érudition, arrive à ses résultats bien plus par la critique, l'histoire et la science positive que par l'abstraction métaphysique (67). La critique universelle est le seul caractère que l'on puisse assigner à la pensée délicate, fuyante, insaisissable du xix⁰ siècle. De quel nom appeler tant d'intelligences d'élite qui sans dogmatiser abstraitement ont révélé à la pensée une nouvelle façon de s'exercer dans le monde des faits? M. Cousin lui-même est-il un philosophe? Non: c'est un critique qui s'occupe de philosophie, comme tel autre s'occupe de l'histoire, tel autre de ce qu'on appelle littérature. La *critique*, telle est donc la forme sous laquelle, dans toutes les voies, l'esprit humain tend à s'exercer; or, si la critique et la philologie ne sont pas identiques, elles sont au moins inséparables. Critiquer, c'est se poser en spectateur et en juge au milieu de la variété des choses; or la philologie est l'interprète des choses, le moyen d'entrer en communication avec elles et d'entendre leur langage. Le jour où la philologie périrait, la critique périrait avec elle, la barbarie renaîtrait, la crédulité serait de nouveau maîtresse du monde.

Cette immense mission que la philologie a remplie dans le développement de l'esprit moderne est loin d'être accomplie ; peut-être ne fait-elle que commencer. Le rationalisme, qui est le résultat le plus général de toute la culture philologique, a-t-il pénétré dans la masse de l'humanité ? Des croyances étranges, qui révoltent le sens critique, ne sont-elles pas encore avalées comme de l'eau par des intelligences même distinguées ? Le sentiment des lois psychologiques est-il généralement répandu, ou du moins exerce-t-il une influence suffisante sur le tour de la pensée et le langage habituel ? La vue saine des choses, laquelle ne résulte pas d'un argument, mais de toute une culture critique, de toute la direction intellectuelle, est-elle le fait du grand nombre ? Le rôle de la philologie est d'achever cette œuvre, de concert avec les sciences physiques. Dissiper le brouillard qui aux yeux de l'ignorant enveloppe le monde de la pensée comme celui de la nature, substituer aux imaginations fantastiques du rêve primitif les vues claires de l'âge scientifique, telle est la fin commune vers laquelle convergent si puissamment ces deux ordres de recherches. *Nature*, telle est le mot dans lequel ils se résument. Je le répète, tout cela n'est pas le fruit d'une démonstration isolée ; tout cela est le résultat du regard net et franc jeté sur le monde, des habitudes intellectuelles créées par les méthodes modernes. Deux voies, qui n'en font qu'une, mènent à la connaissance directe et pragmatique des choses ; pour le monde physique, ce sont les sciences physiques ; pour le monde intellectuel, c'est la science des faits de l'esprit. Or, à cette science je ne trouve d'autre nom que celui de philologie. Tout supernaturalisme recevra de la philologie le coup de grâce. Le supernaturalisme ne tient en France que parce qu'on n'y est pas philologue.

Quand je m'interroge sur les articles les plus importants et le plus définitivement acquis de mon symbole scientifique, je mets au premier rang mes idées sur la constitution et le mode de gouvernement de l'univers, sur l'essence de la vie, son développement et sa nature phénoménale, sur le fond substantiel de toute chose et son éternelle délimitation dans des formes passagères, sur l'apparition de l'humanité, les faits primitifs de son histoire, les lois de sa marche, son but et sa fin ; sur le sens et la valeur des choses esthétiques et morales, sur le droit de tous les êtres à la lumière et au parfait, sur l'éternelle beauté de la nature humaine s'épanouissant à tous les points de l'espace et de la durée en poèmes immortels (religions, art, temples, mythes, vertus, science, philosophie, etc.), enfin sur la part de divin qui est en toute chose, qui fait le droit à être, et qui convenablement mise en jour constitue la beauté. Est-ce en lisant tel philosophe que je me suis ainsi formulé les choses? Est-ce par l'hypothèse *a priori?* Non ; c'est par l'expérimentation universelle de la vie, c'est en poussant ma pensée dans toutes les directions, en battant tous les terrains, en secouant et creusant toute chose, en regardant se dérouler successivement les flots de cet éternel océan, en jetant de côté et d'autre un regard curieux et ami. J'ai la conscience que j'ai tout pris de l'expérience; mais il m'est impossible de dire par quelle voie j'y suis arrivé, de quels éléments j'ai composé cet ensemble (qui peut avoir très peu de valeur sans doute, mais qui enfin est ma vie). Balancement de toute chose, tissu intime, vaste équation où la variable oscille sans cesse par l'accession de données nouvelles, telles sont les images par lesquelles j'essaie de me représenter le fait, sans me satisfaire. Je sens que j'ai autant profité pour former ma conception générale des choses de l'étude de l'hébreu ou du sanskrit que de la lecture de Platon, de la lecture du poëme de Job ou de l'Évangile, de l'Apocalypse ou d'une Moallaca, du Baghavat-Gita ou du Coran, que de Leibnitz et de Hegel, de Goethe ou de Lamartine. Ce n'est pourtant pas Manou ou Koullouca-Bhatta, Antar ou Beidhawi, ce n'est pas la connaissance du *sheva* et du *virama*, du *Kal* et du *Niphal*, du *Parasmaipadam* et de l'*Attmanêpadam* qui m'ont fait ma philosophie. Mais c'est la vue générale et critique, c'est l'induction universelle ; et je sens que, si j'avais à moi dix vies humaines à mener parallèlement, afin d'explorer tous les mondes, moi étant là au centre, humant le parfum de toute chose, jugeant et comparant, combinant et induisant, j'arriverais au système des choses (68). Eh bien ! ce que nul individu ne peut faire, l'humanité, le fera ; car elle est immortelle, tous travaillent pour elle. L'humanité arrivera à *percevoir la vraie physionomie des choses*, c'est-à-dire à la vérité dans tous les ordres. Dites donc que ceux qui auront contribué à cette œuvre immense, qui auront poli une des faces de ce diamant, qui auront enlevé une parcelle des scories qui voilent son éclat natif, ne sont que des pédants, des oisifs, des esprits lourds qui perdent leur temps, et qui, n'étant pas bons pour faire leur chemin dans le monde des vivants, se réfugient dans celui des momies et des nécropoles !

Philosopher, c'est savoir les choses ; c'est, suivant la belle expression de Cuvier, *instruire le monde en théorie*. Je crois comme Kant que toute démonstration purement spéculative n'a pas plus de valeur qu'une démonstration mathématique, et ne peut rien apprendre sur la réalité existante. La philologie (69) est la *science exacte* des choses de l'esprit. Elle est aux sciences de l'humanité ce que la physique et la chimie sont à la science philosophique des corps.

C'est ce que n'a pas suffisamment compris un esprit distingué d'ailleurs par son originalité et son honorable indépendance, M. Auguste Comte. Il est étrange qu'un homme préoccupé surtout de la méthode des sciences physiques et aspirant à transporter cette méthode dans les autres branches de la connaissance humaine, ait conçu la science de l'esprit humain et celle de l'humanité de la façon la plus étroite, et y ait appliqué la méthode la plus grossière.

M. Comte n'a pas compris l'infinie variété de ce fond fuyant, capricieux, multiple, insaisissable, qui est la nature humaine. La psychologie est pour lui une science sans objet, la distinction des faits psychologiques et physiologiques, la contemplation de l'esprit par lui-même, une chimère. La *sociologie* résume toutes les sciences de l'humanité : or la sociologie n'est pas pour lui la constatation sévère, patiente, de tous les faits de la nature humaine; la sociologie n'est pas (c'est M. Comte qui parle) cette *incohérente compilation* de faits qu'on appelle histoire, à laquelle préside la plus radicale *irrationalité*. Elle se contente d'emprunter des exemples à cette indigeste compilation, puis se met à l'ouvrage sur ses propres frais, sans se soucier de *connaissances littéraires* fort inutiles. La méthode de M. Comte dans les sciences de l'humanité est donc le pur *a priori* (70). M. Comte, au lieu de suivre les lignes infiniment flexueuses de la marche des sociétés humaines, leurs embranchements, leurs caprices apparents, au lieu de calculer la résultante définitive de cette immense oscillation, aspire du premier coup à une simplicité que les lois de l'humanité présentent bien moins encore que les lois du monde physique. M. Comte fait exactement comme les naturalistes hypothétiques qui réduisent de force à la ligne droite les nombreux embranchements du règne animal. L'histoire de l'humanité est tracée pour lui, quand il a essayé de prouver que l'esprit humain marche de la théologie à la métaphysique et de la métaphysique à la science positive. La morale, la poésie, les religions, les mythologies, tout cela n'a aucune place, tout cela est pure fantaisie sans valeur. Si la nature humaine était telle que la conçoit M. Comte, toutes les belles âmes convoleraient au suicide ; il ne vaudrait pas la peine de perdre son temps à faire aller une aussi insignifiante manivelle. M. Comte croit bien comme nous qu'un jour la science donnera un symbole à l'humanité ; mais la science qu'il a en vue est celle des Galilée, des Descartes, des Newton, restant telle qu'elle est. L'Évangile, la poésie n'auraient plus ce jour-là rien à faire. M. Comte croit que l'homme se nourrit exclusivement de science, que dis-je ? de petits bouts de phrase comme les théorèmes de géométrie, de formules arides. Le malheur de M. Auguste Comte est d'avoir un système, et de ne pas se poser assez largement dans le plein milieu de l'esprit humain, ouvert à toutes les aires de vents. Pour faire l'histoire de l'esprit humain il faut être fort lettré. Les lois étant ici d'une nature très délicate, et ne se présentant point de face comme dans les sciences physiques, la faculté essentielle est celle du critique littéraire, la délicatesse du tour (c'est le *tour* d'ordinaire qui exprime le plus), la ténuité des aperçus, le contraire en un mot de l'esprit géométrique. Que dirait M. Comte d'un physicien qui se contenterait d'envisager en gros la physionomie des faits de la nature, d'un chimiste qui négligerait la balance? Et ne commet-il pas semblable faute, quand il regarde comme inutiles toutes ces patientes explorations du passé, quand il déclare que c'est perdre son temps d'étudier les civilisations qui n'ont point de rapport direct avec la nôtre, qu'il faut seulement étudier l'Europe pour déterminer la loi de l'esprit humain, puis appliquer cette loi *a priori* aux autres développements ? En cela, M. Comte est plus influencé qu'il ne pense par la vieille théorie historique des *Quatre Empires*, qui se trouve en germe dans le livre apocryphe de Daniel (71), et qui depuis Bossuet a eu le privilège de former la base de l'enseignement catholique. Il s'imagine que l'humanité a bien réellement traversé les trois états du fétichisme, du polythéisme, du monothéisme, que les premiers hommes furent cannibales, comme les sauvages, etc. Or, cela est inadmissible. Les pères de la race sémitique eurent, dès l'origine, une tendance secrète au monothéisme ; les Védas, ces chants incomparables, donnent très réellement l'idée des premières aspirations de la race indo-germanique. Chez ces races, la moralité date des premiers jours. En un mot, M. Comte n'entend rien aux sciences de l'humanité, parce qu'il n'est pas philologue.

M. Proudhon, bien qu'ouvert à toute idée, grâce à l'extrême souplesse de son esprit, et capable de comprendre tour à tour les aspects les plus divers des choses, ne me semble pas non plus par moments avoir conçu la science d'une manière assez large. Nul n'a mieux compris que lui que la science seule est désormais *possible;* mais sa science n'est ni poétique ni religieuse; elle est trop exclusivement abstraite et logique. M. Proudhon n'est pas encore assez dégagé de la scolastique du séminaire; il *raisonne* beaucoup; il ne semble pas avoir compris suffisamment que, dans les sciences de l'humanité, l'argumentation logique n'est rien, et que la finesse d'esprit est tout. L'argumentation n'est possible que dans une science comme la géométrie, où les principes sont simples et absolument vrais, sans aucune restriction. Mais il n'en est pas ainsi dans les sciences morales, où les principes ne sont que des à-peu-près, des expressions imparfaites, posant plus ou moins, mais jamais à plein sur la vérité. Le jour donné à la pensée est ici la seule démonstration possible. La forme, le style sont les trois quarts de la pensée, et cela n'est pas un abus, comme le prétendent quelques puritains. Ceux qui déclament contre le style et la beauté de la forme dans les sciences philosophiques et morales méconnaissent la vraie nature des résultats de ces sciences et la délicatesse de leurs principes. En géométrie, en algèbre, on peut sans crainte s'abandonner au jeu des formules, sans s'inquiéter, dans le courant du raisonnement, des réalités qu'elles représentent. Dans les sciences morales, au contraire, il n'est jamais permis de se confier ainsi aux formules, de les combiner indéfiniment, comme faisait la vieille théologie, en étant sûr que le résultat qui en sortira sera rigoureusement vrai. Il ne sera que logiquement vrai, et pourra même n'être pas aussi vrai que les principes : car il se peut que la conséquence porte uniquement sur la part d'erreur ou de malentendu qui était dans les principes, mais suffisamment cachée pour que le principe fût acceptable. Il se peut donc qu'en raisonnant très logiquement, on arrive dans les sciences morales à des conséquences absolument fausses en partant de principes suffisamment vrais. Les livres faits pour défendre la propriété *par le raisonnement* sont aussi mauvais que ceux qui l'attaquent par la même méthode. Le vrai, c'est que le raisonnement ne doit pas être écouté en cet ordre de choses, c'est que les résultats du raisonnement ne sont ici légitimes qu'à la condition d'être contrôlés à chaque pas par l'expérience immédiate. Et toutes les fois qu'on se voit mené par la logique à des conséquences extrêmes, il ne faut pas s'en effrayer; car les faits aperçus finement sont ici le seul *criterium* de vérité.

IX

Que signifient donc ces vains et superficiels mépris? Pourquoi le philologue, manipulant les choses de l'humanité, pour en tirer la science de l'humanité, est-il moins compris que le chimiste, et le physicien, manipulant la nature, pour arriver à la théorie de la nature? Assurément c'est une bien vaine existence que celle de l'érudit curieux qui a passé sa vie à s'amuser doctement et à traiter frivolement des choses sérieuses. Les gens du monde ont quelque raison de ne voir en ce rôle qu'un tour de force de mémoire, bon pour ceux qui n'ont reçu en partage que des qualités secondaires. Mais leur vue est courte et bornée, en ce qu'ils ne s'aperçoivent pas que la polymathie est la condition de la haute intelligence esthétique, morale, religieuse, poétique. Une philosophie qui croit pouvoir tout tirer de son propre sein, c'est-à-dire de l'étude de l'âme et de considérations purement abstraites, doit nécessairement mépriser l'érudition, et la regarder comme préjudiciable aux progrès de la raison. La mauvaise humeur de Descartes, de Malebranche et en général des cartésiens contre l'érudition, est à ce point de vue légitime et raisonnable. Il était d'ailleurs difficile au xviie siècle de deviner la haute critique et le grand esprit de la science. Leibnitz le premier a réalisé dans une belle harmonie cette haute conception d'une *philosophie critique,* que Bayle n'avait pu atteindre par trop de relâchement d'esprit. Le xixe siècle est appelé à la réaliser et à introduire le positif dans toutes les branches de la connaissance. La gloire de M. Cousin sera d'avoir proclamé la critique comme une méthode nouvelle en philosophie, méthode qui peut mener à des résultats tout aussi dogmatiques que la spéculation abstraite. L'éclectisme ne s'est affaibli que le jour où des nécessités extérieures, auxquelles il n'a pas pu résister, l'ont forcé à embrasser exclusivement certaines doctrines particulières, qui l'ont rendu presque aussi étroit qu'elles mêmes, et à se couvrir de quelques noms, qu'on doit honorer autrement que par le fanatisme. Tel n'était pas le grand éclectisme des cours de 1828 et 1829, et de la préface à Tennemann. La nouvelle génération philosophique comprendra la nécessité de se transporter dans le centre vivant des choses, de ne plus faire de la philosophie un recueil de spéculations sans unité, de lui rendre enfin son antique et large acception, son éternelle mission de donner à l'homme les vérités vitales.

La philosophie, en effet, n'est pas une science à part ; c'est un côté de toutes les sciences. Il faut distinguer dans chaque science la partie technique et spéciale, qui n'a de valeur qu'en tant qu'elle sert à la découverte et à l'exposition, et les résultats généraux que la science en question fournit pour son compte à la solution du problème des choses. La philosophie est cette tête commune, cette région centrale du grand faisceau de la connaissance humaine, où tous les rayons se touchent dans une lumière identique. Il n'est pas de ligne qui, suivie jusqu'au bout, ne mène à ce foyer. La psychologie, que l'on s'est habitué à considérer comme la philosophie tout entière n'est après tout qu'une science comme une autre; peut-être n'est-ce même pas celle qui fournit les résultats les plus philosophiques. La logique entendue comme l'analyse de la raison n'est qu'une partie de la psychologie; envisagée comme un recueil de procédés pour conduire l'esprit à la découverte de la vérité, elle est tout simplement inutile, puisqu'il n'est pas possible de donner des recettes pour trouver le vrai. La culture délicate et l'exercice multiple de l'esprit sont à ce point de vue la seule logique légitime. La morale et la théodicée ne sont pas des sciences à part; elles deviennent lourdes et ridicules, quand on veut les traiter suivant un cadre scientifique et défini : elles ne devraient être que le son divin résultant de toute chose, ou tout au plus l'éducation esthétique des instincts purs de l'âme, dont l'analyse rentre dans la psychologie. De quel droit donc formerait-on un ensemble ayant droit de s'appeler philosophie, puisque cet ensemble, dans les seules limites qu'on puisse lui assigner, a déjà un nom particulier, qui est la psychologie (72).

L'antiquité avait merveilleusement compris cette haute et large acception de la philosophie. La philosophie était pour elle le sage, le chercheur, Jupiter sur le mont Ida, le spectateur dans le monde. « Parmi ceux qui accourent aux panégyres de la Grèce, les uns y sont attirés par le désir de combattre et de disputer la palme ; les autres y viennent pour leurs affaires commerciales ; quelques-uns enfin ne s'y rendent ni pour la gloire, ni pour le profit, mais pour voir ; et ceux-là sont les plus nobles, car le spectacle est pour eux, et eux n'y sont pour personne. De même en entrant dans la vie, les uns aspirent à se mêler à la lutte, les autres sont ambitieux de faire fortune ; mais il est quelques âmes d'élite qui, méprisant les soins vulgaires, tandis que la plèbe des combattants se déchire dans l'arène, s'envisagent comme spectateurs dans le vaste amphithéâtre de l'univers. Ce sont les philosophes (73) ». — Jamais la philosophie n'a été plus parfaitement définie.

A l'origine de la recherche rationnelle, le mot de philosophie pouvait sans inconvénient désigner l'ensemble de la connaissance humaine. Puis, quand chacune des séries d'études devint assez étendue pour absorber des vies entières et présenter un côté de la vie universelle, chaque branche devint une science indépendante, et laissa le tronc commun appauvri par ces retranchements successifs. Les fruits mûrs, après avoir grandi de la sève commune, se détachaient de la tige et laissaient l'arbre dépouillé. La philosophie ne conserva ainsi que les notions les moins déterminées, celles qui n'avaient pu se grouper en unités distinctes, et qui n'avaient guère d'autre raison de se trouver réunies sous un nom commun que l'impossibilité où l'on était de ranger chacune d'elles sous un autre nom. Il est temps de revenir à l'acception antique, non pas sans doute pour renfermer de nouveau dans la philosophie toutes les sciences particulières avec leurs infinis détails, mais pour en faire le centre commun des conquêtes de l'esprit humain, l'arsenal des provisions vitales. Qui dira que l'histoire naturelle, l'anatomie et la physiologie comparées, l'astronomie, l'histoire et surtout l'histoire de l'esprit humain, ne donnent pas au penseur des résultats aussi philosophiques que l'analyse de la mémoire, de l'imagination, de l'association des idées? Qui osera prétendre que Geoffroy Saint-Hilaire, Cuvier, les Humboldt, Gœthe, Herder, n'avaient pas droit au titre de philosophes au moins autant que Dugald-Stewart ou Condillac? Le philosophe, c'est l'esprit saintement curieux de toute chose; c'est le *gnostique* dans le sens primitif et élevé de ce mot; le philosophe, c'est le penseur, quel que soit l'objet sur lequel s'exerce sa pensée.

Certes nous sommes loin du temps où chaque penseur résumait sa philosophie dans un Περὶ φύσεως. Si nous concevons que l'esprit humain, dans sa légitime impatience et sa naïve présomption, ait cru pouvoir, dès ses premiers essais et en quelques pages, tracer le système de l'univers, les patientes investigations de la science moderne, les innombrables ramifications des problèmes, les bornes des recherches reculant avec celles des découvertes, l'infinité des choses en un mot, nous font croire volontiers que le tableau du monde devrait être infini comme le monde lui même. Un Aristote est de nos jours impossible. Non seulement l'alliance des études psychologiques et morales avec les sciences physiques et mathématiques est devenue un rare phénomène; mais une subdivision assez restreinte quant à son objet d'une branche de la connaissance humaine est souvent elle-même un champ trop vaste pour les travaux d'une vie laborieuse et d'un esprit pénétrant. Je n'entends point que ce soit là une critique : cette marche de la science est légitime. Au syncrétisme primitif, à l'étude vague et approximative doit succéder la rigueur de la scrupuleuse analyse. L'étude superficielle du tout doit faire place à l'examen approfondi et successif des parties ; mais il faut se garder de croire que là se ferme le cercle de l'esprit humain, et que la connaissance des détails en soit le terme définitif. Si le but de la science était de compter les taches de l'aile d'un papillon, ou d'énumérer dans une langue souvent barbare les diverses espèces de la flore d'un pays, il vaudrait mieux, ce semble, revenir à la définition platonicienne et déclarer qu'il n'y a pas de science de ce qui passe. Il est bon sans doute que l'étude expérimentale se disperse par l'analyse sur toutes les individualités de l'univers, mais c'est à condition qu'un jour elle se recueille en une parfaite synthèse, bien supérieure au syncrétisme primitif, parce qu'elle sera fondée sur la connaissance distincte des parties. Quand la dissection aura été poussée jusqu'à ses dernières limites (et on peut croire que dans quelques sciences cette limite a été atteinte), alors on commencera le mouvement de comparaison et de recomposition. Nous aurons eu l'œuvre humiliante et laborieuse ; et pourtant, quand l'avenir nous aura dépassés en profitant de nos travaux, on reprochera peut-être aussi durement à la science du XVIIIe et du XIXe siècle d'avoir été minutieuse et pragmatique, que nous reprochons aux anciens d'avoir été sommaires et hypothétiques. Tant il est difficile de savoir apprécier la nécessité et la légitimité des révolutions successives de l'esprit humain.

Une conséquence de cette méthode fragmentaire et partielle de la science moderne a été de bannir de la philosophie la cosmologie, qui, à l'origine, la constituait presque tout entière. Celui qu'on regarde ordinairement comme le fondateur de la philosophie rationnelle, Thalès, ne serait plus aujourd'hui appelé philosophe. Nous nous croyons obligés de faire deux ou trois parts dans des vies scientifiques comme celles de Descartes et de Leibnitz ou même de Newton (bien que chez celui-ci la part de philosophie pure soit déjà beaucoup plus faible), et pourtant ces vies ont été parfaitement unes, et le mot par lequel s'est exprimée leur unité a été celui de philosophie. Il n'est plus temps sans doute de réclamer contre cette élimination nécessaire : la philosophie, après avoir renfermé dans son sein toutes les sciences naissantes, a dû les voir se séparer d'elle, aussitôt qu'elles sont arrivées à un degré suffisant de développement. Viendra-t-il un jour où elles y rentreront, non pas avec la masse de leurs détails, mais avec leurs résultats généraux ; un jour où la philosophie sera moins une science à part qu'une face de toutes les sciences, une sorte de centre lumineux où toutes les connaissances humaines se rencontreront par leur sommet en divergeant à mesure qu'elles descendront aux détails ? La loi régulière du progrès, prenant son point de départ dans le syncrétisme, pour arriver à travers l'analyse, qui seule est la méthode légitime, à la synthèse, qui seule a une valeur philosophique, pourrait le faire espérer. L'apparition d'un ouvrage comme *le Cosmos* de M. de Humboldt, où un seul savant, renouvelant au XIXe siècle la tentative de Timée ou de Lucrèce, tient sous son regard le Cosmos dans sa totalité, prouve qu'il est encore possible de ressaisir l'unité cosmique perdue sous la multitude infinie des détails. Si le but de la philosophie est la vérité sur le système général des choses, comment serait-elle indifférente à la science de l'univers? La cosmologie n'est-elle pas sacrée au même titre que les sciences psychologiques? Ne soulève-t-elle pas des problèmes dont la solution est aussi impérieusement exigée par notre nature que celle des questions relatives à nous-mêmes et à la cause première? Le monde n'est-il pas le premier objet qui excite la curiosité de l'esprit humain, n'aiguise-t-il pas tout d'abord cet appétit de savoir, qui est le trait distinctif de notre nature raisonnable, et qui fait de nous des êtres capables de philosopher? Prenez les mythologies, qui nous donnent la vraie mesure des besoins spirituels de l'homme; elles s'ouvrent toutes par une cosmogonie; les mythes cosmologiques y occupent une place au moins aussi considérable que les mythes moraux et les théologoumènes. Et déjà même de nos jours, bien que les sciences particulières soient loin d'avoir atteint leur forme définitive, combien de données inappréciables n'ont-elles pas fournies à l'esprit qui aspire à savoir philosophiquement? Celui qui n'a point appris de la géologie l'histoire de notre globe et des êtres qui l'ont successivement peuplé; de la physiologie, les lois de la vie; de la zoologie et de la botanique, les lois des formes de l'être, et le plan général de la nature animée (74); de l'astronomie, la structure de l'univers; de l'ethnographie, et de l'histoire, la science de l'humanité dans son *devenir*; celui-là peut-il se vanter de connaître la loi des choses, que dis-je? de connaître l'homme, qu'il n'étudie qu'abstraitement et dans ses manifestations individuelles?

Je vais éclairer par un exemple la manière dont on pourrait faire servir les sciences particulières à la solution d'une question philosophique. Je choisis le problème qui, depuis les premières années où j'ai commencé à philosopher, a le plus préoccupé ma pensée, le problème des *origines de l'humanité*.

Il est indubitable que l'humanité a commencé d'exister. Il est indubitable aussi que l'apparition de l'humanité sur la terre s'est faite en vertu des lois permanentes de la nature (75), et que les premiers faits de sa vie psychologique et physiologique, bien que si étrangement différents de ceux qui caractérisent l'état actuel, étaient le développement pur et simple des lois qui règnent encore aujourd'hui, s'exerçant dans un milieu profondément différent. Il y a donc là un problème, important s'il en fut jamais, et de la solution duquel sortiraient des données capitales sur tout le sens de la vie humaine. Or ce problème se divise à mes yeux en six questions subordonnées, lesquelles devraient toutes se résoudre par des sciences diverses :

1° *Question ethnographique.* — Si et jusqu'à quel point les races actuelles sont réductibles l'une à l'autre. Y a-t-il eu plusieurs centres de création ? Quels sont-ils ? etc. — Il faudrait donc que le chercheur possédât l'ensemble de toute l'ethnographie moderne, dans ses parties certaines et hypothétiques, et les connaissances d'anatomie et de linguistique sans lesquelles l'ethnographie est impossible.

2° *Question chronologique.* — A quelle époque l'humanité ou chaque race est-elle apparue sur la terre ? — Cette question devrait se résoudre par le balancement de deux moyens : d'une part, les données géologiques ; de l'autre, les données fournies par les chronologies antiques et surtout par les monuments. Il faudrait donc que l'auteur fût savant en géologie, et très versé dans les antiquités de la Chine, de l'Égypte, de l'Inde, des Hébreux, etc.

3° Question géographique. — A quels points du globe l'humanité ou les diverses races ont-elles pris leur point de départ ? — Ici serait nécessaire la connaissance de la géographie dans sa partie la plus philosophique, et surtout la science la plus approfondie des antiques littératures et des traditions des peuples. Les langues fournissant l'élément capital, il faudrait que l'auteur fût habile linguiste, ou du moins possédât les résultats acquis par la philologie comparée.

4° Question physiologique. — Possibilité et mode d'apparition de la vie organique et de la vie humaine. Lois qui ont produit cette apparition, laquelle se continue encore dans les recoins de la nature. — Il faudrait, pour aborder ce côté de la question, posséder à fond la physiologie comparée, et être capable d'avoir un avis sur la question la plus délicate de cette science.

5° Question psychologique. — État de l'humanité et de l'esprit humain à ses premiers jours. Langues primitives. Origine de la pensée et du langage. Pénétration la plus intime des secrets de la psychologie spontanée, haute habitude de la psychologie et des sciences philosophiques, étude expérimentale de l'enfant et du premier exercice de sa raison, étude expérimentale du sauvage, par conséquent connaissance étendue des voyages, et autant que possible avoir voyagé soi-même chez les peuples primitifs, qui menacent chaque jour de disparaître, au moins avec leur spontanéité native ; connaissance de toutes les littératures primitives, génie comparé des peuples, littérature comparée, goût délicat et scientifique, finesse et spontanéité ; nature enfantine et sérieuse, capable de s'enthousiasmer du spontané et de le reproduire en soi au sein même du réfléchi.

6° *Question historique.* — Histoire de l'humanité avant l'apparition définitive de la réflexion.

Je suis convaincu qu'il y a une science des origines de l'humanité qui sera construite un jour, non par la spéculation abstraite, mais par la recherche scientifique. Quelle est la vie humaine qui dans l'état actuel de la science suffirait à explorer tous les côtés de cet unique problème ! Pourtant comment le résoudre sans l'étude scientifique des données positives ? Et si on ne l'a pas résolu, comment dire qu'on sait l'homme et l'humanité ? Celui qui, par un essai même très imparfait contribuerait à la solution de ce problème, ferait plus pour la philosophie que par cinquante années de méditations métaphysiques.

X

La psychologie, telle qu'on l'a entendue jusqu'ici, me semble avoir été conçue d'une façon assez étroite et n'avoir pas amené ses plus importants résultats (76). Et d'abord, elle s'est généralement bornée à étudier l'esprit humain dans son complet développement et tel qu'il est de nos jours. Ce que font la physiologie et l'anatomie pour les corps organisés, la psychologie l'a fait pour les phénomènes de l'âme, avec les différences de méthode réclamées par des objets si divers. Or, de même qu'à côté de la science des organes et de leurs opérations, il y en a une autre qui embrasse l'histoire de leur formation et de leur développement, de même à côté de la psychologie qui décrit et classifie les phénomènes et les fonctions de l'âme, il y aurait une *embryogénie de l'esprit humain*, qui étudierait l'apparition et le premier exercice de ces facultés dont l'action, maintenant si régulière, nous fait presque oublier qu'elles n'ont été d'abord que rudimentaires. Une telle science serait sans doute plus difficile et plus hypothétique que celle qui se borne à constater l'état présent de la conscience. Toutefois il est des moyens sûrs qui peuvent nous conduire de l'actuel au primitif, et si l'expérimentation directe de ce dernier état nous est impossible, l'induction s'exerçant sur le présent peut nous faire remonter à l'état qui l'a précédé et dont il n'est que l'épanouissement. En effet, si l'état primitif a disparu pour jamais, les phénomènes qui le caractérisaient ont encore chez nous leurs analogues. Chaque individu parcourt à son tour la ligne qu'a suivie l'humanité tout entière, et la série des développements de l'esprit humain est exactement parallèle au progrès de la raison individuelle, à la vieillesse près, qu'ignorera toujours l'humanité, destinée à refleurir à jamais d'une éternelle jeunesse. Les phénomènes de l'enfance nous représentent donc les phénomènes de l'homme primitif (77). D'un autre côté, la marche de l'humanité n'est pas simultanée dans toutes ses parties : tandis que par l'une elle s'élève à de sublimes hauteurs, par une autre elle se traîne encore dans les boues qui furent son berceau, et telle est la variété infinie du mouvement qui l'anime, que l'on pourrait à un moment donné retrouver dans les différentes contrées habitées par l'homme tous les âges divers que nous voyons échelonnés dans son histoire. Les races et les climats produisent simultanément dans l'humanité les mêmes différences que le temps a montrées successives dans la suite de ses développements. Les phénomènes, par exemple, qui signalèrent l'éveil de la conscience se retracent dans l'éternelle enfance de ces races non perfectibles, restées comme des témoins de ce qui se passa aux premiers jours de l'homme. Non qu'il faille dire absolument que le sauvage est l'homme primitif: l'enfance des diverses races humaines dut être fort différente selon le ciel sous lequel elles naquirent. Sans doute les misérables êtres qui bégayèrent d'abord des sons inarticulés sur le sol malheureux de l'Afrique ou de l'Océanie ressemblèrent peu à ces naïfs et gracieux enfants qui servirent de pères à la race religieuse et théocratique des Sémites, et aux vigoureux ancêtres de la race philosophique et rationaliste des peuples Indo-germaniques. Mais ces différences ne nuisent pas plus aux inductions générales que les variétés de caractère chez les individus n'entravent la marche des psychologues. L'enfant et le sauvage seront donc les deux grands objets d'étude de celui qui voudra construire scientifiquement la théorie des premiers âges de l'humanité. Comment n'a-t-on pas compris qu'il y a dans l'observation psychologique de ces races, que dédaigne l'homme civilisé, une *science* du plus haut intérêt, et que ces anecdotes rapportées par les voyageurs, qui semblent bonnes tout au plus à amuser des enfants, renferment en effet les plus profonds secrets de la nature humaine?

Il reste à la science un moyen plus direct encore pour se mettre en rapport avec ces temps reculés : ce sont les produits mêmes de l'esprit humain à ses différents âges, les monuments où il s'est exprimé lui-même, et qu'il a laissés derrière lui comme pour marquer la trace de ses pas. Malheureusement, ils ne datent que d'une époque trop rapprochée de nous, et le berceau de l'humanité reste toujours dans le mystère. Comment l'homme aurait-il légué le souvenir d'un âge où il se possédait à peine lui-même, et où, n'ayant pas de passé, il ne pouvait songer à l'avenir? Mais il est un monument sur lequel sont écrites toutes les phases diverses de cette Genèse merveilleuse, qui par ses mille aspects représente chacun des états qu'a tour à tour esquissés l'humanité, monument qui n'est pas d'un seul âge, mais dont chaque partie, lors même qu'on peut lui assigner une date, renferme des matériaux de tous les siècles antérieurs et peut les rendre à l'analyse ; poëme admirable qui est né et s'est développé avec l'homme, qui l'a accompagné à chaque pas et a reçu l'empreinte de chacune de ses manières de vivre et de sentir. Ce monument, ce poëme, c'est le langage. L'étude approfondie de ses mécanismes et de son histoire sera toujours le moyen le plus efficace de la psychologie primitive. En effet, le problème de ses origines est identique à celui des origines de l'esprit humain, et, grâce à lui, nous sommes vis-à-vis des âges primitifs comme l'artiste qui devrait rétablir une statue antique d'après le moule où se dessinèrent ses formes. Sans doute les langues primitives ont disparu pour la science avec l'état qu'elles représentaient, et personne n'est désormais tenté de se fatiguer à leur poursuite avec l'ancienne linguistique. Mais que, parmi les idiomes dont la connaissance nous est possible, il y en ait qui plus que d'autres aient conservé la trace des procédés qui présidèrent à la naissance et au développement du langage, et sur lesquels ait passé un travail moins compliqué de décomposition et de recomposition, ce n'est point là une hypothèse, c'est un fait résultant des notions les plus simples de la philologie comparée. Il faut le dire : l'arbitraire n'ayant pu jouer aucun rôle dans l'invention et la formation du langage, il n'est pas un seul de nos dialectes les plus usés qui ne se rattache par une généalogie plus ou moins directe à un de ces premiers essais qui furent eux-mêmes la création spontanée de toutes les facultés humaines, « le produit vivant de tout l'homme intérieur » (Fr. Schlegel). Mais qui pourra retrouver la trace du monde primitif à travers cet immense réseau de complication artificielle, dont se sont enveloppées quelques langues, à travers ces nombreuses couches de peuples et d'idiomes qui se sont comme superposées les unes aux autres dans certaines contrées? Réduit à ces données, le problème serait insoluble. Heureusement il est d'autres langues moins tourmentées par les révolutions, moins variables dans leurs formes, parlées par des peuples voués à l'immobilité, chez lesquels le mouvement des idées ne nécessite pas de continuelles modifications dans l'instrument des idées ; celles-là subsistent encore comme des témoins, non pas, hâtons-nous de le dire, de *la langue* primitive, ni même *d'une* langue primitive, mais des *procédés primitifs* au moyen desquels l'homme réussit à donner à sa pensée une expression extérieure et sociale.

Il y aurait donc à créer une *psychologie primitive*, présentant le tableau des faits de l'esprit humain à son réveil, des influences par lesquelles d'abord il fut dominé, des lois qui régirent ses premières apparitions. Notre vulgarité d'aperçus nous permet à peine d'imaginer combien un tel état différait du nôtre, quelle prodigieuse activité recélaient ces organisations neuves et vives, ces consciences obscures et puissantes, laissant un plein jeu libre à toute l'énergie native de leur ressort. Qui peut, dans notre état réfléchi, avec nos raffinements métaphysiques et nos sens devenus grossiers, retrouver l'antique harmonie qui existait alors entre la pensée et la sensation, entre l'homme et la nature? A cet horizon, où le ciel et la terre se confondent, l'homme était dieu et le dieu était homme. *Aliéné de lui-même*, selon l'expression de Maine de Biran, l'homme devenait, comme dit Leibnitz, le miroir concentrique où se peignait cette nature dont il se distinguait à peine. Ce n'était pas un grossier matérialisme, ne comprenant, ne sentant que le corps; ce n'était pas un spiritualisme abstrait, substituant des entités à la vie; c'était une haute harmonie, voyant l'un dans l'autre, exprimant l'un par l'autre les deux mondes ouverts devant l'homme. La sensibilité (sympathie pour la nature, *Naturgefühl*, comme dit Fr. Schlegel) était alors d'autant plus délicate que les facultés rationnelles étaient moins développées. Le sauvage a une perspicacité, une curiosité qui nous étonnent; ses sens perçoivent mille nuances imperceptibles, qui échappent aux sens ou plutôt à l'attention de l'homme civilisé. Peu familiarisés avec la nature, nous ne voyons qu'uniformité là où les peuples nomades ou agricoles ont vu de nombreuses originalités individuelles. Il faut admettre dans les premiers hommes un tact d'une délicatesse infinie, qui leur faisait saisir avec une finesse dont nous n'avons plus d'idée, les qualités sensibles qui devaient servir de base à l'appellation des choses. La faculté d'interprétation, qui n'est qu'une sagacité extrême à saisir les rapports, était en eux plus développée; ils voyaient mille choses à la fois. La nature leur parlait plus qu'à nous, ou plutôt ils retrouvaient en eux-mêmes un écho secret qui répondait à toutes ces voix du dehors, et les rendait en articulations, en paroles. De là ces brusques passages dont la trace n'est plus retrouvable par nos procédés lents et pénibles. Qui pourrait ressaisir ces fugitives impressions? Qui pourrait retrouver les sentiers capricieux que parcourut l'imagination des premiers hommes et les associations d'idées qui les guidèrent dans cette œuvre de production spontanée, où tantôt l'homme, tantôt la nature renouaient le fil brisé des analogies, et croisaient leur action réciproque dans une indissoluble unité? Que dire encore de cette merveilleuse synthèse intellectuelle, qui fut nécessaire pour créer un système de métaphysique comme la langue sanskrite, un poème sensuel et doux comme l'hébreu? Que dire de cette liberté indéfinie de créer, de ce caprice sans limite, de cette richesse, de cette exubérance, de cette complication qui nous dépasse? Nous ne serions plus capables de parler le sanskrit; nos meilleurs musiciens ne pourraient exécuter les octuples et les nonuples croches du chant des Illinois. Ages sacrés, âges primitifs de l'humanité, qui pourra vous comprendre!

A la vue de ces produits étranges des premiers âges, de ces faits qui semblent en dehors de l'ordre accoutumé de l'univers, nous serions tentés d'y supposer des lois particulières, maintenant privées d'exercice. Mais il n'y a pas dans la nature de gouvernement temporaire; ce sont les mêmes lois qui régissent aujourd'hui le monde et qui ont présidé à sa constitution. La formation des différents systèmes planétaires et leur conservation, l'apparition des êtres organisés et de la vie, celle de l'homme et de la conscience, les premiers faits de l'humanité ne furent que le développement d'un ensemble de lois physiques et psychologiques posées une fois pour toutes, sans que jamais l'agent supérieur, qui moule son action dans ces lois, ait interposé une volonté spécialement intentionnelle dans le mécanisme des choses. Sans doute tout est fait par la cause première ; mais la cause première n'agit pas par des motifs partiels, par des volontés particulières, comme dirait Malebranche. Ce qu'elle a fait est et demeure le meilleur ; les moyens qu'elle a une fois établis sont et demeurent les plus efficaces. Mais comment, dira-t-on, expliquer par un même système des effets si divers ? Pourquoi ces faits étranges qui signalèrent les origines ne se reproduisent-ils plus, si les lois qui les amenèrent subsistent encore ? C'est que les circonstances ne sont plus les mêmes : les causes occasionnelles qui déterminaient les lois à ces grands phénomènes n'existent plus. En général, nous ne formulons les lois de la nature que pour l'état actuel, et l'état actuel n'est qu'un cas particulier. C'est comme une équation partielle tirée par une hypothèse spéciale d'une équation plus générale. Celle-ci renferme virtuellement toutes les autres, et a sa vérité dans la vérité particulière de toutes les autres.

Il en est ainsi de toutes les lois de la nature. Appliquées dans des milieux différents, elles produisent des effets tout divers ; que les mêmes circonstances se représentent, les mêmes effets reparaîtront. Il n'y a donc pas deux séries de lois qui s'ordonnent entre elles pour remplir leurs lacunes et suppléer à leur insuffisance ; il n'y a pas d'intérim dans la nature : la création et la conservation s'opèrent par les mêmes moyens, agissant dans des circonstances diverses. La géologie, après avoir longtemps recouru, pour expliquer les cataclysmes et les phases successives du globe à des causes différentes de celles qui agissent aujourd'hui, revient de toutes parts à proclamer que les lois actuelles ont suffi pour produire ces révolutions. Quelles étranges combinaisons ne durent pas amener ces conditions de vie qui nous paraissent fantastiques, parce qu'elles étaient différentes des nôtres. Et quand l'homme apparut sur ce sol encore créateur, sans être allaité par une femme, ni caressé par une mère, sans les leçons d'un père, sans aïeux ni patrie, songe-t-on aux faits étonnants qui durent se passer au premier réveil de son intelligence, à la vue de cette nature féconde, dont il commençait à se séparer? Il dut y avoir dans ces premières apparitions de l'activité humaine une énergie, une spontanéité, dont rien ne saurait maintenant nous donner une idée. Le besoin, en effet, est la vraie cause occasionnelle de l'exercice de toute puissance. L'homme et la nature créèrent, tandis qu'il y eut un vide dans le plan des choses; ils oublièrent de créer, sitôt qu'aucun besoin ne les y força. Ce n'est pas que dès lors ils aient compté une puissance de moins; mais ces facultés productives, qui à l'origine s'exerçaient sur d'immenses proportions, privées désormais d'aliment, se trouvent réduites à un rôle obscur, et comme acculées dans un recoin de la nature. Ainsi l'organisation spontanée, qui à l'origine fit apparaître tout ce qui vit, se conserve encore sur une échelle imperceptible aux derniers degrés de l'échelle animale; ainsi les facultés spontanées de l'esprit humain vivent dans les faits de l'instinct, mais amoindries et presque étouffées par la raison réfléchie; ainsi l'esprit créateur du langage se retrouve dans celui qui préside à ses révolutions : car la force qui fait vivre est au fond celle qui fait naître, et développer est en un sens créer. Si l'homme perdait le langage, il l'inventerait de nouveau. Mais il le trouve tout fait; dès lors sa force productive, dénuée d'objet, s'atrophie comme toute puissance non exercée. L'enfant la possède encore avant de parler; mais il la perd, sitôt que la science du dehors vient rendre inutile la création intérieure.

Est-ce donc dresser la science de l'homme que de ne l'étudier, comme l'a fait la psychologie écossaise que dans son âge de réflexion, alors que son originalité native est comme effacée par la culture artificielle, et que des mobiles factices ont pris la place des puissants instincts sous l'empire desquels il se développait jadis avec tant d'énergie?

La seconde lacune que je trouve dans la psychologie, et qu'elle ne pourra de même combler que par l'étude philologique des œuvres de l'esprit humain, c'est de ne s'appliquer qu'à l'individu, et de ne jamais s'élever à la considération de l'humanité. S'il est un résultat acquis par l'immense développement historique de la fin du xviiie siècle et du xixe, c'est qu'il y a une vie de l'humanité, comme il y a une vie de l'individu; que l'histoire n'est pas une vaine série de faits isolés, mais une tendance spontanée vers un but idéal; que le parfait est le centre de gravitation de l'humanité comme de tout ce qui vit (78). Le titre de Hegel à l'immortalité sera d'avoir le premier exprimé avec une parfaite netteté cette force vitale et en un sens personnelle, que ni Vico, ni Montesquieu n'avaient aperçue, que Herder lui-même n'avait que vaguement imaginée. Par là, il s'est assuré le titre de fondateur définitif de la philosophie de l'histoire. L'histoire ne sera plus, désormais, ce qu'elle était pour Bossuet, le déroulement d'un plan particulier conçu et réalisé par une force supérieure à l'homme, menant l'homme qui ne fait que s'agiter sous elle; elle ne sera plus ce qu'elle était pour Montesquieu, un enchaînement de faits et de causes ; ce qu'elle était pour Vico, un mouvement sans vie et presque sans raison. Ce sera l'histoire d'un être, se développant par sa force intime, se créant et arrivant par des degrés divers à la pleine possession de lui-même. Sans doute il y a mouvement, comme le voulait Vico ; sans doute il y a des causes, comme le voulait Montesquieu ; sans doute il y a un plan imposé, comme le voulait Bossuet. Mais ce qu'ils n'avaient pas aperçu, c'est la force active et vivante, qui produit ce mouvement, qui anime ces causes, et qui, sans aucune coaction extérieure, par sa seule tendance au parfait, accomplit le plan providentiel. Autonomie parfaite, création intime, vie en un mot : telle est la loi de l'humanité.

Il est simple assurément, simple comme une pyramide, ce plan de Bossuet : *commandement* d'un côté, *obéissance* de l'autre ; Dieu et l'homme, le roi et le sujet, l'Église et le croyant. Il est simple, mais dur, et après tout il est condamné. Nous ferions désormais d'inutiles efforts pour imaginer comment conçoivent le monde ceux qui ne croient pas au progrès. S'il y a pour nous une notion dépassée, c'est celle des nations se succédant l'une à l'autre, parcourant les mêmes périodes pour mourir à leur tour, puis revivre sous d'autres noms, et recommencer ainsi sans cesse le même rêve. Quel cauchemar alors que l'humanité ! Quelles absurdités que les révolutions ! Quelle pâle chose que la vie ! Est-ce la peine vraiment, dans un si pauvre système, de se passionner pour le beau et le vrai, d'y sacrifier son repos et son bonheur ? Je conçois cette mesquine conception de l'existence actuelle chez l'orthodoxe sévère, qui transporte toute sa vie au delà. Je ne la conçois pas chez le philosophe.

L'idée de l'humanité est la grande ligne de démarcation entre les anciennes et les nouvelles philosophies. Regardez bien pourquoi les anciens systèmes ne peuvent plus vous satisfaire, vous verrez que c'est parce que cette idée en est profondément absente. Il y a là, je vous le dis, toute une philosophie nouvelle (79).

Du moment que l'humanité est conçue comme une conscience qui se fait et se développe, il y a une *psychologie de l'humanité*, comme il y a une psychologie de l'individu. L'apparence irrégulière et fortuite de sa marche ne doit pas nous cacher les lois qui la régissent. La botanique nous démontre que tous les arbres seraient quant à la forme et à la disposition de leurs feuilles et de leurs rameaux aussi réguliers que les conifères, sans les avortements et les suppressions qui, détruisant la symétrie, leur donnent des formes si capricieuses. Un fleuve irait tout droit à la mer sans les collines qui lui font faire tant de détours. Ainsi l'humanité, en apparence livrée au hasard, obéit à des lois que d'autres lois peuvent faire dévier, mais qui n'en sont pas moins la raison de son mouvement. Il y a donc une science de l'esprit humain, qui n'est pas seulement l'analyse des rouages de l'âme individuelle, mais qui est *l'histoire* même de l'esprit humain. L'histoire est la forme nécessaire de la science de tout ce qui est dans le *devenir*. La science des langues, c'est l'histoire des langues ; la science des littératures et des religions, c'est l'histoire des littératures et des religions. La science de l'esprit humain, c'est l'histoire de l'esprit humain. Vouloir saisir un moment dans ces existences successives pour y appliquer la dissection, et les tenir fixement sous le regard, c'est fausser leur nature. Car elles ne sont pas à un moment, elles se font.

Tel est l'esprit humain. De quel droit, pour en dresser la théorie, prenez vous l'homme du xixᵉ siècle ? Il y a, je le sais, des éléments communs que l'examen de tous les peuples et de tous les pays rendra à l'analyse. Mais ceux-là, par leur stabilité même, ne sont pas les plus essentiels pour la science. L'élément variable et caractéristique a bien plus d'importance, et la physiologie ne paraît si souvent creuse et tautologique, que parce qu'elle se borne trop exclusivement à ces généralités de peu de valeur, qui la font parfois ressembler à la leçon de philosophie du *Bourgeois gentilhomme*. La linguistique tombe dans le même défaut quand, au lieu de prendre les langues dans leurs variétés individuelles, elle se borne à l'analyse générale des formes communes à toutes, à ce qu'on appelle *grammaire générale*.

Combien notre manière sèche et abstraite de traiter la psychologie est peu propre à mettre en lumière ces nuances différentielles des sentiments de l'humanité ! On dirait que toutes les races et tous les siècles ont compris Dieu, l'âme, le monde, la morale d'une manière identique (80). On ne songe pas que chaque nation, avec ses temples, ses dieux, sa poésie, ses traditions héroïques, ses croyances fantastiques, ses lois et ses institutions, représente une unité, une façon de prendre la vie, un ton dans l'humanité, une faculté de la grande âme. La vraie psychologie de l'humanité consisterait à analyser l'une après l'autre ces vies diverses dans leur complexité, et, comme chaque nation a d'ordinaire lié sa vie suprasensible en une gerbe spirituelle, qui est sa littérature, elle consisterait surtout dans l'histoire des littératures. Le second volume du *Cosmos* de M. de Humboldt (histoire d'un sentiment de l'humanité poursuivie dans toutes les races et à travers tous les siècles, dans ses variétés et ses nuances), peut être considéré comme un exemple de cette psychologie historique. La psychologie ordinaire ressemble trop à cette littérature qui, à force de représenter l'humanité dans ses traits généraux et de repousser la couleur locale et individuelle, expira faute de vie propre et d'originalité.

Je crois avoir puisé dans l'étude comparée des littératures une idée beaucoup plus large de la nature humaine que celle qu'on se forme d'ordinaire. Sans doute il y a de l'universel et des éléments communs dans la nature humaine. Sans doute on peut dire qu'il n'y a qu'une psychologie, comme on peut dire qu'il n'y a qu'une littérature, puisque toutes les littératures vivent sur le même fond commun de sentiments et d'idées. Mais cet universel n'est pas où l'on pense, et c'est fausser la couleur des faits que d'appliquer une théorie raide et inflexible à l'homme des différentes époques. Ce qui est universel, ce sont les grandes divisions et les grands besoins de la nature; ce sont, si j'ose le dire, les casiers naturels, remplis successivement par ces formes diverses et variables religion, poésie, morale, etc. A n'envisager que le passé de l'humanité, la religion, par exemple, semblerait essentielle à la nature humaine; et pourtant la religion dans les formes anciennes est destinée à disparaître. Ce qui restera, c'est la place qu'elle remplissait, le besoin auquel elle correspondait, et qui sera satisfait un jour par quelque autre chose analogue. La *morale* elle-même, en attachant à ce mot l'acception complète et quasi évangélique que nous lui donnons, a-t-elle été une forme de tous les temps? Une analyse peu délicate, peu soucieuse de la différente physionomie des faits, pourrait l'affirmer. La vraie psychologie, qui prend soin de ne pas désigner par le même nom des faits de couleur différente quoique analogues, ne peut pas s'y décider. Le mot morale est-il applicable à la forme que revêtait l'idée du bien dans les vieilles civilisations arabe, hébraïque, chinoise, qu'il revêt encore chez les peuples sauvages, etc.? Je ne fais pas ici une de ces objections banales, tant de fois répétées depuis Montaigne et Bayle, et où l'on cherche à établir par quelques divergences ou quelques équivoques que certains peuples ont manqué du sens moral. Je reconnais que le sens moral ou ses équivalents sont de l'essence de l'humanité; mais je maintiens que c'est parler inexactement que d'appliquer la même dénomination à des faits si divers. Il y a dans l'humanité une faculté ou un besoin, une capacité, en un mot, qui est comblée de nos jours par la morale, et qui l'a toujours été et le sera toujours par quelque chose d'analogue. Je conçois de même pour l'avenir que le mot morale devienne impropre et soit remplacé par un autre. Pour mon usage particulier, j'y substitue de préférence le nom d'esthétique. En face d'une action, je me demande plutôt si elle est belle ou laide, que bonne ou mauvaise, et je crois avoir là un bon *criterium*; car avec la simple morale qui fait l'honnête homme, on peut encore mener une assez mesquine vie. Quoi qu'il en soit, l'immuable ne doit être cherché que dans les divisions mêmes de la nature humaine, dans ses compartiments, si j'ose le dire, et non dans les formes qui s'y ajustent et peuvent se remplacer par des succédanés. C'est quelque chose d'analogue au fait des substitutions chimiques, où des corps analogues peuvent tour à tour remplir les mêmes cadres.

La Chine m'offre l'exemple le plus propre à éclaircir ce que je viens de dire. Il serait tout à fait inexact de dire que la Chine est une nation sans morale, sans religion, sans mythologie, sans Dieu ; elle serait alors un monstre dans l'humanité, et pourtant il est certain que la Chine n'a ni morale, ni religion, ni mythologie, ni Dieu, au sens où nous l'entendons. La théologie et le surnaturel n'occupent aucune place dans l'esprit de ce peuple, et Confucius n'a fait que se conformer à l'esprit de sa nation en détournant ses disciples de l'étude des choses divines (81). Tel est le vague des idées des Chinois sur la Divinité que, depuis saint François Xavier, les missionnaires ont été dans le plus grand embarras pour trouver un terme chinois signifiant Dieu. Les catholiques, après beaucoup de tâtonnements, ont fini par s'accorder sur un mot ; mais lorsque les protestants ont commencé, il y a une trentaine d'années, à traduire la Bible en chinois, les difficultés se sont de nouveau présentées. La variété des termes employés pour désigner Dieu par les différents missionnaires protestants devint telle qu'il fallut recourir à un concile, qui ne décida rien, ce semble, puisque M. Médhurst, qui a écrit récemment une dissertation spéciale sur ce sujet, imprimée à Schang-Haï, en Chine, se borne encore à discuter le sens dans lequel les auteurs classiques se servent de chacun des termes qu'on a proposés comme équivalents du mot Dieu. On pourrait faire des observations analogues sur la morale et le culte, et prouver que la morale n'est guère aux yeux des Chinois que l'observation d'un cérémonial établi et le culte que le respect des ancêtres. M. Saint-Marc-Girardin, comparant *l'Orphelin de la Chine* de Voltaire à l'original chinois, a fort bien fait ressortir comment la passion et le pathétique disparaissent dans le système chinois, pour devenir calcul du devoir, comment la famille y disparait comme affection en devenant institution (82). Une étude attentive des diverses zones affectives de l'espèce humaine révélerait partout non pas l'identité des éléments, mais la composition analogue, le même plan, la même disposition des parties, en proportions diverses. Tel élément, principal dans telle race, n'apparaît dans telle autre que rudimentaire. Le mythologisme, si dominant dans l'Inde, se montre à peine en Chine, et pourtant y est reconnaissable sur une échelle infiniment réduite. La philosophie, élément dominant des races indo-germaniques, semble complètement étrangère aux Sémites, et pourtant, en y regardant de près, on découvre aussi chez ces derniers non la chose même, mais le germe rudimentaire.

Au début de la carrière scientifique, on est porté à se figurer les lois du monde psychologique et physique comme des formules d'une rigueur absolue : mais le progrès de l'esprit scientifique ne tarde pas à modifier ce premier concept. L'individualisme apparaît partout ; le genre et l'espèce se fondent presque sous l'analyse du naturaliste ; chaque fait se montre comme *sui generis* ; le plus simple phénomène apparaît comme irréductible ; l'ordre des choses réelles n'est plus qu'un vaste balancement de tendances produisant par leurs combinaisons infiniment variées des apparitions sans cesse diverses. La raison est la seule loi du monde ; il est aussi impossible de réduire en formules les lois des choses que de réduire à un nombre déterminé de *schèmes* les tours de l'orateur, que d'énumérer les préceptes sur lesquels l'homme moral dirige sa conduite vers le bien. « Sois beau (83), et alors fais à chaque instant ce que t'inspirera ton cœur, » voilà toute la morale. Toutes les autres règles sont fautives et mensongères dans leur forme absolue. Les règles générales ne sont que des expédients mesquins pour suppléer à l'absence du grand sens moral, qui suffit à lui seul pour révéler en toute occasion à l'homme ce qui est le plus beau. C'est vouloir suppléer par des instructions préparées d'avance à la spontanéité intime. La variété des cas déjoue sans cesse toutes les prévisions. Rien, rien ne remplace l'âme : aucun enseignement ne saurait suppléer chez l'homme à l'inspiration de sa nature.

La psychologie telle qu'on l'a faite jusqu'à nos jours, est à la vraie psychologie historique, ce que la philologie comparée des Bopp et des G. de Humboldt est à cette maigre partie de la dialectique qu'on appelait autrefois *grammaire comparée*. Ici l'on prenait la langue comme une chose pétrifiée, arrêtée, stéréotypée dans ses formes, comme quelque chose de fait et que l'on supposait avoir été et devoir toujours être tel qu'il était. Là, au contraire, on prend l'organisme vivant, la variété spécifique, le mouvement, le devenir, l'histoire en un mot. L'histoire est la vraie forme de la science des langues (84). Prendre un idiome, à tel moment donné de son existence, peut être utile sans doute, s'il s'agit d'un idiome qu'on apprenne pour le parler. Mais s'arrêter là est aussi peu profitable à la science que si l'on bornait l'étude des corps organisés à examiner ce qu'ils sont à tel moment précis, sans rechercher les lois de leur développement. Sans doute, si les langues étaient comme les corps inanimés dévoués à l'immobilité, la grammaire devrait être purement théorique. Mais elles vivent comme l'homme et l'humanité qui es parlent ; elles se décomposent et se recomposent sans cesse ; c'est une vraie végétation intérieure, une circulation incessante du dedans au dehors et du dehors au dedans, un *fieri* continuel. Dès lors, elles ont, comme tous les êtres soumis à la loi de la vie changeante et successive, leur marche et leurs phases, leur histoire en un mot, par suite de cette impulsion secrète qui ne permet point à l'homme et aux produits de son esprit de rester stationnaires.

La psychologie, de même, s'est beaucoup trop arrêtée à envisager l'homme au point de vue de l'être, et ne l'a pas assez envisagé dans son devenir. Tout ce qui vit a une histoire : or l'homme psychologique comme le corps humain, l'humanité comme l'individu, vivent et se renouvellent. C'est un tableau mouvant où les masses de couleurs, se fondant l'une dans l'autre par des dégradations insaisissables, se nuanceraient, s'absorberaient, s'étendraient, se limiteraient par un jeu continu. C'est une action et une réaction réciproques, un commerce de parties communes, une végétation sur un tronc commun. On chercherait en vain dans cet éternel *devenir* l'élément stable, auquel pourrait s'appliquer l'anatomie. Le mot *âme*, si excellent pour désigner la vie suprasensible de l'homme, devient fallacieux et faux, si on l'entend d'un fond permanent, qui serait le sujet toujours identique des phénomènes. C'est cette fausse notion d'un *substratum* fixe qui a donné à la psychologie ses formes raides et arrêtées. L'âme est prise pour un être fixe, permanent, que l'on analyse comme un corps de la nature; tandis qu'elle n'est que la résultante toujours variable des faits multiples et complexes de la vie. L'âme est le *devenir* individuel, comme Dieu est le *devenir* universel. Il est certain que, s'il y avait un être constant qu'on pût appeler âme, comme il y a des êtres qu'on appelle spath d'Islande, quartz, mica, il y aurait une science nommée *psychologie*, analogue à la minéralogie. Cela est si vrai qu'en se plaçant à ce point de vue, on ne doit plus faire la science *de l'âme*, car il y en a de diverses espèces, mais la science *des âmes*. Ainsi l'entendait Aristote, bien moins coupable pourtant qu'on ne pourrait le croire, car l'âme n'est guère pour lui que le phénomène persistant de la vie. Ainsi l'entendait surtout la vieille philosophie, qui poussait le grotesque jusqu'à constituer une science appelée *pneumatologie*, ou science des êtres spirituels (Dieu, l'homme, l'ange et peut-être les animaux, disaient-ils), à peu près comme si en histoire naturelle on constituait une science qui s'occupât du cheval, de la licorne, de la baleine et du papillon. La psychologie écossaise évita ces niaiseries scolastiques ; mais elle se tint encore beaucoup trop au point de vue de l'être, et pas assez au point de vue du devenir ; elle comprit encore la philosophie comme l'étude de l'homme envisagé d'une manière abstraite et absolue, et non comme l'étude de l'éternel *fieri*. La science de l'homme ne sera posée à son véritable jour, que lorsqu'on se sera bien persuadé que *la conscience se fait*, que d'abord faible, vague, non centralisée, chez l'individu comme dans l'humanité, elle arrive à travers des phases diverses à sa plénitude. On comprendra alors que la science de l'âme individuelle, c'est l'histoire de l'âme individuelle, et que la science de l'esprit humain, c'est l'histoire de l'esprit humain.

Le grand progrès de la réflexion moderne a été de substituer la catégorie du *devenir* à la catégorie de l'*être*, la conception du relatif à la conception de l'absolu, le mouvement à l'immobilité. Autrefois tout était considéré comme *étant* ; on parlait de droit, de religion, de politique, de poésie d'une façon absolue (85). Maintenant tout est considéré comme en voie de se faire (86). Ce n'est pas qu'auparavant le devenir et le développement ne fussent comme aujourd'hui la loi générale; mais on ne s'en apercevait pas. La terre tournait avant Copernic, bien qu'on la crût immobile. Les hypothèses substantielles précèdent toujours les hypothèses phénoménales. La statue égyptienne, immobile et les mains collées aux genoux, est l'antécédent naturel de la statue grecque, qui vit et se meut.

Or, comment constituer l'histoire de l'esprit humain sans la plus vaste érudition et sans l'étude des monuments que chaque époque nous a laissés ? A ce point de vue, rien n'est inutile; les œuvres les plus insignifiantes sont souvent les plus importantes, en tant que peignant énergiquement un côté des choses. C'est un étrange monument de dépression morale et d'extravagance que le Talmud : eh bien, j'affirme qu'on ne saurait avoir une idée de ce que peut l'esprit humain déraillé des voies du bon sens, si l'on n'a pratiqué ce livre unique. Ce sont des compositions bien insipides que les œuvres des poëtes latins des bas siècles, et pourtant, si on ne les a pas lus, il est impossible de se bien caractériser une décadence, de se figurer la couleur exacte des époques où la sève intellectuelle est épuisée. De toutes les littératures la plus pâle est, je crois, la littérature syriaque. Il plane sur les écrits de cette nation je ne sais quelle suave médiocrité. Cela même en fait l'intérêt : aucune étude ne fait mieux comprendre l'*état médiocre* de l'esprit humain. Or la médiocrité naturelle et naïve est une face de la vie humaine comme une autre; elle a le droit qu'on s'occupe d'elle. De telles études ont peu de valeur sans doute au point de vue esthétique; elles en ont infiniment au point de vue de la science. Il y a, certes, bien peu à apprendre et à admirer dans les poëmes latins du moyen âge et en général dans toute la littérature savante de ce temps ; et cependant peut-on dire que l'on connaît l'esprit humain, si l'on ne connaît les rêves qui l'occupèrent durant ce sommeil de dix siècles ?

Parmi les travaux spéciaux, relatifs aux langues sémitiques, je n'en vois aucun de plus urgent dans l'état actuel de la science qu'une publication complète et à laquelle on puisse définitivement se fier des livres de la petite secte gnostique qui s'est conservée à Bassora sous le nom de mendaïtes ou chrétiens de Saint-Jean. Ces livres ne renferment pas une ligne de bon sens, c'est le délire rédigé en style barbare et indéchiffrable. C'est précisément là ce qui fait leur importance. Car il est plus facile d'étudier les natures diverses dans leurs crises que dans leur état normal. La régularité de la vie ne laisse voir qu'une surface et cache dans ses profondeurs les ressorts intimes ; dans les ébullitions, au contraire, tout vient à son tour à la surface. Le sommeil, la folie, le délire, le somnambulisme, l'hallucination offrent à la psychologie individuelle un champ d'expérience bien plus avantageux que l'état régulier. Car les phénomènes qui, dans cet état, sont comme effacés par leur ténuité, apparaissent dans les crises extraordinaires d'une manière plus sensible par leur exagération. Le physicien n'étudie pas le galvanisme dans les faibles quantités que présente la nature ; mais il le multiplie par l'expérimentation, afin de l'étudier avec plus de facilité, bien sûr d'ailleurs que les lois étudiées dans cet état exagéré sont identiques à celles de l'état naturel. De même la psychologie de l'humanité devra s'édifier surtout par l'étude des folies de l'humanité, de ses rêves, de ses hallucinations, de toutes ces curieuses absurdités qui se retrouvent à chaque page de l'histoire de l'esprit humain.

L'esprit philosophique sait tirer philosophie de toute chose. On me condamnerait à me faire une spécialité de la science du blason, qu'il me semble que je m'en consolerais et que j'y butinerais comme en plein parterre un miel qui aurait sa douceur. On me renfermerait à Vincennes avec les *Anecdota* de Pez ou de Martène, et le Spicilège de d'Achery, que je m'estimerais le plus heureux des hommes. J'ai commencé, et j'aurai, j'espère, le courage d'achever un travail sur l'histoire de l'hellénisme chez les peuples orientaux (Syriens, Arabes, Persans, Arméniens, Géorgiens, etc.). Je puis affirmer sur ma conscience qu'il n'y a pas de besogne plus assommante, de spectacle plus monotone, de page plus pâle et moins originale dans l'histoire littéraire. J'espère pourtant faire sortir de cette insignifiante étude quelques traits curieux pour l'histoire de l'esprit humain; on y verra en présence deux esprits profondément divers et incapables de se pénétrer l'un l'autre, une éducation superficielle et sans résultats durables, qui fera comprendre par contraste le fait immense de l'éducation hellénique des peuples occidentaux; de singuliers malentendus, d'étranges contresens, décèleront des lacunes, dont la connaissance servira à dresser plus exactement la carte de l'esprit sémitique et de l'esprit indo-germanique.

Ce serait certes une œuvre qui aurait quelque importance philosophique que celle où un critique ferait d'après les sources l'histoire des *Origines du christianisme:* eh bien! cette merveilleuse histoire qui, exécutée d'une manière scientifique et définitive, révolutionnerait la pensée, avec quoi faudra-t-il la construire? Avec des livres profondément insignifiants tels que le livre d'Hénoch, le Testament des douze patriarches, le Testament de Salomon, et, en général, les Apocryphes d'origine juive et chrétienne, les paraphrases chaldaïques, la Mischna, les livres deutéro-canoniques, etc. Ce jour-là, Fabricius et Thilo, qui ont préparé une édition satisfaisante de ces textes, Bruce, qui a rapporté d'Abyssinie le livre d'Hénoch, Laurence, Murray et A.-G. Hoffmann, qui en ont élaboré le texte, auront plus avancé l'œuvre que Voltaire flanqué de tout le xviii° siècle.

Ainsi, à ce large point de vue de la science de l'esprit humain, les œuvres les plus importantes peuvent être celles qu'au premier coup d'œil on jugerait les plus insignifiantes. Telle littérature de l'Asie, qui n'a absolument aucune valeur intrinsèque, peut offrir pour l'histoire de l'esprit humain des résultats plus curieux que n'importe quelle littérature moderne. L'étude scientifique des peuples sauvages amènerait des résultats bien plus décisifs encore, si elle était faite par des esprits vraiment philosophiques. De même que le plus mauvais jargon populaire est plus propre à initier à la linguistique qu'une langue artificielle et travaillée de main d'homme comme le français ; de même on pourrait posséder à fond des littératures comme la littérature française, anglaise, allemande, italienne, sans avoir même aperçu le grand problème. Les orientalistes se rendent souvent ridicules en attribuant une valeur absolue aux littératures qu'ils cultivent. Il serait trop pénible d'avoir consacré sa vie à déchiffrer un texte difficile, sans qu'il fût admirable. D'un autre côté, les esprits superficiels se pâment en voyant des hommes sérieux s'amuser à traduire et commenter des livres informes qui, à nos yeux, ne seraient qu'absurdes et ridicules. Les uns et les autres ont tort. Il ne faut pas dire : Cela est absurde, cela est magnifique ; il faut dire : Cela est de l'esprit humain, donc cela a son prix. Il est trop clair d'abord qu'au point de vue de la science positive, il n'y a rien à gagner dans l'étude de l'Orient. Quelques heures données à la lecture d'un ouvrage moderne de médecine, de mathématiques, d'astronomie, seront plus fructueuses pour la connaissance de ces sciences que des années de doctes recherches, consacrées aux médecins, aux mathématiciens, aux astronomes de l'Orient (87). L'histoire elle-même serait à peine un motif suffisant pour donner de la valeur à ces études. Car d'abord l'histoire ancienne de l'Orient est absolument fabuleuse, et, en second lieu, à l'époque où elle arrive à quelque certitude, l'histoire politique de l'Orient devient presque insignifiante. Rien n'égale la platitude des historiens arabes et persans, qui nous ont transmis l'histoire de l'islamisme. Et c'est bien plus, il faut le dire, la faute de l'histoire que celle des historiens. Caprices de despotes absurdes et sanguinaires, révoltes de gouverneurs, changements de dynasties, successions de vizirs, l'humanité complètement absente, pas une voix de la nature, pas un mouvement vrai et original du peuple. Que faire en ce monde de glace ? Certes, ceux qui s'imaginent que l'on étudie la littérature turque au même titre que la littérature allemande, pour y trouver à admirer, ont bien raison de sourire de ceux qui y consacrent leurs veilles ou de les regarder comme de faibles esprits, incapables d'autre chose. En général, les littératures modernes de l'Orient sont faibles et ne mériteraient pas pour elles-mêmes d'occuper un esprit sérieux (88). Mais elles acquièrent un grand prix si on considère qu'elles fournissent des éléments important pour la connaissance des littératures anciennes, et surtout pour l'étude comparée des idiomes. Rien n'est inutile, quand on sait le rapporter à sa fin; mais il faut bien se persuader que la médiocrité n'a de valeur que dans le tout dont elle fait partie.

L'étude des littératures anciennes de l'Orient a-t-elle du moins une valeur propre et indépendante de l'histoire de l'esprit humain ? Je l'avoue, il y a dans ces vieilles productions de l'Asie une réelle et incontestable beauté. Job et Isaïe, le Ramayan et le Mahabharat, les poèmes arabes antéislamiques sont beaux au même titre qu'Homère. Or, si nous analysons le sentiment que produisent en nous ces œuvres antiques, à quel titre leur décernons-nous le prix de la beauté ? Nous admirons une méditation de M. de Lamartine, une tragédie de Schiller, un chant de Gœthe, parce que nous y retrouvons notre idéal. Est-ce notre idéal que nous trouvons également dans les poétiques dissertations de Job, dans les suaves cantiques des Hébreux, dans le tableau de la vie arabe d'Antara, dans les hymnes du Véda, dans les admirables épisodes de Nal et Damayanti, de Yadjnadatta, de Savitri, de la descente de la Ganga ? Est-ce notre idéal que nous trouvons dans une figure symbolique d'Oum ou de Brahma, dans une pyramide égyptienne, dans les cavernes d'Élora ? Non certes. Nous n'admirons qu'à la condition de nous reporter au temps auquel appartiennent ces monuments, de nous placer dans le milieu de l'esprit humain, d'envisager tout cela comme l'éternelle végétation de la force cachée. C'est pour cela que les esprits étroits et peu flexibles, qui jugent ces antiques productions en restant obstinément au point de vue moderne, ne peuvent se résoudre à les admirer, ou y admirent précisément ce qui n'est pas admirable ou ce qui n'y est pas (89). Présentez donc le mythe des Marouths ou les visions d'Ézéchiel à un homme qui n'est pas initié aux littératures étrangères, il les trouvera tout simplement hideuses et repoussantes. Voltaire avait raison, à son point de vue, de se moquer d'Ézéchiel (90), comme Perrault et quelques critiques d'Alexandrie avaient raison de déclarer Homère *ridicule*, et quand madame Dacier et Boileau veulent défendre Homère, sans sortir de cette étrange manière d'envisager l'antiquité, ils ont tort. Pour comprendre le vrai sens de ces beautés exotiques, il faut s'être identifié avec l'esprit humain; il faut sentir, vivre avec lui, pour le retrouver partout original, vivant, harmonieux jusque dans ses créations les plus excentriques. Champollion était arrivé à trouver belles les têtes égyptiennes; les Juifs trouvent le Talmud plein d'une aussi haute morale que l'Évangile; les amateurs du moyen âge admirent de grotesques statuettes devant lesquelles les profanes passent indifférents. Croyez-vous que ce soit là une pure illusion d'érudit ou d'amateur passionné? Non; c'est que dans tous les replis de ce que fait l'homme, est caché le rayon divin; l'observateur attentif sait l'y retrouver. L'autel sur lequel les patriarches sacrifiaient à Jéhova, pris matériellement, n'était qu'un tas de pierres; pris dans sa signification humanitaire, comme symbole de la simplicité de ces cultes antiques et du Dieu brut et amorphe de l'humanité primitive, ce tas de pierres valait un temple de la Grèce anthropomorphique, et était certes mille fois plus beau que nos temples d'or et de marbre, élevés et admirés par des gens qui ne croient pas en Dieu. Un peu de bouse de vache et une poignée d'herbe *kousa* suffisent au brahmane pour le sacrifice et pour atteindre Dieu à sa manière. Le cippe grossier par lequel les Hellènes représentaient les Grâces leur disait plus de choses que de belles statues allégoriques. Les choses ne valent que par ce qu'y voit l'humanité, par les sentiments qu'elle y a attachés, par les symboles qu'elle en a tirés. Cela est si vrai, que des pastiches des œuvres primitives, quelque parfaits qu'on les suppose, ne sont pas beaux, tandis que les œuvres sont sublimes. Une reproduction exacte de la pyramide de Ghizeh dans la plaine Saint-Denis serait un enfantillage. Dans les derniers temps de la littérature hébraïque, les savants composaient des psaumes imités des anciens cantiques avec une telle perfection que c'est à s'y tromper. Eh bien ! il faut dire que les vieux psaumes sont beaux, tandis que les modernes ne sont qu'ingénieux; et pourtant le goût le plus exercé peut à peine les discerner.

La beauté d'une œuvre ne doit jamais être envisagée abstraitement et indépendamment du milieu où elle est née. Si les chants ossianiques de Macpherson étaient authentiques, il faudrait les placer à côté d'Homère. Du moment qu'il est constaté qu'ils sont d'un poëte du xviiie siècle, ils n'ont plus qu'une valeur très médiocre. Car ce qui fait le beau, c'est le souffle vrai de l'humanité, et non pas la lettre. Je suppose qu'un homme d'esprit (c'est presque le cas d'Apollonius de Rhodes), pût attraper le pastiche du style homérique de manière à composer un poëme exactement dans le même goût, un poëme qui fût à Homère ce que les *Paroles d'un Croyant* sont à la Bible ; ce poëme, aux yeux de plusieurs, devrait être supérieur à Homère ; car il serait loisible à l'auteur d'éviter ce que nous considérons comme des défauts, ou du moins les manques de suite, les contradictions. Je voudrais bien savoir comment les critiques absolus feraient pour prouver que ce poëme est en effet supérieur à l'*Iliade*, ou pour mieux dire que l'*Iliade* vaut un monde, tandis que l'œuvre du moderne est destinée à aller moisir sur les rayons des bibliothèques, après avoir un instant amusé les curieux. Qu'est-ce donc qui fait la beauté d'Homère, puisqu'un poème absolument semblable au sien, écrit au xixe siècle, ne serait pas beau? C'est que le poème homérique du xixe siècle ne serait pas vrai. Ce n'est pas Homère qui est beau, c'est la vie homérique, la phase de l'existence de l'humanité décrite dans Homère. Ce n'est pas la Bible qui est belle; ce sont les mœurs bibliques, la forme de vie décrite dans la Bible. Ce n'est pas tel poème de l'Inde qui est beau, c'est la vie indienne. Qu'admirons-nous dans le *Télémaque* ? Est ce l'imitation parfaite de la forme antique ? Est-ce telle description, telle comparaison empruntée à Homère ou Virgile ? Non, cela nous fait dire froidement et comme s'il s'agissait de la constatation d'un fait : « Cet homme avait bien délicatement saisi le goût antique ». Ce qui provoque notre admiration et notre sympathie, c'est précisément ce qu'il y a de moderne dans ce beau livre; c'est le génie chrétien qui a dicté à Fénelon la description des champs Élysées; c'est cette politique si morale et si rationnelle devinée par miracle au milieu des saturnales du pouvoir absolu.

La vraie littérature d'une époque est celle qui la peint et l'exprime (91). Des orateurs sacrés du temps de la Restauration nous ont laissé des oraisons funèbres imitées de celles de Bossuet et presque entièrement composées des phrases de ce grand homme. Eh bien ! ces phrases, qui sont belles dans l'œuvre du xviie siècle, parce que là elles sont sincères, sont ici insignifiantes, parce qu'elles sont fausses, et qu'elles n'expriment pas les sentiments du xıxᵉ siècle. Indépendamment de tout système, excepté celui qui prêche dogmatiquement le néant, le tombeau a sa poésie, et peut-être cette poésie n'est-elle jamais plus touchante que quand un doute involontaire vient se mêler à la certitude que le cœur porte en lui-même, comme pour tempérer ce que l'affirmation dogmatique peut avoir de trop prosaïque. Il y a dans le demi-jour une teinte plus douce et plus triste, un horizon moins nettement dessiné, plus vague et plus analogue à la tombe. Les quelques pages de M. Cousin sur Santa-Rosa valent mieux pour notre manière de sentir qu'une oraison funèbre calquée sur celles de Bossuet. Une belle *copie* d'un tableau de Raphaël est belle, car elle n'a d'autre prétention que de représenter Raphaël. Mais une imitation de Bossuet faite au xıxᵉ siècle n'est pas belle ; car elle applique à faux des formes vraies jadis ; elle n'est pas l'expression de l'humanité à son époque.

On a délicatement fait sentir combien les chefs-d'œuvre de l'art antique entassés dans nos musées perdaient de leur valeur esthétique. Sans doute puisque leur position et la *signification* qu'ils avaient à l'époque où ils étaient vrais faisaient les trois quarts de leur beauté. Une œuvre n'a de valeur que dans son encadrement, et l'encadrement de toute œuvre, c'est son époque. Les sculptures du Parthénon ne valaient-elles pas mieux à leur place que plaquées par petits morceaux sur les murs d'un musée ? J'admire profondément les vieux monuments religieux du moyen âge ; mais je n'éprouve qu'un sentiment très pénible devant ces modernes églises gothiques, bâties par un architecte en redingote, rajustant des fragments de dessins empruntés aux vieux temples. L'admiration absolue est toujours superficielle : nul plus que moi n'admire les Pensées de

Pascal, les Sermons de Bossuet ; mais je les admire comme œuvres du xviie siècle. Si ces œuvres paraissaient de nos jours, elles mériteraient à peine d'être remarquées. La vraie admiration est historique. La couleur locale a un charme incontestable quand elle est vraie ; elle est insipide dans le pastiche. J'aime l'Alhambra et Broceliande dans leur vérité ; je me ris du romantique qui croit, en combinant ces mots, faire une œuvre belle. Là est l'erreur de Chateaubriand et la raison de l'incroyable médiocrité de son école. Il n'est plus lui-même lorsque, sortant de l'appréciation critique, il cherche à produire sur le modèle des œuvres dont il relève judicieusement les beautés.

Parmi les œuvres de Voltaire, celles-là sont bien oubliées, où il a copié les formes du passé. Qui est-ce qui lit *la Henriade* ou les tragédies en dehors du collège ! Mais celles-là sont immortelles où il a déposé l'élégant témoignage de sa finesse, de son immoralité, de son spirituel scepticisme ; car celles-là sont vraies. J'aime mieux *la Fête de Bellébat* ou *la Pucelle*, que *la Mort de César* ou le poème de Fontenoy. Infâme, tant qu'il vous plaira ; c'est le siècle, c'est l'homme. Horace est plus lyrique dans *Nunc est bibendum* que dans *Qualem ministrum fulminis alitem*.

C'est donc uniquement au point de vue de l'esprit humain, en se plongeant dans son histoire non pas en curieux, mais par un sentiment profond et une intime sympathie, que la vraie admiration des œuvres primitives est possible. Tout point de vue dogmatique est absolu, toute appréciation sur des règles modernes est déplacée. La littérature du xviie siècle est admirable sans doute, mais à condition qu'on la reporte à son milieu, au xviie siècle. Il n'y a que des pédants de collège qui puissent y voir le type éternel de la beauté. Ici comme partout, la critique est la condition de la grande esthétique. Le vrai sens des choses n'est possible que pour celui qui se place à la source même de la beauté, et, du centre de la nature humaine, contemple dans tous les sens, avec le ravissement de l'extase, ces éternelles productions dans leur infinie variété : temples, statues, poèmes, philosophies, religions, formes sociales, passions, vertus, souffrances, amour, et la nature elle-même qui n'aurait aucune valeur sans l'être conscient qui l'idéalise.

Science, art, philosophie, ne saurait plus avoir de sens en dehors du point de vue du genre humain. Celui-là seul peut saisir la grande beauté des choses, qui voit en tout une forme de l'esprit, un pas vers Dieu. Car, il faut le dire, l'humanité elle-même n'est ici qu'un symbole : en Dieu seul, c'est-à-dire dans le tout, réside la parfaite beauté. Les œuvres les plus sublimes sont celles que l'humanité a faites collectivement, et sans qu'aucun nom propre puisse s'y attacher. Les plus belles choses sont anonymes. Les critiques qui ne sont qu'érudits le déplorent et emploient toutes les ressources de leur art pour percer ce mystère. Maladresse! Croyez-vous donc avoir beaucoup relevé telle épopée nationale parce que vous aurez découvert le nom du chétif individu qui l'a rédigée! Que me fait cet homme qui vient se placer entre l'humanité et moi? Que m'importent les syllabes insignifiantes de son nom? Ce nom lui-même est un mensonge ; ce n'est pas lui, c'est la nation, c'est l'humanité travaillant à un point du temps et de l'espace, qui est le véritable auteur. L'anonyme est ici bien plus expressif et plus vrai ; le seul nom qui dût désigner l'auteur de ces œuvres spontanées, c'est le nom de la nation chez laquelle elles sont écloses ; et celui-là, au lieu d'être inscrit au titre, l'est à chaque page. Homère serait un personnage réel et unique, qu'il serait encore absurde de dire qu'il est l'auteur de l'*Iliade* : une telle composition sortie de toutes pièces d'un cerveau individuel, sans antécédent traditionnel, eût été fade et impossible ; autant vaudrait supposer que c'est Matthieu, Marc, Luc et Jean qui ont inventé Jésus. « Il n'y a que la rhétorique, a dit M. Cousin, qui puisse jamais supposer que le plan d'un grand ouvrage appartient à qui l'exécute. » Les rhéteurs, qui prennent tout par le côté *littéraire*, qui admirent le poème et sont indifférents pour la chose chantée, ne sauraient comprendre la part du peuple dans ces œuvres. C'est le peuple qui fournit la matière, et cette matière, ils ne la voient pas, ou ils s'imaginent bonnement qu'elle est de l'invention du poète. La Révolution et l'Empire n'ont produit aucun poème qui mérite d'être nommé ; ils ont fait bien mieux. Ils nous ont laissé la plus merveilleuse des épopées en action. Grande folie que d'admirer l'expression littéraire des sentiments et des actes de l'humanité et de ne pas admirer ces sentiments et ces actes dans l'humanité ! L'humanité seule est admirable. Les génies ne sont que les rédacteurs des inspirations de la foule. Leur gloire est d'être en sympathie si profonde avec l'âme incessamment créatrice, que tous les battements du grand cœur ont un retentissement sous leur plume. Les relever par leur individualité, c'est les abaisser ; c'est détruire leur gloire véritable pour les ennoblir par des chimères. La vraie noblesse n'est pas d'avoir un nom à soi, un génie à soi, c'est de participer à la race noble des fils de Dieu, c'est d'être soldat perdu dans l'armée immense qui s'avance à la conquête du parfait.

Transporté dans ces plains champs de l'humanité, que le critique verra avec pitié cette mesquine admiration qui s'attache plutôt à la calligraphie de l'écrivain qu'au génie de celui qui a dicté ! Certes la bonne critique doit faire aux grands hommes une large part. Ils valent dans l'humanité et par l'humanité. Ils sentent clairement et éminemment ce que tout le monde sent vaguement. Ils donnent un langage et une voix à ces instincts muets qui, comprimés dans la foule, être essentiellement bègue, aspirent à s'exprimer, et qui se reconnaissent dans leurs accents : « O poète sublime, lui disent-ils, nous étions muets, et tu nous as donné une voix. Nous nous cherchions et tu nous a révélés à nous-mêmes. » Admirable dialogue de l'homme de génie et de la foule ! La foule lui prête la grande matière; l'homme de génie l'exprime, et en lui donnant la forme la fait être : alors la foule, qui sent, mais ne sait point parler, se reconnait et s'exclame. On dirait un de ces chœurs de musique dialoguée, où tantôt un seul, tantôt plusieurs s'alternent et se répondent. Maintenant c'est la voix solitaire, fluette et prolongée, qui roule et s'infiltre en sons pénétrants et doux. Puis c'est la grande explosion, en apparence discordante, mais puissante en effet, où la petite voix se continue encore, absorbée désormais dans le grand concert, qui à son tour la dépasse et l'entraîne. Les grands hommes peuvent deviner par avance ce que tous verront bientôt ; ce sont les éclaireurs de la grande armée ; ils peuvent, dans leur marche leste et aventureuse, reconnaître avant elle les plaines riantes et les pics élevés. Mais au fond, c'est l'armée qui les a portés où ils sont et qui les pousse en avant: c'est l'armée qui les soutient et leur donne la confiance; c'est l'armée qui en eux se devance elle-même, et la conquête n'est faite que quand le grand corps, dans sa marche plus lente mais plus assurée, vient creuser de ses millions de pas le sentier qu'ils ont à peine effleuré, et camper avec ses lourdes masses sur le sol où ils avaient d'abord paru en téméraires aventuriers.

Combien de fois d'ailleurs les grands hommes sont faits à la lettre par l'humanité, qui, éliminant de leur vie toute tache et toute vulgarité, les idéalise et les consacre comme des statues échelonnées dans sa marche pour se rappeler ce qu'elle est et s'enthousiasmer de sa propre image. Heureux ceux que la légende soustrait ainsi à la critique! Hélas! il est bien à croire que si nous les touchions, nous trouverions aussi à leurs pieds quelque peu de limon terrestre. Presque toujours, l'admirable, le céleste, le divin, reviennent de droit à l'humanité. En général, la bonne critique doit se défier des individus et se garder de leur faire une trop grande part. C'est la masse qui crée; car la masse possède éminemment, et avec un degré de spontanéité mille fois supérieur, les instincts moraux de la nature humaine. La beauté de Béatrix appartient à Dante, et non à Béatrix; la beauté de Krischna appartient au génie indien, et non à Krischna; la beauté de Jésus et Marie appartient au christianisme, et non à Jésus et Marie. Sans doute, ce n'est pas le hasard qui a désigné tel individu pour l'idéalisation. Mais il est des cas où la trame de l'humanité couvre entièrement la réalité primitive. Sous ce travail puissant, transformée par cette énergie plastique, la plus laide chenille pourra devenir le plus idéal papillon.

Ce travail de la foule est un élément trop négligé dans

l'histoire de la philosophie. On croit avoir tout dit en opposant quelques noms propres. Mais la façon dont le peuple prenait la vie, le système intellectuel sur lequel le temps se reposait, on ne s'en occupe pas, et là pourtant est le grand principe moteur. L'histoire de l'esprit humain est faite en général d'une manière beaucoup trop individuelle. C'est comme une scène de théâtre, qui se passe sur une place publique, et où l'on ne voit que deux ou trois personnes. Telle histoire de la philosophie allemande se croit complète en consacrant des articles séparés à Kant, Fichte, Schelling, Hegel, Hamann, Herder, Jacobi, Herbart. Mais le grand entourage de l'humanité, où est-il ? Ce serait sur ce fond permanent qu'il faudrait faire jouer les individus. L'histoire de la philosophie, en un mot, devrait être l'histoire des pensées de l'humanité. Il y a dans les idées courantes d'un peuple et d'une époque une philosophie et une littérature non écrites, qu'il faudrait faire entrer en ligne de compte. On se figure qu'un peuple n'a de littérature que quand il a des monuments définis et arrêtés. Mais les vraies productions littéraires des peuples enfants, ce sont des idées mythiques non rédigées (l'idée d'une rédaction régulière et les facultés que suppose un tel travail n'apparaissent chez un peuple qu'à un degré de réflexion assez avancé), idées courant sur toute la nation, descendant la tradition par mille voies secrètes, et auxquelles chacun donne une forme à sa guise. On serait tenté de croire, au premier coup d'œil, que les peuples bretons n'ont pas de littérature, parce qu'il serait difficile de fournir un catalogue étendu de livres bretons réellement anciens et originaux. Mais ils ont en effet toute une littérature traditionnelle dans leurs légendes, leurs contes, leurs imaginations mythologiques, leurs cultes superstitieux, leurs poèmes flottants çà et là. Il en était de même de la plupart de nos légendes héroïques, avant que, répudiées par la partie cultivée de la nation, elles fussent allées s'encanailler dans la *Bibliothèque bleue*.

Quand on entre au Louvre dans les salles du musée espagnol, il y a plaisir sans doute à admirer de près tel tableau de Murillo et de Ribeira. Mais il y a quelque chose de bien plus beau encore, c'est l'impression qui résulte de ces salles, de la pose ordinaire des personnages, du style général des tableaux, du coloris dominant. Pas une nudité, pas un sourire. C'est l'Espagne, qui vit là tout entière. La grande critique devrait consister ainsi à saisir la physionomie de chaque portion de l'humanité. Louer ceci, blâmer cela, est d'une petite méthode. Il faut prendre l'œuvre pour ce qu'elle est, parfaite dans son ordre, représentant éminemment ce qu'elle représente, et ne pas lui reprocher ce qu'elle n'a pas. L'idée de *faute* est déplacée en critique littéraire, excepté quand il s'agit de littératures tout à fait artificielles, comme la littérature latine de la décadence. Tout n'est pas égal sans doute; mais une pièce est en général ce qu'elle peut être. Il faut la placer plus ou moins haut dans l'échelle de l'idéal, mais ne pas blâmer l'auteur d'avoir pris la chose sur tel ton et par conséquent de s'être refusé tel ordre de beautés. C'est le point de vue d'où chaque œuvre est conçue qui peut être critiqué, bien plutôt que l'œuvre elle-même; car tous ses grands auteurs sont parfaits à leur point de vue, et les critiques qu'on leur adresse ne vont d'ordinaire qu'à leur reprocher de n'avoir pas été ce qu'ils n'étaient pas.

J'ai trop répété peut-être, et pourtant je veux répéter encore qu'il y a une science de l'humanité, qui aurait bien, j'espère, autant de droits à s'appeler philosophie que la science des individus, science qui n'est possible que par la trituration érudite des œuvres de l'humanité. Il ne faut pas chercher d'autre sens à tant d'études dont le passé est l'objet. Pourquoi consacrer la plus noble intelligence à traduire le Bhagavata-Pourana, à commenter le Yaçua? Celui qui l'a fait si doctement vous répondra : « Analyser les œuvres de la pensée humaine, en assignant à chacune son caractère essentiel, découvrir les analogies qui les rapprochent les unes des autres, et chercher la raison de ces analogies dans la nature même de l'intelligence, qui, sans rien perdre de son unité indivisible, se multiplie par les productions si variées de la science et de l'art, tel est le problème que le génie des philosophes de tous les temps s'est attaché à résoudre, depuis le jour où la Grèce a donné à l'homme les deux puissants leviers de l'analyse et de l'*observation* (92). » L'érudition ne vaut que par là. Personne n'est tenté de lui attribuer une utilité pratique; la pure curiosité d'ailleurs ne suffirait pas pour l'ennoblir. Il ne reste donc qu'à y voir la condition de la science de l'esprit humain, *la science des produits de l'esprit humain.*

Le vulgaire et le savant admirent également une belle fleur : mais ils n'y admirent pas les mêmes choses. Le vulgaire ne voit que de vives couleurs et des formes élégantes. Le savant remarque à peine ces superficielles beautés, tant il est ravi des merveilles de la vie intime et de ses mystères. Ce n'est pas précisément la fleur qu'il admire, c'est la vie, c'est la force universelle qui s'épanouit en elle sous une de ses formes. La critique a admiré jusqu'ici les chefs-d'œuvre des littératures, comme nous admirons les belles formes du corps humain. La critique de l'avenir les admirera comme l'anatomiste, qui perce ces beautés sensibles pour trouver au delà, dans les secrets de l'organisation, un ordre de beautés mille fois supérieur. Un cadavre disséqué est en un sens horrible; et pourtant l'œil de la science y découvre un monde de merveilles.

Selon cette manière de voir, les littératures les plus excentriques, celles qui jugées d'après nos idées auraient le moins de valeur, celles qui nous transportent le plus loin de l'actuel, sont les plus importantes. L'anatomie comparée tire bien plus de résultats de l'observation des animaux inférieurs que de l'observation des espèces supérieures. Cuvier aurait pu disséquer durant toute sa vie des animaux domestiques sans soupçonner les hauts problèmes que lui a révélés l'étude des mollusques et des annélides. Ainsi ceux qui ne s'occupent que des littératures régulières, qui sont dans l'ordre des productions de l'esprit ce que les grands animaux classiques sont dans l'échelle animale, ne sauraient arriver à concevoir largement la science de l'esprit humain (93). Ils ne voient que le côté littéraire et esthétique; bien plus, ils ne peuvent le comprendre grandement et profondément. Car ils ne voient pas la force divine qui végète dans toutes les créations de l'esprit humain. Aussi que sont les ouvrages de littérature en France? D'élégantes et fines causeries morales, jamais des œuvres majestueuses et scientifiques. Aucun problème n'est posé; la grande cause n'est jamais aperçue. On fait la science des littératures comme ferait de la botanique un fleuriste amateur qui se contenterait de caresser et d'admirer les pétales de chaque fleur. La belle et grande critique, au contraire, ne craint pas d'arracher la fleur pour étudier ses racines, compter ses étamines, analyser ses tissus. Et ne croyez pas que pour cela elle renonce à la haute admiration. Elle seule, au contraire, a le droit d'admirer; seule elle est sûre de ne pas admirer des bévues, des fautes de copistes; seule elle sait la réalité, et la réalité seule est admirable. Ce sera notre manière, à nous autres de la deuxième moitié du XIXe siècle. Nous n'aurons pas la finesse de ces maîtres atticistes, leur ravissante causerie, leurs spirituels demi-mots. Mais nous aurons la vue dogmatique de la nature humaine, nous plongerons dans l'Océan au lieu de nous baigner agréablement sur ses bords, et nous en rapporterons les perles primitives. Tout ce qui est œuvre de l'esprit humain est divin, et d'autant plus divin qu'il est plus primitif. M. Villemain appelait, dit-on, M. Fauriel un *athée en littérature*. Il fallait dire un *panthéiste*, ce qui n'est pas la même chose.

XI

C'est donc comme une *science* ayant un objet distinct, savoir l'esprit humain, que l'on doit envisager la philologie ou l'étude des littératures anciennes. Les considérer seulement comme un moyen de culture intellectuelle et d'éducation, c'est, à mon sens, leur enlever leur dignité véritable. Se borner à considérer leur influence sur la production littéraire contemporaine, c'est se placer à un point de vue plus étroit encore. Dans un remarquable discours prononcé au Congrès des philologues allemands à Bonn, en 1841, M. Welcker, en essayant de définir l'acception de la philologie *(Über die Bedeutung der Philologie)*, l'envisagea presque exclusivement de cette manière (94). La philologie aux yeux de M. Welcker est la science des littératures classiques, c'est-à-dire des littératures modèles, qui, nous offrant le type général de l'humanité, doivent convenir à tous les peuples et servir également à leur éducation. M. Welcker estime surtout l'étude de l'antiquité par l'influence heureuse qu'elle peut exercer sur la littérature et l'éducation esthétique des nations modernes. Les anciens sont beaucoup plus pour lui des modèles et des objets d'admiration que des objets de science. Ce n'est pas néanmoins à une imitation servile que M. Welcker nous invite. Ce qu'il demande, c'est une influence intime et secrète, analogue à celle de l'électricité, qui, sans rien communiquer d'elle-même, développe sur les autres corps un état semblable ; ce qu'il blâme, c'est la tentative de ceux qui veulent trouver chez les modernes la matière suffisante d'une éducation esthétique et morale. M. Welcker n'envisage donc la philologie qu'au point de vue de l'humaniste, et non au point de vue du savant. Pour nous, il nous semble que l'on place la philologie dans une sphère beaucoup plus élevée et plus sûre, en lui donnant une valeur scientifique et philosophique pour l'histoire de l'esprit humain, qu'en la réduisant à n'être qu'un moyen d'éducation et de culture littéraire. Si les nations modernes pouvaient trouver en elles-mêmes un levain intellectuel suffisant, une source vive et première d'inspirations originales, il faudrait bien se garder de troubler par le mélange de l'antique cette veine de production nouvelle. Les tons en littérature sont d'autant plus beaux qu'ils sont plus vrais et plus purs ; à l'érudit, au critique appartiennent l'universalité et l'intelligence des formes les plus diverses ; au contraire une note étrangère ne pourra qu'inquiéter et troubler le poëte original et créateur. Mais lors même que les temps modernes trouveraient une poésie et une philosophie qui les représentent avec autant de vérité qu'Homère et Platon représentaient la Grèce de leur temps, alors encore l'étude de l'antiquité aurait sa valeur au point de vue de la science. D'ailleurs les considérations de M. Welcker ne suffiraient pas pour faire l'apologie de toutes les études philologiques. Si on ne cultive les littératures anciennes que pour y chercher des modèles, à quoi bon cultiver celles qui, tout en ayant leurs beautés originales, ne sont point imitables pour nous ? Il faudrait se borner à l'antiquité grecque et latine, et même dans ces limites l'étude des chefs-d'œuvre seule aurait du prix. Or, les littératures de l'Orient, que M. Welcker traite avec beaucoup de mépris, et les œuvres de second ordre des littératures classiques, si elles servent moins à former le goût, offrent quelquefois plus d'intérêt philosophique et nous en apprennent plus sur l'histoire de l'esprit humain, que les monuments accomplis des époques de perfection.

Le fait des langues classiques n'a d'ailleurs rien d'absolu. Les littératures grecque et latine sont classiques par rapport à nous, non pas parce qu'elles sont les plus excellentes des littératures, mais parce qu'elles nous sont imposées par l'histoire. Ce fait d'une langue ancienne, choisie pour servir de base à l'éducation et concentrant autour d'elle les efforts littéraires d'une nation qui s'est depuis longtemps formé un nouvel idiome, n'est pas, comme on voudrait trop souvent le faire croire, l'effet d'un choix arbitraire, mais bien une des lois les plus générales de l'histoire des langues, loi qui ne tient en rien au caprice ou aux opinions littéraires de telle ou telle époque. C'est, en effet, mal comprendre le rôle et la nature des langues classiques que de donner à cette dénomination un sens absolu, et de la restreindre à un ou deux idiomes, comme si c'était par un privilège essentiel et résultant de leur nature qu'ils fussent prédestinés à être l'instrument d'éducation de tous les peuples. Leur existence est un fait universel de linguistique, et leur choix, de même qu'il n'a rien d'absolu pour tous les peuples, n'a rien d'arbitraire pour chacun d'eux.

L'histoire générale des langues a depuis longtemps amené à constater ce fait remarquable que, dans tous les pays où s'est produit quelque mouvement intellectuel, deux couches de langues se sont déjà superposées, non pas en se chassant brusquement l'une l'autre, mais la seconde sortant par d'insensibles transformations de la poussière de la première. Partout une langue ancienne a fait place à un idiome vulgaire, qui ne constitue pas à vrai dire une langue différente, mais plutôt un âge différent de celle qui l'a précédé ; celle-ci plus savante, plus synthétique, chargée de flexions qui expriment les rapports les plus délicats de la pensée, plus riche même dans son ordre d'idées, bien que cet ordre d'idées fût comparativement plus restreint ; image en un mot de la spontanéité primitive, où l'esprit confondait les éléments dans une obscure unité, et perdait dans le tout la vue analytique des parties ; le dialecte moderne, au contraire, correspondant à un progrès d'analyse, plus clair, plus explicite, séparant ce que les anciens assemblaient, brisant les mécanismes de l'ancienne langue pour donner à chaque idée et à chaque relation son expression isolée.

Il serait possible, en prenant l'une après l'autre les langues de tous les pays où l'humanité a une histoire, d'y vérifier cette marche, qui est la marche même de l'esprit humain. Dans l'Inde, c'est le sanskrit, avec son admirable richesse de formes grammaticales, ses huit cas, ses six modes, ses désinences nombreuses, sa phrase implexe et si puissamment nouée, qui, en s'altérant, produit le pali, le prakrit et le kawi, dialectes moins riches, plus simples et plus clairs, qui s'analysent à leur tour en dialectes plus populaires encore, l'hindoui, le bengali, le mahratte et les autres idiomes vulgaires de l'Indoustan, et deviennent à leur tour langues mortes, savantes et sacrées : le pali dans l'île de Ceylan et l'Indo-Chine, le prakrit chez les Djaïnas, le kawi dans les îles de Java, Bali et Madoura. Dans la région de l'Inde au Caucase, le zend, avec ses mots longs et compliqués, son manque de prépositions et sa manière d'y suppléer au moyen de cas formés par flexion, le perse des inscriptions cunéiformes, si parfait de structure, sont remplacés par le persan moderne, presque aussi décrépit que l'anglais, arrivé au dernier terme de l'érosion. Dans la région du Caucase, l'arménien et le géorgien modernes succèdent à l'arménien et au géorgien antiques. En Europe, l'ancien slavon, le tudesque, le gothique, le normannique se retrouvent au-dessous des idiomes slaves et germaniques. Enfin c'est de l'analyse du grec et du latin, soumis au travail de décomposition des siècles barbares, que sortent le grec moderne et les langues néo-latines. — Les langues sémitiques, quoique bien moins vivantes que les langues indo-germaniques, ont suivi une marche analogue. L'hébreu, leur type le plus ancien, disparaît à une époque reculée, pour laisser dominer seuls le chaldéen, le samaritain, le syriaque, dialectes plus analysés, plus longs, plus clairs aussi quelquefois, lesquels vont à leur tour successivement s'absorber dans l'arabe. Mais l'arabe, trop savant à son tour pour l'usage vulgaire d'étrangers, qui ne peuvent observer ses flexions délicates et variées, voit le solécisme devenir de droit commun, et ainsi, à côté de la langue littérale, qui devient le partage exclusif des écoles, l'arabe vulgaire d'un système plus simple et moins riche en formes grammaticales. Les langues de l'ouest et du centre de l'Asie présenteraient plusieurs phénomènes analogues dans la superposition du chinois ancien et du chinois moderne, du tibétain ancien et du tibétain moderne ; et les langues malaises, dans cette langue ancienne à laquelle Marsden et Crawfurd ont donné le nom de grand polynésien, qui fut la langue de la civilisation de Java, et que Balbi appelle le sanskrit de l'Océanie.

Mais que devient la langue ancienne ainsi expulsée de l'usage vulgaire par le nouvel idiome ? Son rôle, pour être changé, n'en est pas moins remarquable. Si elle cesse d'être l'intermédiaire du commerce habituel de la vie, elle devient la langue savante et presque toujours la langue sacrée du peuple qui l'a décomposée. Fixée d'ordinaire dans une littérature antique, dépositaire des traditions religieuses et nationales, elle reste le partage des savants, la langue des choses de l'esprit, et il faut d'ordinaire des siècles avant que l'idiome moderne ose à son tour sortir de la vie vulgaire, pour se risquer dans l'ordre des choses intellectuelles Elle devient en un mot classique, sacrée, liturgique, termes corrélatifs suivant les divers pays où le fait se vérifie, et désignant des emplois qui ne vont pas d'ordinaire l'un sans l'autre. Chez les nations orientales, par exemple, où le livre antique ne tarde jamais à devenir sacré, c'est toujours à la garde de cette langue savante, obscure, à peine connue, que sont confiés les dogmes religieux et la liturgie.

C'est donc un fait général de l'histoire des langues que chaque peuple trouve sa langue classique dans les conditions mêmes de son histoire, et que ce choix n'a rien d'arbitraire. C'est un fait encore que, chez les nations peu avancées, tout l'ordre intellectuel est confié à cette langue, et que, chez les peuples où une activité intellectuelle plus énergique s'est créé un nouvel instrument mieux adapté à ses besoins, la langue antique conserve un rôle grave et religieux, celui de faire l'éducation de la pensée et de l'initier aux choses de l'esprit.

La langue moderne, en effet, étant toute composée de débris de l'ancienne, il est impossible de la posséder d'une manière scientifique, à moins de rapporter ces fragments à l'édifice primitif, où chacun d'eux avait sa valeur véritable. L'expérience prouve combien est imparfaite la connaissance des langues modernes chez ceux qui n'y donnent point pour base la connaissance de la langue antique dont chaque idiome moderne est sorti. Le secret des mécanismes grammaticaux, des étymologies, et par conséquent de l'orthographe, étant tout entier dans le dialecte ancien, la raison logique des règles de la grammaire est insaisissable pour ceux qui considèrent ces règles isolément et indépendamment de leur origine. La routine est alors le seul procédé possible, comme toutes les fois que la connaissance pratique est recherchée à l'exclusion de la raison théorique. On sait sa langue comme l'ouvrier qui emploie les procédés de la géométrie sans les comprendre sait la géométrie. Formée, d'ailleurs, par dissolution, la langue moderne ne saurait donner quelque vie aux lambeaux qu'elle essaie d'assimiler, sans revenir à l'ancienne synthèse pour y chercher le cachet qui doit imprimer à ces éléments épars une nouvelle unité. De là son incapacité à se constituer par elle-même en langue littéraire, et l'utilité de ces hommes qui durent, à certaines époques, faire son éducation par l'antique et présider, si on peut le dire, à ses humanités. Sans cette opération nécessaire, la langue vulgaire reste toujours ce qu'elle fut à l'origine, un jargon populaire, né de l'incapacité de synthèse et inapplicable aux choses intellectuelles. Non que la synthèse soit pour nous à regretter. L'analyse est quelque chose de plus avancé, et correspond à un état plus scientifique de l'esprit humain. Mais, seule, elle ne saurait rien créer. Habile à décomposer et à mettre à nu les ressorts secrets du langage, elle est impuissante à reconstruire l'ensemble qu'elle a détruit, si elle ne recourt pour cela à l'ancien système, et ne puise dans le commerce avec l'antiquité l'esprit d'ensemble et d'organisation savante. Telle est la loi qu'ont suivie dans leur développement toutes les langues modernes. Or, les procédés par lesquels la langue vulgaire s'est élevée à la dignité de langue littéraire sont ceux-là mêmes par lesquels on peut en acquérir la parfaite intelligence. Le modèle de l'éducation philologique est tracé dans chaque pays par l'éducation qu'a subie la langue vulgaire pour arriver à son ennoblissement.

L'utilité historique de l'étude de la langue ancienne ne le cède point à son utilité philologique et littéraire. Le livre sacré pour les nations antiques était le dépositaire de tous les souvenirs nationaux; chacun devait y recourir pour y trouver sa généalogie, la raison de tous les actes de la vie civile, politique, religieuse. Les langues classiques sont, à beaucoup d'égards, le livre sacré des modernes. Là sont les racines de la nation, ses titres, la raison de ses mots et par conséquent de ses institutions. Sans elle, une foule de choses restent inintelligibles et historiquement inexplicables. Chaque idée moderne est entée sur une tige antique; tout développement actuel sort d'un précédent. Prendre l'humanité à un point isolé de son existence, c'est se condamner à ne jamais la comprendre; elle n'a de sens que dans son ensemble. Là est le prix de l'érudition, créant de nouveau le passé, explorant toutes les parties de l'humanité; qu'elle en ait ou non la conscience, l'érudition prépare la base nécessaire de la philosophie.

L'éducation, plus modeste, obligée de se borner et ne pouvant embrasser tout le passé, s'attache à la portion de l'antiquité qui, relativement à chaque nation, est classique. Or, ce choix, qui ne peut jamais être douteux, l'est pour nous moins que pour tout autre peuple. Notre civilisation, nos institutions, nos langues sont construites avec des éléments grecs et latins. Donc le grec et le latin, qu'on le veuille ou qu'on ne le veuille pas, nous sont imposés par les faits. Nulle loi, nul règlement ne leur a donné, ne leur ôtera ce caractère qu'ils tiennent de l'histoire. De même que l'éducation chez les Chinois et les Arabes ne sera jamais d'apprendre l'arabe ou le chinois vulgaire, mais sera toujours d'apprendre l'arabe ou le chinois littéral; de même que la Grèce moderne ne reprend quelque vie littéraire que par l'étude du grec antique; de même l'étude de nos langues classiques, inséparables l'une de l'autre, sera toujours chez nous, par la force des choses, la base de l'éducation. Que d'autres peuples, même européens, les nations slaves par exemple, les peuples germaniques eux-mêmes, bien que constitués plus tard dans des rapports si étroits avec le latinisme, cherchent ailleurs leur éducation, ils pourront s'interdire une admirable source de beauté et de vérité; au moins ne se priveront-ils pas du commerce direct avec leurs ancêtres; mais, pour nous, ce serait renier nos origines, ce serait rompre avec nos pères. L'éducation philologique ne saurait consister à apprendre la langue moderne, l'éducation morale et politique, à se nourrir exclusivement des idées et des institutions actuelles; il faut remonter à la source et se mettre da'bord sur la voie du passé, pour arriver par la même route que l'humanité à la pleine intelligence du présent.

XII

A mes yeux, le seul moyen de faire l'apologie des sciences philologiques, et en général de l'érudition, est donc de les grouper en un ensemble, auquel on donnerait le nom de *sciences de l'humanité*, par opposition aux *sciences de la nature*. Sans cela, la philologie n'a pas d'objet, et elle prête à toutes les objections que l'on dirige si souvent contre elle.

L'humilité des moyens qu'elle emploie pour atteindre son but ne saurait être un reproche. Cuvier disséquant des limaçons aurait provoqué le sourire des esprits légers, qui ne comprennent pas les procédés de la science. Le chimiste manipulant ses appareils ressemble fort à un manœuvre ; et pourtant il fait l'œuvre la plus libérale de toutes : la recherche de ce qui est. M. de Maistre peint quelque part la science moderne « les bras chargés de livres et d'instruments de toute espèce, pâle de veilles et de travaux, se traînant souillée d'encre et toute pantelante sur le chemin de la vérité, en baissant vers la terre son front sillonné d'algèbre. » Un grand seigneur, comme M. de Maistre, devait se trouver en effet humilié d'aussi pénibles investigations, et la vérité était bien irrévérencieuse de se rendre pour lui si difficile. Il devait préférer la méthode plus commode de la « science orientale, libre, isolée, volant plus qu'elle ne marche, présentant dans toute sa personne quelque chose d'aérien et de surnaturel, livrant au vent ses cheveux qui s'échappent d'une mitre orientale, son pied dédaigneux ne semblant toucher la terre que pour la quitter. » C'est le caractère et la gloire de la science moderne d'arriver aux plus hauts résultats par la plus scrupuleuse expérimentation, et d'atteindre les lois les plus élevées de la nature, la main posée sur ses appareils. Elle laisse au vieil *a priori* le chimérique honneur de ne chercher qu'en lui-même son point d'appui ; elle se fait gloire de n'être que l'écho des faits, et de ne mêler en rien son invention propre dans ses découvertes.

Les plus humbles procédés se trouvent ainsi ennoblis par leurs résultats. Les lois les plus élevées des sciences physiques ont été constatées par des manipulations fort peu différentes de celles de l'artisan. Si les plus hautes vérités peuvent sortir de l'alambic et du creuset, pourquoi ne pourraient-elles résulter également de l'étude des restes poudreux du passé? Le philosophe sera-t-il plus déshonoré en travaillant sur des mots et des syllabes que le chimiste en travaillant dans son laboratoire?

Le peu de résultats qu'auront amené certaines branches des études philologiques ne sera même pas une objection contre elles. Car, en abordant un ordre de recherches, on ne peut deviner par avance ce qui en sortira, pas plus qu'on ne sait au juste, en creusant une mine, les richesses qu'on y trouvera. Les veines du métal précieux ne se laissent pas deviner. Peut-être marche-t-on à la découverte d'un monde nouveau ; peut-être aussi les laborieuses investigations auxquelles on se livre n'amèneront-elles d'autre résultat que de savoir qu'il n'y a rien à en tirer. Et ne dites pas que celui qui sera arrivé à ce résultat tout négatif aura perdu sa peine. Car, outre qu'il n'y a pas de recherche absolument stérile et qui n'amène directement ou par accident quelque découverte, il épargnera à d'autres les peines inutiles qu'il s'est données. Bien des ordres de recherches resteront ainsi comme des mines exploitées jadis, mais depuis abandonnées, parce qu'elles ne récompensèrent pas assez les travailleurs de leurs fatigues et qu'elles ne laissent plus d'espoir aux explorateurs futurs. Il importe, d'ailleurs, de considérer que les résultats qui paraissent à tel moment les plus insignifiants peuvent devenir les plus importants, par suite de découvertes nouvelles et de rapprochements nouveaux. La science se présente toujours à l'homme comme une terre inconnue ; il aborde souvent d'immenses régions par un coin détourné et qui ne peut donner une idée de l'ensemble. Les premiers navigateurs qui découvrirent l'Amérique étaient loin de soupçonner les formes exactes et les relations véritables des parties de ce nouveau monde,

Était-ce une île isolée, un groupe d'îles, un vaste continent ou le prolongement d'un autre continent ? Les explorations ultérieures pouvaient seules répondre. De même dans la science, les plus importantes découvertes sont souvent abordées d'une manière détournée, oblique, si j'ose le dire. Bien peu de choses ont été tout d'abord prises à plein et par leur milieu. Ce fut par d'informes traductions qu'Anquetil-Duperron aborda la littérature zende, comme au moyen âge, ce fut par des versions arabes très imparfaites que la plupart des auteurs scientifiques de la Grèce arrivèrent d'abord à la connaissance de l'Occident. Le célèbre passage de Clément d'Alexandrie sur les écritures égyptiennes était resté insignifiant, jusqu'au jour où, par suite d'autres découvertes, il devint la clef des études égyptiennes. L'accessoire peut ainsi, par suite d'un changement de point de vue, devenir le principal (95). Les théologiens qui, au moyen âge, occupaient la scène principale sont pour nous des personnages très secondaires. Les rares savants et penseurs, qui, à cette époque, ont cherché par la vraie méthode, alors inaperçus ou persécutés, sont à nos yeux sur le premier plan ; car seuls, ils ont été continués ; seuls ils ont eu de la postérité. Aucune recherche ne doit être condamnée dès l'abord comme inutile ou puérile ; on ne sait ce qui en peut sortir, ni quelle valeur elle peut acquérir d'un point de vue plus avancé.

Les sciences physiques offrent une foule d'exemples de découvertes d'abord isolées, qui restèrent de longues années presque insignifiantes, et n'acquirent de l'importance que longtemps après, par l'accession de faits nouveaux. On a suivi longtemps une voie en apparence inféconde, puis on l'a abandonnée de désespoir, quand tout à coup apparaît une lumière inattendue; sur deux ou trois points à la fois, la découverte éclate, et ce qui, auparavant, n'avait paru qu'un fait isolé et sans portée, devient, dans une combinaison nouvelle, la base de toute une théorie. Rien de plus difficile que de prédire l'importance que l'avenir attachera à tel ordre de faits, les recherches qui seront continuées et celles qui seront abandonnées. L'attraction du succin n'était aux yeux des anciens physiciens qu'un fait curieux, jusqu'au jour où autour de ce premier atome vint se construire toute une science. Il ne faut pas demander, dans l'ordre des investigations scientifiques, l'ordre rigoureux de la logique, pas plus qu'on ne peut demander d'avance au voyageur le plan de ses découvertes. En cherchant une chose, on en trouve une autre; en poursuivant une chimère, on découvre une magnifique réalité. Le hasard, de son côté, vient réclamer sa part. Exploration universelle, battue générale, telle est donc la seule méthode possible. « On doit considérer l'édifice des sciences, disait Cuvier, comme celui de la nature... Chaque fait a une place déterminée et qui ne peut être remplie que par lui seul. » Ce qui n'a pas de valeur en soi-même peut en avoir comme *moyen* nécessaire.

La critique est souvent plus sérieuse que son objet. On peut commenter sérieusement un madrigal ou un roman frivole; d'austères érudits ont consacré leur vie à des productions dont les auteurs ne pensèrent qu'au plaisir. Tout ce qui est du passé est sérieux : un jour Béranger sera objet de science et relèvera de l'Académie des Inscriptions. Molière, si enclin à se moquer des savants en *us*, ne serait-il pas quelque peu surpris de se voir tombé entre leurs mains? Les profanes, et quelquefois même ceux qui s'appellent penseurs, se prennent à rire des minutieuses investigations de l'archéologue sur les débris du passé. De pareilles recherches, si elles avaient leur but en elles-mêmes, ne seraient sans doute que des fantaisies d'amateurs plus ou moins intéressantes ; mais elles deviennent scientifiques, et en un sens sacrées, si on les rapporte à la connaissance de l'antiquité, qui n'est possible que par la connaissance des monuments. Il est une foule d'études qui n'ont ainsi de valeur qu'en vue d'un but ultérieur. Il serait peut-être assez difficile de trouver quelque philosophie dans la théorie de l'accentuation grecque : est-ce une raison pour la déclarer inutile ? Non certes, car sans elle, la connaissance approfondie de la langue grecque est impossible. Un tel système d'exclusion mènerait à renouveler le spirituel raisonnement par lequel, dans le conte de Voltaire, on réussit à simplifier si fort l'éducation de Jeannot.

Que de travaux d'ailleurs qui, bien que n'ayant aucune valeur absolue, ont eu, de leur temps, et par suite des préjugés établis, une sérieuse importance ! L'*Apologie* de Naudé *pour les grands hommes faussement soupçonnés de magie* ne nous apprend pas grand'chose, et cependant put de son temps exercer une véritable influence. Combien de livres de notre siècle seront jugés de même par l'avenir ! Les écrits destinés à combattre une erreur disparaissent avec l'erreur qu'ils ont combattue. Quand un résultat est acquis, on ne se figure pas ce qu'il a coûté de peine. Il a fallu un génie pour conquérir ce qui devient ensuite le domaine d'un enfant.

Les recherches relatives aux écritures cunéiformes, qui forment un des objets les plus importants des études orientales dans l'état actuel de la science, offrent un des plus curieux exemples d'études dignes d'être poursuivies avec le plus grand zèle, malgré l'incertitude des résultats auxquels elles amèneront. Je ne parle pas des inscriptions persanes, qui sont toutes expliquées ; je parle seulement des inscriptions médiques, assyriennes et babyloniennes, que ceux mêmes qui y ont consacré de laborieuses heures reconnaissent indéchiffrées. Jusqu'à quel point résisteront-elles toujours aux doctes attaques des savants, il est impossible de le dire. Mais en prenant l'hypothèse la plus défavorable, en supposant qu'elles restent à jamais une énigme, ceux qui y auront consacré leurs labeurs n'auront pas moins mérité de la science que si, comme Champollion, ils eussent restauré tout un monde ; car même dans le cas où cet heureux résultat ne se serait pas réalisé, le succès n'était pas à la rigueur impossible, et il n'y avait pas moyen de le savoir, si on ne l'eût essayé.

Dans l'état actuel de la science, il n'y a pas de travail plus urgent qu'un catalogue critique des manuscrits des diverses bibliothèques. Ceux qui se sont occupés de ces recherches savent combien ils sont tous insuffisants pour donner une idée exacte du contenu du manuscrit, combien ceux de la Bibliothèque nationale, par exemple, fourmillent de fautes et de lacunes. Voilà en apparence une besogne bien humble, et à laquelle suffirait le dernier élève de l'École des Chartes. Détrompez-vous. Il n'y a pas de travail qui exige un savoir plus étendu, et toutes nos sommités scientifiques, examinant les manuscrits dans le cercle le plus borné de leur compétence, suffiraient à peine à le faire d'une manière irréprochable. Et pourtant les recherches érudites seront entravées et incomplètes, jusqu'à ce que ce travail soit fait d'une manière définitive.

De l'aveu même des Israélites, la littérature talmudico-rabbinique ne sera plus étudiée de personne dans un siècle. Quand ces livres n'auront plus d'intérêt religieux, nul n'aura le courage d'aborder ce chaos. Et pourtant il y a là des trésors pour la critique et l'histoire de l'esprit humain. Ne serait-il pas urgent de mettre à profit les cinq ou six hommes de la génération actuelle qui seuls seraient compétents pour mettre en lumière ces précieux documents ? Je vous affirme que les quelques cent mille francs qu'un ministre de l'instruction publique y affecterait seraient mieux employés que les trois quarts de ceux que l'on consacre aux lettres. Mais ce ministre-là devrait aussi se cuirasser d'avance contre les épigrammes des badauds et même des gens de lettres, qui n'imagineraient pas comment on peut employer à de pareilles sottises l'argent des contribuables.

C'est la loi de la science comme de toutes les œuvres humaines de s'esquisser largement et avec un grand entourage de superflu. L'humanité ne s'assimile définitivement qu'un bien petit nombre des éléments dont elle fait sa nourriture. Les parties qui se sont trouvées éliminées ont-elles été inutiles et n'ont-elles joué aucun rôle dans l'acte de sa nutrition ? Non certes ; elles ont servi à faire passer le reste ; elles étaient tellement unies à la portion nutritive que celle-ci n'aurait pu sans superflu être prise ni digérée. Ouvrez un recueil d'épigraphie antique. Sur cent inscriptions, une ou deux peut-être offrent un véritable intérêt. Mais si on n'avait déchiffré les autres, comment aurait-on su que parmi elles il n'y en avait pas de plus importantes encore ? Ce n'est pas même un luxe superflu d'avoir publié celles qui semblent inutiles, car il se peut faire que telle qui nous paraît maintenant insignifiante devienne capitale dans une série de recherches que nous ne pouvons prévoir.

Le dessin général des formes de l'humanité ressemble à ces colossales figures destinées à être vues de loin, et où chaque ligne n'est point accusée avec la netteté que présente une statue ou d'un tableau. Les formes y sont largement plâtrées, il y a du trop, et si l'on voulait réduire le dessin au strict nécessaire, il y aurait beaucoup à retrancher. En histoire, le trait est grossier; chaque linéament, au lieu d'être représenté par un individu ou par un petit nombre d'hommes, l'est par de grandes masses, par une nation, par une philosophie, par une forme religieuse. Sur les monuments de Persépolis, on voit les différentes nations tributaires du roi de Perse représentées par un individu portant le costume et tenant entre ses mains les productions de son pays, pour en faire hommage au suzerain. Voilà l'humanité : chaque nation, chaque forme intellectuelle, religieuse, morale, laisse après elle un court résumé, qui en est comme l'extrait et la quintessence et qui se réduit souvent à un seul mot. Ce type abrégé et expressif demeure pour représenter les millions d'hommes à jamais obscurs qui ont vécu et sont morts pour se grouper sous ce signe. Grèce, Perse, Inde, judaïsme, islamisme, stoïcisme, mysticisme, toutes ces formes étaient nécessaires pour que la grande figure fût complète; or, pour qu'elles fussent dignement représentées, il ne suffisait pas de quelques individus, il fallait d'énormes masses. La peinture par masses est le grand procédé de la Providence. Il y a une merveilleuse grandeur et une profonde philosophie dans la manière dont les anciens Hébreux concevaient le gouvernement de Dieu, traitant les nations comme des individus établissant entre tous les membres d'une communauté une parfaite solidarité, et appliquant avec un majestueux à-peu-près sa justice distributive. Dieu ne se propose que le grand dessin général. Chaque être trouve ensuite en lui des instincts qui lui rendent son rôle aussi doux que possible. C'est une pensée d'une effroyable tristesse que le peu de traces que laissent après eux les hommes, ceux-là même qui semblent jouer un rôle principal. Et quand on pense que des millions de millions d'êtres sont nés et sont morts de la sorte, sans qu'il en reste de souvenir, on éprouve le même effroi qu'en présence du néant ou de l'infini. Songez donc à ces misérables existences à peine caractérisées qui, chez les sauvages, apparaissent et disparaissent comme les vagues images d'un rêve. Songez aux innombrables générations qui se sont entassées dans les cimetières de nos campagnes. Mortes, mortes à jamais?... Non, elles vivent dans l'humanité; elles ont servi à bâtir la grande Babel qui monte vers le ciel, et où chaque assise est un peuple.

Je vais dire le plus ravissant souvenir qui me reste de ma première jeunesse; je verse presque des larmes en y songeant. Un jour, ma mère et moi, en faisant un petit voyage à travers ces sentiers pierreux des côtes de Bretagne qui laissent à tous ceux qui les ont foulés de si doux souvenirs, nous arrivâmes à une église de hameau, entourée, selon l'usage, du cimetière, et nous nous y reposâmes. Les murs de l'église en granit à peine équarri et couvert de mousse, les maisons d'alentour construites de blocs primitifs, les tombes serrées, les croix renversées et effacées, les têtes nombreuses rangées sur les étages de la maisonnette qui sert d'ossuaire (96), attestaient que depuis les plus anciens jours où les saints de Bretagne avaient paru sur ces flots, on avait enterré en ce lieu. Ce jour-là, j'éprouvai le sentiment de l'immensité de l'oubli et du vaste silence où s'engloutit la vie humaine avec un effroi que je ressens encore, et qui est resté un des éléments de ma vie morale. Parmi tous ces simples qui sont là, à l'ombre de ces vieux arbres, pas un, pas un seul ne vivra dans l'avenir. Pas un seul n'a inséré son action dans le grand mouvement des choses ; pas un seul ne comptera dans la statistique définitive de ceux qui ont poussé à l'éternelle roue. Je servais alors le Dieu de mon enfance, et un regard élevé vers la croix de pierre, sur les marches de laquelle nous étions assis, et sur le tabernacle, qu'on voyait à travers les vitraux de l'église, m'expliquait tout cela. Et puis, on voyait à peu de distance la mer, les rochers, les vagues blanchissantes, on respirait ce vent céleste qui, pénétrant jusqu'au fond du cerveau, y éveille je ne sais quelle vague sensation de largeur et de liberté. Et puis ma mère était à mes côtés ; il me semblait que la plus humble vie pouvait refléter le ciel grâce au pur amour et aux affections individuelles. J'estimais heureux ceux qui reposaient en ce lieu. Depuis j'ai transporté ma tente, et je m'explique autrement cette grande nuit. Ils ne sont pas morts ces obscurs enfants du hameau ; car la Bretagne vit encore, et ils ont contribué à faire la Bretagne ; ils n'ont pas eu de rôle dans le grand drame, mais ils ont fait partie de ce vaste chœur, sans lequel le drame serait froid et dépourvu d'acteurs sympathiques. Et quand la Bretagne ne sera plus, la France sera ; et quand la France ne sera plus, l'humanité sera encore, et éternellement l'on dira : Autrefois, il y eut un noble pays, sympathique à toutes les belles choses, dont la destinée fut de souffrir pour l'humanité et de combattre pour elle. Ce jour-là le plus humble paysan qui n'a eu que deux pas à faire de sa cabane au tombeau, vivra comme nous dans ce grand nom immortel (97); il aura fourni sa petite part à cette grande résultante. Et quand l'humanité ne sera plus, Dieu sera, et l'humanité aura contribué à le faire, et dans son vaste sein se retrouvera toute vie, et alors il sera vrai à la lettre que pas un verre d'eau, pas une parole qui aura servi l'œuvre divine du progrès ne sera perdue.

Voilà la loi de l'humanité : vaste prodigalité de l'individu, dédaigneuses agglomérations d'hommes (je me figure le mouleur gâchant largement sa matière et s'inquiétant peu que les trois quarts en tombent à terre); l'immense majorité destinée à faire tapisserie au grand bal mené par la destinée, ou plutôt à figurer dans un de ces personnages multiples que le drame ancien appelait le chœur. Sont-ils inutiles? Non; car ils ont fait figure; sans eux les lignes auraient été maigres et mesquines; ils ont servi à ce que la chose se fît d'une façon luxuriante; ce qui est plus original et plus grand. Telle religieuse qui vit oubliée au fond de son couvent semble bien perdue pour le tableau vivant de l'humanité. Nullement : car elle contribue à esquisser la vie monastique; elle entre comme un atome dans la grande masse de couleur noire nécessaire pour cela. L'humanité n'eût point été complète sans la vie monastique; la vie monastique ne pouvait d'ailleurs être représentée que par un groupe innombrable : donc tous ceux qui sont entrés dans ce groupe, quelque oubliés qu'ils soient, ont eu leur part à la représentation de l'une des formes les plus essentielles de l'humanité. En résumé, il y a deux manières d'agir sur le monde, ou par sa force individuelle, ou par le corps dont on fait partie, par l'ensemble où l'on a sa place. Ici l'action de l'individu paraît voilée; mais en revanche elle est plus puissante, et la part proportionnelle qui en revient à chacun est bien plus forte que s'il était resté isolé. Ces pauvres femmes, séparées, eussent été vulgaires, et n'eussent fait presque aucune figure dans l'humanité ; réunies, elles représentent avec énergie un de ses éléments les plus essentiels du monde, la douce, timide et pensive piété.

Personne n'est donc inutile dans l'humanité. Le sauvage, qui vit à peine la vie humaine, sert du moins comme force perdue. Or, je l'ai déjà dit, il était convenable qu'il y eût surabondance dans le dessin des formes de l'humanité. La croyance à l'immortalité n'implique pas autre chose que cette invincible confiance de l'humanité dans l'avenir. Aucune action ne meurt. Tel insecte qui n'a eu d'autre vocation que de grouper sous une forme vivante un certain nombre de molécules et de manger une feuille a fait une œuvre qui aura des conséquences dans la série éternelle des causes.

La science, comme toutes les autres faces de la vie humaine, doit être représentée de cette large manière. Il ne faut pas que les résultats scientifiques soient maigrement et isolément atteints. Il faut que le résidu final qui restera dans le domaine de l'esprit humain soit extrait d'un vaste amas de choses. De même qu'aucun homme n'est inutile dans l'humanité, de même aucun travailleur n'est inutile dans le champ de la science. Ici, comme partout, il faut qu'il y ait une immense déperdition de force. Quand on songe au vaste engloutissement de travaux et d'activité intellectuelle qui s'est fait, depuis trois siècles et de nos jours, dans les recueils périodiques, les revues, etc., travaux dont il reste souvent si peu de chose, on éprouve le même sentiment qu'en voyant la ronde éternelle des générations s'engloutir dans la tombe, en se tirant par la main.. Mais il faut qu'il en soit ainsi : car, si tout ce qui est dit et trouvé était assimilé du premier coup, ce serait comme si l'homme s'astreignait à ne prendre que du nutritif. Au bout de cent ans, un génie de premier ordre est réduit à deux ou trois pages. Les vingt volumes de ses œuvres complètes restent comme un développement nécessaire de sa pensée fondamentale. Un volume pour une idée ! Le xviii° siècle se résume pour nous en quelques pages exprimant ses tendances générales, son esprit, sa méthode; tout cela est perdu dans des milliers de livres oubliés et criblés d'erreurs grossières. On remplirait la plus vaste bibliothèque des livres qu'a produits telle controverse, celle de la Réforme, celle du jansénisme, celle du thomisme. Toute cette dépense de force intellectuelle n'est pas perdue, si ces controverses ont fourni un atome à l'édifice de la pensée moderne. Une foule d'existences littéraires, en apparence perdues, ont été en effet utiles et nécessaires. Qui songe maintenant à tel grammairien d'Alexandrie, illustre de son temps? Et pourtant il n'est pas mort; car il a servi à esquisser Alexandrie, et Alexandrie demeure un fait immense dans l'histoire de l'humanité.

On ne se fait pas d'idée de la largeur avec laquelle devrait se faire le travail de la science dans l'humanité savamment organisée. Je suppose qu'il fallût mille existences laborieuses pour recueillir toutes les variétés locales de telle légende, de celle du Juif errant par exemple. Il n'est pas bien sûr qu'un tel travail amenât aucun résultat sérieux; n'importe; la simple possibilité d'y trouver quelque fine induction, qui, entrant comme élément dans un ensemble plus vaste, révélât un trait du système des choses suffirait pour hasarder cette dépense. Car rien n'est trop cher quand il s'agit de fournir un atome à la vérité Tous les jours des milliers d'existences ne sont-elles pas perdues, mais ce qui s'appelle absolument perdues, à des arts de luxe, à fournir un aliment au plaisir des oisifs, etc. L'humanité a tant de forces qui dépérissent faute d'emploi et de direction! Ne peut-on pas espérer qu'un jour toute cette énergie négligée ou dépensée en pure perte sera appliquée aux choses sérieuses et aux conquêtes suprasensibles?

On se fait souvent des conceptions très fausses sur la vraie manière de vivre dans l'avenir; on s'imagine que l'immortalité en littérature consiste à *se faire lire* des générations futures. C'est là une illusion à laquelle il faut renoncer. Nous ne serons pas lus de l'avenir, nous le savons, nous nous en réjouissons, et nous en félicitons l'avenir. Mais nous aurons travaillé à avancer la manière d'envisager les choses, nous aurons conduit l'avenir à n'avoir pas besoin de nous lire, nous aurons avancé le jour où la connaissance égalera le monde, et où, le sujet et l'objet étant identifiés, le Dieu sera complet. En hâtant le progrès, nous hâtons notre mort. Nous ne sommes pas des écrivains qu'on étudie pour leur façon de dire et leur touche classique; nous sommes des penseurs, et notre pensée est un *acte scientifique*. Lit-on encore les œuvres de Newton, de Lavoisier, d'Euler? Et pourtant quels noms sont plus acquis à l'immortalité? Leurs livres sont des faits; ils ont eu leur place dans la série du développement de la science; après quoi, leur mission est finie. Le nom seul de l'auteur reste dans les fastes de l'esprit humain comme le nom des politiques et des grands capitaines. Le savant proprement dit ne songe pas à l'immortalité de son livre, mais à l'immortalité de sa découverte. Nous, de même, nous chercherons à enrichir l'esprit humain par nos aperçus, bien plus qu'à faire lire l'expression même de nos pensées. Nous souhaitons que notre nom reste bien plus que notre livre. Notre immortalité consiste à insérer dans le mouvement de l'esprit un élément qui ne périra pas, et en ce sens nous pouvons dire comme autrefois : *Exegi monumentum ære perennius*, puisque un résultat, un acte dans l'humanité est immortel, par la modification qu'il introduit à tout jamais dans la série des choses. Les résultats de tel livre obscur et tombé en poussière durent encore et dureront éternellement. L'histoire littéraire est destinée à remplacer en grande partie la lecture directe des œuvres de l'esprit humain. Qui est-ce qui lit aujourd'hui les œuvres polémiques de Voltaire? Et pourtant quels livres ont jamais exercé une influence plus profonde? La lecture des auteurs du xviie siècle est certes éminemment utile pour faire connaître l'état intellectuel de cette époque. Je regarde pourtant comme à peu près perdu pour l'acquisition des données positives le temps qu'on donne à cette lecture. Il n'y a là rien à apprendre en fait de vues et d'idées philosophiques, et je ne conçois guère, je l'avoue, que le résultat d'une éducation complète soit de savoir par cœur La Bruyère, Massillon, Jean-Baptiste Rousseau, Boileau, qui n'ont plus grand'chose à faire avec nous, et qu'un jeune homme puisse avoir terminé ses classes sans connaître Villemain, Guizot, Thiers, Cousin, Quinet, Michelet, Lamartine, Sainte-Beuve. Nul plus que moi n'admire le xviie siècle à sa place dans l'histoire de l'esprit humain; mais je me révolte dès qu'on veut faire de cette pensée lourde et sans critique le modèle de la beauté absolue. Quel livre, grand Dieu! que *l'Histoire universelle*, objet d'une admiration conventionnelle, œuvre d'un théologien arriéré, pour apprendre à notre jeunesse libérale la philosophie de l'histoire!

La révolution qui a transformé la littérature en journaux ou écrits périodiques, et fait de toute œuvre d'esprit une œuvre actuelle qui sera oubliée dans quelques jours, nous place tout naturellement à ce point de vue. L'œuvre intellectuelle cesse de la sorte d'être un monument pour devenir un fait, un levier d'opinion. Chacun s'attelle au siècle pour le tirer dans sa direction; une fois le mouvement donné, il ne reste que le fait accompli. On conçoit d'après cela un état où écrire ne formerait plus un droit à part, mais où des masses d'hommes ne songeraient qu'à faire entrer dans la circulation telles ou telles idées, sans songer à y mettre l'étiquette de leur personnalité. La production périodique devient déjà chez nous tellement exubérante, que l'oubli s'y exerce sur d'immenses proportions et engloutit les belles choses comme les médiocres. Heureux les classiques, venus à l'époque où l'individualité littéraire était si puissante! Tel discours de nos parlements vaut assurément les meilleures harangues de Démosthène; tel plaidoyer de Chaix-d'Est-Ange est comparable aux invectives de Cicéron; et pourtant Cicéron et Démosthène continueront d'être publiés, admirés, commentés en classiques; tandis que le discours de M. Guizot, de M. de Lamartine, de M. Chaix-d'Est-Ange ne sortira pas des colonnes du journal du lendemain.

XIII

Il importe donc de bien comprendre le rôle des travaux du savant et la manière dont il exerce son influence. Son but n'est pas d'être lu, mais d'insérer une pierre dans le grand édifice. Les livres scientifiques sont un fait; la vie du savant pourra se résumer en deux ou trois résultats, dont l'expression n'occupera peut-être que quelques lignes ou disparaîtra complètement dans des formules plus avancées. Peut-être a-t-il consigné ses recherches dans de gros volumes, que ceux-là seuls liront qui parcourent la même route spéciale que lui. Là n'est pas son immortalité; elle est dans la brève formule où il a résumé sa vie, et qui, plus ou moins exacte, entrera comme élément dans la science de l'avenir.

L'art seul, où la forme est inséparable du fond, passe tout entier à la postérité. Or, il faut le reconnaître, ce n'est point par la forme que nous valons. On lira peu les auteurs de notre siècle; mais, qu'ils s'en consolent, on en parlera beaucoup dans l'histoire de l'esprit humain. Les monographes les liront, et feront sur eux de curieuses thèses, comme nous en faisons sur d'Urfé, sur La Boétie, sur Bodin, etc. Nous n'en faisons pas sur Racine et Corneille; car ceux-là sont lus encore, et l'on ne décrit guère que les livres qu'on ne lit plus.

Quoi qu'il en soit, le progrès scientifique et philosophique est assujetti à des conditions toutes différentes de celles de l'art. Il n'y a pas précisément de progrès pour l'art; il y a variation dans l'idéal. Presque toutes les littératures ont à leur origine le modèle de leur perfection. La science, au contraire, avance par des procédés tout opposés. A côté de ses résultats philosophiques, qui ne tardent jamais à entrer en circulation, elle a sa partie technique et spéciale, qui n'a de sens que pour l'érudit. Plusieurs sciences n'ont même encore que cette partie, et plusieurs n'en auront jamais d'autre.

Les spécialités scientifiques sont le grand scandale des gens du monde, comme les généralités sont le scandale des savants. C'est une suite de la déplorable habitude que l'on a parmi nous de regarder ce qui est général et philosophique comme superficiel, et ce qui est érudit comme lourd et illisible. Prêcher la philosophie à certains savants, c'est se faire regarder comme un esprit léger et une pauvre tête. Prêcher la science aux gens du monde, c'est se ranger à leurs yeux parmi les pédants d'école. Préjugés bien absurdes sans doute, qui pourtant ont leur cause. Car la philosophie n'a guère été jusqu'ici que la fantaisie *a priori*, et la science n'a été qu'un insignifiant étalage d'érudition. La vérité est, ce me semble, que les spécialités n'ont de sens qu'en vue des généralités, mais que les généralités à leur tour ne sont possibles que par les spécialités; la vérité, c'est qu'il y a une science vitale, qui est le tout de l'homme, et que cette science a besoin de s'asseoir sur toutes les sciences particulières, qui sont belles en elles-mêmes, mais belles surtout dans leur ensemble. Les spéciaux (qu'on me permette l'expression) commettent souvent la faute de croire que leur travail peut avoir sa fin en lui-même, et prêtent par là au ridicule; tout ce qui est résultat les alarme et leur semble de nulle valeur. Certes s'ils se bornaient à faire la guerre aux généralités hasardées, aux aperçus superficiels, on ne pourrait qu'applaudir à leur sévérité. Mais souvent ils ont bien l'air de tenir aux détails pour eux-mêmes. Je conçois à merveille qu'une date heureusement rétablie, une circonstance d'un fait important retrouvée, une histoire obscure éclaircie aient plus de valeur que des volumes entiers dans le genre de ceux qui s'intitulent souvent *philosophie de l'histoire*. Mais en vérité, est-ce par elles-mêmes que de telles découvertes valent quelque chose ? N'est-ce pas en tant que pouvant fonder dans l'avenir la vraie et sérieuse philosophie de l'histoire ? Que m'importe qu'Alexandre soit mort en 324 ou 325, que la bataille de Platées se soit livrée sur telle ou telle colline, que la succession des rois grecs et indo-scythes de la Bactriane ait été telle ou telle ? En vérité, me voilà bien avancé, quand je sais que Asoka a succédé à Bindusaro, et Kanerkès à je ne sais quel autre. Si l'érudition n'était que cela, si l'érudit était l'Hermagoras de La Bruyère qui sait le nom des architectes de la tour de Babel et n'a pas vu Versailles, tout le ridicule dont on la charge serait de bon aloi, la vanité seule pourrait soutenir dans de telles recherches, les esprits médiocres pourraient seuls y consacrer leur vie.

Du moment où il est bien convenu que l'érudition n'a de valeur qu'en vue de ses résultats, on ne peut pousser trop loin la division du travail scientifique. Dans l'état actuel de la science, et surtout des sciences philologiques, les travaux les plus utiles sont ceux qui mettent au jour de nouvelles sources originales. Jusqu'à ce que toutes les parties de la science soient élucidées par des monographies spéciales, les travaux généraux seront prématurés. Or, les monographies ne sont possibles qu'à la condition de spécialités sévèrement limitées. Pour éclaircir un point donné, il faut avoir parcouru dans tous les sens la région intellectuelle où il est situé, il faut avoir pénétré tous les alentours et pouvoir se placer en connaissance de cause au milieu du sujet. Combien les travaux sur les littératures orientales gagneraient, si leurs auteurs étaient aussi spéciaux que les philologues qui ont créé pièce à pièce la science des littératures classiques ! Les seuls ouvrages utiles à la science sont ceux auxquels on peut accorder une entière confiance, et dont les auteurs ont acquis, par une longue habitude, sinon le privilège de l'infaillibilité, du moins cette étendue de connaissances qui fait l'assurance de l'écrivain et la sécurité du lecteur. Sans cela, rien n'est définitivement acquis ; tout est sans cesse à refaire. On peut le dire sans exagération, les deux tiers des travaux relatifs aux langues orientales ne méritent pas plus de confiance qu'un travail fait sur les langues classiques par un bon élève de rhétorique.

Je serais fâché qu'on méconnût sur ce point l'intention de ce livre. J'ai vanté la polymathie et la variété des connaissances comme méthode philosophique ; mais je crois qu'en fait de travaux spéciaux on ne peut se tenir trop sévèrement dans sa sphère. J'aime Leibnitz, réunissant sous le nom commun de philosophie les mathématiques, les sciences naturelles, l'histoire, la linguistique. Mais je ne peux approuver un William Jones, qui, sans être philosophe, déverse son activité sur d'innombrables sujets, et, dans une vie de quarante-sept ans, écrit une anthologie grecque, une *Arcadia*, un poème épique sur la découverte de la Grande-Bretagne, traduit les harangues d'Isée, les poésies persanes de Hafiz, le code sanskrit de Manou, le drame de Sacontala, un des poèmes arabes appelés

Moallakat, en même temps qu'il écrit un *Moyen pour empêcher les émeutes dans les élections,* et plusieurs opuscules de circonstance, le tout sans préjudice de sa profession d'avocat.

Encore moins puis-je pardonner ce coupable morcellement de la vie scientifique qui fait envisager la science comme un moyen pour arriver aux affaires, et prélève les moments les plus précieux de la vie du savant. Faire du torchon avec de la dentelle est de toute manière un mauvais calcul. Cuvier ne perdait-il pas bien son temps quand il consumait à des rapports et à des soins d'administration, dont d'autres se fussent acquittés aussi bien que lui, des heures qu'il eût pu rendre si fructueuses? Un homme ne fait bien qu'une seule chose ; je ne comprends pas comment on peut admettre ainsi dans sa vie un principal et un accessoire. Le principal seul a du prix, l'existence n'a pas deux buts. Si je ne croyais que tout est saint, que tout importe à la poursuite du beau et du vrai, je regarderais comme perdu le temps donné à autre chose qu'à la recherche spéciale. Je conçois un cadre de vie très étendu, universel même. Que le penseur, le philosophe, le poète s'occupent des affaires de leur pays, non pas dans les menus détails de l'administration, mais quant à la direction générale, rien de mieux. Mais que le savant spécial, après quelques travaux ou quelques découvertes, vienne réclamer comme récompense qu'on le dispense d'en faire davantage et qu'on le laisse entrer dans le champ de la politique, c'est là l'indice d'une petite âme, d'un homme qui n'a jamais compris la noblesse de la science.

Les vrais intérêts de la science réclament donc plus que jamais des spécialités et des monographies. Il serait à désirer que chaque pavé eût son histoire. Il est encore très peu de branches dans la philologie et l'histoire où les travaux généraux soient possibles avec une pleine sécurité. Presque toutes les sciences ont déjà leur grande histoire: histoire de la médecine, histoire de la philosophie, histoire de la philologie. Eh bien ! on peut affirmer sans hésiter que pas une seule de ces histoires, excepté peut-être l'histoire de la philosophie, n'est possible, et que, si le travail des monographies ne prend pas plus d'extension, aucune ne sera possible avant un siècle. On ne peut, en effet, exiger de celui qui entreprend ces vastes histoires une égale connaissance spéciale de toutes les parties de son sujet. Il faut qu'il se fie pour bien des choses aux travaux faits par d'autres. Or, sur plusieurs points importants, les monographies manquent encore, en sorte que l'auteur est réduit à recueillir çà et là quelques notions éparses et de seconde main, souvent fort inexactes. Soit, par exemple, l'histoire de la médecine, une des plus curieuses et des plus importantes pour l'histoire de l'esprit humain. Je suppose qu'un savant entreprenne de refaire dans son ensemble l'œuvre si imparfaite de Sprengel. Au moyen de ses connaissances personnelles et des travaux déjà faits, il pourra peut-être traiter d'une manière définitive la partie ancienne. Mais la médecine arabe, la médecine du moyen âge, la médecine indienne, la médecine chinoise? En supposant même qu'il sût l'arabe, le chinois ou le sanskrit, et qu'il fût capable de faire dans une de ces langues d'utiles monographies, sa vie ne suffirait pas à parcourir superficiellement un seul de ces champs encore inexplorés. Ainsi donc, en se condamnant à être complet, il se condamne à être superficiel. Son livre ne vaudra que pour les parties où il est spécial ; mais alors pourquoi ne pas se borner à ces parties ? Pourquoi consacrer à des travaux sans valeur et destinés à devenir inutiles des moments qu'il pourrait employer si utilement à des recherches définitives ? Pourquoi faire de longs volumes, parmi lesquels un seul peut-être aura une valeur réelle ? C'est pitié de voir un savant, pour ne pas perdre un chapitre de son livre, condamné à faire l'histoire de la médecine chinoise à peu près dans les mêmes conditions qu'un homme qui ferait l'histoire de la médecine grecque d'après quelque mauvais ouvrage arabe ou du moyen âge. Et voilà pourtant à quoi il se condamnerait fatalement par le cadre même de son livre.

C'est une curieuse expérience que celle-ci, et je parierais qu'on la ferait sans exception sur toutes les histoires générales. Présentez ces histoires à chacun des hommes spéciaux dans une des parties dont elles se composent, je mets en fait que chacun d'eux trouvera sa partie détestablement traitée. Ceux qui ont étudié Aristote trouvent que Ritter a mal résumé Aristote, ceux qui ont étudié le stoïcisme trouvent qu'il a parlé superficiellement du stoïcisme. Je présentai un jour à mon savant ami le docteur Daremberg, l'*Histoire de la Philologie* de Græfenhan, pour qu'il en examinât la partie médicale. Il la trouva traitée sans aucune intelligence du sujet. N'est-il pas bien probable que tel autre savant spécial eût jugé de même les parties relatives à l'objet de ses recherches ? En sorte que, pour vouloir trop embrasser, on arrive à ne satisfaire personne, à moins, je le répète, que l'auteur de l'histoire générale ne soit lui-même spécial dans une branche, auquel cas il eût mieux fait de s'y borner.

Des monographies sur tous les points de la science, telle devrait donc être l'œuvre du xixe siècle : œuvre pénible, humble, laborieuse, exigeant le dévouement le plus désintéressé ; mais solide, durable, et d'ailleurs immensément relevée par l'élévation du but final. Certes il serait plus doux et plus flatteur pour la vanité de cueillir de prime abord le fruit qui ne sera mûr peut-être que dans un avenir lointain. Il faut une vertu scientifique bien profonde pour s'arrêter sur cette pente fatale et s'interdire la précipitation, quand la nature humaine tout entière réclame la solution définitive. Les héros de la science sont ceux qui, capables des vues les plus élevées, ont pu se défendre toute pensée philosophique anticipée, et se résigner à n'être que d'humbles monographes, quand tous les instincts de leur nature les eussent portés à voler aux hauts sommets. Pour plusieurs, pour la plupart, il faut le dire, c'est là un léger sacrifice ; ils ont peu de mérite à se priver de vues philosophiques, auxquelles ils ne sont pas portés par leur nature. Les vrais méritants sont ceux qui, tout en comprenant d'une manière élevée le but suprême de la science, tout en ressentant d'énergiques besoins philosophiques et religieux, se dévouent pour le bien de l'avenir au rude métier de manœuvres et se condamnent comme le cheval à ne voir que le sillon qu'il creuse. Cela s'appelle, dans le style de l'Évangile perdre son âme pour la sauver. *Se résoudre à ignorer, pour que l'avenir sache*, c'est la première condition de la méthode scientifique. Longtemps encore la science aura besoin de ces patientes recherches qui s'intitulent ou pourraient s'intituler : *Mémoires pour servir...* De hautes intelligences devront ainsi, en vue du bien de l'avenir, se condamner à *l'ergastulum*, pour accumuler dans de savantes pages des matériaux qu'un bien petit nombre pourra lire. En apparence, ces patients investigateurs perdent leur temps et leur peine. Il n'y a pas pour eux de public; ils seront lus de trois à quatre personnes, quelquefois de celui-là seul qui fera la recension de leur ouvrage dans une revue savante (98), ou de celui qui reprendra le même travail, si tant est qu'il prenne le soin de connaître ses devanciers. Eh bien ! les monographies sont encore après tout ce qui reste le plus. Un livre de généralités est nécessairement dépassé au bout de dix années ; une monographie étant un fait dans la science, une pierre posée dans l'édifice, est en un sens éternelle par ses résultats. On pourra négliger le nom de son auteur ; elle-même pourra tomber dans l'oubli ; mais les résultats qu'elle a contribué à établir demeurent. Une vie entière est suffisamment récompensée, si elle a fourni quelques éléments au symbole définitif, quelques transformations que ces éléments puissent subir. Ce sera là désormais la véritable immortalité (99).

On pourrait citer une foule de recherches qui pour l'avenir se résoudront ainsi en quelques lignes, lesquelles supposeront des vies entières de patiente application. Les royaumes grecs de la Bactriane et de la Pentapotamie ont été depuis quelques années l'objet de travaux qui formeraient déjà plusieurs volumes et sont loin d'être clos. Peut-on espérer que ces études demeurent avec tous leurs détails dans la science de l'avenir ? Non certes. Et pourtant elles ont été nécessaires pour caractériser l'étendue, l'importance, la physionomie de ces colonies avancées de la Grèce ; sans ces laborieuses recherches, on eût ignoré une des faces des plus curieuses de l'histoire de l'hellénisme en Orient. Ces résultats acquis, les travaux qui ont servi à les acquérir peuvent disparaître sans trop d'inconvénient, comme l'échafaudage après l'achèvement de l'édifice.

Et en supposant même (ce qui est vrai) que les détails demeurent nécessaires pour l'intelligence des résultats généraux, les moyens, les machines, si j'ose le dire, par lesquels les Prinsep et les Lassen ont déchiffré cette page de l'histoire humaine, auront à peu près perdu leur valeur, ou seront tout au plus conservés comme bas-reliefs sur le piédestal de l'obélisque qu'ils auront servi à élever. « Les érudits du xix° siècle, dira-t-on, ont démontré.... » Et tout sera dit.

Il faut se représenter la science comme un édifice séculaire, qui ne pourra s'élever que par l'accumulation de masses énormes. Une vie entière de laborieux travaux ne sera qu'une pierre obscure et sans nom dans ces constructions gigantesques, peut-être même un de ces moellons ignorés cachés dans l'épaisseur des murs. N'importe : on a sa place dans le temple, on a contribué à la solidité de ses lourdes assises (100). Les auteurs de monographies ne peuvent raisonnablement espérer de voir leurs travaux vivre dans leur propre forme ; les résultats qu'ils ont mis en circulation subiront de nombreuses transformations, une digestion, si j'ose le dire, et une assimilation intimes. Mais, à travers toutes ces métamorphoses, ils auront l'honneur d'avoir fourni des éléments essentiels à la vie de l'humanité. La gloire des premiers explorateurs est d'être dépassée et de donner à leurs successeurs les moyens par lesquels ceux-ci les dépasseront. « Mais cette gloire est immense, et elle doit être d'autant moins contestée par celui qui vient le second, que lui-même n'aura vraisemblablement aux yeux de ceux qui plus tard s'occuperont du même sujet, que le seul mérite de les avoir précédés (101). »

L'oubli occupe une large place dans l'éducation scientifique de l'individu. Une foule de données spéciales, apprises plus ou moins péniblement, tombent d'elles-mêmes de la mémoire ; il faut pourtant se garder de croire que pour cela elles soient perdues. Car la culture intellectuelle qui est résultée de ce travail, la marche que l'esprit a accomplie par ces études, demeurent ; et cela seul a du prix. Il en est de même dans l'éducation de l'humanité. Les éléments particuliers disparaissent, mais le mouvement accompli reste. Il y a des problèmes algébriques pour lesquels on est obligé d'employer des inconnues auxiliaires et de prendre de grands circuits. Regrette-t-on, quand le problème est résolu, que tout ce bagage ait été éliminé pour faire place à une expression toute simple et définitive ?

Loin donc que les savants spéciaux désertent l'arène véritable de l'humanité, ce sont eux qui travaillent le plus efficacement aux progrès de l'esprit, puisqu'eux seuls peuvent lui fournir les matériaux de ses constructions. Mais leurs recherches, je le répète, ne sauraient avoir leur but en elles-mêmes ; car elles ne servent pas à rendre l'auteur plus parfait, elles n'ont de valeur que du moment où elles sont introduites dans la grande circulation. Il faut reconnaître que les savants spéciaux ont contribué à répandre sur ce point d'étranges malentendus. S'occupant exclusivement de leurs études, ils tiennent tout le reste pour inutile, et considèrent comme profanes tous ceux qui ne s'occupent pas des mêmes recherches qu'eux. Leur spécialité devient ainsi pour eux un petit monde, où ils se renferment obstinément et dédaigneusement. Et pourtant, si l'objet spécial auquel on consacre sa vie devait être pris comme ayant une valeur absolue, tous devraient s'appliquer au même objet, c'est-à-dire au plus excellent. Entre les littératures anciennes, il faudrait exclusivement cultiver la littérature grecque ; entre celles de l'Orient, la littérature sanskrite, et celui qui consacrerait ses travaux à telle médiocre littérature serait un maladroit. Chacune de ces études n'a de valeur que par sa place dans le tout, et par ses relations avec la science de l'esprit humain. Les études orientales, par exemple, se subdivisent en trois ou quatre branches principales, à chacune desquelles un petit nombre de savants se consacrent d'une manière exclusive, de sorte que les recherches relatives aux littératures qui ne sont pas l'objet de leurs études n'ont pour eux aucun intérêt. Il résulte de là que celui qui fait un travail spécial sur les littératures chinoise, persane, tibétaine, peut espérer d'avoir en Europe une douzaine de lecteurs. Et encore ces lecteurs, étant occupés de leur côté de leurs travaux spéciaux, n'ont pas le temps de s'occuper de ceux des autres, et n'y jettent qu'un coup d'œil superficiel, de sorte qu'au résumé dans ces études chacun travaille pour lui seul. Étrange renversement ! Est-ce à dire qu'il fût désirable que chaque orientaliste s'occupât de toutes les langues de l'Asie ? Non certes. Mais ce qui serait à désirer, c'est que les savants les plus spéciaux eussent le sentiment intime et vrai de leur œuvre, et que les esprits philosophiques ne dédaignassent pas de s'adresser à l'érudition pour lui demander la matière de la pensée. Car, je le répète, si le monographe seul lit sa monographie, à quoi bon la faire ? Il serait trop étrange que la science n'eût d'autre but que de servir ainsi d'aliment à la curiosité de tel ou tel. Les sciences diverses, d'ailleurs, ont des problèmes communs ou analogues quant à la forme, lesquels sont souvent beaucoup plus faciles à résoudre dans une science que dans une autre. Ainsi, je suis persuadé que les naturalistes tireraient de grandes lumières, pour le problème si philosophique de la classification et de la réalité des espèces, de l'étude de la méthode des linguistes et des caractères naturels qui leur servent à former les familles et les groupes, d'après la dégradation insensible des procédés grammaticaux. Que les savants y prennent garde; il y a dans cette manie de ne regarder comme de bon aloi que les travaux de première main un peu de vanité. Ce système, poussé à l'extrême, aboutirait à renfermer chacun en lui-même et à détruire tout commerce intellectuel et scientifique. A quoi serviraient les monographies, si pour chaque travail ultérieur on en était sans cesse à recommencer. Ce défaut tient encore à une autre vanité des savants, qui tient elle-même de très près à l'esprit superficiel, contre lequel ils ont une si juste horreur : c'est de faire des livres non pour être lus, mais pour prouver leur érudition.

On ne peut trop le répéter, les véritables travaux scientifiques sont les travaux de première main. Les résultats n'ont d'ordinaire toute leur pureté que dans les écrits de celui qui le premier les a découverts. Il est difficile de dire combien les choses scientifiques en passant ainsi de main en main, et s'écartant de leur source première, s'altèrent et se défaçonnent, sans mauvaise volonté de la part de ceux qui les empruntent. Tel fait est pris sous un jour un peu différent de celui sous lequel on le vit d'abord; on ajoute une réflexion que n'eût pas faite l'auteur des travaux originaux, mais qu'on croit pouvoir légitimement faire. On avance une généralité que l'investigateur primitif ne se fût pas formulée de la même manière. Un écrivain de troisième main procédera ainsi sur son prédécesseur, et ainsi, à moins de se retremper continuellement aux sources, la science historique est toujours inexacte et suspecte.

La connaissance qu'eut le moyen âge de l'antiquité classique est l'exemple le plus frappant de ces modifications insensibles des faits primitifs, qui amènent les plus étranges erreurs ou les façons les plus absurdes de se représenter les faits. Le moyen âge connut beaucoup de choses de l'antiquité grecque, mais rien, absolument rien, de première main (102); de là des méprises incroyables. Ils croient pouvoir combiner à leur façon les notions éparses et incomplètes qu'ils possèdent, et multiplient ainsi l'inexactitude, qui, au bout de trois ou quatre siècles, devint telle que, quand au xive siècle la véritable antiquité grecque commença d'être immédiatement connue, il sembla que ce fut la révélation d'un autre monde. Les encyclopédistes latins, Martien Capella, Boèce, Isidore de Séville, ne font guère que compiler des cahiers d'école et mettre bout à bout des données traditionnelles. Bède et Alcuin connaissent bien moins l'antiquité que Martien Capella ou Isidore. Vincent de Beauvais est encore bien plus loin de la vérité. Au xive siècle enfin (hors de l'Italie), l'inexactitude atteint ses dernières limites; la civilisation grecque n'est pas plus connue que ne le serait l'Inde si, pour rétablir le monde indien, on n'avait que les notions que nous en ont laissées les écrivains de l'antiquité classique.

Plusieurs parties de l'histoire littéraire, qui ne sont pas encore suffisamment vivifiées par l'étude immédiate des sources, offrent des inexactitudes comparables à celles que commettait le moyen âge. C'est certes un scrupuleux investigateur que Brucker ; et pourtant les livres qu'il a consacrés à la philosophie des Indiens, des Chinois, ou même des Arabes, doivent être mis sur le même rang que les chapitres relatifs à l'histoire ancienne dans le *Speculum historiale* de Vincent de Beauvais. Que dire donc de ceux qui sont venus après lui et n'ont fait que le copier ou l'extraire arbitrairement, sans aucun sentiment de l'essentiel et de l'accessoire? Quand on est certain que les matériaux que l'on possède sont les seuls qui existent, tout incomplets qu'ils sont, on peut se permettre ces marqueteries ingénieuses où sont groupées toutes les paillettes dont on dispose, à condition toutefois que l'on fasse des réserves et que l'on se reconnaisse incapable de déterminer les relations mutuelles des parties, les proportions de l'ensemble. Mais quand les sources originales existent et ne demandent qu'à être explorées, il y a quelque chose de grotesque dans cet ajustage de lambeaux épars, inexacts, sans suite, que l'on systématise à sa guise et sans aucun sens de la manière dont le font les indigènes. De là le défaut nécessaire de toutes les histoires de la littérature et de la philosophie faites en dehors des sources originales, comme cela a été longtemps le cas pour le moyen âge, comme cela l'est encore pour l'Orient. Ceux qui refont ces histoires les uns après les autres ne font que copier les mêmes erreurs et les aggrave en y joignant leurs propres conjectures. Lisez, dans Tennemann, Tiedemann, Ritter, les chapitres relatifs à la philosophie arabe, vous n'y trouverez rien de plus que dans Brucker, c'est-à-dire rien que des à-peu-près. Il faut définitivement bannir de la science ces travaux de troisième et de quatrième main, où l'on ne fait que copier les mêmes données, sans les compléter ni les contrôler. Quiconque dans l'état actuel de la science entreprendrait une histoire complète de la philosophie ou de la médecine arabe perdrait à la lettre son temps et sa peine : car il ne ferait que répéter ce qui est déjà connu. Une telle œuvre ne sera possible que quand huit ou dix existences d'hommes laborieux et du caractère le plus spécial auront publié, traduit ou analysé tous les auteurs arabes dont nous avons les textes ou les traductions rabbiniques. Jusque-là tous les travaux généraux seront sans base. De tout cela ne sortirait peut-être pas encore quelque chose de bien merveilleux ; car je fais assez peu de cas de la philosophie arabe ; mais n'en résultât-il qu'un atome pour l'histoire de l'esprit humain, mille vies humaines seraient bien employées à l'acquérir.

Dans l'état actuel de la science, on peut trouver regrettable que des intelligences distinguées consacrent leurs travaux à des objets en apparence si peu dignes de les occuper. Mais si la science était, comme elle devrait l'être, cultivée par de grandes masses d'individus et exploitée dans de grands ateliers scientifiques, les points les moins intéressants pourraient comme les autres recevoir leur élucidation. Dans l'état actuel, on peut dire qu'il y a des recherches inutiles, en ce sens qu'elles absorbent un temps qui serait mieux employé à des sujets plus sérieux. Mais, dans l'état normal, où tant de forces maintenant dépensées à des objets parfaitement futiles, seraient tournées aux choses sérieuses, aucun travail ne serait à dédaigner. Car la science parfaite du tout ne sera possible que par l'exploration patiente et analytique des parties. Tel philologue a consacré de longues dissertations à discuter le sens des particules de la langue grecque ; tel érudit de la Renaissance écrit un ouvrage sur la conjonction *quanquam* ;

tel grammairien d'Alexandrie a fait un livre sur la différence de χρή et δεῖ. Assurément, ils eussent pu se proposer de plus importants problèmes, et néanmoins on ne peut dire que de tels travaux soient inutiles. Car ils font pour la connaissance des langues anciennes, et la connaissance des langues anciennes fait pour la philosophie de l'esprit humain. La langue sanskrite, de même, ne sera parfaitement possédée que quand de patients philologues en auront monographié toutes les parties et tous les procédés. Il existe un assez gros volume de Bynæus *De calceis Hebræorum*. Certes on peut regretter que les souliers des Hébreux aient trouvé un monographe, avant que les Védas aient trouvé un éditeur. Je suis persuadé néanmoins que ce livre, que je me propose de lire, renferme de précieuses lumières et doit former un utile complément aux travaux de Braun, Schrœder et Hartmann sur les vêtements du grand prêtre et des femmes hébraïques. Le mot de Pline est vrai à la lettre : il n'y a pas de livre si mauvais qu'il n'apprenne quelque chose. Toute exclusion est téméraire : il n'y a pas de recherche qu'on puisse déclarer par avance frappée de stérilité. A combien de résultats inappréciables n'ont pas mené les études en apparence les plus vaines. N'est-ce pas le progrès de la grammaire qui a perfectionné l'interprétation des textes et par là l'intelligence du monde antique ? Les questions les plus importantes de l'exégèse biblique, en particulier, lesquelles ne peuvent être indifférentes au philosophe, dépendent d'ordinaire des discussions grammaticales les plus humbles et les plus minutieuses (103). Nulle part le perfectionnement de la grammaire et de la lexicographie n'a opéré une réforme plus radicale. Il est une foule d'autres cas où les questions les plus vitales pour l'esprit humain dépendent des plus menus détails philologiques.

Bien loin donc que les travaux spéciaux soient le fait d'esprits peu philosophiques, ce sont les plus importants pour la vraie science et ceux qui supposent le meilleur esprit. Qui pourrait mieux que M. Eugène Burnouf écrire sur la littérature indienne de savantes généralités ! Eh bien ! il ne le fait qu'à contre-cœur, comme accessoire et accidentellement, parce qu'il considère avec raison l'étude positive, la publication des textes, la discussion philologique comme l'œuvre essentielle et la plus urgente. Dans sa préface du Bhagavata-Purana, M. Eugène Burnouf, s'excusant auprès des savants de donner quelques aperçus généraux, proteste qu'il ne le fait que pour le *lecteur français*, et qu'il n'attache qu'une importance secondaire à un travail qui devra se faire plus tard, et qui, tel qu'il pourrait être fait aujourd'hui, serait nécessairement dépassé et rendu par la suite inutile. Est-ce humilité d'esprit, est-ce amour des humbles choses pour elles-mêmes ? Non : c'est saine méthode, et rectitude de jugement. Dans l'état actuel de la littérature sanskrite, en effet, la publication et la traduction des textes vaut mieux que toutes les dissertations possibles, soit sur l'histoire de l'Inde, soit sur l'authenticité et l'intégrité des ouvrages. Les esprits superficiels seraient tentés de croire qu'une intelligence élevée ferait œuvre plus méritoire et plus honorable en écrivant une histoire littéraire de l'Inde, par exemple, qu'en se livrant au labeur ingrat de l'édition des textes et de la traduction. C'est une erreur. Il ne s'agit pas encore de disserter sur une littérature dont on ne possède pas tous les éléments. C'est comme si Pétrarque, Boccace et le Pogge avaient voulu faire la théorie de la littérature grecque. Pétrarque et Boccace, en faisant connaître Homère ; Ambroise Traversari, en traduisant Diogène Laërte ; le Pogge, en découvrant Quintilien et traduisant Xénophon ; Aurispa, en apportant en Occident des manuscrits de Plotin, de Proclus, de Diodore de Sicile ; Laurent Valla, en traduisant Hérodote et Thucydide, ont rendu un plus grand service aux littératures classiques que s'ils eussent prématurément abordé les hautes questions d'histoire et de critique. Sans doute, il est des superstitions littéraires et des fautes de critique où tombaient fatalement ces premiers humanistes, et que nous, aiguisés que nous sommes par la comparaison d'autres littératures, nous pouvons éviter. De prime abord, nous pouvons faire sur ces littératures presque inconnues des tours de force de critique qui n'ont été possibles pour les littératures grecque et latine qu'au bout de deux ou trois siècles. Les premiers qui ont étudié Manou ou le *Mahabharat* y ont découvert ce qu'il a fallu trois ou quatre cents ans pour apercevoir dans Homère et Moïse. Il faut maintenir toutefois « que l'époque des dissertations et des mémoires n'est pas encore venue pour l'Inde, ou plutôt qu'elle est déjà passée, et que les travaux des Colebrooke et des Wilson, des Schlegel et des Lassen ont fermé pour longtemps la carrière qu'avait ouverte avec tant d'éclat le talent de Sir William Jones (104). » L'histoire littéraire de l'Inde en effet ne sera possible qu'au bout de deux siècles de travaux comme ceux que le XVIe et le XVIIe siècle ont consacrés aux littératures classiques. Les travaux de cet ordre sont les seuls qui, dans l'état actuel de la science, aient une valeur réelle et durable. Toutefois, comme il est vrai de dire qu'un système incomplet pourvu qu'on n'y tienne pas d'une façon étroite, vaut mieux que l'absence de système, il serait peut-être désirable que, sans prétendre faire une œuvre définitivement scientifique, on esquissât, d'après l'état actuel des études sanskrites, une sorte de manuel ou d'introduction à cette littérature. J'avoue que le plus grand obstacle que j'aie rencontré en abordant les études indiennes a été l'absence d'un livre sommaire sur la littérature sanskrite, sa marche, ses époques principales, les âges divers de la langue, la place et le rang des divers ouvrages, quelque chose d'analogue en un mot à ce que Gesenius a fait pour la langue et la littérature des Hébreux. Un tel ouvrage serait, il est vrai, vieilli au bout de dix années; mais il aurait eu son utilité et aurait contribué à faciliter l'étude immédiate des sources. Il serait regrettable assurément qu'un homme éminent y dépensât des instants qui pourraient être mieux employés à le rendre inutile; et pourtant qui pourrait le faire, si ce n'est celui qui a la vue complète du champ déjà parcouru?

Que la plupart de ceux qui consacrent leur vie à des travaux d'érudition spéciale n'aient pas le grand esprit qui seul peut vivifier ces travaux, c'est un inconvénient sans doute, mais qui bien souvent nuit plus à la perfection morale des auteurs qu'à l'ouvrage lui-même. La perfection serait d'embrasser intimement la particule tout en se tenant dans le grand milieu par une *habitude* constante, qui pénétrerait toute la vie scientifique. Vraiment, en quoi tant de recherches érudites, tant de collections faites par des esprits faibles et sans portée, diffèrent-elles de l'œuvre du curieux qui assemble sur ses cartons des papillons de toutes couleurs? Oh! quand la vie est si courte et qu'il s'y présente tant de choses sérieuses, ne vaudrait-il pas mieux prêter l'oreille aux mille voix du cœur et de l'imagination et goûter les délices du sentiment religieux, que de gaspiller ainsi une vie qui ne repasse plus, et qui, si on l'a perdue, est perdue pour l'éternité?

Le grand obstacle qui arrête les progrès des études philologiques me semble être cette dispersion du travail et cet isolement des recherches spéciales, qui fait que les travaux du philologue n'existent guère que pour lui seul et pour un petit nombre d'amis qui s'occupent du même sujet. Chaque savant, développant ainsi sa partie sans égard pour les autres branches de la science, devient étroit, égoïste, et perd le sens élevé de sa mission. Une vie suffirait à peine pour épuiser ce qui serait à consulter sur tel point spécial d'une science qui n'est elle-même que la moindre partie d'une science plus étendue. Les mêmes recherches se recommencent sans cesse, les monographies s'accumulent à un tel point que leur nombre même les annule et les rend presque inutiles. Il viendra, ce me semble, un âge où les études philologiques se recueilleront de tous ces travaux épars, et où, les résultats étant acquis, les monographies devenues inutiles ne seront conservées que comme souvenirs. Quand l'édifice est achevé, il n'y a pas d'inconvénient à enlever l'échafaudage qui fut nécessaire à sa construction. Ainsi le pratiquent les sciences physiques. Les travaux approuvés par l'autorité compétente y sont faits une fois pour toutes et adoptés de confiance, sans que l'on s'impose de revenir, si ce n'est rarement et à de longs intervalles, sur les recherches des premiers expérimentateurs. C'est ainsi que des années entières d'études assidues se sont parfois résumées en quelques lignes ou quelques chiffres, et que le vaste ensemble des sciences de la nature s'est fait pièce à pièce et avec une admirable solidarité de la part de tous les travailleurs. La délicatesse beaucoup plus grande des sciences philologiques ne permettrait pas sans doute l'emploi rigoureux d'une telle méthode. J'imagine néanmoins qu'on ne sortira de ce labyrinthe du travail individuel et isolé que par une grande organisation scientifique, où tout sera fait sans épargne comme sans déperdition de forces, et avec un caractère tellement définitif qu'on puisse accepter de confiance les résultats obtenus. On serait parfois tenté de croire que c'est la masse même des travaux scientifiques qui les écrase, et que tout irait mieux si la publicité était plus restreinte. Mais le véritable défaut, c'est le manque d'organisation et de contrôle. Dans un état scientifique bien ordonné, il serait à souhaiter que le nombre des travailleurs fût encore bien plus considérable. Alors le travail ne s'enfouirait pas et ne s'étoufferait pas lui-même, comme un feu où l'aliment est trop pressé. Il est triste de songer que les trois quarts des choses de détail que l'on cherche sont déjà trouvées, tandis que tant d'autres mines où l'on découvrirait des trésors restent sans ouvriers, par suite de la mauvaise direction du travail. La science ressemble de nos jours à une riche bibliothèque bouleversée. Tout y est; mais avec si peu d'ordre et de classification que tout y est comme s'il n'était pas.

Qu'on y réfléchisse, on verra qu'il est absolument nécessaire de supposer dans l'avenir une grande réforme du travail scientifique (105). La matière de l'érudition, en effet, va toujours croissant d'une manière si rapide, soit par des découvertes nouvelles, soit par la multiplication des siècles, qu'elle finira par dépasser de beaucoup la capacité des chercheurs. Dans cent ans, la France comptera trois ou quatre littératures superposées. Dans cinq cents ans, il y aura deux histoires anciennes. Or si la première, que le temps et le manque d'imprimerie ont si énormément simplifiée pour nous, a suffi pour occuper tant de laborieuses vies, que sera-ce de la nôtre, qu'il faudra extraire d'une si prodigieuse masse de documents? Même raisonnement pour nos bibliothèques. Si la Bibliothèque nationale continue à s'enrichir de toutes les productions nouvelles, dans cent ans, elle sera absolument impraticable, et sa richesse même l'annulera (106). Il y a donc là une progression qui ne peut continuer indéfiniment sans amener une révolution dans la science. Il serait puéril de se demander comment elle se fera. Y aura-t-il une grande simplification comme celle qui fut opérée par les barbares? Des méthodes nouvelles faciliteront-elles la polymathie? Nous ne pouvons hasarder sur ce sujet aucune hypothèse raisonnable.

Sans être partisan du communisme littéraire et scientifique, je crois pourtant qu'il est urgent de combattre la dispersion des forces et de concentrer le travail. L'Allemagne pratique à cet égard plusieurs usages vraiment utiles. Il n'est pas rare de voir dans les journaux littéraires, dans les actes des Congrès philologiques, etc., un savant prévenir ses confrères qu'il a entrepris un travail spécial sur tel sujet, et les prier en conséquence de lui envoyer tout ce que leurs études particulières leur ont fait rencontrer sur ce point. Sans vouloir rien préciser, je concevrais que, dans une organisation sérieuse de la science, on ouvrît ainsi des problèmes publics où chacun vînt apporter son contingent de faits. Les académies, surtout les académies à travaux communs, telles que l'Académie des Inscriptions et Belles-Lettres, répondent au besoin que je signale; mais pour qu'elles y satisfassent tout à fait, il faudrait leur faire subir de profondes transformations.

XIV

Je sortirais de mon plan si je hasardais ici quelques idées d'une application pratique. Au surplus, ma complète ignorance de la vie réelle m'y rendrait tout à fait incompétent. L'organisation, exigeant l'expérience et le balancement des principes par les faits existants, ne saurait en aucune façon être l'œuvre d'un jeune homme. Je ne ferai donc que poser les principes.

Que l'État ait le devoir de patronner la science, comme l'art, c'est ce qui ne saurait être contesté. L'État en effet représente la société et doit suppléer les individus pour toutes les œuvres où les efforts isolés seraient insuffisants. Le but de la société est la réalisation large et complète de toutes les faces de la vie humaine. Or il est quelques-unes de ces faces qui ne peuvent être réalisées que par la fortune collective. Les individus ne peuvent se bâtir des observatoires, se créer des bibliothèques, fonder de grands établissements scientifiques. L'État *doit* donc à la science des observatoires, des bibliothèques, des établissements scientifiques. Les individus ne pourraient seuls entreprendre et publier certains travaux. L'État leur *doit* des subventions. Certaines branches de la science (et ce sont les plus importantes) ne sauraient procurer à ceux qui les cultivent le nécessaire de la vie : l'État doit sous une forme ou sous une autre offrir aux travailleurs méritants les moyens nécessaires pour continuer paisiblement leurs travaux à l'abri du besoin importun.

Je dis que c'est là un *devoir* pour l'État, et je le dis sans aucune restriction (107). L'État n'est pas à mes yeux une simple institution de police et de bon ordre. C'est la société elle-même, c'est-à-dire l'homme dans son état normal. Il a par conséquent les mêmes devoirs que l'individu, en ce qui touche aux choses religieuses. Il ne doit pas seulement laisser faire; il doit fournir à l'homme les conditions de son perfectionnement. C'est une puissance plastique et bien réellement directrice. Car la société n'est pas la réunion atomistique des individus, formée par la répétition de l'unité; elle est une unité constituée; *elle est primitive.*

L'Angleterre, je le sais, comme autrefois à quelques égards l'ancienne France, suffit à presque tout par des fondations particulières, et je conçois que, dans un pays où les fondations sont si respectées, on puisse se passer d'un ministre de l'instruction publique. L'État, je le répète, ne doit que suppléer à ce que ne peuvent faire ou ne font pas les individus; il a donc un moindre rôle dans un pays où les particuliers peuvent et font beaucoup. L'Angleterre d'ailleurs ne réalise ces grandes choses que par l'association, c'est-à-dire par de petites sociétés dans la grande, et je trouve pour ma part l'organisation française, issue de notre révolution, bien plus conforme à l'esprit moderne.

C'est surtout sous la forme religieuse que l'État a veillé jusqu'ici aux intérêts suprasensibles de l'humanité. Mais du moment où la *religiosité* de l'homme en sera venue à s'exercer sous la forme purement scientifique et rationnelle, tout ce que l'État accordait autrefois à l'exercice religieux reviendra de droit à la science, seule religion définitive. Il n'y aura plus de budget des cultes, il y aura budget de la science, budget des arts. L'État doit subvenir à la science comme à la religion, puisque la science comme la religion est de la nature humaine. Il le doit même à un titre plus élevé ; car la religion, bien qu'éternelle dans sa base psychologique, a dans sa forme quelque chose de transitoire ; elle n'est pas comme la science tout entière de la nature humaine.

La science n'existant qu'à la condition de la plus parfaite liberté, le patronage que lui doit l'État ne confère à l'État aucun *droit* de la contrôler ou de la réglementer, pas plus que la subvention accordée aux cultes ne donne droit à l'État de faire des articles de foi. L'État peut même moins, en un sens, sur la science que sur les religions ; car à celles-ci il peut du moins imposer quelques règlements de police ; au lieu qu'il ne peut rien, absolument rien, sur la science. La science, en effet, se conduisant par la considération intrinsèque et objective des choses, n'est pas libre elle-même d'obéir à qui veut bien lui commander : si elle était libre dans ses opinions, on pourrait peut-être lui demander telle ou telle opinion. Mais elle ne l'est pas ; rien de plus fatal que la raison et par conséquent que la science. Lui donner une direction, lui demander d'arriver à tel ou tel résultat, c'est une flagrante contradiction ; c'est supposer qu'elle est flexible à tous les sens, c'est supposer qu'elle n'est pas la science.

Certains ordres religieux qui appliquaient à l'étude cette tranquillité d'esprit, l'un des meilleurs fruits de la vie monastique, réalisaient autrefois ces *grands ateliers de travail scientifique*, dont la disparition est profondément à regretter. Sans doute il eût été bien préférable que ces travailleurs eussent été indépendants (108); ils n'eussent pas porté dans leur œuvre autant de patience et d'abnégation; mais ils y eussent certainement porté plus de critique. Quoi qu'il en soit, on ne peut nier que l'abolition des ordres religieux qui se livraient à l'étude, et celle des parlements, qui fournissaient à tant d'hommes lettrés de studieux loisirs, n'aient porté un coup fatal aux recherches savantes. Cette lacune ne sera réparée que quand l'État aura institué, sous une forme ou sous une autre, des *chapitres laïcs*, des *bénéfices laïcs*, où les grands travaux d'érudition seront repris par des bénédictins profanes et critiques. A côté de l'œuvre savante de l'architecte, il y a dans la science l'œuvre pénible du manœuvre, qui exige une obscure patience et des labeurs réunis. Dom Mabillon, dom Ruinard, dom Rivet, Montfaucon n'eussent point accompli leurs œuvres gigantesques, s'ils n'eussent eu sous leurs ordres toute une communauté de laborieux travailleurs, qui dégrossissaient l'œuvre à laquelle ils mettaient ensuite la dernière main. La science ne fera de rapides conquêtes que quand des bénédictins laïcs s'attelleront de nouveau au joug des recherches savantes, et consacreront de laborieuses existences à l'élucidation du passé. La récompense de ces modestes travailleurs ne sera pas la gloire; mais il est des natures douces et calmes, peu agitées de passions et de désirs, peu tourmentées de besoins philosophiques (gardez-vous de croire qu'elles soient pour cela froides et sèches; au contraire elles ont souvent une grande concentration et une sensibilité très délicate), qui se contenteraient de cette paisible vie, et qui, au sein d'une honnête aisance et d'une heureuse famille, trouveraient l'atmosphère qu'il faut pour les modestes travaux. A vrai dire, la forme la plus naturelle de patronner ainsi la science est celle des sinécures. Les sinécures sont indispensables dans la science; elles sont la forme la plus digne et la plus convenable de pensionner le savant, outre qu'elles ont l'avantage de grouper autour des établissements scientifiques des noms illustres et de hautes capacités. Il n'y a que des barbares ou des gens à courte vue qui puissent se laisser prendre à des objections superficielles comme celles que fait naître au premier coup d'œil la multiplicité des emplois scientifiques. Il est parfaitement évident que le service de telle bibliothèque, qui compte dix ou douze employés, pourrait se faire tout aussi bien avec deux ou trois personnes (et de fait il n'y a sur le nombre que deux ou trois employés qui fassent quelque chose). Certaines gens en concluraient qu'il faut supprimer tous les autres. Sans doute, si on ne se proposait que de satisfaire aux besoins matériels du service. Chose singulière ! La science, la chose du monde la plus vraiment libérale, n'est largement patronnée qu'en Russie !

Certes il est regrettable qu'il faille descendre à de telles considérations. Mais, dans l'état actuel de l'humanité, l'argent est une puissance intellectuelle, et mérite à ce titre quelque considération. Un million vaut un ou deux hommes de génie, en ce sens qu'avec un million bien employé on peut faire autant pour le progrès de l'esprit humain que feraient un ou deux hommes de premier ordre, réduits aux seules forces de l'esprit. Avec un million, je ferais pénétrer plus profondément les idées modernes dans la masse que ne ferait une génération de penseurs pauvres et sans influence. Avec un million, je ferais traduire le Talmud, publier les Védas, le Nyaya avec ses commentaires, et accomplir une foule de travaux qui contribueraient plus au progrès de la science qu'un siècle de réflexion métaphysique. Quelle rage de songer qu'avec les sommes que la sotte opulence prodigue selon son caprice, on pourrait remuer le ciel et la terre! Il ne faut pas espérer que le savant puisse sortir de la condition commune et se passer du pain matériel. Il faut encore moins espérer que les riches, qui sont exempts de ce souci, puissent jamais suffire aux besoins de la science. Les grands instincts scientifiques se développent presque toujours chez des jeunes gens instruits, mais pauvres. Les riches portent toujours dans la science un ton d'amateur superficiel, d'assez mauvais aloi (109). On n'a jamais reproché à la religion d'avoir des ministres soumis comme les autres hommes aux besoins matériels et réclamant l'assistance de l'État. Quant à ceux qui ne voient dans la science que l'argent qu'elle procure, nous n'avons rien à en dire : ce sont des industriels, comme tant d'autres, mais non des savants. Quiconque a pu arrêter un instant sa pensée sur l'espoir de devenir riche, quiconque a considéré les besoins extérieurs autrement que comme une chaîne lourde et fatale, à laquelle il faut malheureusement se résigner, ne mérite pas le nom de philosophe. Les grands traitements scientifiques et surtout le cumul auraient sous ce rapport un grave inconvénient, le même que les grandes richesses ont eu pour le clergé : ce serait d'attirer des âmes vénales, qui ne voient dans la science qu'un moyen comme un autre de faire fortune; honteux simoniaques qui portent dans les choses saintes leurs grossières habitudes et leurs vues terrestres. Il faudrait qu'en embrassant la carrière scientifique, on fût assuré de rester pauvre toute sa vie, mais aussi d'y trouver le strict nécessaire; il n'y aurait alors que les belles âmes, poussées par un instinct puissant et irrésistible, qui s'y consacreraient, et la tourbe des intrigants porterait ailleurs ses prétentions. La première condition est déjà remplie? Pourquoi n'en est-il pas de même pour la seconde?

XV

Je dois, pour compléter ma pensée et bien faire comprendre ce que j'entends par une philosophie scientifique, donner ici quelques exemples, desquels il ressortira, ce me semble, que les études spéciales peuvent mener à des résultats tout aussi importants pour la connaissance intime des choses que la spéculation métaphysique ou psychologique. Je les emprunterai de préférence aux sciences historiques ou philologiques, qui me sont seules familières, et auxquelles est d'ailleurs spécialement consacré cet essai.

Ce n'est pas que les sciences de la nature ne fournissent des données tout aussi philosophiques. Je ne crains pas d'exagérer en disant que les idées les plus arrêtées que nous nous faisons sur le système des choses ont de près ou de loin leurs racines dans les sciences physiques, et que les différences les plus importantes qui distinguent la pensée moderne de la pensée antique tiennent à la révolution que ces études ont amenée dans la façon de considérer le monde. Notre idée des *lois* de la nature, laquelle a renversé à jamais l'ancienne conception du monde anthropomorphique, est le grand résultat des sciences physiques, non pas de telle ou telle expérience, mais d'un mode d'induction très général, résultant de la physionomie générale des phénomènes. Il est incontestable que l'astronomie, en révélant à l'homme la structure de l'univers, le rang et la position de la terre, l'ordre qu'elle occupe dans le système du monde, a plus fait pour la vraie science de l'homme que toutes les spéculations imaginables fondées sur la considération exclusive de la nature humaine (110). Cette considération, en effet, mènerait ou à l'ancien finalisme, qui faisait de l'homme le centre de l'univers, ou à l'hégélianisme pur, qui ne reconnaît d'autre manifestation de la conscience divine que l'humanité. Mais l'étude du système du monde et de la place que l'homme y occupe, sans renverser aucune de ces deux conceptions, défend de les prendre d'une manière trop absolue et trop exclusive. L'idée de l'infini est une des plus fondamentales de la nature humaine, si elle n'est pas toute la nature humaine; et pourtant l'homme ne fût point arrivé à comprendre dans sa réalité l'infini des choses, si l'étude expérimentale du monde ne l'y eût amené. Certes, ce n'est pas le télescope qui lui a révélé l'infini ; mais c'est le télescope qui l'a conduit aux limites extrêmes, au delà desquelles est encore l'infini des mondes. La géologie, en apprenant à l'homme l'histoire de notre globe, l'époque de l'apparition de l'humanité, les conditions de cette apparition et des créations qui l'ont précédée, n'a-t-elle pas introduit dans la philosophie un élément tout aussi essentiel ? La physique et la chimie ont plus fait pour la connaissance de la constitution intime des corps que toutes les spéculations des anciens et modernes philosophes sur les qualités abstraites de la matière, son essence, sa divisibilité. La physiologie et l'anatomie comparées, la zoologie, la botanique, sont à mes yeux les sciences qui apprennent le plus de choses sur l'essence de la vie, et c'est là que j'ai puisé le plus d'éléments pour ma manière d'envisager l'individualité et le mode de conscience résultant de l'organisme. Les mathématiques elles-mêmes, bien que n'apprenant rien sur la réalité, fournissent des moules précieux pour la pensée, et nous présentent, dans la raison pure en action, le modèle de la plus parfaite logique. Mais je ne veux pas insister plus longtemps sur des choses que je ne connais pas d'une manière spéciale, et je reviens à mon idée fondamentale d'une *philosophie critique*.

Le plus haut degré de culture intellectuelle est, à mes yeux, de *comprendre l'humanité*. Le physicien comprend la nature, non pas sans doute dans tous ses phénomènes, mais enfin dans ses lois générales, dans sa physionomie vraie. Le physicien est le critique de la nature ; le philosophe est le critique de l'humanité. Là où le vulgaire voit fantaisie et miracle, le physicien et le philosophe voient des lois et de la raison. Or cette intuition vraie de l'humanité, qui n'est au fond que la critique, la science historique et philologique peut seule la donner. Le premier pas de la science de l'humanité est de distinguer deux phases dans la pensée humaine : l'âge primitif, âge de spontanéité, où les facultés, dans leur fécondité créatrice, sans se regarder elles-mêmes, par leur tension intime, atteignaient un objet qu'elles n'avaient pas visé ; et l'âge de réflexion, où l'homme se regarde et se possède lui-même, âge de combinaison et de pénibles procédés, de connaissance antithétique et controversée. Un des services que M. Cousin a rendus à la philosophie a été d'introduire parmi nous cette distinction et de l'exposer avec son admirable lucidité. Mais ce sera la science qui la démontrera définitivement, et l'appliquera à la solution des plus beaux problèmes. L'histoire primitive, les épopées et les poésies des âges spontanés, les religions, les langues n'auront de sens que quand cette grande distinction sera devenue monnaie courante. Les énormes fautes de critique que l'on commet d'ordinaire en appréciant les œuvres des premiers âges viennent de l'ignorance de ce principe et de l'habitude où l'on est de juger tous les âges de l'esprit humain sur la même mesure. Soit, par exemple, l'origine du langage. Pourquoi débite-t-on sur cette importante question philosophique tant d'absurdes raisonnements? Parce que l'on applique aux époques primitives des considérations qui n'ont de sens que pour notre âge de réflexion. Quand les plus grands philosophes, dit-on, sont impuissants à analyser le langage, comment les premiers hommes auraient-ils pu le créer? L'objection ne porte que contre une invention réfléchie. L'action spontanée n'a pas besoin d'être précédée de la vue analytique. Le mécanisme de l'intelligence est d'une analyse plus difficile encore, et pourtant, sans connaître cette analyse, l'homme le plus simple sait en faire jouer tous les ressorts. C'est que les mots *facile* et *difficile* n'ont plus de sens, appliqués au spontané. L'enfant qui apprend sa langue, l'humanité qui crée la science, n'éprouvent pas plus de difficulté que la plante qui germe, que le corps organisé qui arrive à son complet développement. Partout c'est le Dieu caché, la force universelle, qui, agissant durant le sommeil ou en l'absence de l'âme individuelle, produit ces merveilleux effets, autant au-dessus de l'artifice humain, que la puissance infinie dépasse les forces limitées.

C'est pour n'avoir pas compris cette force créatrice de la raison spontanée qu'on s'est laissé aller à d'étranges hypothèses sur les origines de l'esprit humain. Quand le Condillac catholique, M. de Bonald, conçoit l'homme primitif sur le modèle d'une statue impuissante, sans originalité ni initiative, sur laquelle Dieu *plaque*, si j'ose le dire, le langage, la morale, la pensée (comme si on pouvait faire comprendre et parler une souche inintelligente en lui parlant, comme si une telle révélation ne supposait la capacité intérieure de comprendre, comme si la faculté de recevoir n'était pas corrélative à celle de produire), il n'a fait que continuer le xviii° siècle et nier l'originalité interne de l'esprit. Il est également faux de dire que l'homme a créé avec réflexion et délibération le langage, la religion, la morale, et de dire que ces attributs divins de sa nature lui ont été révélés. Tout est l'œuvre de la raison spontanée et de cette activité intime et cachée, qui, nous dérobant le moteur, ne nous laisse voir que les effets. A cette limite, il devient indifférent d'attribuer la causalité à Dieu ou à l'homme. Le spontané est à la fois divin et humain. Là est le point de conciliation des opinions en apparence contradictoires, mais qui ne sont que partielles en leur expression, selon qu'elles s'attachent à une face du phénomène plutôt qu'à l'autre.

Les paralogismes que l'on commet sur l'histoire des religions et sur leurs origines tiennent à la même cause. Les grandes apparitions religieuses présentent une foule de faits inexplicables pour celui qui n'en cherche pas la cause au-dessus de l'expérience vulgaire. La formation de la légende de Jésus et tous les faits primitifs du christianisme seraient inexplicables dans le milieu où nous vivons. Que ceux qui se font des lois de l'esprit humain une idée étroite et mesquine, qui ne comprennent rien au delà de la vulgarité d'un salon ou des étroites limites du bon sens ordinaire ; que ceux qui n'ont pas compris la fière originalité des créations spontanées de la nature humaine, que ceux-là se gardent d'aborder un tel problème, ou se contentent d'y jeter timidement la commode solution du surnaturel. Pour comprendre ces apparitions extraordinaires, il faut être endurci aux miracles ; il faut s'élever au-dessus de notre âge de réflexion et de lente combinaison pour contempler les facultés humaines dans leur originalité créatrice, alors que, méprisant nos pénibles procédés, elles tiraient de leur plénitude le sublime et le divin. Alors c'était l'âge des miracles psychologiques. Supposer du surnaturel pour expliquer ces merveilleux effets, c'est faire injure à la nature humaine, c'est prouver qu'on ignore les forces cachées de l'âme, c'est faire comme le vulgaire, qui voit des miracles dans les effets *extraordinaires*, dont la science explique le mystère. Dans tous les ordres, le miracle n'est qu'apparent, le miracle n'est que l'inexpliqué. Plus on approfondira la haute psychologie de l'humanité primitive, plus on percera les origines de l'esprit humain, plus on trouvera de merveilles, merveilles d'autant plus admirables qu'il n'est pas besoin pour les produire d'un Dieu-machine toujours immiscé dans la marche des choses, mais qu'elles sont le développement régulier de lois immuables comme la raison et le parfait.

L'homme spontané voit la nature et l'histoire avec les yeux de l'enfance : l'enfant projette sur toutes choses le merveilleux qu'il trouve en son âme. Sa curiosité, le vif intérêt qu'il prend à toute combinaison nouvelle viennent de sa foi au merveilleux. Blasés par l'expérience, nous n'attendons rien de bien extraordinaire ; mais l'enfant ne sait ce qui va sortir. Il croit plus au possible, parce qu'il connaît moins le réel. Cette charmante petite ivresse de la vie qu'il porte en lui-même lui donne le vertige ; il ne voit le monde qu'à travers une vapeur doucement colorée ; jetant sur toutes choses un curieux et joyeux regard, il sourit à tout, tout lui sourit. De là ses joies et aussi ses terreurs : il se fait un monde fantastique qui l'enchante ou qui l'effraye ; il n'a pas cette distinction qui, dans l'âge de la réflexion, sépare si nettement le moi et le non-moi, et nous pose en froids observateurs vis-à-vis de la réalité. Il se mêle à tous ses récits : le narré simple et objectif du fait lui est impossible ; il ne sait point l'isoler du jugement qu'il en a porté et de l'impression personnelle qui lui en est restée. *Il ne raconte pas les choses, mais les imaginations qu'il s'est faites à propos des choses, ou plutôt il se raconte lui-même.* L'enfant se crée à son tour tous les mythes que l'humanité s'est créés : toute fable qui frappe son imagination est par lui acceptée ; lui-même s'en improvise d'étranges, et puis se les affirme. (111). Tel est le procédé de l'esprit humain aux époques mythiques. Le rêve pris pour une réalité et affirmé comme tel. Sans préméditation mensongère, la fable naît d'elle-même ; aussitôt née, aussitôt acceptée, elle va se grossissant comme la boule de neige ; nulle critique n'est là pour l'arrêter. Et ce n'est pas seulement aux origines de l'esprit humain que l'âme se laisse jouer par cette aimable duperie : la fécondité du merveilleux dure jusqu'à l'avènement définitif de l'âge scientifique, seulement avec moins de spontanéité, et en s'assimilant plus d'éléments historiques.

Voilà un principe susceptible de devenir la base de toute une philosophie de l'esprit humain, et autour duquel se groupent les résultats les plus importants de la critique moderne. La chronologie n'est presque rien dans l'histoire de l'humanité. Un concours de causes peut obscurcir de nouveau la réflexion et faire revivre les instincts des premiers jours. Voilà comment, à la veille des temps modernes, et après les grandes civilisations de l'antiquité, le moyen âge a rappelé de nouveau les temps homériques et l'âge de l'enfance de l'humanité. La théorie du primitif de l'esprit humain, si indispensable pour la connaissance de l'esprit humain lui-même, est notre grande découverte, et a introduit dans la science philosophique des données profondément nouvelles. La vieille école cartésienne prenait l'homme d'une façon abstraite, générale, uniforme. On faisait l'histoire de l'individu, comme quelques Allemands font encore l'histoire de l'humanité, *a priori* et sans s'embarrasser des nuances que les faits seuls peuvent révéler. Que dis-je, son histoire? il n'y avait pas d'histoire pour cet être sans génialité propre, qui voyait tout en Dieu, comme les anges. Tout était dit quand on s'était demandé s'il pense toujours, si les sens le trompent, si les corps existent, si les bêtes ont une âme. Et que pouvaient savoir de l'homme vivant et sentant ces durs personnages en robe longue des parlements, de Port-Royal, de l'Oratoire, coupant l'homme en deux parties, *le corps*, *l'âme*, sans lien ni passage entre les deux, se défendant par là d'étudier la vie dans sa parfaite naïveté (112)? On raconte d'étranges choses de l'insensibilité et de la dureté de Malebranche, et cela devait être. Ce n'est pas dans le monde abstrait de la raison pure qu'on devient sympathique à la vie; tout ce qui touche et émeut tient toujours un peu au corps. Pour nous, nous avons transporté le champ de la science de l'homme. C'est sa vie que nous voulons savoir;

or, la vie, c'est le corps et l'âme, non pas posés vis-à-vis l'un de l'autre comme deux horloges qui battent ensemble, non pas soudés comme deux métaux différents, mais unifiés dans un grand phénomène à deux faces, qu'on ne peut scinder sans le détruire.

Notre science de l'homme n'est donc plus une abstraction, quelque chose qui peut se faire *a priori* et par des considérations générales; c'est l'expérimentation universelle de la vie humaine, et par conséquent l'étude de tous les produits de son activité, surtout de son activité spontanée. Je préfère aux plus belles disquisitions cartésiennes la théorie de la poésie primitive et de *l'épopée* nationale, telle que Wolf l'avait entrevue, telle que l'étude comparée des littératures l'a définitivement arrêtée. Si quelque chose peut faire comprendre la portée de la critique et l'importance des découvertes qu'on doit en attendre, c'est assurément d'avoir expliqué par les mêmes lois Homère et le Ramayana, les Niebelungen et le Schahnameh, les romances du Cid, nos chansons de Gestes, les chants héroïques de l'Écosse et de la Scandinavie (113)! Il y a des traits de l'humanité susceptibles d'être fixés une fois pour toutes, et pour lesquels les peintures les plus anciennes sont les meilleures. Homère, la Bible et les Védas seront éternels. On les lira, lorsque les œuvres intermédiaires seront tombées dans l'oubli; ce seront à jamais les livres sacrés de l'humanité. Aux deux phases de la pensée humaine correspondent, en effet, deux sortes de littératures : — littératures primitives, jets naïfs de la spontanéité des peuples, fleurs rustiques mais naturelles, expressions immédiates du génie et des traditions nationales ; — littératures réfléchies, bien plus individuelles, et pour lesquelles les questions d'authenticité et d'intégrité, impertinentes quand il s'agit des littératures primitives, ont leur pleine signification. Ainsi se trouvent placés aux deux pôles de la pensée des poèmes habitués autrefois à se trouver côte à côte, comme l'Iliade et l'Énéide.

La théorie générale des mythologies, telle que Heyne, Niebuhr, Ottfried Müller, Bauer, Strauss l'ont établie, se rattache au même ordre de recherches, et suppose le même principe. Les mythologies ne sont plus pour nous des séries de fables absurdes et parfois ridicules, mais de grands poèmes divins, où les nations primitives ont déposé leurs rêves sur le monde suprasensible. Elles valent mieux en un sens que l'histoire ; car, dans l'histoire, il y a une portion fatale et fortuite, qui n'est pas l'œuvre de l'humanité, au lieu que, dans les fables, tout lui appartient ; c'est son portrait peint par elle-même. La fable est libre, l'histoire ne l'est pas. Le *Livre des rois*, de Firdousi, est sûrement une bien mauvaise *histoire* de la Perse ; et pourtant ce beau poème nous représente mieux le génie de la Perse que ne le ferait l'histoire la plus exacte ; il nous donne ses légendes et ses traditions épiques, c'est-à-dire son âme. Les érudits regrettent fort que l'Inde ne nous ait laissé aucune histoire. Mais en vérité nous avons mieux que son histoire ; nous avons ses livres sacrés, sa philosophie. Cette histoire ne serait sans doute, comme toutes les histoires de l'Orient, qu'une sèche nomenclature de rois, une série de faits insignifiants. Ne vaut-il pas mieux posséder directement ce qu'il faut péniblement extraire de l'histoire, ce qui seul en fait la valeur, l'esprit de la nation ?

Les races les plus philosophiques sont aussi les plus mythologiques. L'Inde présente l'étonnant phénomène de la plus riche mythologie à côté d'un développement métaphysique bien supérieur à celui de la Grèce, peut-être même à celui de l'Allemagne. Les trois caractères qui distinguent les peuples indo-germaniques des peuples sémitiques sont que les peuples sémitiques n'ont *ni philosophie*, — *ni mythologie*, — *ni épopée* (114) : trois choses au fond très connexes et tenant à une façon toute diverse d'envisager le monde. Les Sémites n'ont jamais conçu le sexe en Dieu ; le féminin du mot Dieu ferait en hébreu le plus étrange barbarisme (115). Par là ils se sont coupé la possibilité de la mythologie et de l'épopée divine ; la variété d'intrigues ne pouvant avoir lieu sous un Dieu unique et souverain absolu. Sous un tel régime, la lutte n'est pas possible. Le Dieu de Job, ne répondant à l'homme que par des coups de tonnerre, est très poétique, mais nullement épique. Il est trop fort, il écrase du premier coup. Les anges n'offrent aucune variété individuelle, et tous les efforts ultérieurs pour leur donner une physionomie (archanges, séraphins, etc.) n'ont abouti à rien de caractérisé. Et puis quel intérêt prendre à des *messagers*, à des *ministres*, sans initiative, ni passion ? Sous le régime de Jéhova, la création mythologique ne pouvait aboutir qu'à des exécuteurs de ses ordres. Aussi le rôle des anges est-il en général froid et monotone, comme celui des messagers et des confidents. La variété est l'élément qui manque le plus radicalement aux peuples d'origine sémitique : leurs poésies originales ne peuvent dépasser un volume. Les thèmes sont peu nombreux et vite épuisés. Ce Dieu isolé de la nature, cette nature que Dieu a faite ne prêtent point à l'incident et à l'histoire. Quelle distance de cette vaste divinisation des forces naturelles, qui est le fond des grandes mythologies, à cette étroite conception d'un monde façonné comme un vase entre les mains du potier. Et c'est là que nous avons été nous égarer pour chercher notre théologie ! Certes cette façon de concevoir les choses est simple et majestueuse ; mais combien elle est pâle auprès de ces grandes évolutions de Pan que la race indo-germanique, à ses débuts poétiques comme à son terme, a si bien su comprendre !

Parmi les sciences secondaires qui doivent servir à constituer la science de l'humanité, aucune n'a autant d'importance que la théorie philosophique et comparée des langues. Quant on songe que cette admirable science ne compte guère encore qu'une génération de travaux, et que déjà pourtant elle a amené de si précieuses découvertes, on ne peut assez s'étonner qu'elle soit si peu cultivée et si peu comprise. Est-il croyable qu'il n'existe pas dans toute l'Europe une seule chaire de linguistique et que le Collège de France, qui met sa gloire à représenter dans son enseignement l'ensemble de l'esprit humain, n'ait pas de chaire pour une des branches les plus importantes de la connaissance humaine que le XIX° siècle ait créées ? Quel résultat historique que la classification des langues en familles, et surtout la formation de ce groupe dont nous faisons partie et dont les rameaux s'étendent depuis l'île de Ceylan jusqu'au fond de la Bretagne ! Quelles lumières pour l'ethnographie, pour l'histoire primitive, pour les origines de l'humanité ! Quel résultat philosophique que la reconnaissance des lois qui ont présidé au développement du langage, à la transformation de ses mécanismes, aux décompositions et recompositions perpétuelles qui forment son histoire ! Le progrès analytique de la pensée eût-il été scientifiquement reconnu, si les langues ne nous eussent montré, comme dans un miroir, l'esprit humain marchant sans cesse de la synthèse ou de la complexité primitive à l'analyse et à la clarté ? N'est-ce pas l'étude des langues primitives qui nous a révélé les caractères primitifs de l'exercice de la pensée, la prédominance de la sensation, et cette sympathie profonde qui unissait alors l'homme et la nature ? Quel tableau, enfin, de l'esprit humain vaut celui que fournit l'étude comparée des procédés par lesquels les races diverses ont exprimé les nexes différents de la pensée ? Je ne connais pas de plus beau chapitre de psychologie que les dissertations de M. de Humboldt sur le duel, sur les adverbes de lieu, ou celles que l'on pourrait faire sur la comparaison des conjugaisons sémitique et indo-germanique, sur la théorie générale des pronoms, sur la formation des radicaux, sur la dégradation insensible et l'existence rudimentaire des procédés grammaticaux dans les diverses familles, etc. Ce qu'on ne peut trop répéter, c'est que, par les langues, nous touchons le primitif. Les langues, en effet, ne se créent pas de procédés nouveaux, pas plus qu'elles ne se créent de racines nouvelles. Tout progrès pour elles consiste à développer tel ou tel procédé, à faire dévier le sens des radicaux, mais nullement à en ajouter de nouveaux. Le peuple et les enfants seuls ont le privilège de créer des mots et des tours sans antécédent, pour leur usage individuel. Jamais l'homme réfléchi ne se met à combiner arbitrairement des sons pour désigner une idée nouvelle, ni à créer une forme grammaticale pour exprimer un nexe nouveau. Il suit de là que toutes les racines des familles diverses ont eu leur raison dans la façon de sentir des peuples primitifs, et que tous les procédés grammaticaux proviennent directement de la manière dont chaque race traita la pensée ; que le langage, en un mot, par toute sa construction, remonte aux premiers jours de l'homme, et nous fait toucher les origines. Je suis convaincu, pour ma part, que la langue que parlèrent les premiers êtres pensants de la race sémitique différait très peu du type commun de toutes ces langues, tel qu'il se présente dans l'hébreu ou le syriaque. Il est indubitable, au moins, que les racines de ces idiomes, les racines qui forment encore aujourd'hui le fond d'une langue parlée sur une grande partie du globe, furent les premières qui retentirent dans les poitrines fortes et profondes des pères de cette race. Et, quoiqu'il semble paradoxal de soutenir la même chose pour nos langues métaphysiques, tourmentées par tant de révolutions, on peut affirmer sans crainte qu'elles ne renferment pas un mot, pas un procédé qu'on ne puisse rattacher par une filiation directe aux premières impressions des premiers enfants de Dieu. Songeons donc, au nom du ciel, à ce que nous avons entre les mains, et travaillons à déchiffrer cette médaille des anciens jours.

On se figure d'ordinaire les lois de l'évolution de l'esprit humain comme beaucoup trop simples. Il y a un extrême danger à donner une valeur historique et chronologique aux évolutions que l'on conçoit comme ayant dû être successives, à supposer, par exemple, que l'homme débute par l'anthropophagie, parce que cet état est conçu comme le plus grossier. La réalité est autrement variée. Il n'y a pas de penseur qui en réfléchissant sur l'histoire de l'humanité n'arrive à sa formule ; ces formules ne coïncident pas, et pourtant ne sont pas contradictoires. C'est qu'en effet il n'y a pas dans l'humanité deux développements absoluments identiques (116). Il y a des lois, mais des lois très profondes ; on n'en voit jamais l'action simple, le résultat est toujours compliqué de circonstances accidentelles. Les noms généraux par lesquels on désigne les phases diverses de l'esprit ne s'appliquent jamais d'une manière parfaitement *univoque*, comme disait l'école, à deux états divers. « La ligne de l'humanité, dit Herder, n'est ni droite, ni uniforme ; elle s'égare dans toutes les directions, présente toutes les courbures et tous les angles. Ni l'asymptote, ni l'ellipse, ni la cycloïde ne peuvent nous en représenter la loi. » Les relations des choses ne sont pas sur un plan, mais dans l'espace. Il y a des dimensions dans la pensée comme dans l'étendue. De même qu'une classification n'explique qu'une seule série linéaire des êtres, et en néglige forcément plusieurs tout aussi réelles qui croisent la première et exigeraient une classification à part, de même toutes les lois n'expriment qu'un seul système de relations, et en omettent nécessairement mille autres. C'est comme un corps à trois dimensions projeté sur un plan. Certains traits seront conservés, d'autres altérés, d'autres complètement omis. Le moyen âge ressemble par certains côtés aux temps homériques, et qui voudrait pourtant appliquer à des états si divers la même dénomination ? Chacun saisit dans ce vaste tableau un trait, une physionomie, un jet de lumière ; nul ne saisit l'ensemble et la signification du tout. Un voyageur a traversé la France du nord au sud ; un autre de l'est à l'ouest ; un autre suivant une autre ligne ; chacun d'eux donne sa relation comme la description complète de la France ; voilà l'image exacte de ce qu'ont fait jusqu'ici ceux qui ont tenté de présenter un système de philosophie de l'histoire (117). Une carte de géographie n'est possible que quand le pays qu'il s'agit de représenter a été exploré dans tous les sens. Or, qu'on y songe, l'histoire est la vraie philosophie du xixe siècle. Notre siècle n'est pas métaphysique. Il s'inquiète peu de la discussion intrinsèque des questions. Son grand souci, c'est l'histoire, et surtout l'histoire de l'esprit humain. C'est ici le point de séparation des écoles : on est philosophe, on est croyant, selon la manière dont on envisage l'histoire ; on croit à l'humanité, on n'y croit pas selon le système qu'on s'est fait de son histoire. Si l'histoire de l'esprit humain n'est qu'une succession de systèmes qui se renversent, il n'y a qu'à se jeter dans le scepticisme ou dans la foi. Si l'histoire de l'esprit humain est la marche vers le vrai, entre deux oscillations qui restreignent de plus en plus le champ de l'erreur, il faut bien espérer de la raison. Chacun, de nos jours, est ce qu'il est par la façon dont il entend l'histoire.

L'étude comparée des religions, quand elle sera définitivement établie sur la base solide de la critique, formera le plus beau chapitre de l'histoire de l'esprit humain, entre l'histoire des mythologies et l'histoire des philosophies. Comme les philosophies, les religions répondent aux besoins spéculatifs de l'humanité. Comme les mythologies, elles renferment une large part d'exercice spontané et irréfléchi des facultés humaines. De là leur inappréciable valeur aux yeux du philosophe. De même qu'une cathédrale gothique est le meilleur témoin du moyen âge, parce que les générations ont habité là en esprit ; de même les religions sont le meilleur moyen pour connaître l'humanité ; car l'humanité y a demeuré ; ce sont des tentes abandonnées où tout décèle la trace de ceux qui y trouvèrent un abri. Malheur à qui passe indifférent auprès de ces masures vénérables, à l'ombre desquelles l'humanité s'est si longtemps abritée, et où tant de belles âmes trouvent encore des consolations et des terreurs ! Lors même que le toit serait percé à jour et que l'eau du ciel viendrait mouiller la face du croyant agenouillé, la science aimerait à étudier ces ruines, à décrire toutes les statuettes qui les ornent, à soulever les vitraux qui n'y laissent entrer qu'un demi-jour mystérieux, pour y introduire le plein soleil, et étudier à loisir ces admirables pétrifications de la pensée humaine.

L'histoire des religions est encore presque toute à créer. Mille causes de respect et de timidité empêchent sur ce point la franchise, sans laquelle il n'y a pas de discussion rationnelle, et rendent au fond la position de ces grands systèmes plus défavorable qu'avantageuse aux yeux de la science. Les religions semblent mises au ban de l'humanité ; elles n'arrivent que bien tard à obtenir leur véritable valeur, celle qu'elles méritent aux yeux de la critique, et le silence qu'on garde à leur égard peut faire illusion sur l'importance du rôle qu'elles ont joué dans le développement des idées. Une histoire de la philosophie (118), où Platon occuperait un volume, devrait, ce semble, en consacrer deux à Jésus : et pourtant ce nom n'y sera peut-être pas une fois prononcé. Ce n'est pas la faute de l'historien ; c'est la conséquence de la position de Jésus. Tel est le sort de tout ce qui est arrivé à une consécration religieuse. Combien la *littérature hébraïque*, par exemple, si admirable, si originale, n'a-t-elle pas souffert aux yeux de la science et du goût en devenant la *Bible!* Soit mauvaise humeur, soit reste de superstition, la critique scientifique et littéraire a quelque peine à envisager comme ses objets propres les œuvres qui ont ainsi été séquestrées du profane et du naturel, c'est-à-dire de ce qui est ; et pourtant est-ce la faute de ces œuvres ? L'auteur de ce charmant petit poème, qu'on appelle le *Cantique des Cantiques*, pouvait-il se douter qu'un jour on le tirerait de la compagnie d'Anacréon et de Hafiz pour en faire un inspiré qui n'a chanté que l'amour divin? Il est temps définitivement que la critique s'habitue à prendre son bien partout où elle le trouve, et à ne pas distinguer entre les œuvres de l'esprit humain, lorsqu'il s'agit d'induire et d'admirer. Il est temps que la raison cesse de critiquer les religions comme des œuvres étrangères, élevées contre elle par une puissance rivale, et qu'elle se reconnaisse enfin dans tous les produits de l'humanité, sans distinction ni antithèse. Il est temps que l'on proclame qu'une seule cause a tout fait dans l'ordre de l'intelligence, c'est l'esprit humain, agissant toujours d'après des lois identiques, mais dans des milieux divers. A entendre certains rationalistes, on serait tenté de croire que les religions sont venues du ciel se poser en face de la raison pour le plaisir de la contrecarrer ; comme si la nature humaine n'avait pas tout fait par des faces différentes d'elle-même ! Sans doute on peut opposer religion et philosophie, comme on oppose deux systèmes, mais en reconnaissant qu'elles ont la même origine et posent sur le même terrain. La vieille polémique semblait concéder que les religions sont d'une autre origine, et par là elle était amenée à les injurier. En étant plus hardi, on sera plus respectueux.

La haute placidité de la science n'est possible qu'à la condition de l'impartiale critique, qui, sans aucun égard pour les croyances d'une portion de l'humanité, manie avec l'inflexibilité du géomètre, sans colère comme sans pitié, son imperturbable instrument. Celui qui injurie n'est pas un critique. Quand nous en serons venus au point que l'histoire de Jésus soit aussi libre que l'histoire de Buddha et de Mahomet, on ne songera point à adresser de durs reproches à ceux que des circonstances fatales ont privés du jour de la critique. Je suis sûr que M. Eugène Burnouf ne s'est jamais pris de colère contre les auteurs de la vie fabuleuse de Buddha, et que ceux qui, parmi les Européens, ont écrit l'histoire de Mahomet, n'ont jamais ressenti un bien violent dépit contre Abulféda et les auteurs musulmans qui ont écrit en vrais croyants la vie de leur prophète.

Les apologistes soutiennent que ce sont les religions qui ont fait toutes les grandes choses de l'humanité, et ils ont raison. Les philosophes croient travailler pour l'honneur de la philosophie en abaissant les religions, et ils ont tort. Pour nous autres, qui ne plaidons qu'une seule cause, la cause de l'esprit humain, notre admiration est bien plus libre. Nous croirions nous faire tort à nous-mêmes en n'admirant pas quelque chose de ce que l'esprit humain a fait. Il faut critiquer les religions comme on critique les poèmes primitifs. Est-on de mauvaise humeur contre Homère ou Valmiki, parce que leur manière n'est plus celle de notre âge ?

Personne, grâce à Dieu, n'est plus tenté, de nos jours, d'aborder les religions avec cette dédaigneuse critique du xviii° siècle, qui croyait tout expliquer par des mots d'une clarté superficielle, superstition, crédulité, fanatisme. Aux yeux d'une critique plus avancée, les religions sont les philosophies de la spontanéité, philosophies amalgamées d'éléments hétérogènes, comme l'aliment, qui ne se compose pas seulement de parties nutritives. En apparence la fine fleur serait préférable, mais l'estomac ne pourrait la supporter. Des formules exclusivement scientifiques ne fourniraient qu'une nourriture sèche, et cela est si vrai que toute grande pensée philosophique se combine d'un peu de mysticisme, c'est-à-dire de fantaisie et de religion individuelle.

Les religions sont ainsi l'expression la plus pure et la plus complète de la nature humaine, le coquillage où se moulent ses formes, le lit où elle se repose et laisse empreintes les sinuosités de ses contours. Les religions et les langues devraient être la première étude du psychologue. Car l'humanité est bien plus facile à reconnaître dans ses produits que dans son essence abstraite, et dans ses produits spontanés que dans ses produits réflexes. La science, étant tout objective, n'a rien d'individuel et de personnel : les religions, au contraire, sont par leur essence individuelles, nationales, subjectives en un mot. Les religions ont été formées à une époque où l'homme se mettait dans toutes ses œuvres. Prenez un ouvrage de science moderne, l'*Astronomie physique* de M. Biot ou la *Chimie* de M. Regnault : c'est l'objectivité la plus parfaite; l'auteur est complètement absent; l'œuvre ne porte aucun cachet national ni individuel; c'est une œuvre intellectuelle, et non une œuvre humaine. La science populaire, et à beaucoup d'égards la science ancienne, ne voyaient l'homme qu'à travers l'homme, et le teignaient de couleurs tout humaines. Longtemps encore après que les modernes se furent créé des moyens d'observation plus parfaits, il resta de nombreuses causes d'aberration, qui défaçonnaient et altéraient de couleurs étrangères les contours des objets. La lunette, au contraire, avec laquelle les modernes voient le monde est du plus parfait achromatisme. S'il y a d'autres intelligences que celle de l'homme, nous ne concevons pas qu'elles puissent voir autrement. Les œuvres scientifiques ne peuvent donc en aucune façon donner une idée de l'originalité de la nature humaine ni de son caractère propre, tandis qu'une œuvre où la fantaisie et la sensibilité ont une large part est bien plus humaine, et par conséquent plus adaptée à l'étude expérimentale des instincts de la nature psychologique.

De là l'immense intérêt de tout ce qui est religieux et populaire, des récits primitifs, des fables, des croyances superstitieuses. Chaque nation y dépense de son âme, les crée de sa substance. Tacite, quel que soit son talent pour peindre la nature humaine, renferme moins de vraie psychologie que la narration naïve et crédule des Évangiles. C'est que la narration de Tacite est objective; il raconte ou cherche à raconter les choses et leurs causes telles qu'elles furent en effet; la narration des évangélistes au contraire est subjective : ils ne racontent pas les choses, mais le jugement qu'ils ont porté des choses, la façon dont ils les ont appréciées. Qu'on me permette un exemple : En passant le soir auprès d'un cimetière, j'ai été poursuivi par un feu follet; en racontant mon aventure, je m'exprimerai de la sorte : « Le soir en passant auprès du cimetière, j'ai été poursuivi par un feu follet ». Une paysanne au contraire, qui a perdu son frère quelques jours auparavant, et à laquelle sera arrivée la même aventure, s'exprimera ainsi : « Le soir en passant auprès du cimetière, j'ai été poursuivie par l'âme de mon frère ». Voilà deux narrations du même fait, parfaitement véraces. Qu'est-ce donc qui fait leur différence ? C'est que la première raconte le fait dans sa réalité toute nue, et que la seconde mêle à ce récit un élément subjectif, une appréciation, un jugement, une manière de voir du narrateur. La première narration était simple; la seconde est complexe et mêle à l'affirmation du fait un jugement de cause (119). Toutes les narrations des âges primitifs étaient subjectives : celles des âges réfléchis sont objectives. La critique consiste à retrouver, dans la mesure du possible, la couleur réelle des faits d'après les couleurs réfractées à travers le prisme de la nationalité ou de l'individualité des narrateurs.

La vraie histoire de la philosophie est donc l'histoire des religions. L'œuvre la plus urgente pour le progrès des sciences de l'humanité serait donc une théorie philosophique des religions. Or comment une telle théorie serait-elle possible sans l'érudition ? L'islamisme est certes bien connu des arabisants : nulle religion ne se laisse toucher d'aussi près, et pourtant, dans les livres vulgaires, l'islamisme est encore l'objet des fables les plus absurdes et des appréciations les plus fausses. L'islamisme, pourtant, bien qu'il soit la plus faible des religions au point de vue de l'originalité créatrice (la sève était déjà épuisée), est d'une importance majeure dans cette étude comparée, parce que nous avons des documents authentiques sur ses origines; ce que nous n'avons pour aucune autre religion. Les faits primitifs de l'apparition des religions se passant tous dans le spontané, ne laissant aucune trace. La religion ne commence à avoir conscience d'elle-même que quand elle est déjà adulte et développée, c'est-à-dire quand les faits primitifs ont disparu pour jamais. Les religions, non plus que l'homme individuel, ne se rappellent leur enfance, et il est bien rare que des documents étrangers viennent lever l'obscurité qui entoure leur berceau. L'islamisme seul fait exception à cet égard : il est né en pleine histoire; les traces des disputes qu'il dut traverser et de l'incrédulité qu'il dut combattre existent encore. Le Coran n'est d'un bout à l'autre qu'une argumentation sophistique. Il y avait dans Mahomet beaucoup de réflexion et même un peu de ce qu'on pourrait à la rigueur appeler *imposture* (120). Les faits qui suivirent l'établissement de l'islamisme, et qui sont si propres à montrer comment les religions se consolident, sont tous aussi du domaine de l'histoire.

Le buddhisme n'a pas cet avantage. L'induction et la conjecture auront une large part dans l'histoire de ses origines. Mais quelles inappréciables lumières ne fournira pas, pour découvrir les lois d'une formation religieuse, ce vaste développement, si analogue au christianisme, qui de l'Inde a envahi une moitié de l'Asie, et envoyé des missionnaires depuis les terres séleucides jusqu'au fond de la Chine. Le problème du christianisme primitif ne sera parfaitement mûr que le jour où M. Eugène Burnouf aura terminé son *Introduction à l'histoire du buddhisme indien*.

Or le livre le plus important du xixe siècle devrait avoir pour titre : *Histoire critique des origines du christianisme*. OEuvre admirable que j'envie à celui qui la réalisera, et qui sera celle de mon âge mûr, si la mort et tant de fatalités extérieures qui font souvent dévier si fortement les existences ne viennent m'en empêcher ! On s'obstine à répéter sur ce sujet des lieux communs pleins d'inexactitude. On croit avoir tout dit quand on a parlé de fusion du judaïsme, du platonisme et de l'orientalisme, sans qu'on sache ce que c'est qu'orientalisme, et sans qu'on puisse dire comment Jésus et les apôtres avaient reçu quelque tradition de Platon. C'est qu'on n'a point encore songé à chercher les origines du christianisme là où elles sont en effet, dans les livres deutéro-canoniques, dans les apocryphes d'origine juive, dans la Mischna, dans le *Pirké Avoth*, dans les œuvres des judéo-chrétiens. On cherche le christianisme dans les œuvres des Pères platoniciens qui ne représentent qu'un second moment de son existence. Le christianisme est primitivement un fait juif, comme le buddhisme un fait indien, bien que le christianisme, comme le buddhisme, se soit vu presque exterminé des pays où il naquit, et que le mélange des éléments étrangers ait pu faire douter de son origine.

Pour moi, si j'entreprenais jamais ce grand travail, je commencerais par un catalogue exact des sources, c'est-à-dire de tout ce qui a été écrit en Orient depuis l'époque de la captivité des juifs à Babylone jusqu'au moment où le christianisme apparaît définitivement constitué, sans oublier le secours si important des monuments, pierres gravées, etc. Puis je consacrerais un volume à la critique de ces sources. Je prendrais l'un après l'autre les fragments de Daniel écrits au temps des Macchabées, le livre de la Sagesse, les paraphrases chaldéennes, le Testament des douze patriarches, les livres du Nouveau Testament, la Mischna, les apocryphes, etc., et je chercherais à déterminer, par la plus scrupuleuse critique, l'époque précise, le lieu, le milieu intellectuel où furent composés ces ouvrages. Cela fait, je me baserais uniquement sur ces données pour former mes idées, en faisant abstraction complète de toutes les imaginations qu'on s'est faites par induction et sur de vagues analogies. Sans doute la connaissance universelle de l'esprit humain serait nécessaire pour cette histoire. Mais il faut prendre garde de transformer les analogies en emprunts réciproques, quand l'histoire ne dit rien sur la réalité de ces emprunts. Nos critiques français, qui n'ont étudié que le monde grec et latin, ont peine à comprendre que le christianisme ait été d'abord un fait exclusivement juif. Le christianisme est à leurs yeux l'œuvre de l'humanité entière, Socrate y a préludé, Platon y a travaillé, Térence et Virgile sont déjà chrétiens, Sénèque plus encore. Cela est vrai, parfaitement vrai, pourvu qu'on sache l'entendre. Le christianisme n'est réellement devenu ce qu'il est que quand l'humanité l'a *adopté* comme expression des besoins et des tendances qui la travaillaient depuis longtemps. Le christianisme, tel que nous l'avons, renferme en effet des éléments de toute date et de tout pays. Mais ce qu'il importe de mettre en lumière, ce qui n'est pas suffisamment remarqué, c'est que le germe primitif est tout juif; c'est qu'il y a simple simultanéité entre l'apparition de Jésus et le christianisme anticipé du monde gréco-latin; c'est que l'Évangile et saint Paul doivent être expliqués par le Talmud et non par Platon (121). La terre où le christianisme puisa son suc et étendit ses racines, c'est l'humanité, et surtout le monde gréco-latin; mais le noyau d'où l'arbre est sorti est tout juif. C'est l'histoire de cette curieuse embryogénie, l'histoire des racines du christianisme, jusqu'au moment où l'arbre sort de terre, tandis qu'il n'est encore que secte juive, jusqu'au moment où il est adopté ou absorbé, si l'on veut, par les nations, que j'ai voulu indiquer ici. Elle est toute à deviner : ni chrétiens, ni juifs, ni païens ne nous ont transmis rien d'*historique* sur cette première apparition ni sur le principal héros Mais la critique peut retrouver l'histoire sous la légende, ou du moins retracer la physionomie caractéristique de l'époque et de ses œuvres. La précision scolastique, ici comme toujours, exclut la critique. On peut s'adresser sur la résurrection, sur les miracles évangéliques, sur le caractère de Jésus et des apôtres une foule de questions auxquelles il est impossible de répondre, en jugeant le premier siècle d'après le nôtre. Si Jésus n'est pas réellement ressuscité, comment la croyance s'en est-elle répandue ? Les apôtres étaient donc des imposteurs ? les évangélistes des menteurs ? Comment les juifs n'ont-ils pas protesté ? Comment...! etc. Toutes questions qui auraient un sens dans notre siècle de réflexion et de publicité, mais qui n'en avaient pas à une époque de crédulité, où ne s'élevait aucune pensée critique (122).

Le premier pas dans l'étude comparée des religions sera, ce me semble, d'établir deux classes bien distinctes parmi ces curieux produits de l'esprit humain : religions organisées, ayant des livres sacrés, des dogmes précis ; religions non organisées, n'ayant ni livres sacrés, ni dogmes, n'étant que des formes plus ou moins pures du culte de la nature, et ne se posant en aucune façon comme des révélations. Dans la première classe rentrent les grandes religions asiatiques : judaïsme, christianisme, islamisme, parsisme, brahmanisme, buddhisme, auxquels on peut ajouter le manichéisme, qui n'est pas seulement une secte ou hérésie chrétienne, comme on se l'imagine souvent, mais une apparition religieuse entée, comme le christianisme, l'islamisme et le buddhisme, sur une religion antérieure. Dans la seconde, devraient être rangés les polythéismes mythologiques de la Grèce, des Scandinaves, des Gaulois, et en général toutes les mythologies des peuples qui n'ont pas eu de livre sacré. A vrai dire, ces cultes méritent à peine le nom de religions ; l'idée de révélation en est profondément absente ; c'est le naturalisme pur, exprimé dans un poétique symbolisme. Il serait convenable peut-être de réserver le nom de religions aux grandes compositions dogmatiques de l'Asie occidentale et méridionale. Quoi qu'il en soit, il est certain que l'existence du livre sacré est le *criterium* qui doit servir à classer les religions, parce qu'il est l'indice d'un caractère plus profond, l'organisation dogmatique. Il est certain aussi que l'Orient nous apparaît comme le sol des grandes religions organisées. L'Orient a toujours vécu dans cet état psychologique où naissent les mythes. Jamais il n'est arrivé à cette clarté parfaite de la conscience qui est le rationalisme. L'Orient n'a jamais compris la véritable grandeur philosophique, qui n'a pas besoin de miracles. Il fait peu de cas d'un sage qui n'est pas thaumaturge (123). Le livre sacré est une production exclusivement asiatique. L'Europe n'en a pas créé un seul (124).

Un autre caractère non moins essentiel, et qui peut servir aussi bien que le livre sacré à distinguer les religions organisées, c'est la tolérance ou l'exclusivisme. Les vieux cultes mythologiques, ne se donnant pas pour la forme absolue de religion, mais se posant comme formes locales, n'excluaient par les autres cultes.

> J'ai mon Dieu, que je sers ; vous servirez le vôtre ;
> Ce sont deux puissants dieux.

Voilà la pure expression de cette forme religieuse. Chaque nation, chaque ville a ses dieux, plus ou moins puissants ; il est tout naturel qu'elle ne serve pas ceux d'une autre ville. Jéhova lui-même n'est souvent que le Dieu de Jacob, ayant pour son peuple les mêmes sentiments de partialité nationale que les autres déités locales. De là ces défis sur la puissance respective des dieux, chaque nation tenant à ce que les siens soient les plus forts, mais qui n'impliquent nullement qu'ils soient seuls dieux. Il en est tout autrement dans le judaïsme à l'époque des prophètes, et en général dans toutes les grandes religions organisées. Jéhova seul est Dieu ; tout le reste n'est qu'idole. De là l'idée d'une *vraie* religion, qui n'avait pas de sens dans les cultes mythologiques. Or, comme la vérité est conçue à ces époques comme une révélation de la Divinité, ce caractère se traduit en *religion révélée* (125).

Enfin les religions organisées se distinguent des cultes mythologiques par un plus grand caractère de fixité et de durée. Il est vrai à la lettre qu'aucune grande religion n'est morte jusqu'ici, et que les plus maltraitées, parsisme, samaritanisme, etc. vivent encore dans la croyance de quelque tribu ou reléguées dans quelque coin du globe.

Ainsi d'une part : religions organisées, se posant comme révélées, absolues, exclusivement vraies, ayant un livre sacré. — De l'autre : religions non organisées, locales, non exclusives, n'ayant pas de livre sacré.

Les grandes religions asiatiques se grouperaient elles-mêmes en trois familles, ou plutôt se rattacheraient à trois souches : 1° famille sémitique (judaïsme, christianisme, islamisme); 2° famille iranienne (parsisme, manichéisme) ; 3° famille indienne (brahmanisme, buddhisme). Dans l'intérieur de chaque famille, les réformes successives n'ont été que les développements d'un fond identique (126).

On ne peut dire rigoureusement que les religions soient une affaire de race, puisque des peuples indo-germaniques ont créé des religions tout aussi bien que les peuples sémitiques. On ne peut nier toutefois que les religions indo-germaniques n'aient un cachet à part. Il s'en faut peu que ce soient des philosophies pures. Buddha ne fut qu'un philosophe ; le brahmanisme n'a guère des religions organisées que le livre sacré, et n'est au fond que l'expression la plus simple du naturalisme. Différence plus remarquable encore : toutes les religions sémitiques sont essentiellement monothéistes ; cette race n'a jamais eu de mythologie développée. Toutes les religions indo-germaniques, au contraire, sont ou le panthéisme ou le dualisme, et possèdent un vaste développement mythologique ou symbolique (127). Il semble que les facultés créatrices des religions aient été chez les peuples en raison inverse des facultés philosophiques. La recherche réfléchie, indépendante, sévère, courageuse, philosophique en un mot, de la vérité, semble avoir été le partage de cette race indo-germanique, qui, du fond de l'Inde jusqu'aux extrémités de l'Occident et du Nord, depuis les siècles les plus reculés jusqu'aux temps modernes, a cherché à expliquer Dieu, l'homme et le monde au sens rationaliste, et a laissé derrière elle comme échelonnés aux divers degrés de son histoire ces systèmes, ces créations philosophiques, toujours et partout soumis aux lois constantes et nécessaires d'un développement logique. Les Sémites, au contraire, qui n'offrent aucune tentative d'analyse, qui n'ont pas produit une seule école de philosophie indigène (128), sont par excellence la race des religions, destinée à leur donner naissance et à les propager. A eux ces élans hardis et spontanés d'âmes encore jeunes, pénétrant sans effort et comme d'un mouvement naturel dans le sein de l'infini, descendant de là toutes trempées d'une rosée divine, puis exhalant leur enthousiasme par un culte, une doctrine mystique, un livre révélé. L'école philosophique a sa patrie sous le ciel de la Grèce et de l'Inde ; le temple et la science sacerdotale, s'expliquant en énigmes et en symboles, voilant la vérité sous le mystère, atteignant souvent plus haut, parce qu'elle est moins inquiète de regarder en arrière et de s'assurer de sa marche, tel est le caractère de la race religieuse et théocratique des Sémites. C'est par excellence le peuple de Dieu. Aussi tout culte leur est-il sacré, et le seul athée est pour eux un non sens, une énigme, un monstre dans l'univers. Ils ont cet instinct moral, ce bon sens pratique et sans grande profondeur d'analyse, mais populaire et facile, qui fait le génie des religions, joint à ce don prophétique qui souvent sait parler de Dieu plus éloquemment et surtout plus abondamment que la science et le rationalisme. Et en effet n'est-il pas remarquable que les trois religions qui jusqu'ici ont joué le plus grand rôle dans l'histoire de la civilisation, les trois religions marquées d'un caractère spécial de durée, de fécondité, de prosélytisme, et liées d'ailleurs entre elles par des rapports si étroits qu'elles semblent trois rameaux d'un même tronc, trois traductions inégalement belles et pures d'une même idée, sont nées toutes les trois en terre sémitique et de là se sont élancées à la conquête de hautes destinées? Il n'y a que quelques lieues de Jérusalem au Sinaï et du Sinaï à la Mecque (128 *bis*).

Toutefois, comme les races diffèrent non par des facultés diverses, mais par l'extension diverse des mêmes facultés, comme ce qui fait le caractère dominant des unes se retrouve chez les autres à l'état rudimentaire, la Grèce présente des germes non équivoques des procédés qui ont créé en Orient des révélateurs, des hommes-dieux et des prophètes. Mais toujours ils ont avorté avant de constituer une véritable tradition religieuse. L'institut de Pythagore, avec ses degrés, ses initiations, ses épreuves, sa teinte prononcée d'ascétisme, rappelle les grands systèmes organisés de l'Asie. Pythagore lui-même ressemble fort à un théurge. Il est infaillible (αὐτὸς ἔφα) ; un disciple blâmé par lui se donne la mort. Il a visité les enfers, et se souvient de ses transmigrations. Lui-même se prête complaisamment ou même donne occasion à ces croyances : il reconnaît dans un temple de la Grèce les armes qu'il a portées au siège de Troie. En Orient, Pythagore eût été Buddha. — Cette couleur est encore bien plus frappante dans Empédocle, qui représente trait pour trait le théurge oriental. Prêtre et poète, comme Orphée, médecin et thaumaturge, toute la Sicile racontait ses miracles. Il ressuscitait les morts, arrêtait les vents, détournait la peste. Il ne paraissait en public qu'au milieu d'un cortège de serviteurs, la couronne sacrée sur la tête, les pieds ornés de crépides d'airain retentissantes, les cheveux flottants sur les épaules, une branche de laurier à la main. Sa divinité fut reconnue dans toute la Sicile, il la proclama lui-même. « Amis, qui habitez les hauteurs de la grande ville baignée par le blond Acragas, écrit-il au début d'un de ses poèmes, zélés observateurs de la justice, salut ! Je ne suis pas un homme, je suis un dieu. A mon entrée dans les villes florissantes, hommes et femmes se prosternent. La multitude suit mes pas. Les uns me demandent des oracles, les autres le remède des maladies cruelles dont ils sont tourmentés. » Les procédés par lesquels se forme sa légende miraculeuse rappellent trait pour trait ceux de l'Orient. Une léthargie à laquelle il a mis fin par son art devient une résurrection. Il arrête les vents étésiens qui désolaient Agrigente, en fermant une ouverture entre deux montagnes ; de là le surnom de κωλυσανέμας. Il assainit un marais voisin de Sélinonte ; ce qui suffit pour faire de lui un égal d'Apollon. Voilà des analogues bien caractérisés des fondateurs religieux de l'Orient. Mais, hélas ! la Grèce était trop légère pour s'arrêter longtemps à ces croyances et pour les constituer en traditions religieuses; la divinité d'Empédocle alla échouer contre le scepticisme des rieurs, et la malicieuse légende s'égaya de ses sandales trouvées sur le mont Etna. L'Asie n'a jamais su rire, et c'est pour cela qu'elle est religieuse.

Quant aux cultes mythologiques sans organisation ni livre sacré, la variété en est bien plus grande, ou plutôt toute classification est ici impossible. C'est la pure fantaisie, c'est l'imagination humaine brodant sur un fond toujours identique, qui est la religion naturelle. Poème pour poème, symbole pour symbole. La variété ici devient parfois presque individuelle, une simple affaire de famille. Tout ce qu'on peut faire, c'est d'indiquer les degrés et les âges divers de ces curieux procédés. Au plus bas degré, apparaîtrait le fétichisme, c'est-à-dire les mythologies individuelles ou de familles, les fables rêvées et affirmées avec l'arbitraire le plus complet, sans aucun antécédent traditionnel, sans que l'idée de leur *vérité* se présente un instant à l'esprit, pas plus que dans le rêve, la fable pour la fable. Puis viendraient les mythes plus réfléchis, où les instincts de la nature humaine s'expriment d'une façon plus distincte, c'est-à-dire déjà avec une certaine analyse, mais sans réflexion, ni aucune vue de symbolisme allégorique. Puis enfin le symbolisme réfléchi, l'allégorie créée avec la conscience claire du double sens, lequel échappait complètement aux premiers créateurs de mythes.

Au fond, toute créature mythologique, comme tout développement religieux traverse deux phases bien distinctes, l'âge créateur, où se tracent au fond de la conscience populaire les grands traits de la légende, et l'âge de remaniement, d'ajustage, d'amplification verbeuse, où la grande veine poétique est perdue, où l'on ne fait que réchauffer les vieilles fables poétiques, d'après des procédés donnés et qu'on ne dépasse plus. Hésiode d'une part, les mythologues alexandrins de l'autre; les Védas d'une part, les Pouranas de l'autre; les Évangiles canoniques d'une part, les apocryphes de l'autre, sont autant d'exemples de cette transformation des mythologies. C'est une façon de prendre les mythes du vieux temps et de les amplifier, en fondant tous les traits originaux dans le nouveau récit, et en faisant en quelque sorte la monographie de ce qui, dans la grande fable primitive, n'était qu'un menu détail; tout cela sans aucune invention, sans jamais s'écarter du thème donné. On ajoute ce qui a dû vraisemblablement arriver, on développe la situation, on fait des rapprochements. C'est en un mot une composition réfléchie et en un sens littéraire, ayant pour base une création spontanée. Cet âge est nécessairement fade et ennuyeux. Car le spontané, si vif, si gracieux dans sa naïveté, ne souffre pas d'être remanié. Que deviennent les idées naïves d'un enfant lourdement commentées par des pédants, fleurs délicates qui se flétrissent en passant de main en main. Croyez-vous que Vénus, Pan et les Grâces n'avaient pas pour les hommes primitifs qui les créèrent en sens différent de celui qu'ils ont dans le parc de Versailles, réduits à un froid allégorisme par un siècle réfléchi, qui va par fantaisie chercher une mythologie dans le passé pour s'en faire une langue conventionnelle (129)?

Ces deux phases dans la création légendaire correspondent aux deux âges de toute religion: l'âge primitif, où elle sort belle et pure de la conscience humaine, comme le rayon du soleil, âge de foi simple et naïve, sans retour, sans objection, ni réfutation ; et l'âge réfléchi, où l'objection et l'apologétique se sont produites ; âge subtil, où la réflexion devient exigeante, sans pouvoir se satisfaire ; où le merveilleux, autrefois si facile, si bien imaginé, si suavement conçu, reflet si pur des instincts moraux de l'humanité, devient timide, mesquin, parfois immoral, surnaturel au petit pied, miracles de coterie et de confréries, etc. Tout se resserre et se rapetisse ; les pratiques perdent leur sens et se matérialisent ; la prière devient un mécanisme, le culte une cérémonie, les formules une sorte de cabalisme, où les mots opèrent, non plus comme autrefois par leur sens moral, mais par leur son et leur articulation ; les prescriptions légales, à l'origine empreintes d'une si profonde moralité, deviennent de pures prohibitions incommodes que l'on cherche à éluder, jusqu'au jour où l'on trouvera une subtilité pour s'en débarrasser (130). Dans le premier âge, la religion n'a pas besoin de symboles ; elle est un esprit nouveau, un feu qui va sans cesse dévorant devant lui ; elle est libre et sans limites. Puis, quand l'enthousiasme est tombé, quand la force originale et native s'est éteinte, on commence à *définir*, à combiner, à spéculer ce que les premiers croyants avaient embrassé de foi et d'amour. Ce jour-là naît la scolastique, et ce jour-là est posé le premier germe de l'incrédulité.

Je ne puis dire tout ce que j'entrevois sur ce riche sujet, ni les trésors de psychologie qu'on pourrait tirer de l'étude de ces œuvres admirables de la nature humaine. C'est, je le sais, une singulière position que la nôtre en face de ces œuvres étranges. Pleines de vie et de vérité pour les peuples qui les ont créées, elles ne sont pour nous qu'un objet d'analyse et de dissection. Position inférieure, en un sens, qui ne nous permettra jamais d'en avoir la parfaite intelligence. Que de fois, en réfléchissant sur la mythologie de l'Inde par exemple, j'ai été frappé de l'impossibilité absolue où nous sommes d'en comprendre l'âme et la vie! Nous sommes là en présence d'œuvres profondément expressives, riches de significations pour une portion de l'humanité, nous sceptiques, nous analystes. Comment nous diraient-elles tout ce qu'elles leur disent? Ceux-là peuvent comprendre le Christ qui y ont cru; de même, pour comprendre, dans toute leur portée, ces sublimes créations, il faudrait y avoir cru, ou plutôt (car le mot *croire* n'a pas de sens dans ce monde de la fantaisie) il faudrait avoir vécu avec elles. Ne serait-il pas possible de réaliser ce prodige par un progrès de l'esprit scientifique, qui rendrait profondément sympathique à tout ce qu'a fait l'humanité? Je ne sais : il est sûr au moins que, ces systèmes renfermant des atomes plus ou moins précieux de nature humaine, c'est-à-dire de vérité, celui qui saurait les entendre y trouverait une solide nourriture. En général, on peut être assuré que, quand une œuvre de l'esprit humain apparaît comme trop absurde ou trop bizarre, c'est qu'on ne la comprend pas, ou qu'on la prend à faux. Si on se plaçait au vrai jour, on en verrait la raison.

J'ai voulu montrer par quelques exemples à quels résultats philosophiques peuvent mener des sciences de pure érudition et combien est injuste le mépris que certains esprits, doués d'ailleurs du sens philosophique, déversent sur ces études. Que serait-ce si, abordant la philosophie de l'histoire, je montrais que cette science merveilleuse, qui sera un jour la science maîtresse, n'arrivera à se constituer d'une manière sérieuse et digne que par le secours de la plus scrupuleuse érudition, que jusque-là elle restera au point où en étaient les sciences physiques avant Bacon, errant d'hypothèse en hypothèse, sans marche arrêtée, ne sachant quelle forme donner à ses lois et ne dépassant jamais la sphère des créations artificielles et fantastiques?

Que serait-ce si je montrais que la critique littéraire, qui est notre domaine propre, et dont nous sommes à bon droit si fiers, ne peut être sérieuse et profonde que par l'érudition? Comment saisir la physionomie et l'originalité des littératures primitives, si on ne pénètre la vie morale et intime de la nation, si on ne se place au point même de l'humanité qu'elle occupa, afin de voir et de sentir comme elle, si on ne la regarde vivre, ou plutôt si on ne vit un instant avec elle? Rien de plus niais d'ordinaire que l'admiration que l'on voue à l'antiquité. On n'y admire pas ce qu'elle a d'original et de véritablement admirable; mais on relève mesquinement dans les œuvres antiques les traits qui se rapprochent de notre manière; on cherche à faire valoir des beautés qui chez nous, on est forcé de l'avouer, seraient de second ordre. L'embarras des esprits superficiels vis-à-vis des grandes œuvres des littératures classiques est des plus risibles. On part de ce principe qu'il faut à tout prix que ces œuvres soient belles, puisque les connaisseurs l'ont décidé. Mais, comme on n'est pas capable, faute d'érudition, d'en saisir la haute originalité, la vérité, le prix dans l'histoire de l'esprit humain, on se relève par les menus détails; on s'extasie devant de prétendues beautés, auxquelles l'auteur ne pensait pas; on s'exagère à soi-même son admiration; on se figure enthousiaste du beau antique, et on n'admire en effet que sa propre niaiserie. Admiration toute conventionnelle, qu'on excite en soi pour se conformer à l'usage, et parce qu'on se tiendrait pour un barbare si on n'admirait pas ce que les connaisseurs admirent. De là les tortures qu'on se donne pour s'exciter devant des œuvres qu'il faut absolument trouver belles, et pour découvrir çà et là quelque menu détail, quelque épithète quelque trait brillant, une phrase qui traduite en français donnerait quelque chose de sonnant. Si l'on était de bonne foi, on mettrait Sénèque au-dessus de Démosthène (131). Certaines personnes à qui on a dit que Rollin est beau s'étonnent de n'y trouver que des phrases simples, et ne savent à quoi s'en prendre pour admirer, incapables qu'elles sont de concevoir la beauté qui résulte de ce caractère de naïve et délicieuse probité. C'est l'homme qui est beau; ce sont les choses qui sont belles, et non le tour dont on les dit. Mais il a si peu de personnes capables d'avoir un jugement esthétique! On admire de confiance et pour ne pas rester en arrière. Combien y a-t-il de spectateurs qui, devant un tableau de Raphaël, sachent ce qui en fait la beauté, et ne préféreraient, s'ils étaient francs, un tableau moderne, d'un style clair et d'un coloris éclatant? Un des plaisirs les plus piquants qu'on puisse se donner est de faire ainsi patauger les esprits médiocres à propos d'œuvres qu'on leur a bien persuadé d'avance être belles. Fréron admire Sophocle pour avoir respecté certaines convenances, auxquelles assurément ce poëte ne pensait guère. En général, les Grecs ne connaissaient pas les beautés de plan, et c'est bien gratuitement que nous leur en faisons honneur. J'en ai vu qui trouvaient admirable l'entrée de l'*Œdipe Roi*, parce que le premier vers renferme une jolie antithèse et peut se traduire par un vers de Racine.

Depuis qu'on a répété (et avec raison) que la Bible est admirable, tout le monde prétend bien admirer la Bible. Il est résulté de cette disposition favorable qu'on y a précisément admiré ce qui n'y est pas. Bossuet, que l'on croit si biblique, et qui l'est si peu, s'extasie devant les contresens et les solécismes de la Vulgate, et prétend y découvrir des beautés dont il n'y a pas trace dans l'original (132). Le bon Rollin y va plus naïvement encore et relève dans le Cantique de la Mer Rouge, l'*exorde*, la suite des pensées, le plan, *le style* même. Enfin Lowth, plus insipide que tous les autres, nous fait un traité de rhétorique aristotélicienne sur la Poésie des Hébreux, où l'on trouve un chapitre sur les *métaphores de la Bible*, un autre sur les *comparaisons*, un autre sur les *prosopopées*, un autre sur le sublime de diction, etc., sans soupçonner un instant ce qui fait la beauté de ces antiques poèmes, savoir l'inspiration spontanée, indépendante des formes artificielles et réfléchies de l'esprit humain jeune et neuf dans le monde, portant partout le Dieu dont il conserve encore la récente impression.

L'admiration, pour n'être point vaine et sans objet, doit donc être historique, c'est-à-dire érudite. Chaque œuvre est belle dans son milieu, et non parce qu'elle rentre dans l'un des casiers que l'on s'est formé d'une manière plus ou moins arbitraire. Tracer des divisions absolues dans la littérature, déclarer que toute œuvre sera une épopée, ou une ode, ou un roman, et critiquer les œuvres du passé d'après les règles qu'on s'est posées pour chacun de ces genres, blâmer Dante d'avoir fait une œuvre qui n'est ni une épopée, ni un drame, ni un poème didactique, blâmer Klopstock d'avoir pris un héros trop parfait, c'est méconnaître la liberté de l'inspiration et le droit qu'a l'esprit de souffler où il veut. Toute manière de réaliser le beau est légitime, et le génie a toujours le même droit de créer. L'œuvre belle est celle qui représente, sous des traits finis et individuels, l'éternelle et infinie beauté de la nature humaine.

Le savant seul a le droit d'admirer. Non seulement la critique et l'esthétique, qu'on considère comme opposées, ne s'excluent pas ; mais l'une ne va pas sans l'autre. Tout est à la fois admirable et critiquable, et celui-là seul sait admirer qui sait critiquer. Comment comprendre par exemple la beauté d'Homère sans être savant, sans connaître l'antique, sans avoir le sens du primitif? Qu'admire-t-on d'ordinaire dans ces vieux poèmes? De petites naïvetés, des traits qui font sourire, non ce qu'est véritablement admirable, le tableau d'un âge de l'humanité dans son inimitable vérité. L'admiration de Chateaubriand n'est si souvent défectueuse, que parce que le sens esthétique si éminent dont il était doué ne reposait pas sur une solide instruction (133).

C'est donc par des travaux de philosophie scientifique que l'on peut espérer d'ajouter, dans l'état actuel de l'esprit humain, au domaine des idées acquises. Quand on songe au rôle qu'ont joué dans l'histoire de l'esprit humain des hommes comme Érasme, Bayle, Wolf, Niebuhr, Strauss, quand on songe aux idées qu'ils ont mises en circulation, ou dont ils ont hâté l'avènement, on s'étonne que le nom de philosophe, prodigué si libéralement à des pédants obscurs, à d'insignifiants disciples, ne puisse s'appliquer à de tels hommes. Les résultats de la haute science sont longtemps, je le sais, à entrer en circulation. Des immenses travaux déjà accomplis par les indianistes modernes, quelques atomes à peine sont déjà devenus de droit commun. Un innombrable essaim de doctes philologues a complètement réformé en Allemagne l'exégèse biblique, sans que la France connaisse encore le premier mot de leurs travaux. Toutefois, pour la science comme pour la philosophie, il y a des canaux secrets par lesquels s'infiltrent les résultats. Les idées de Wolf sur l'épopée ou plutôt celles qu'il a amenées sont devenues du domaine public. La grande poésie panthéiste de Gœthe, de Victor Hugo, de Lamartine, suppose tout le travail de la critique moderne, dont le dernier mot est le panthéisme littéraire. J'ai peine à croire que M. Hugo ait lu Heyne, Wolf, William Jones, et pourtant sa poésie les suppose. Il vient un certain jour où les résultats de la science se répandent dans l'air, si j'ose le dire, et forment le ton général de la littérature. M. Fauriel n'était qu'un savant critique; le don de la production artistique lui fut presque refusé; peu d'hommes ont pourtant exercé sur la littérature productive une aussi profonde influence.

Combien il s'en faut encore que les mines du passé aient rendu tous les trésors qu'elles renferment! L'œuvre de l'érudition moderne ne sera accomplie que quand toutes les faces de l'humanité, c'est-à-dire toutes les nations auront été l'objet de travaux définitifs, quand l'Inde, la Chine, la Judée, l'Égypte seront restituées, quand on aura définitivement la parfaite compréhension de tout le développement humain. Alors seulement sera inauguré le règne de la critique. Car la critique ne marchera avec une parfaite sécurité que quand elle verra s'ouvrir devant elle le champ de la comparaison universelle. La comparaison est le grand instrument de la critique. Le XVIIe siècle n'a pas connu la critique, parce que la comparaison des faces diverses de l'esprit humain lui était impossible. Hérodote et Tite-Live devaient être tenus pour des historiens sérieux, Homère devait passer pour un poëte individuel, avant que l'étude comparée des littératures eût révélé les faits si délicats du mythisme, de la légende primitive, de l'apocryphisme. Si le xviiᵉ siècle eût connu comme nous l'Inde, la Perse, la vieille Germanie, il n'eût pas si lourdement admis les fables des origines grecques et romaines. Bossuet, dont la gloire est de représenter dans un merveilleux abrégé tout le xviiᵉ siècle, sa grandeur comme sa faiblesse, eût-il porté dans son exégèse une si détestable critique, si, au lieu de faire son éducation biblique dans saint Augustin, il l'eût faite dans Eichhorn ou De Wette (134) ?

Le sens critique ne s'inocule pas en une heure : celui qui ne l'a point cultivé par une longue éducation scientifique et intellectuelle trouvera toujours des arguments à opposer aux plus délicates inductions. Les thèses de la fine critique ne sont pas de celles qui se démontrent en quelques minutes, et sur lesquelles on peut forcer l'adversaire ignorant ou décidé à ne pas se prêter aux vues qu'on lui propose. S'il y a parmi les œuvres de l'esprit humain des mythes évidents, ce sont assurément les premières pages de l'histoire romaine, les récits de la tour de Babel, de la femme de Loth, de Samson ; s'il y a un roman historique bien caractérisé, c'est celui de Xénophon ; s'il y a un historien conteur, c'est Hérodote. Ce serait pourtant peine perdue que de chercher à le démontrer à ceux qui refusent de se placer à ce point de vue. Élever et cultiver les esprits, vulgariser les grands résultats de la science est le seul moyen de faire comprendre et accepter les idées nouvelles de la critique. Ce qui convertit, c'est la science, c'est la philologie, c'est la vue étendue et comparée des choses, c'est l'esprit moderne en un mot. Il faut laisser aux esprits médiocres la satisfaction de se croire invincibles dans leurs lourds arguments. Il ne faut pas essayer de les réfuter. Les résultats de la critique ne se *prouvent* pas, ils s'aperçoivent; ils exigent pour être compris un long exercice et toute une culture de finesse. Il est impossible de réduire celui qui les rejette obstinément, aussi bien qu'il est impossible de prouver l'existence des animalcules microscopiques à celui qui refuse de faire usage du microscope. Décidés à fermer les yeux aux considérations délicates, à ne tenir compte d'aucune nuance, ils vous portent à la figure leur mot éternel : prouvez que c'est impossible. (Il y a si peu de choses qui sont impossibles!) Le critique les laissera triompher seuls, et, sans disputer avec des esprits bornés et décidés à rester tels, il poursuivra sa route, appuyé sur les mille inductions que l'étude universelle des choses fait jaillir de toutes parts, et qui convergent si puissamment au point de vue rationaliste. La négation obstinée est inabordable ; dans aucun ordre de choses, on ne fera voir celui qui ne veut pas voir. C'est d'ailleurs faire tort aux résultats de la critique que de leur donner cette lourde forme syllogistique où triomphent les esprits médiocres, et que les considérations délicates ne sauraient revêtir.

Qu'on me permette un exemple. Les quatre Évangiles canoniques rapportent souvent un même fait avec des variantes de circonstances assez considérables. Cela s'explique dans toutes les hypothèses naturelles; car il ne faut point être plus difficile pour les Évangiles que pour les autres récits historiques ou légendaires, lesquels offrent souvent des contradictions bien plus fortes. Mais cela forme, ce semble, une objection tout à fait sans réponse contre ceux qui s'obligent à trouver dans chacun de ces récits une histoire vraie à la lettre et jusque dans ses moindres détails. Il n'en est pourtant pas ainsi. Car, si les circonstances sont seulement différentes et non absolument inconciliables, ils diront que l'un des textes a conservé certains détails omis par l'autre, et ils mettront bout à bout les circonstances diverses au risque d'en faire le récit le plus grotesque. Si les circonstances sont décidément contradictoires, ils diront que le fait raconté est double ou triple, bien qu'aux yeux de la saine critique les divers narrateurs aient évidemment en vue le même événement. C'est ainsi que les récits de Jean et des synoptiques (on désigne sous ce nom collectif Matthieu, Marc et Luc) sur la dernière entrée de Jésus à Jérusalem étant inconciliables, les harmonistes supposent qu'il y entra deux fois coup sur coup. C'est ainsi que les trois reniements de saint Pierre, étant racontés diversement par les quatre Évangiles, constituent aux yeux de ces critiques huit ou neuf reniements différents, tandis que Jésus avait prédit qu'il ne renierait que trois fois. Les circonstances de la résurrection donnent lieu à des difficultés analogues, auxquelles on oppose des solutions semblables. Que dire d'une pareille explication ? Qu'elle renferme une impossibilité métaphysique ? Non. Il sera à jamais impossible de réduire au silence celui qui la soutiendra obstinément; mais quiconque a tant soit peu d'éducation critique la repoussera comme contraire à toutes les lois d'une herméneutique raisonnable, surtout quand elle est souvent répétée. Il n'y a pas de difficulté dont on ne puisse sortir par une subtilité, et au fond une subtilité peut quelquefois être vraie. Mais ce qui est tout à fait impossible c'est que cent subtilités soient vraies à la fois. Il faut en dire autant de la fin de non-recevoir que certains exégètes opposent à ce qu'ils appellent *argument négatif*, c'est-à-dire aux inductions que l'on tire du silence ou de l'absence des textes. Ainsi, de ce que l'histoire la plus ancienne de l'histoire des Juifs établis en Palestine n'offre aucune trace de l'accomplissement des prescriptions mosaïques, la critique rationaliste en conclut que ces prescriptions n'existaient point encore. Que savez-vous, dit l'orthodoxe, si elles n'existaient pas sans qu'il en soit fait mention? Le roman d'Antar et les Moallacats ne supposent chez les Arabes avant l'islamisme aucune institution judiciaire, aucune pénalité. Que savez-vous, s'ils n'avaient pas un jury sans qu'il en soit fait mention? Pour satisfaire une telle critique, il faudrait un texte ainsi conçu : les Arabes à cette époque n'avaient pas de jury; lequel, je l'avoue, serait difficile à trouver. Exigez donc aussi un texte semblable pour prouver que l'artillerie n'était pas connue aux temps homériques, et en général, pour tous les résultats de la critique exprimés sous forme de négation.

Cette impossibilité d'imposer ses résultats et de réduire au silence ses adversaires, satisfaits de leurs lourds arguments, peut d'abord impatienter le critique et le porter à descendre dans cette grossière arène. Ce serait une faute impardonnable. Longtemps encore le critique sera solitaire, et devra se borner à regretter que l'éducation nécessaire pour le comprendre soit si peu répandue. Comment le serait-elle davantage, quand les premiers enseignements que l'on reçoit dans l'enfance, et qui demeurent trop souvent la seule doctrine philosophique de la vie, sont la négation même de la critique? La superstition poétique et vague a son charme; mais la superstition réaliste n'est que grossière. Si l'esprit critique est beaucoup plus répandu dans l'Allemagne du Nord qu'en France, la cause en est sans doute dans la différence de l'enseignement religieux, ici positif et dur, là indécis et purement humain.

XVI

Ai-je bien fait comprendre la possibilité d'une *philosophie scientifique*, d'une philosophie qui ne serait plus une vaine et creuse spéculation, ne portant sur aucun objet réel, d'une science qui ne serait plus sèche, aride, exclusive, mais qui, en devenant complète, deviendrait religieuse et poétique? Le mot nous manque pour exprimer cet état intellectuel, où tous les éléments de la nature humaine se réuniraient dans une harmonie supérieure, et qui, réalisé dans un être humain, constituerait l'homme parfait. Je l'appelle volontiers *synthèse*, dans le sens spécial que je vais expliquer.

De même que le fait le plus simple de la connaissance humaine s'appliquant à un objet complexe se compose de trois actes : 1° vue générale et confuse du tout; 2° vue distincte et analytique des parties; 3° recomposition synthétique du tout avec la connaissance que l'on a des parties; de même l'esprit humain, dans sa marche, traverse trois états qu'on peut désigner sous les trois noms de syncrétisme, d'analyse, de synthèse, et qui correspondent à ces trois phases de la connaissance.

Le premier âge de l'esprit humain, qu'on se représente trop souvent comme celui de la simplicité, était celui de la complexité et de la confusion. On se figure trop facilement que la simplicité, que nous concevons comme logiquement antérieure à la complexité, l'est aussi chronologiquement; comme si ce qui, relativement à nos procédés analytiques, est plus simple, avait dû précéder dans l'existence le tout dont il fait partie. La langue de l'enfant, en apparence plus simple, est en effet plus compréhensive et plus resserrée que celle où s'explique terme à terme la pensée plus analysée de l'âge mûr. Les plus profonds linguistes ont été étonnés de trouver, à l'origine et chez les peuples qu'on appelle enfants, des langues riches et compliquées. L'homme primitif ne divise pas; il voit les choses dans leur état naturel, c'est-à-dire organique et vivant (135). Pour lui rien n'est abstrait; car l'abstraction, c'est le morcellement de la vie; tout est concret et vivant. La distinction n'est pas à l'origine; la première vue est générale, compréhensive, mais obscure, inexacte; tout y est entassé et sans distinction. Comme les êtres destinés à vivre, l'esprit humain fut, dès ses premiers instants, complet, mais non développé : rien ne s'y est depuis ajouté; mais tout s'est épanoui dans ses proportions naturelles, tout s'est mis à sa place respective. De là cette extrême complexité des œuvres primitives de l'esprit humain. Tout était dans une seule œuvre, tous les éléments de l'humanité s'y recueillaient en une unité, qui était bien loin sans doute de la clarté moderne, mais qui avait, il faut l'avouer, une incomparable majesté. Le *livre sacré* est l'expression de ce premier état de l'esprit humain. Prenez les livres sacrés des anciens peuples, qu'y trouverez-vous? Toute la vie suprasensible, toute l'âme d'une nation.

Là est sa poésie; là sont ses souvenirs héroïques; là est sa législation, sa politique, sa morale; là est son histoire; là est sa philosophie et sa science; là, en un mot, est sa *religion*. Car tout ce premier développement de l'esprit humain s'opère sous forme religieuse. La religion, le livre sacré des peuples primitifs, est l'amas syncrétique de tous les éléments humains de la nation. Tout y est dans une confuse mais belle unité. De là vient la haute placidité de ces œuvres admirables : l'antithèse, l'opposition, la distinction en étant bannies, la paix et l'harmonie y règnent, sans être jamais troublées. La lutte est le caractère de l'état d'analyse. Comment, dans ces grandes œuvres primitives, la religion et la philosophie, la poésie et la science, la morale et la politique se seraient-elles combattues, puisqu'elles reposent côte à côte dans la même page, souvent dans la même ligne? La religion était la philosophie, la poésie était la science, la législation était la morale; toute l'humanité était dans chacun de ses actes, ou plutôt la force humaine s'exhalait tout entière dans chacune de ses exertions.

Voilà le secret de l'incomparable beauté de ces livres primitifs, qui sont encore les représentations les plus adéquates de l'humanité complète. C'est folie que d'y chercher spécialement de la science; notre science vaut incontestablement bien mieux que celle qu'on peut y trouver. C'est folie d'y chercher de la philosophie; nous sommes incontestablement meilleurs analystes. C'est folie que d'y chercher de la législation et du droit public; nos publicistes s'y entendent mieux et c'est peu dire. Ce qu'il y faut chercher, c'est *l'humanité simultanée*, c'est la grande harmonie de la nature humaine, c'est le portrait de notre belle enfance. De là encore la superbe poésie de ces types primitifs où s'incarnait la doctrine, de ces demi-dieux qui servent d'ancêtres religieux à tous les peuples, Orphée, Thoth, Moïse, Zoroastre, Vyasa, Fohi, à la fois savants, poètes, législateurs, organisateurs sociaux et, comme résumé de tout cela, prêtres et mystagogues. Ce type admirable se continue encore quelque temps dans les premiers âges de la réflexion analytique; il produit alors ces *sages* primitifs, qui ne sont déjà plus des mystagogues, mais ne sont pas encore des philosophes, et qui ont aussi leur légende (biographie fabuleuse), mais bien moins créée que celle des initiateurs (mythe pur). Tels sont Confucius, Lao-Tseu, Salomon, Locman, Pythagore, Empédocle, qui confinent aux premiers philosophes par les types encore plus adoucis de Solon, Zaleucus, Numa, etc.

Tel est l'esprit humain des âges primitifs. Il a sa beauté, dont n'approche pas notre timide analyse. C'est la vie divine de l'enfance, où Dieu se révèle de si près à ceux qui savent adorer. J'aime tout autant que M. de Maistre cette sagesse antique, portant la couronne du sage et la robe sacerdotale. Je la regrette; mais je n'injurie pas pour cela les siècles dévoués à l'œuvre pénible de l'analyse, lesquels, tout inférieurs qu'ils sont par certaines faces, représentent après tout un progrès nécessaire de l'esprit humain.

L'esprit humain, en effet, ne peut demeurer en cette unité primitive. La pensée, en s'appliquant plus attentivement aux objets, reconnaît leur complexité et la nécessité de les étudier partie par partie. La pensée primitive n'avait vu qu'un seul monde; la pensée à son second âge aperçoit mille mondes, ou plutôt elle voit un monde en toute chose. Sa vue, au lieu de s'étendre, perce et plonge; au lieu de se diriger horizontalement, elle se dirige verticalement ; au lieu de se perdre dans un horizon sans bornes, elle se fixe à terre et sur elle-même. C'est l'âge de la vue partielle, de l'exactitude, de la précision, de la distinction ; on ne crée plus, on analyse. La pensée se morcelle et se découpe. Le style primitif ne connaissait ni division de phrase, ni division de mots. Le style analytique appelle à son secours une ponctuation compliquée, destinée à disséquer les membres divers. Il y a des poètes, des savants, des philosophes, des moralistes, des politiques ; il y a même encore des théologiens et des prêtres (136). Chose étrange, car, la théologie et le sacerdoce étant la forme complète du développement primitif, il semble qu'ils devraient disparaître avec cet état. Cela serait si l'humanité marchait avec un complet ensemble et d'une manière parfaitement rigoureuse. Comme il n'en est pas ainsi, la théologie et le sacerdoce survivent à ce qui aurait dû les tuer ; elles restent une spécialité entre beaucoup d'autres. Contradiction ; car comment faire une spécialité de ce qui n'est quelque chose qu'à la condition d'être tout ? Mais, la science analytique s'imposant comme un besoin, les timides cherchent à concilier ce besoin avec des restes d'institutions contradictoires à l'analyse, et croient y réussir en maintenant les deux choses en face l'une de l'autre. Je le répète, si la théologie devait être conservée, il faudrait la faire primer toute chose et ne donner de valeur à tout le reste qu'en tant que s'y rapportant. Le point de vue théologique est contradictoire au point de vue analytique ; l'âge analytique devrait être athée et irréligieux. Mais heureusement l'humanité aime mieux se contredire que de laisser sans aliment un des besoins essentiels de son être.

Ce n'est pas par son propre choix, c'est par la fatalité

de sa nature que l'homme quitte ainsi les délices du jardin primitif, si riant, si poétique, pour s'enfoncer dans les broussailles de la critique et de la science. On peut regretter ces premières délices, comme, au fort de la vie, on regrette souvent les rêves et les joies de l'enfance ; mais il faut virilement marcher, et, au lieu de regarder en arrière, poursuivre le rude sentier qui mènera sans doute à un état mille fois supérieur. L'état analytique que nous traversons, fût-il absolument inférieur à l'état primitif (et il ne l'est qu'à quelques égards), l'analyse serait encore plus avancée que le syncrétisme, parce qu'elle est un intermédiaire nécessaire pour arriver à un état supérieur. Le véritable progrès semble parfois un recul et puis un retour. Les rétrogradations de l'humanité sont comme celles des planètes. Vues de la terre, ce sont des rétrogradations ; mais absolument ce n'en sont pas. La rétrogradation n'a lieu qu'aux yeux qui n'envisagent qu'une portion limitée de la courbe. Cercle ou spirale, comme Gœthe le voulait, la marche de l'humanité se fait suivant une ligne dont les deux extrêmes se touchent. Un vaisseau qui naviguerait de la côte occidentale et sauvage des États-Unis pour arriver à la côte orientale et civilisée, serait, en apparence, bien plus près de son but à son point de départ, que quand il luttera contre les tempêtes et les neiges du cap Horn. Et pourtant, à bien prendre les choses, ce navire est au cap Horn plus près de son but qu'il ne l'était sur les bords de l'Orégon ! Ce circuit fatal était inévitable. De même l'esprit humain aura dû traverser des déserts pour arriver à la terre promise.

L'analyse, c'est la guerre. Dans la synthèse primitive, les esprits différant à peine, l'harmonie était facile. Mais dans l'état d'individualisme, la liberté devient ombrageuse; chacun prétend dire ce qu'il veut et ne voit pas de raison pour soumettre sa volonté et sa pensée à celles des autres. L'analyse, c'est la révolution, la négation de la loi unique et absolue. Ceux qui rêvent la paix en cet état rêvent la mort. La révolution y est nécessaire, et, quoi qu'on fasse, elle va son chemin. La paix n'est pas le partage de l'état d'analyse, et l'état d'analyse est nécessaire pour le progrès de l'esprit humain. La paix ne reparaîtra qu'avec la grande synthèse, le jour où de nouveau les hommes s'embrasseront dans la raison et la nature humaine convenablement cultivée. Durant cette fatale transition, la grande association est impossible. Chacun existe trop vigoureusement; des individualités aussi caractérisées ne se laissent pas lier en gerbe. Créer aujourd'hui ces grandes unités religieuses, ces grandes agglomérations d'âmes en une même doctrine qui s'appellent les religions, ces ordres militaires du moyen âge, où tant d'individualités nulles en elles-mêmes se fondaient en vue d'une même œuvre, serait maintenant impossible. On lie facilement les épis quand ils sont coupés ou abattus par l'orage, mais non tant qu'ils vivent. Pour s'absorber ainsi dans un grand corps, par lequel on vit, dont on fait sienne la gloire ou la prospérité, il faut avoir peu d'individualité, peu de vues propres, seulement un grand fond d'énergie non réfléchie, prête à se mettre au service d'une grande idée commune. La réflexion ne saurait opérer l'unité; la diversité est le caractère essentiel des époques philosophiques; toute grande fondation dogmatique y est impossible. L'état primitif était l'âge de la solidarité. Le crime même n'y était pas conçu comme individuel; la substitution de l'innocent au coupable paraissait toute naturelle; la faute se transmettait et devenait héréditaire. Dans l'âge réfléchi au contraire, de tels dogmes semblent absurdes ; chacun ne paie que pour lui, chacun est le fils de ses œuvres. Chez nous, toute connaissance est antithétique : en face du bien, nous voyons le mal ; en face du beau, le laid ; quand nous affirmons, nous nions, nous voyons l'objection, nous nous roidissons, nous argumentons. Dans l'âge primitif, au contraire, l'affirmation était simple et sans retour.

Certes, si l'analyse n'avait pas un but ultérieur, elle serait décidément inférieure au syncrétisme primitif. Car celui-ci saisissait la vie complète, et l'analyse ne la saisit pas. Mais l'analyse est la condition nécessaire de la synthèse véritable : cette diversité se résoudra de nouveau en unité ; la science parfaite n'est possible qu'à la condition de s'appuyer préalablement sur l'analyse et la vue distincte des parties. Les conditions de la science sont pour l'humanité les mêmes que pour l'individu : l'individu ne sait bien que l'ensemble dont il connaît séparément les éléments divers, en même temps qu'il perçoit le rôle de ces éléments dans le tout. L'humanité ne sera savante que quand la science aura tout exploré jusqu'au dernier détail et reconstruit l'être vivant après l'avoir disséqué. Ne raillez donc point le savant qui s'enfonce de plus en plus dans ces épines. Sans doute, si ce pénible dépouillement était son but à lui-même, la science ne serait qu'un labeur ingrat et avilissant. Mais tout est noble en vue de la grande science définitive, où la poésie, la religion, la science, la morale retrouveront leur harmonie dans la réflexion complète. L'âge primitif était religieux, mais non scientifique ; l'âge intermédiaire aura été irréligieux mais scientifique ; l'âge ultérieur sera à la fois religieux et scientifique. Alors il y aura de nouveau des Orphée et des Trismégiste. non plus pour chanter à des peuples enfants leurs rêves ingénieux, mais pour enseigner à l'humanité devenue sage les merveilles de la réalité. Alors il y aura encore des *sages*, poètes et organisateurs, législateurs. et prêtres, non plus pour gouverner l'humanité au nom d'un vague instinct, mais pour la conduire rationnellement dans ses voies, qui sont celles de la perfection. Alors apparaîtront de nouveau de superbes types du caractère humain, qui rappelleront les merveilles des premiers jours. Un tel état semblera un retour à l'âge primitif : mais entre les deux il y aura eu l'abime de l'analyse, il y aura eu des siècles d'étude patiente et attentive ; il y aura la possibilité, en embrassant le tout, d'avoir simultanément la conscience des parties. Rien ne se ressemble plus que le syncrétisme et la synthèse ; rien n'est plus divers : car la synthèse conserve virtuellement dans son sein tout le travail analytique ; elle le suppose et s'y appuie. Toutes les phases de l'humanité sont donc bonnes, puisqu'elles tendent au parfait : elles peuvent seulement être incomplètes, parce que l'humanité accomplit son œuvre partiellement et esquisse ses formes l'une après l'autre, toutes en vue du grand tableau définitif, et de l'époque ultérieure, où, après avoir traversé le syncrétisme et l'analyse, elle fermera par la synthèse le cercle des choses. Un peu de réflexion a pu rendre impossibles les créations merveilleuses de l'instinct ; mais la réflexion complète fera revivre les mêmes œuvres avec un degré supérieur de clarté et de détermination.

L'analyse ne sait pas créer. Un homme simple, synthétique, sans critique, est plus puissant pour changer le monde et faire des prosélytes que le philosophe inaccessible et sévère. C'est un grand malheur que d'avoir découvert en soi les ressorts de l'âme ; on craint toujours d'être dupe de soi-même ; on est en suspicion de ses sentiments, de ses joies, de ses instincts. Le simple marche devant lui en ligne droite et avec une puissante énergie. Le siècle où la critique est le plus avancée n'est nullement le plus apte à réaliser le beau. L'Allemagne est le seul pays où la littérature se laisse influencer par les théories préconçues de la critique. Chaque nouvelle sève de production littéraire y est déterminée par un nouveau système d'esthétique ; de là, dans sa littérature, tant de manière et d'artificiel. Le défaut du développement intellectuel de l'Allemagne, c'est l'abus de la réflexion, je veux dire l'application, faite avec conscience et délibération, à la production spontanée des lois reconnues dans les phases antérieures de la pensée. Le grand résultat de la critique historique du XIXe siècle, appliquée à l'histoire de l'esprit humain, est d'avoir reconnu le flux nécessaire des systèmes, d'avoir entrevu quelques-unes des lois d'après lesquelles ils se superposent, et la manière dont ils oscillent sans cesse vers la vérité, *lorsqu'ils suivent leur cours naturel.* C'est là une vérité spéculative de premier ordre, mais qui devient très dangereuse dès qu'on veut l'appliquer. Car conclure de ce principe : « le système ultérieur est toujours le meilleur, » que tel esprit léger et superficiel qui viendra bavarder ou radoter après un homme de génie, lui est préférable, parce qu'il lui est chronologiquement postérieur, c'est, en vérité, faire la part trop belle à la médiocrité. Et voilà pourtant ce qui arrive trop souvent en Allemagne. Après l'apparition d'une grande œuvre de philosophie ou de critique, on est sûr de voir éclore tout un essaim de penseurs soi-disant avancés qui prétendent la dépasser et ne font souvent que la contredire. On ne peut assez le répéter : la loi du progrès des systèmes n'a lieu qu'autant que leur production est parfaitement spontanée, et que leurs auteurs, sans songer à se devancer les uns les autres, ne sont attentifs qu'à la considération intrinsèque et objective des choses. Négliger cette importante condition, c'est livrer le développement de l'esprit humain au hasard ou aux ridicules prétentions de quelques hommes présomptueux et vains (137).

La critique ne sait pas assimiler. L'éclectisme dogmatique n'est possible qu'à la condition de l'à-peu-près. Nos tentatives de fusion entre les doctrines échouent, parce que nous les savons trop bien. Les premiers chrétiens, les Alexandrins, les Arabes, le moyen âge, Mahomet pouvaient pratiquer un éclectisme bien plus puissant que le nôtre, car il était plus grossier. Ils savaient moins exactement que nous, et ils avaient moins de critique ; ces éléments qu'ils mêlaient, ils ne savaient d'où ils venaient. On amalgame alors sans scrupule, on mélange le tout sans y regarder de si près, on y met son originalité sans le savoir. La critique, au contraire, ne sait pas digérer; les morceaux restent entiers; on voit trop bien les différences. Le dogme de la Trinité ne se serait pas formé si les docteurs chrétiens eussent tenu compte des mille nuances que nous voyons. L'éclectisme moderne est excellent comme principe de critique, stérile comme tentative de fusion dogmatique; il ne sera jamais qu'une marqueterie, une juxtaposition de morceaux distincts. Autrefois, un esprit nouveau ou des institutions nouvelles se formaient par un mélange intime de disparates, comme nos plus grossiers aliments transformés par la cuisson. On prenait tant bien que mal les institutions ou les dogmes du passé, et on se les accommodait à sa guise. Le moyen âge se faisait un *Empire* avec de vieux et très inexacts souvenirs. S'il avait su l'histoire aussi bien que nous, il ne se fût pas permis cette belle fantaisie. Le *contresens* avait une large part dans ces étranges créations, et j'espère montrer un jour le rôle qu'il a joué dans la formation de nos dogmes les plus essentiels; ou plutôt l'esprit sans critique voulait à tout prix retrouver sa pensée dans le passé, et arrangeait pour cela le passé à sa guise. Certes, voilà une science grossière s'il en fut jamais. Eh bien! elle créait plus que la nôtre, grâce à sa grossièreté même. La vue nette et fine ne sert qu'à distinguer; l'analyse n'est jamais que l'analyse.

Et pourtant l'analyse est, à sa manière, un progrès. Dans le syncrétisme, tous les éléments étaient entassés sans cette exacte distinction qui caractérise l'analyse, sans cette belle unité qui résulte de la parfaite synthèse. Ce n'est qu'au second degré que les parties commencent à se dessiner avec netteté, et cela, il faut l'avouer, aux dépens de l'unité, dont l'état primitif offrait au moins quelque apparence. Alors, c'est la multiplicité, c'est la division qui domine, jusqu'à ce que la synthèse, venant ressaisir ces parties isolées, lesquelles ayant vécu à part ont désormais la conscience d'elles-mêmes, les fonde de nouveau dans une unité supérieure.

Au fond, cette grande loi n'est pas seulement la loi de l'intelligence humaine (138). Évolution d'un germe primitif et syncrétique par l'analyse de ses membres, et nouvelle unité résultant de cette analyse, telle est la loi de tout ce qui vit. Un germe est posé, renfermant en puissance, sans distinction, tout ce que l'être sera un jour; le germe se développe, les formes se constituent dans leurs proportions régulières, ce qui était en puissance devient un acte; mais rien ne se crée, rien ne s'ajoute. Je me suis souvent servi avec succès de la comparaison suivante pour faire comprendre cette vue. Soit une masse de chanvre homogène, que l'on tire en cordelles distinctes ; la masse représentera le syncrétisme, où coexistent confusément tous les instincts ; les cordelles représenteront l'analyse. Si l'on suppose que les cordelles, tout en restant distinctes, soient ensuite entrelacées pour former une corde, on aura la synthèse, qui diffère du syncrétisme primitif, en ce que les individualités bien que nouées en unité y restent distinctes.

Dans une hypothèse que je suis loin de prendre d'une manière dogmatique, mais seulement comme une belle épopée sur le système des choses, la loi de Dieu ne serait pas autre. L'unité primitive était sans vie, car la vie n'existe qu'à la condition de l'analyse et de l'opposition des parties. L'être était comme s'il n'était pas ; car rien n'y était distinct ; tout y était sans individualisation ni existence séparée. La vie ne commença qu'au moment où l'unité obscure et confuse se développa en multiplicité et devint univers. Mais l'univers à son tour n'est pas la forme complète ; l'unité n'y est pas assez sensible. Le retour à l'unité s'y opère par l'esprit ; car l'esprit n'est que la résultante unique d'un certain nombre d'éléments multiples. L'histoire de l'être ne sera complète qu'au moment où la multiplicité sera toute convertie en unité, et où, de tout ce qui est sortira une résultante unique qui sera Dieu, comme dans l'homme l'âme est la résultante de tous les éléments qui le composent. Dieu sera alors l'âme de l'univers, et l'univers sera le corps de Dieu, et la vie sera complète ; car toutes les parties de ce qui est auront vécu à part et seront mûres pour l'unité. Le cercle alors sera fermé, et l'être, après avoir traversé le multiple, se reposera de nouveau dans l'unité. Mais pourquoi, direz-vous, en sortir pour y rentrer? A quoi a servi le voyage à travers le multiple? Il a servi à ce que tout ait vécu de sa vie propre, il a servi à introduire l'analyse dans l'unité. Car la vie n'est pas l'unité absolue ni la multiplicité, c'est la multiplicité dans l'unité, ou plutôt la multiplicité se résolvant en unité (139).

La perfection de la vie dans l'animal est en raison directe de la distinction des organes. L'animal inférieur, en apparence plus homogène, est en effet inférieur au vertébré, parce qu'une grande vie centrale résulte chez celui-ci de plusieurs éléments parfaitement distincts. La France est la première des nations, parce qu'elle est le concert unique résultant d'une infinité de sons divers. La perfection de l'humanité ne sera pas l'extinction, mais l'harmonie des nationalités : les nationalités vont bien plutôt se fortifiant que s'affaiblissant ; détruire une nationalité, c'est détruire un son dans l'humanité. « Le génie, dit M. Michelet, n'est le génie qu'en ce qu'il est à la fois simple et analyste, à la fois enfant et mûr, homme et femme, barbare et civilisé (140). » La science, de même, ne sera parfaite que quand elle sera à la fois analytique et synthétique ; exclusivement analytique, elle est étroite, sèche, étriquée ; exclusivement synthétique, elle est chimérique et gratuite. L'homme ne saura réellement que quand, en affirmant la loi générale, il aura la vue claire de tous les faits particuliers qu'elle suppose.

Toutes les sciences particulières débutent par l'affirmation de l'unité, et ne commencent à distinguer que quand l'analyse a révélé de nombreuses différences là où on n'avait vu qu'uniformité. Lisez les psychologues écossais : ils répètent à chaque page que la première règle de la méthode philosophique est de maintenir distinct ce qui est distinct, de ne pas devancer les faits par une réduction précipitée à l'unité, de ne pas reculer devant la multiplicité des causes. Rien de mieux, à condition pourtant que, par une vue ultérieure, on se tienne assuré que cette réduction à l'unité, qui n'est point mûre encore, se fera un jour. Certes, il serait bien étrange qu'il y eût dans la nature soixante et un corps simples, ni plus ni moins, qu'il y eût dans l'homme huit ou dix facultés, ni plus ni moins. L'unité est au fond des choses; mais la science doit attendre qu'elle apparaisse, tout en se tenant assurée qu'elle apparaîtra. On a tort de reprocher à la science de se reposer ainsi dans la diversité; mais la science aurait tort, de son côté, si elle ne faisait ses réserves et ne reconnaissait cette diversité provisoire comme devant disparaître un jour devant une investigation plus profonde de la nature.

L'état actuel est critiquable et incomplet. La belle science, la science complète et sentie sera pour l'avenir, si la civilisation n'est pas une fois encore arrêtée dans sa marche par la superstition aveugle et l'invasion de la barbarie, sous une forme ou sous une autre. Mais, quoi qu'il arrive, lors même qu'une Renaissance redeviendrait nécessaire, il est indubitable qu'elle aurait lieu, que les barbares s'appuieraient sur nous comme sur des anciens pour aller plus loin que nous, et ouvrir à leur tour des points de vue nouveaux. On nous plaindra alors, nous, les hommes de l'âge d'analyse, réduits à ne voir qu'un coin des choses; mais on nous honorera d'avoir préféré l'humanité à nous-mêmes, de nous être privés de la douceur des résultats généraux, afin de mettre l'avenir en état de les tirer avec certitude, bien différents de ces égoïstes penseurs des premiers âges, qui cherchaient à improviser pour eux un système des choses plutôt qu'à recueillir pour l'avenir les éléments de la solution. Notre méthode est par excellence la méthode désintéressée ; nous ne travaillons pas pour nous; nous consentons à ignorer, afin que l'avenir sache; nous travaillons pour l'humanité.

Cette patiente et sévère méthode me semble convenir à la France, celui de tous les pays qui a pratiqué avec le plus de fermeté la méthode positive, mais aussi celui de tous où la haute spéculation a été le plus stérile. Sans accepter dans toute son étendue le reproche que l'Allemagne adresse à notre patrie, de n'entendre absolument rien en religion ni en métaphysique, je reconnais que le sens religieux est très faible en France, et c'est précisément pour cela que nous tenons plus que d'autres en religion à d'étroites formules excluant tout idéal. C'est pour cela que la France ne verra jamais de milieu entre le catholicisme le plus sévère et l'incrédulité ; c'est pour cela qu'on a tant de peine à y faire comprendre que, pour n'être pas catholique, l'on n'est pas voltairien. Les spéculations métaphysiques de l'école française (j'excepterai, si vous voulez, Malebranche) ont toujours été mesquines et timides. La vraie philosophie française est la philosophie scientifique des Dalembert, des Cuvier, des Geoffroy Saint-Hilaire. Le développement théologique y a été complètement nul ; il n'y a pas de pays en Europe où la pensée religieuse ait moins travaillé. Chose étrange ! ces hommes si fins, si délicats, si habiles à saisir dans la vie pratique les nuances les plus déliées, sont de vrais badauds pour les choses métaphysiques, et y admettent des énormités à faire bondir le sens critique. Ils le sentent et ne s'en occupent pas. Comme pourtant le besoin d'une religion est de l'humanité, ils trouvent commode de prendre tout fait le système qu'ils rencontrent sous la main, sans examiner s'il est acceptable (141). La religion a toujours été en France une sorte de roue à part, un préambule stéréotypé, comme *Louis par la grâce de Dieu*, n'ayant aucun rapport avec tout le reste et qu'on ne lit pas, une formule morte. Nos guerres de religion ne sont en réalité que des guerres civiles ou des guerres de parti. Si la France eût eu davantage le sentiment religieux, elle fût devenue protestante comme l'Allemagne. Mais n'ayant pas le sentiment du mouvement théologique, elle n'a pas vu de milieu entre un système donné et la répudiation moqueuse de ce système. La France est en religion ce que l'Orient est en politique. L'Orient n'imagine d'autre gouvernement que celui de l'absolutisme. Seulement quand l'absolutisme devient intolérable, on poignarde le souverain. Voilà le seul tempérament politique que l'on y connaisse. La France est le pays du monde le plus orthodoxe, car c'est le pays du monde le moins religieux et le plus positif. Les types à la Franklin, les hommes d'ici-bas (tout ce qu'il y a au monde de plus athée) sont souvent les plus étroitement attachés aux formules. Que si les gens d'esprit y regardent parfois d'un peu près, ou bien ils se rabattent avec une facilité caractéristique sur notre incompétence à juger de ces sortes de choses, ou bien ils se mettent franchement à en rire. Il y a en France, jusque chez les incrédules, un fond de catholicisme. La pure religion idéale, qui, en Allemagne, a tant de prosélytes, y est profondément inconnue (142). Un système tout fait, qu'il ne soit pas nécessaire de comprendre et qui nous épargne la peine de chercher, voilà bien ce que la France demande en religion, parce qu'elle sent fort bien qu'elle n'a pas le sens délicat des choses de cet ordre. La France représente éminemment la période analytique, révolutionnaire, profane, irréligieuse de l'humanité, et c'est à cause de son impuissance même en religion qu'elle se rattache avec cette indifférence sceptique aux formules du passé. Il se peut qu'un jour la France, ayant accompli son rôle, devienne un obstacle au progrès de l'humanité et disparaisse; car les rôles sont profondément distincts; celui qui a fait l'analyse ne fait pas la synthèse. A chacun son œuvre, telle est la loi de l'histoire. La France aura été le grand instrument révolutionnaire; sera-t-elle aussi puissante pour la reédification religieuse? L'avenir le saura. Quoi qu'il en soit, il aura suffi, pour sa gloire, d'esquisser une face de l'humanité.

XVII

Plût à Dieu que j'eusse fait comprendre à quelques belles âmes qu'il y a dans le culte pur des facultés humaines et des objets divins qu'elles atteignent une religion tout aussi suave, tout aussi riche en délices, que les cultes les plus vénérables. J'ai goûté dans mon enfance et dans ma première jeunesse les plus pures joies du croyant, et, je le dis du fond de mon âme, ces joies n'étaient rien comparées à celles que j'ai senties dans la pure contemplation du beau et la recherche passionnée du vrai. Je souhaite à tous mes frères restés dans l'orthodoxie une paix comparable à celle où je vis depuis que ma lutte a pris fin et que la tempête apaisée m'a laissé au milieu de ce grand océan pacifique, mer sans vagues et sans rivages, où l'on n'a d'autre étoile que la raison, ni d'autre boussole que son cœur.

Un scrupule cependant s'élève parfois en mon âme, et la pensée que j'ai cherché à exprimer dans ces pages serait incomplète, si je n'en présentais ici la solution. Aussi bien c'est la grande objection que l'on répète sans cesse contre le rationalisme; j'éprouve le besoin de dire mon sentiment sur ce point.

La science et l'humanisme, peut-on me dire, vous offrent un aliment religieux suffisant. Mais cette religion peut-elle être celle de tous? L'homme du peuple, courbé sous le poids d'un travail de toutes les heures, l'intelligence bornée, fermée à jamais aux secrets de la vie supérieure, peut-il espérer d'avoir part à ce culte des parfaits? Que si votre religion est pour un petit nombre, que si elle exclut les pauvres et les humbles, elle n'est pas la vraie; bien plus elle est barbare et immorale, puisqu'elle bannit du royaume du ciel ceux qui sont déjà déshérités des joies de la terre.

Ces objections sont d'autant plus sérieuses que je reconnais tout le premier que la science, pour arriver à ce degré où elle offre à l'âme un aliment religieux et moral, doit s'élever au-dessus du niveau vulgaire, que l'éducation scientifique ordinaire est ici complètement insuffisante, qu'il faut, pour réaliser cet idéal, une vie entière consacrée à l'étude, un ascétisme scientifique de tous les instants et le plus complet renoncement aux plaisirs, aux affaires et aux intérêts de ce monde, que non seulement l'homme ignorant est radicalement incapable de comprendre le premier mot de ce système de vie, mais que même l'immense majorité de ceux qu'on regarde comme instruits et cultivés est dans l'incapacité absolue d'y atteindre.

Oui, je l'avoue, la religion rationnelle et pure n'est accessible qu'au petit nombre. Le nombre des philosophes a été comme imperceptible dans l'humanité. La plus modeste des religions a eu mille fois plus de sectateurs et a plus influé sur les destinées du genre humain que toutes les écoles réunies. La philosophie à notre manière suppose une longue culture et des habitudes d'esprit dont très peu sont capables. Je ne sais si hors de Paris il est possible en France de se mettre bien délicatement à ce point de vue, et je craindrais de trop dire en avançant qu'il y a actuellement au monde deux ou trois milliers de personnes capables d'adorer de cette manière. Mais les humbles ne sont pas pour cela exclus de l'idéal. Leurs formules, quoique inférieures, suffisent pour leur faire mener une noble vie, et le peuple surtout a dans ses grands instincts et sa puissante spontanéité une ample compensation de ce qui lui est refusé en fait de science et de réflexion. Celui qui peut comprendre la prédication d'un Jocelyn de village, et ces paraboles,

> Où le maître, abaissé jusqu'au sens des humains,
> Faisait toucher le ciel aux plus petites mains.

est-il donc déshérité de la vie céleste ? Tout homme, par le seul fait de sa participation à la nature humaine, a son droit à l'idéal ; mais ce serait aller contre l'évidence que de prétendre que tous sont également aptes à en goûter les délices. Tout en disant avec M. Michelet : « Oh ! qui me soulagera de la dure inégalité ! » tout en reconnaissant qu'en fait d'intelligence, l'inégalité est plus pénible au privilégié qu'à l'inférieur, il faut avouer que cette inégalité est dans la nature et que la formule théologique conserve ici sa parfaite vérité : tous ont la grâce suffisante pour faire leur salut, mais tous ne sont pas appelés à la même perfection. Marie a la meilleure part qui ne lui sera point enlevée. Ce qu'il y a de sûr, c'est que si l'humanité était aussi cultivée que nous, elle aurait la même religion que nous.

Si donc vous reprochez au philosophe l'excellence exceptionnelle de sa religion, reprochez aussi à celui qui cherche dans la vie ascétique une plus haute perfection d'être appelé à un état exceptionnel; reprochez à celui qui cultive son esprit de sortir de la ligne vulgaire de l'humanité. Il faut le reconnaître, quelque douloureux que soit cet aveu, la perfection, dans l'état actuel de la société, n'est possible qu'à très peu d'hommes. Faut-il en conclure que la perfection est mauvaise et injurieuse à l'humanité? Non, certes; il faut seulement regretter qu'elle soit assujettie à des conditions si étroites. C'est un intolérable orgueil de la part du philosophe de croire qu'il a le monopole de la vie supérieure; ce serait chez lui un égoïsme tout à fait coupable de se réjouir de son isolement et de prolonger à dessein l'abrutissement de ses semblables pour ne point avoir d'égaux. Mais on ne peut lui faire un crime de s'élever au-dessus de la dépression commune, et de s'écrier avec saint Paul : *Cupio omnes fieri qualis et ego sum*. Ne dites donc plus : L'infériorité de la philosophie est d'être accessible à un petit nombre; car c'est au contraire son titre de gloire. La seule conclusion pratique à tirer de cette triste vérité, c'est qu'il faut travailler à avancer l'heureux jour où tous les hommes auront place au soleil de l'intelligence et seront appelés à la vraie lumière des enfants de Dieu.

Ce serait un bien doux mais bien chimérique optimisme d'espérer que ce jour est près de nous. Mais c'est le propre de la foi d'espérer contre l'espérance, et il n'est rien après tout que le passé ne nous autorise à attendre de l'avenir de l'humanité. Combien en effet les conditions de la culture intellectuelle étaient dans l'antiquité grecque différentes de ce qu'elles sont aujourd'hui ! Aujourd'hui la science et la philosophie sont une *profession*. « On ne passe point dans le monde, dit Pascal, pour se connaître en vers, si l'on n'a mis l'enseigne de poète, ni pour être habile en mathématiques, si l'on n'a mis celle de mathématicien. » Dans les beaux siècles de l'antiquité, on était philosophe ou poète, comme on est honnête homme dans toutes les positions de la vie. Nul intérêt pratique, nulle institution officielle n'étaient nécessaires pour exciter le zèle de la recherche ou la production poétique. La curiosité spontanée, l'instinct des belles choses y suffisaient. Ammonius Saccas, le fondateur de la plus haute et de la plus savante école philosophique de l'antiquité, était un *portefaix*. Imaginez donc un fort de la halle créant chez nous un ordre de spéculation analogue à la philosophie de Schelling ou de Hegel ! Quand je pense à ce noble peuple d'Athènes, où tous sentaient et vivaient de la vie de la nation, à ce peuple qui applaudissait aux pièces de Sophocle, à ce peuple qui critiquait Isocrate, où les femmes disaient : C'est là ce Démosthène ! où une marchande d'herbes reconnaissait Théophraste pour étranger, où tous avaient fait leur éducation au même gymnase et dans les mêmes chants, où tous savaient et comprenaient Homère de la même manière, je ne puis m'empêcher de concevoir quelque humeur contre notre société si profondément divisée en hommes cultivés et en barbares. Là tous avaient part aux mêmes souvenirs, tous se glorifiaient des mêmes trophées (143), tous avaient contemplé la même Minerve et le même Jupiter. Que sont, pour notre peuple, Racine, Bossuet, Buffon, Fléchier ? Que lui disent les héros de

Louis XIV, Condé, Turenne ? Que lui disent Nordlingue et Fontenoy (144) ? Le peuple est chez nous déshérité de la vie intellectuelle ; il n'y a pas pour lui de littérature. Immense malheur pour le peuple, malheur plus grand encore pour la littérature ! Il n'y avait qu'un seul goût à Athènes, le goût du peuple, le bon goût. Il y a chez nous le goût du peuple et le goût des hommes d'esprit, le genre distingué et le petit genre. Pour apprécier notre littérature, il faut être lettré, critique, bel esprit. Le vulgaire admire de confiance et n'ose hasarder de lui-même un jugement sur ces œuvres qui le dépassent. L'Allemagne ne connaît pas le goût provincial, parce qu'elle n'a pas le goût de la capitale ; l'antiquité ne connaissait pas le genre niais et populacier, parce qu'elle n'avait pas de littérature aristocratique.

Je ne conçois pas qu'une âme élevée puisse rester indifférente à un tel spectacle et ne souffre pas en voyant la plus grande partie de l'humanité exclue du bien qu'elle possède et qui ne demanderait qu'à se partager. Il y a des gens qui ne conçoivent pas le bonheur sans faveur exceptionnelle, et qui n'apprécieraient plus la fortune, l'éducation, l'esprit, si tout le monde en avait. Ceux-là n'aiment pas la *perfection* en elle-même, mais la *supériorité* relative ; ce sont des orgueilleux et des égoïstes. Pour moi, je ne comprends le parfait bonheur que quand tous seront parfaits. Je n'imagine pas comment l'opulent peut jouir de plein cœur de son opulence, tandis qu'il est obligé de se voiler la face devant la misère d'une portion de ses semblables. Ma plus vive peine est de songer que tous ne peuvent partager mon bonheur. Il n'y aura de bonheur que quand tous seront égaux, mais il n'y aura d'égalité que quand tous seront parfaits. Quelle douleur pour le savant et le penseur de se voir par leur excellence même isolés de l'humanité, ayant leur monde à part, leur croyance à part ! Et vous vous étonnez qu'avec cela ils soient parfois tristes et solitaires ! Mais ils possèderaient l'infini, la vérité absolue, qu'ils devraient souffrir de le posséder seuls, et regretter les rêves vulgaires qu'ils savouraient au moins en commun avec tous. Il y a des âmes qui ne peuvent souffrir cet isolement et qui aiment mieux se rattacher à des fables que de faire bande à part dans l'humanité. Je les aime... Toutefois le savant ne peut prendre ce parti, quand il le voudrait, car ce qui lui a été démontré faux est pour lui désormais inacceptable. C'est sans doute un lamentable spectacle que celui des souffrances physiques du pauvre. J'avoue pourtant qu'elles me touchent infiniment moins que de voir l'immense majorité de l'humanité condamnée à l'ilotisme intellectuel, de voir des hommes semblables à moi, ayant peut-être des facultés intellectuelles et morales supérieures aux miennes, réduits à l'abrutissement, infortunés traversant la vie, naissant, vivant et mourant sans avoir un seul instant levé les yeux du servile instrument qui leur donne du pain, sans avoir un seul moment respiré Dieu.

Un des lieux communs le plus souvent répétés par les esprits vulgaires est celui-ci : Initier les classes déshéritées de la fortune à une culture intellectuelle réservée d'ordinaire aux classes supérieures de la société, c'est leur ouvrir une source de peines et de souffrances. Leur instruction ne servira qu'à leur faire sentir la disproportion sociale et à leur rendre leur condition intolérable. C'est là, dis-je, une considération toute bourgeoise, n'envisageant la culture intellectuelle que comme un complément de la fortune et non comme un bien moral. Oui, je l'avoue, les simples sont les plus heureux ; est-ce une raison pour ne pas s'élever ? Oui, ces pauvres gens seront plus malheureux, quand leurs yeux seront ouverts. Mais il ne s'agit pas d'être heureux, il s'agit d'être parfait. Ils ont droit comme les autres à la noble souffrance. Songez donc qu'il s'agit de la vraie religion, de la seule chose sérieuse et sainte.

Je comprends la plus radicale divergence sur les meilleurs moyens pour opérer le plus grand bien de l'humanité ; mais je ne comprends pas que des âmes honnêtes diffèrent sur le but, et substituent des fins égoïstes à la grande fin divine : perfection et vie pour tous. Sur cette première question, il n'y a que deux classes d'hommes : les hommes honnêtes qui se subordonnent à la grande fin sociale, et les hommes immoraux qui veulent jouir et se soucient peu que ce soit aux dépens des autres. S'il était vrai que l'humanité fût constituée de telle sorte qu'il n'y eût rien à faire pour le bien général, s'il était vrai que la politique consistât à étouffer les cris des malheureux et à se croiser les bras sur des maux irrémédiables, rien ne pourrait décider les belles âmes à supporter la vie. Si le monde était fait comme cela, il faudrait maudire Dieu et puis se suicider.

Il ne suffit pas pour le progrès de l'esprit humain que quelques penseurs isolés arrivent à des points de vue fort avancés, et que quelques têtes s'élèvent comme des folles avoines au-dessus du niveau commun. Que sert telle magnifique découverte, si tout au plus une centaine de personnes en profitent ? En quoi l'humanité est-elle plus avancée, si sept ou huit personnes ont aperçu la haute raison des choses ? Un résultat n'est acquis que quand il est entré dans la grande circulation. Or les résultats de la haute science ne sont pas de ceux qu'il suffit d'énoncer. Il faut y élever les esprits. Kant et Hegel auraient beau avoir raison ; leur science dans l'état actuel demeurerait incommunicable. Serait-ce leur faute ? Non ; ce serait la faute des barbares qui ne les peuvent comprendre, ou plutôt la faute de la société qui suppose fatalement des barbares. Une civilisation n'est réellement forte que quand elle a une base étendue. L'antiquité eut des penseurs presque aussi avancés que les nôtres ; et pourtant la civilisation antique périt par sa paucité, sous la multitude des barbares. Elle ne portait pas sur assez d'hommes ; elle a disparu, non faute d'intensité, mais faute d'extension. Il devient tout à fait urgent, ce me semble, d'élargir le tourbillon de l'humanité ; autrement des individus pourraient atteindre le ciel quand la masse se traînerait encore sur terre. Ce progrès-là ne serait pas de bon aloi, et demeurerait comme non accompli.

Si la culture intellectuelle n'était qu'une jouissance, il ne faudrait pas trouver mauvais que plusieurs n'y eussent point de part, car l'homme n'a pas de droit à la jouissance. Mais du moment où elle est une religion, et la religion la plus parfaite, il devient barbare d'en priver une seule âme. Autrefois, au temps du christianisme, cela n'était pas si révoltant : au contraire, le sort du malheureux et du simple était en un sens digne d'envie, puisqu'ils étaient plus près du royaume de Dieu. Mais on a détruit le charme, il n'y a plus de retour possible. De là une affreuse, une horrible situation ; des hommes condamnés à souffrir sans une pensée morale, sans une idée élevée, sans un sentiment noble, retenus par la force seule comme des brutes en cage. Oh ! cela est intolérable !

Que faire ? Lâcher les brutes sur les hommes ? Oh ! non, non ; car il faut sauver l'humanité et la civilisation à tout prix. Garder sévèrement les brutes et les assommer quand elles se ruent? Cela est horrible à dire. Non! il faut en faire des hommes, il faut leur donner part aux délices de l'idéal, il faut les *élever*, les ennoblir, les rendre dignes de la liberté. Jusque-là, prêcher la liberté sera prêcher la destruction, à peu près comme si, par respect pour le *droit* des ours et des lions, on allait ouvrir les barreaux d'une ménagerie. Jusque-là, les déchirements sont nécessaires, et, bien que condamnables dans l'appréciation analytique des faits, ils sont légitimes en somme. L'avenir les absoudra, en les blâmant, comme nous absolvons la grande Révolution, tout en déplorant ses actes coupables et en stigmatisant ceux qui les ont provoqués.

Mon Dieu! c'est perdre son temps que de se tourmenter sur ces problèmes. Ils sont spéculativement insolubles: ils seront résolus par la brutalité. C'est raisonner sur le cratère d'un volcan, ou au pied d'une digue, quand le flot monte. Bien des fois l'humanité dans sa marche s'est ainsi trouvée arrêtée comme une armée devant un précipice infranchissable. Les habiles alors perdent la tête, la prudence humaine est aux abois. Les sages voudraient qu'on reculât et qu'on tournât le précipice. Mais le flot de derrière pousse toujours; les premiers rangs tombent dans le gouffre, et quand leurs cadavres ont comblé l'abîme, les derniers venus passent de plain-pied par-dessus. Dieu soit béni! l'abîme est franchi! On plante une croix à l'endroit, et les bons cœurs viennent y pleurer.

Ou bien c'est comme une armée qui doit traverser un fleuve large et profond. Les sages veulent construire un pont ou des bateaux : les impatients lancent à la hâte les escadrons à la nage ; les trois quarts y périssent ; mais enfin le fleuve est passé. L'humanité ayant à sa disposition des forces infinies ne s'en montre pas économe.

Ces terribles problèmes sont insolubles à la pensée. Il n'y a qu'à croiser les bras avec désespoir. L'humanité sautera l'obstacle et fera tout pour le mieux. Absolution pour les vivants, et eau bénite pour les morts !

Ah ! qu'il est heureux que la passion se charge de ces cruelles exécutions ! Les belles âmes seraient trop timides et iraient trop mollement ! Quand il s'agit de fonder l'avenir en frappant le passé, il faut de ces redoutables sapeurs, qui ne se laissent pas amollir aux pleurs de femmes et ne ménagent pas les coups de hache. Les révolutions seules savent détruire les institutions depuis longtemps condamnées. En temps de calme, on ne peut se résoudre à frapper, lors même que ce qu'on frappe n'a plus de raison d'être. Ceux qui croient que la rénovation qui avait été nécessitée par tout le travail intellectuel du xviii° siècle eût pu se faire pacifiquement se trompent. On eût cherché à pactiser, on se fût arrêté à mille considérations personnelles, qui en temps de calme sont fort prisées ; on n'eût osé détruire franchement ni les privilèges ni les ordres religieux, ni tant d'autres abus. La tempête s'en charge. Le pouvoir temporel des papes est assurément périmé. Eh bien ! tout le monde en serait persuadé qu'on ne se déciderait point encore à balayer cette ruine. Il faudrait attendre pour cela le prochain tremblement de terre. Rien ne se fait par le calme : on n'ose qu'en révolution. On doit toujours essayer de mener l'humanité par les voies pacifiques et de faire glisser les révolutions sur les pentes douces du temps; mais, si l'on est tant soit peu critique, on est obligé de se dire en même temps que cela est impossible, que la chose ne se fera pas ainsi. Mais enfin elle se fera de manière ou d'autre. C'est peine perdue de calculer et de ménager savamment les moyens ; car la brutalité s'en mêlera, et on ne calcule pas avec la brutalité. Il y a là une antinomie et un équilibre instable comme dans tant d'autres questions relatives à l'humanité, quand on les envisage exclusivement dans le présent. Il y a des hommes nécessairement détestés et maudits de leur siècle; l'avenir les explique et arrive à dire froidement : Il a fallu qu'il y eût aussi de ces gens-là (145). Du reste cette réhabilitation d'outre-tombe n'est pas pour eux de vigoureuse justice ; car comme ils sont presque toujours immoraux, ils ont trouvé leur récompense dans la satisfaction de leurs brutales passions. Je conçois idéalement un révolutionnaire vertueux, qui agirait révolutionnairement par le sentiment du devoir et en vue du bien calculé de l'humanité, de telle sorte que les circonstances seules seraient coupables de ses violences. Mais je mets en fait qu'il n'y en a pas encore eu un seul de la sorte, et peut-être même ce caractère est-il en dehors des conditions de l'humanité. Car de tels actes ne vont pas sans que la passion s'en mêle, et réciproquement de telles passions ne vont pas sans éveiller quelque vue désintéressée. Le caractère des révolutionnaires est très complexe, et les explications trop simples qu'on en donne sont arguées de fausseté par leur simplicité même.

Théophylacte raconte que Philippicus, général de Maurice, étant sur le point de donner une bataille, se mit à pleurer en songeant au grand nombre d'hommes qui allaient être tués. Montesquieu appelle cela de la bigoterie. Mais ce ne fut peut-être en effet que du bon cœur. Il est bien de pleurer sur ces redoutables nécessités, pourvu que les pleurs n'empêchent pas de marcher en avant. Dure alternative des belles âmes! S'allier aux méchants, se faire maudire par ceux qu'on aime, ou sacrifier l'avenir !

Malheur à qui fait les révolutions ; heureux qui en hérite! Heureux surtout ceux qui, nés dans un âge meilleur, n'auront plus besoin pour faire triompher la raison, des moyens les plus irrationnels et les plus absurdes! Le point de vue moral est trop étroit pour expliquer l'histoire. Il faut s'élever à l'humanité, où, pour mieux dire, il faut dépasser l'humanité et s'élever à l'être suprême, où tout est raison et où tout se concilie. Là est la lumière blanche, qui plus bas est réfractée en mille nuances séparées par d'indiscernables limites.

M. Pierre Leroux a raison. Nous avons détruit le paradis et l'enfer. Avons-nous bien fait, avons-nous mal fait, je ne sais. Ce qu'il y a de sûr, c'est que la chose est faite. On ne replante pas un paradis, on ne rallume pas un enfer. Il ne faut pas rester en chemin. Il faut faire descendre le paradis ici-bas pour tous. Or le paradis sera ici-bas quand tous auront part à la lumière, à la perfection, à la beauté, et *par là* au bonheur. Quand le prêtre, au milieu d'une assemblée de croyants, prêchait la résignation et la soumission, parce qu'il ne s'agissait après tout que de souffrir quelques jours, après quoi viendrait l'éternité, où toutes ces souffrances seraient comptées pour des mérites, à la bonne heure. Mais nous avons détruit l'influence du prêtre, et il ne dépend pas de nous de la rétablir. Nous n'en voulons plus pour nous; il serait par trop étrange que nous en voulussions pour les autres,

Supposé que nous eussions encore quelque influence sur le peuple, supposé que notre recommandation fût de quelque prix à ses yeux, et n'excitât pas plutôt ses défiances, imaginez de quel air, nous, incrédules, nous irions prêcher le christianisme, dont nous reconnaissons n'avoir plus besoin, à des gens qui en ont besoin pour notre repos. De quel nom appeler un tel rôle ? Et quand il ne serait pas immoral, ne serait-il pas, de tous les rôles, le plus gauche, le plus ridicule, le plus impossible ? Car, depuis le commencement du monde, où a-t-on vu un seul exemple de ce miracle : l'incrédulité menteuse et hypocrite faisant des croyants. La conviction seule opère la conviction. J'ai lu, je ne sais où, une histoire de bonzes qui garantissaient en bonne forme à une vieille femme le paradis dans l'autre monde, si elle voulait leur donner sa fortune en celui-ci. Mais le sceptique qui prêche le paradis et l'enfer, auxquels il ne croit pas, au peuple qui n'y croit pas davantage, ne joue-t-il pas un rôle mille fois plus équivoque. « Amis, laissez-moi la jouissance de ce monde-ci, et je vous promets la jouissance de l'autre. » Voilà certes une bonne scène de comédie. Le peuple, qui a un instinct très délicat du comique, en rira.

Dieu me garde de dire que la croyance à l'immortalité ne soit pas en un sens nécessaire et sacrée. Mais je maintiens que quand un sceptique prêche au pauvre ce dogme consolateur sans y croire, afin de le faire tenir tranquille, cela doit s'appeler une escroquerie ; c'est payer en billets qu'on sait faux, c'est détourner le simple par une chimère de la poursuite du réel. On ne peut nier que la trop grande préoccupation de la vie future ne soit à quelques égards nuisible au bien-être de l'humanité. Quand on pense que toute chose se retrouvera là-haut rétablie, ce n'est plus tant la peine de poursuivre l'ordre et l'équité ici-bas. Notre principe, à nous, c'est qu'il faut régler la vie présente comme si la vie future n'existait pas, qu'il n'est jamais permis pour justifier un état ou un acte social de s'en référer à l'au-delà. En appeler incessamment à la vie future, c'est endormir l'esprit de réforme, c'est ralentir le zèle pour l'organisation rationnelle de l'humanité. Tout le travail de réforme sociale accompli par la bourgeoisie française depuis le xviiie siècle repose sur ce principe implicitement reconnu, qu'il faut organiser la vie présente sans égard pour la vie future. C'est le plus sûr moyen de ne duper personne.

Au moins, dira-t-on, laissez faire le prêtre, qui croit, lui, et qui, par conséquent, peut opérer la conviction. — A la bonne heure ; mais ne comptez pas trop sur cet apostolat improvisé au moment de la peur : le peuple sentira que vous êtes bien aises qu'on lui prêche ainsi, et puis il vous verra incrédules. Stipendiez des missionnaires pour prêcher des missions dans tous les villages ; votre incrédulité sera une prédication plus éloquente que la leur.

— Eh bien ! nous allons nous convertir ! Pour faire croire le peuple, il faut que nous croyions ; nous allons croire. — De tous les partis, c'est ici le plus impossible ; les religions ne ressuscitent pas ; ne se convertit pas qui veut. Vous croirez au moment de la peur, vous chercherez à croire. Oh ! les étranges chrétiens que les chrétiens de la peur ! Au premier beau soleil, vous redeviendrez incrédules. Vous avez pu chasser Voltaire de votre bibliothèque, vous ne le chasserez pas de votre souvenir ; car Voltaire, c'est vous-même.

Il faut donc renoncer à contenir le peuple avec les

vieilles idées. Reste la force; faites bonne garde. — Oh! ne vous y fiez pas : les ilotes en minorité sont encore les plus forts. Il suffira d'une maladresse, d'un faux pas, pour qu'ils vous poussent, vous renversent et vous écrasent. Êtes-vous bien sûrs de ne pas faire un faux pas en vingt ans? Songez qu'ils sont là, derrière vous, attendant le moment. Et puis, cela est immoral et intolérable, quand on y songe. Le bonheur que je goûte n'est qu'à la condition de la dépression d'une partie de mes semblables. Si un moment les dogues qui font la garde à la porte de *l'ergastulum* se relâchaient de leur violence, malheur! ce serait fini. Je n'ai jamais compris la sécurité dans un pays toujours menacé de l'invasion des eaux, ni le bonheur moral dans une société qui suppose l'avilissement d'une partie de la race humaine.

Remarquez, je vous prie, la fatalité qui a conduit les choses à ce point, et qui a rivé chacun des anneaux de la chaîne, et ne croyez pas avoir tout dit quand vous avez déclamé contre tel ou tel. C'est fatalement que l'humanité cultivée a brisé le joug des anciennes croyances; elle a été amenée à les trouver inacceptables; est-ce sa faute? Peut-on croire ce que l'on veut? Il n'y a rien de plus fatal que la raison. C'est fatalement, et sans que les philosophes l'aient cherché, que le peuple est devenu à son tour incrédule. A qui la faute encore, puisqu'il n'a pas dépendu des premiers incrédules de rester croyants, et qu'ils eussent été hypocrites en simulant des croyances qu'ils n'avaient pas, ce qui d'ailleurs eût été peu efficace; car le mensonge ne peut rien dans l'histoire de l'humanité. C'est fatalement enfin que le peuple incrédule s'est élevé contre ses maîtres en incrédulité et leur a dit : Donnez-moi une part ici-bas, puisque vous m'enlevez la part du ciel. Tout est donc nécessaire dans ce développement de l'esprit moderne ; toute la marche de l'Europe depuis quatre siècles se résume en cette conclusion pratique : élever et ennoblir le peuple, donner part à tous aux délices de l'esprit. Qu'on tourne le problème sous toutes ses faces, on en reviendra là. A mes yeux, c'est la question capitale du xix° siècle : toutes les autres réformes sont secondaires et prématurées ; car elles supposent celle-là. Maintenir une portion de l'humanité dans la brutalité, est immoral et dangereux ; lui rendre la chaîne des anciennes croyances religieuses, qui la moralisaient suffisamment, est impossible. Il reste donc un seul parti, c'est d'élargir la grande famille, de donner place à tous au banquet de la lumière. Rome n'échappa aux guerres sociales qu'en ouvrant ses rangs aux alliés, après les avoir vaincus. Grâce à Dieu, nous aussi nous avons vaincu. Hâtons-nous donc d'ouvrir nos rangs.

La société n'est pas, à mes yeux, un simple lien de convention, une institution extérieure et de police. *La société a charge d'âme*, elle a des devoirs envers l'individu ; elle ne lui doit pas la vie, mais la *possibilité de la vie*, c'est-à-dire le premier fond qui, fécondé par le travail de chacun, doit devenir l'aliment de sa vie physique, intellectuelle et morale. La société n'est pas la réunion atomistique et fortuite des individus, comme est, par exemple, le lien qui réunit les passagers à bord d'un même vaisseau. Elle est primitive (146). Si l'individu était antérieur à la société, il faudrait son acceptation pour qu'il fût considéré comme membre de la société et assujetti à ses lois, et on concevrait, à la rigueur, qu'il peut refuser de participer à ses charges et à ses avantages. Mais du moment que l'homme naît dans la société, comme il naît dans la raison, il n'est pas plus libre de récuser les lois de la société que de récuser les lois de la raison. L'homme ne naît pas libre, sauf ensuite à embrasser la servitude volontaire. Il naît partie de la société, il naît sous la loi. Il n'est pas plus recevable à se plaindre d'être soumis à une loi qu'il n'a pas acceptée, qu'il n'est recevable à se plaindre d'être né homme. Les vieilles sociétés avaient leurs livres sacrés, leurs épopées, leurs rits nationaux, leurs traditions, qui étaient comme le dépôt de l'éducation et de la culture nationale. Chaque individu, venant au monde, trouvait, outre la famille, qui ne suffit pas pour faire l'homme, la nation, dépositaire d'une autre vie plus élevée. Le christianisme, qui a détruit la conception antique de la nation et de la patrie, s'est substitué chez les peuples modernes à cette grande culture nationale, et longtemps il y a suffi. Ainsi, toujours l'homme a trouvé ouverte devant lui une grande école de vie supérieure. L'homme, comme la plante, est sauvage de sa nature : on n'est pas homme pour avoir la figure humaine ou pour raisonner sur quelques sujets grossiers à la façon des autres. On n'est homme qu'à la condition de la culture intellectuelle et morale.

Je crois, comme les catholiques, que notre société profane et irréligieuse, uniquement attentive à l'ordre et à la discipline, se souciant peu de l'immoralité et de l'abrutissement des masses, pourvu qu'elles continuent à tourner la meule en silence, repose sur une impossibilité. L'état doit au peuple la religion, c'est-à-dire la culture intellectuelle et morale, il lui doit l'école, encore plus que le temple. L'individu n'est complètement responsable de ses actes que s'il a reçu sa part à l'éducation qui fait homme. De quoi punissez-vous ce misérable, qui, resté fermé depuis son enfance aux idées morales, ayant à peine le discernement du bien et du mal, poussé d'ailleurs par de grossiers appétits qui sont toute sa loi, et peut-être aussi par de pressants besoins, a forfait contre la société ? Vous le punissez d'être brute; mais est-ce sa faute, grand Dieu ! si nul ne l'a reçu à son enfance pour le faire naître à la vie morale ? Est-ce sa faute, si son éducation n'a été que l'exemple du vice ? Et, pour remédier à ces crimes que vous n'avez pas su empêcher, vous n'avez que le bagne et l'échafaud. Le vrai coupable en tout cela, c'est la société qui n'a pas élevé et ennobli ce misérable. Quel étrange hasard, je vous prie, que presque tous les criminels naissent dans la même classe ! La nature, dirai-je avec Pascal, n'est pas si uniforme. N'est-il pas évident que, si les dix-neuf vingtièmes des crimes punis par la société sont commis par des gens privés de toute éducation et pressés par la misère, la cause en est dans ce manque d'éducation et dans cette misère ? Dieu me garde de songer jamais à excuser le crime ou à désarmer la société contre ses ennemis ! Mais le crime n'est crime que quand il est commis avec une parfaite conscience. Croyez-vous que ce misérable n'eût pas été, comme vous, honnête et bon, s'il avait été comme vous cultivé par une longue éducation et amélioré par les salutaires influences de la famille ? Il faut partir de ce principe que l'homme ne naît pas actuellement bon, mais avec la puissance de devenir bon, pas plus qu'il ne naît savant, mais avec la puissance de devenir savant, qu'il ne s'agit que de développer les germes de vertu qui sont en lui, que l'homme ne se porte pas au mal par son propre choix, mais par besoin, par de fatales circonstances, et surtout faute de culture morale. Certes, dans l'état présent, où la société ne peut exercer sur tous ses membres une action civilisatrice, il importe de maintenir le châtiment pour effrayer ceux que l'éducation n'a pu détourner du crime. Mais tel n'est pas l'état normal de l'humanité; car, je le répète, on ne punit pas un homme d'être sauvage, bien que, si l'on a des sauvages à gouverner, on puisse, pour les maintenir, recourir à la sanction pénale. Alors ce n'est plus un châtiment moral, c'est un exemple, rien de plus.

Je reconnais volontiers que, pour qu'un homme arrive aux dernières limites de la misère, là où la moralité expire devant le besoin, il faut qu'à une époque ou à une autre de sa vie il y ait eu de sa faute (j'excepte bien entendu les infirmes et les femmes), qu'avec de la moralité et de l'intelligence on peut toujours trouver une issue et des ressources. Mais cette moralité et cette intelligence, est-ce la faute des misérables, s'ils ne l'ont pas, puisque ces facultés ont besoin d'être cultivées, et que nul n'a pris soin de les développer en eux ?

Tout le mal qui est dans l'humanité vient à mes yeux du manque de culture, et la société n'est pas recevable à s'en plaindre, puisqu'elle en est, jusqu'à un certain point, responsable. En appelant démocratie et aristocratie les deux partis qui se disputent le monde, on peut dire que l'un et l'autre sont, dans l'état actuel de l'humanité, également impossibles. Car les masses étant aveugles et inintelligentes, n'en appeler qu'à elles, c'est en appeler de la civilisation à la barbarie. D'autre part, l'aristocratie constitue un odieux monopole, si elle ne se propose pas pour but la tutelle des masses, c'est-à-dire leur exaltation progressive.

J'ai été spectateur de ces fatales journées dont il faudra dire :

> Excidat illa dies ævo, nec postera credant
> Sæcula, nos etiam taceamus, et oblita multa
> Nocte tegi nostræ patiamur crimina gentis.

Dieu sait si un moment j'ai souhaité le triomphe des barbares. Et pourtant je souffrais quand j'entendais des hommes honnêtes déverser le rire, le mépris ou la colère sur ces lamentables folies ; je m'irritais quand j'entendais applaudir à de sanglantes vengeances ou regretter qu'on n'en eût pas fait assez. Car enfin, ces insensés savaient-ils ce qu'ils faisaient, et était-ce leur faute si la société les avait laissés dans cet état d'imbécillité où ils devaient, au premier jour d'épreuve, devenir le jouet des insensés et des pervers ?

Plus que personne, je gémis des folies populaires, et je veux qu'on les réprime. Mais ces folies n'excitent en moi qu'un regret, c'est qu'une moitié de l'humanité soit ainsi abandonnée à sa bestialité native, et je ne comprends pas comment toute âme honnête et clairvoyante n'en tire pas immédiatement cette conséquence : De ces bêtes, faisons des hommes. Ceux qui rient cruellement de ces folies m'irritent ; car ces folies sont, en partie, leur ouvrage.

On disait naguère, à propos de cette lamentable Italie : « Voyez, je vous prie, si ce peuple est digne de sa liberté ; voyez comme il en use et comme il sait la défendre. » — Ah ! sans doute ; mais à qui la faute ? A ceux qu'on a condamnés à la nullité, et qui, vieillards, se réveillent enfants ; ou à ceux qui les ont tenus dans la dépression, et qui viennent après cela reprocher à un grand pays l'immoralité qu'ils ont faite (147) ? Cette indignation restera une des plus vigoureuses de ma jeunesse. Un tuteur a rendu son pupille idiot pour conserver la gestion de ses biens. Un hasard remet un instant au pupille l'usage de sa fortune, et, bien entendu, il fait des folies ; d'où le tuteur tire un bon argument pour qu'on lui rende le soin de son pupille !

Il ne s'agit donc plus de dire : A la porte les barbares ! mais : Plus de barbares ! Tandis qu'il y en aura, on pourra craindre une invasion. S'il y avait en face l'une de l'autre deux races d'hommes, l'une civilisée, l'autre incivilisable, la seule politique devrait être d'anéantir la race incivilisable, ou de l'assujettir rigoureusement à l'autre. S'il était vrai, comme le pense Aristote (148), que, de même que l'âme est destinée à commander et le corps à obéir, de même il y a dans la société des hommes qui ont leur raison en eux-mêmes, et d'autres qui, ayant leur raison hors d'eux-mêmes, ne sont bons qu'à exécuter la volonté des autres, ceux-ci seraient *naturellement esclaves;* il serait juste et utile pour eux d'obéir, leur révolte serait un malheur et un crime aussi grand que si le corps se révoltait contre l'âme. A ce point de vue, les conquêtes de la démocratie seraient les conquêtes de l'esprit du mal, le triomphe de la chair sur l'esprit. Mais c'est ce point de vue même qui est décevant : un progrès irrécusable a banni cette aristocratique théorie, et posé l'inviolabilité du droit des faibles de corps et d'esprit vis-à-vis des forts. Tous les hommes portent en eux les mêmes principes de moralité. Il est impossible d'aimer le peuple tel qu'il est, et il n'y a que des méchants qui veuillent le conserver tel, pour le faire jouer à leur guise. Mais qu'ils y prennent garde ; un jour la bête pourra bien se jeter sur eux. Je suis intimement convaincu pour ma part que, si l'on ne se hâte d'élever le peuple, nous sommes à la veille d'une affreuse barbarie. Car, si le peuple triomphe tel qu'il est, ce sera pis que les Francs et les Vandales. Il détruira lui-même l'instrument qui aurait pu servir à l'élever ; il faudra attendre que la civilisation sorte de nouveau spontanément du fond de sa nature. Il faudra traverser un autre moyen âge, pour renouer le fil brisé de la tradition savante.

La morale, comme la politique, se résume donc en ce grand mot : Élever le peuple. La morale aurait dû le prescrire, en tout temps ; la politique le prescrit plus impérieusement que jamais, depuis que le peuple a été admis à la participation aux droits politiques. Le suffrage universel ne sera légitime que quand tous auront cette part d'intelligence sans laquelle on ne mérite pas le titre d'homme, et si, avant ce temps, il doit être conservé, c'est uniquement comme pouvant servir puissamment à l'avancer. La stupidité n'a pas le droit de gouverner le monde. Comment, je vous prie, confier les destinées de l'humanité à des malheureux, ouverts par leur ignorance à toutes les captations du charlatanisme, ayant à peine le droit de compter pour des personnes morales? État déplorable que celui où, pour obtenir les suffrages d'une multitude omnipotente, il ne s'agit pas d'être vrai, savant, habile, vertueux, mais d'avoir un nom ou d'être un audacieux charlatan !

Je suppose un savant et laborieux chercheur, qui ait trouvé, sinon la solution définitive, du moins la solution la plus avancée du grand problème social. Il est incontestable que cette solution serait si compliquée qu'il y aurait au plus vingt personnes au monde capables de la comprendre. Souhaitons-lui de la patience, s'il est obligé d'attendre, pour faire prévaloir sa découverte, l'adhésion du suffrage universel. Un empirique qui crie bien haut qu'il a trouvé la solution, qu'elle est claire comme le jour, qu'il faut avoir la mauvaise foi de gens intéressés pour s'y refuser, qui répète tous les jours dans les colonnes d'un journal de banales déclamations : celui-là, incontestablement, fera plus vite fortune que celui qui attend le succès de la science et de la raison.

Qu'il soit donc bien reconnu que ceux qui se refusent à éclairer le peuple sont des gens qui veulent l'exploiter, et qui ont besoin de son aveuglement pour réussir. Honte à ceux qui, en parlant d'appel au peuple, savent bien qu'ils ne font appel qu'à l'imbécillité! Honte à ceux qui fondent leurs espérances sur la stupidité, qui se réjouissent de la multitude des sots comme de la multitude de leurs partisans, et croient triompher quand, grâce à une ignorance qu'ils ont faite et qu'ils entretiennent, ils peuvent dire : Vous voyez bien que le peuple ne veut pas de vos idées modernes. S'il n'y avait plus d'imbéciles à jouer, le métier des sycophantes et des flatteurs du peuple tomberait bien vite. Les moyens immoraux de gouvernement, police machiavélique, restrictions à certaines libertés naturelles, etc., ont été jusqu'ici nécessaires et légitimes. Ils cesseront de l'être, quand l'État sera composé d'hommes intelligents et cultivés. La question de la réforme gouvernementale n'est donc plus politique; elle est morale et religieuse; le ministère de l'Instruction publique est le plus sérieux, ou, pour mieux dire, le seul sérieux des ministères. Que l'on parcoure toutes les antinomies nécessaires de la politique actuelle, on reconnaîtra, ce me semble, que la réhabilitation intellectuelle du peuple est le remède à toutes, et que les institutions les plus libérales seront les plus dangereuses, tant que durera ce qu'on a si bien appelé *l'esclavage de l'ignorance*. Jusque-là le gouvernement *a priori* sera le plus détestable des gouvernements.

Au premier réveil du libéralisme moderne, on put croire un instant que l'absolutisme ne reposait que sur la force des gouvernements. Mais il nous a été révélé qu'il repose bien plus encore sur la sottise et l'ignorance des gouvernés, puisque nous avons vu les peuples délivrés regretter leurs chaînes et les redemander. Détruire une tyrannie n'est pas grand'chose, cela s'est vu mille fois dans l'histoire. Mais s'en passer... Aux yeux de quelques-uns, cela est la plus belle apologie des gouvernants ; à mes yeux, c'est leur plus grand crime. Leur crime est de s'être rendus nécessaires, et d'avoir maintenu des hommes dans un tel avilissement qu'ils appellent d'eux-mêmes les fers et la honte. M. de Falloux s'étonne que le tiers état de 89 ait songé *à venger des pères qui ne s'étaient pas trouvés offensés*. Cela est vrai ; et ce qu'il y a de plus révoltant, ce qui appelait surtout la vengeance, c'est que ces pères, en effet, ne se soient pas trouvés offensés.

Le plus grand bien de l'humanité devant être le but de tout gouvernement, il s'ensuit que l'opinion de la majorité n'a réellement droit de s'imposer que quand cette majorité représente la raison et l'opinion la plus éclairée. Quoi ! pour complaire à des masses ignorantes, vous irez porter un préjudice, peut-être irréparable, à l'humanité ? Jamais je ne reconnaîtrai la souveraineté de la déraison. Le seul souverain de droit divin, c'est la raison ; la majorité n'a de pouvoir qu'en tant qu'elle est censée représenter la raison. Dans l'état normal des choses, la majorité sera en effet le *criterium* le plus direct pour reconnaître le parti qui a raison. S'il y avait un meilleur moyen pour reconnaître le vrai, il faudrait y recourir et ne pas tenir compte de la majorité.

A entendre certains politiques, qui se disent libéraux, le gouvernement n'a autre chose à faire qu'à obéir à l'opinion, sans se permettre jamais de diriger le mouvement. C'est une intolérable tyrannie, disent-ils, que le pouvoir central impose aux provinces des institutions, des hommes, des écoles, peu en harmonie avec les préjugés de ces provinces. Ils trouvent mauvais que les administrateurs et les instituteurs des provinces viennent puiser à Paris une éducation qui les rendra supérieurs à leurs administrés. C'est là un étrange scrupule! Paris ayant une supériorité d'initiative et représentant un état plus avancé de civilisation, a bien réellement droit de s'imposer et d'entraîner vers le parfait les masses plus lourdes. Honte à ceux qui n'ont d'autre appui que l'ignorance et la sottise, et s'efforcent de les maintenir comme leurs meilleurs auxiliaires! La question de l'éducation de l'humanité et du progrès de la civilisation prime toutes les autres. On ne fait pas tort à un enfant, en sollicitant sa nonchalance native, pour le plus grand bien de sa culture intellectuelle et morale. Longtemps encore l'humanité aura besoin qu'on lui fasse du bien malgré elle. Gouverner pour le progrès, c'est gouverner de droit divin.

Le suffrage universel suppose deux choses : 1° que tous sont compétents pour juger les questions gouvernementales; 2° qu'il n'y a pas, à l'époque où il est établi, de dogme absolu; que l'humanité, à ce moment, est sans foi et dans cet état que M. Jouffroy a appelé le *scepticisme de fait*. Ces époques sont des époques de libéralisme et de tolérance. L'un ne possédant pas plus que l'autre la vérité, ce qu'il y a de plus simple, c'est de se compter;

le nombre fait la raison, du moins une raison extérieure et pratique, qui peut très bien ne pas convertir la minorité, mais qui s'impose à elle. Au fond, cela est peu logique. Car le nombre n'étant pas un indice de vérité nitrinsèque, la minorité pourrait dire : « Vous vous imposez à nous, non pas parce que vous avez raison, mais parce que vous êtes plus nombreux ; cela serait juste, si le nombre représentait la force ; car alors, au lieu de se battre, il serait plus raisonnable de se compter pour s'épargner un mal inutile. Mais, bien que moins nombreux que vous, nous avons de meilleurs bras et nous sommes plus braves ; battons-nous. Nous n'avons pas plus raison les uns que les autres ; vous êtes plus nombreux, nous sommes plus forts, essayons. » C'est qu'un tel milieu n'est pas normal pour l'humanité ; c'est que la raison seule, c'est-à-dire le *dogme* établi, donne le droit de s'imposer, c'est que le nombre est en effet un caractère tout aussi superficiel que la force ; c'est que rien ne peut s'établir que sur la base de la raison.

Je le dis avec timidité, et avec la certitude que ceux qui liront ces pages ne me prendront pas pour un séditieux, je le dis comme critique pur, en me posant devant les révolutions du présent comme nous sommes devant les révolutions de Rome, par exemple, comme on sera dans cinq cents ans vis-à-vis des nôtres : *l'insurrection triomphante* est parfois un meilleur *criterium* du parti qui a raison que la majorité numérique. Car la majorité est souvent formée ou du moins appuyée de gens fort nuls, inertes, soucieux de leur seul repos, qui ne méritent pas d'être comptés dans l'humanité ; au lieu qu'une opinion capable de soulever les masses et surtout de les faire triompher, témoigne par là de sa force. Le scrutin de la bataille en vaut bien un autre; car, à celui-là, on ne compte que les forces vives, ou plutôt on soupèse *l'énergie que l'opinion prête à ses partisans :* excellent *criterium !* On ne se bat pas pour la mort; ce qui passionne le plus est le plus vivant et le plus vrai. Ceux qui aiment l'absolu et les solutions claires en appellent volontiers au nombre; car rien de plus clair que le nombre : il n'y a qu'à compter. Mais ce serait trop commode. L'humanité n'y va pas d'une façon aussi simple. On aura beau faire, on ne trouvera d'autre base absolue que la raison, et, avant que l'humanité soit arrivée à un âge définitivement scientifique, on n'aura d'autre *criterium* de la raison que le *fait définitif.* Le fait ne constitue pas la raison, mais l'indique. La meilleure preuve que l'insurrection de juin était illégitime, c'est qu'elle n'a pas réussi.

Il y a là une antinomie nécessaire, insoluble, et qui durera jusqu'à ce qu'une grande forme dogmatique ait de nouveau englobé l'humanité. Aux époques de scepticisme, quand les vœux aspirent à une nouvelle forme qui n'est pas encore éclose, personne n'ayant le mot de la situation, ne possédant la vraie religion, il serait abominable que tel ou tel, de son autorité individuelle, vînt imposer sa croyance aux autres. On ne déclare toutes les religions également bonnes que quand aucune n'est suffisante. S'il y avait une religion qui fut réellement vivante, qui correspondît aux besoins de l'époque, soyez sûr qu'elle saurait se faire sa place et que la nation ne marchanderait pas avec elle. L'indifférence est en politique ce que le scepticisme est en philosophie, une halte entre deux dogmatismes, l'un mort, l'autre en germe. Pendant cet interrègne, libre à chacun de s'attacher à toute doctrine, d'être suivant son goût pythagoricien ou platonicien, stoïque ou péripatétique. Toutes les formes sont également inoffensives, et la seule tâche du pouvoir est de maintenir entre elles la police, pour les empêcher de se dévorer. Il n'en est pas ainsi dans les États dogmatiques, où il y a une raison vivante et actuelle, une doctrine hors de laquelle il n'y a point de salut. Forte de toute la vie de la nation, elle en est le premier besoin et le premier droit. Elle est en un sens supérieure à la loi politique, puisque celle-ci a en elle sa raison et sa sanction. Le gouvernement est alors absolu, et se fait au nom de la doctrine acceptée de tous. Tout fléchit devant elle, et le pouvoir spirituel, qui la représente, est autant au-dessus du pouvoir temporel que les besoins supérieurs de l'homme sont au-dessus des intérêts matériels, ou, comme on disait autrefois, que l'esprit est au-dessus de la chair. Et ce règne absolu n'est pas la tyrannie. La tyrannie ne commence que le jour où la chaîne est sentie, où l'ancien dogme a vieilli, et emploie les mêmes coups d'autorité pour se maintenir. On est parfois injuste pour les persécutions de l'Église au moyen âge. Elle devait être alors intolérante ; car du moment qu'une société entière accepte un dogme et proclame que ce dogme est la vérité absolue, et cela sans opposition, on est charitable en persécutant. C'est défendre la société. Les guerres des Albigeois, les persécutions contre les vaudois, les cathares, les bogomiles, les pauvres de Lyon, ne me choquent pas plus que les croisades : c'étaient là réellement des errants, sortant de la grande forme de l'humanité, et quant aux hommes vraiment avancés du moyen âge, comme Scot Érigène, Arnauld de Bresse, Abélard, Frédéric II, ils subissaient la juste peine d'être en avant de leur siècle. Ce qui fait que ces actes de l'inquisition du moyen âge nous indignent, c'est que nous les jugeons au point de vue de notre âge sceptique ; il est trop clair, en effet, que de nos jours où il n'y a plus de dogme, de tels faits seraient exécrables. Massacrer les autres pour son opinion est horrible. Mais pour le dogme de l'humanité ?... la question est tout autre. Qu'un homme soit violent, cruel même, pour défendre sa croyance désintéressée, c'est fâcheux, mais toujours excusable. La persécution ne devient odieuse que quand elle est exercée par des intéressés, qui sacrifient à leur bien-être la pensée des autres.

C'est pour cela qu'il faut juger tout autrement les persécutions de l'Église au moyen âge et dans les temps modernes. Car, dans les temps modernes, elle a cessé d'être ce qu'elle était au moyen âge ; ce n'est plus qu'une vieille domination, usée, gênante, illégitime ; tout ce qu'elle fait pour se maintenir est odieux ; car elle n'a plus de raison d'être. La mort de Jean Hus m'indigne déjà ; car Jean Hus représentait l'avenir ; la mort de Vanini et de Giordano Bruno me révolte ; car l'esprit moderne était déjà définitivement émancipé. Et quant aux absurdes persécutions religieuses de Louis XIV, il n'y avait qu'une femme étroite et dure, des jésuites et Bossuet qui fussent capables de les conseiller à un roi fatigué. Quand l'Église était la domination légitime, elle avait beaucoup moins à persécuter que depuis qu'elle eut cessé de l'être. La grande et odieuse persécution, l'Inquisition, n'est devenue quelque chose de monstrueux qu'au xvie siècle, c'est-à-dire quand l'Église est définitivement battue par la Réforme. Louis XIV n'a pas eu, que je me rappelle, un seul acte de sévérité à faire pour maintenir sa souveraineté absolue, et cela devait être ; cette souveraineté était légitime, acceptée ; nul homme ne fut plus absolu et moins tyran. La Restauration, au contraire, fut toujours en batailles et en tiraillements pour un pouvoir assurément beaucoup moindre ; et de sa part la moindre violence révoltait, car elle s'imposait. La mesure des violences qu'un pouvoir est obligé de déployer pour se maintenir, et surtout l'indignation qu'excitent ses violences, est la mesure de son illégitimité. Nous sommes légitimistes à notre manière. Le gouvernement légitime est celui qui se fonde sur la raison du temps ; le gouvernement illégitime est celui qui emploie la force ou la corruption pour se maintenir malgré les faits.

C'est pour n'avoir pas compris la différence de ces deux âges de l'humanité que l'on fait tant de sophismes sur les rapports de l'Église et de l'État. Dans le premier âge, celui où il y a une religion vraie, qui est la forme de la société, l'État et la religion sont une même chose, et, bien loin que l'État *salarie* la religion, la religion se soutient par elle-même, et c'est plutôt l'État qui, à certains jours, fait appel à l'Église. Elle est même supérieure à l'État, puisque l'État y puise son principe. Mais aux époques où l'État n'ayant aucune croyance dit à tout le monde : « Je n'entends rien en théologie, croyez ce qu'il vous plaira », il ne doit *salarier* (alors seulement naît ce mot ignoble) aucun culte, ou, ce qui revient à peu près au même, il doit les salarier tous. Ce qu'il donne aux religions n'est qu'une aumône ; elles doivent rougir en le recevant, et je comprends bien l'indignation des ultramontains ardents, quand ils voient Dieu figurer sur le budget de l'État comme un fonctionnaire public. A ces époques, il n'y a plus que des opinions. Or, pourquoi l'État salarierait-il une opinion ? Je conçois l'État reconnaissant un seul culte ; je le conçois ne reconnaissant aucun culte ; mais je ne le conçois pas reconnaissant tous les cultes (149). La théorie *libérale* de l'indifférentisme est superficielle. Il faut de la doctrine à l'humanité. Si le catholicisme est le vrai, les prétentions les plus extrêmes des ultramontains sont légitimes, l'Inquisition est une institution bienfaisante. En effet, comme de ce point de vue la saine croyance est le plus grand bien auquel tout le reste doit être sacrifié, le souverain fait acte de père en séparant le bon grain de l'ivraie et brûlant celle-ci. Rien ne tient devant la seule chose nécessaire, sauver les âmes. Le *compelle intrare* est légitime par ses résultats. Si, en sacrifiant mille âmes gangrenées, on peut espérer en sauver une, l'orthodoxie les trouvera suffisamment compensées (150). J'en suis bien fâché, mais rien ne dispense de la question dogmatique. Nos délicats qui maintiennent toujours cette question en dehors, s'interdisent en toute chose les solutions logiques.

Il est d'un petit esprit de supposer un ordre absolument légal, contre lequel il n'y a pas d'objection et qui s'impose absolument. L'état d'une société n'est jamais tout à fait légal, ni tout à fait illégal. Tout état social est forcément illégal, en tant qu'imparfait, et tend toujours à plus de légalité, c'est-à-dire à plus de perfection. Il n'est pas moins superficiel de supposer que le gouvernement n'est que l'expression de la volonté du plus grand nombre, en sorte que le suffrage universel serait de droit naturel et que, ce suffrage étant acquis, il n'y aurait qu'à laisser la volonté du peuple s'exprimer. Cela serait trop simple. Il n'y a que des pédants de collège, des esprits clairs et superficiels qui aient pu se laisser prendre à l'apparente évidence de la théorie *représentative*. La masse n'a droit de gouverner que si l'on suppose qu'elle sait mieux que personne ce qui est le meilleur. Le gouvernement *représente* la raison, Dieu, si l'on veut, l'humanité dans le sens élevé (c'est-à-dire les hautes tendances de la nature humaine), mais non un chiffre. Le principe représentatif a été bon à soutenir contre les vieux despotismes personnels, où le souverain croyait commander de son droit propre, ce qui est bien plus absurde encore. Mais, de fait, le suffrage universel n'est légitime que s'il peut hâter l'amélioration sociale. Un despote qui réaliserait cette amélioration contre la volonté du plus grand nombre serait parfaitement dans son droit. Vienne le Napoléon qu'il nous faut, le grand organisateur politique, et il pourra se passer de la bénédiction papale et de la sanction populaire.

L'idéal d'un gouvernement serait un gouvernement scientifique, où des hommes compétents et spéciaux traiteraient les questions gouvernementales comme des questions scientifiques, et en chercheraient rationnellement la solution. Jusqu'ici c'est la naissance, l'intrigue ou le privilège du premier occupant qui ont généralement conféré les grades aux gouvernants; le premier intrigant qui réussit à s'installer devant une table verte est qualifié *homme d'État*. Je ne sais si un jour, sous une forme ou sous une autre, il ne se produira pas quelque chose d'analogue à l'institution des lettrés chinois, et si le gouvernement ne deviendra pas le partage naturel des hommes compétents, d'une sorte d'académie des sciences morales et politiques. La politique est une science comme une autre, et exige apparemment autant d'études et de connaissances qu'une autre. Dans les sociétés primitives, le collège des prêtres gouvernait au nom des dieux; dans les sociétés de l'avenir, les savants gouverneront au nom de la recherche rationnelle du meilleur. Dieu merci! cette académie aurait de nos jours une rude tâche, s'il lui fallait démontrer à la présomption ignorante et contrôleuse la légitimité de sa conduite! Cette manie qu'ont les sots de vouloir qu'on leur donne la raison de ce qu'ils ne peuvent comprendre et de se fâcher quand ils ne comprennent pas, est un des plus grands obstacles au progrès. Les sages de l'avenir la mépriseront.

Mais comment, direz-vous, imposer à la majorité ce qui est le meilleur, si elle s'y refuse? — Ah! là est le grand art. Les sages anciens avaient pour cela des moyens fort commodes, des oracles, des augures, des Égéries, etc. D'autres ont eu des armées. Tous ces moyens sont devenus impossibles. La religion de l'avenir tranchera la difficulté de sa lourde épée. Apprenons au moins à n'être pas si sévères contre ceux qui ont employé un peu de duperie et ce qu'on est convenu d'appeler *corruption*, si réellement (condition essentielle) ils n'ont eu pour but que le plus grand bien de l'humanité. S'ils n'ont eu en vue, au contraire, que des considérations égoïstes, ce sont des tyrans et des infâmes.

C'est rendre un mauvais service à un pupille que de lui remettre trop tôt la disposition de ses biens. Mais c'est un crime de le tenir dans l'idiotisme pour le garder indéfiniment en tutelle. Mieux vaut encore une émancipation prématurée; car, après quelques folies, elle peut contribuer à ramener la sagesse.

Jusqu'à ce que le peuple soit initié à la vie intellectuelle, l'intrigue et le mensonge sont évidemment mis aux enchères. Il s'agit de capter le vieillard aveugle, et pour cela de mentir, de flatter. Les tableaux si vivants d'Aristophane n'ont rien d'exagéré. Le suffrage du peuple non éclairé ne peut amener que la démagogie ou l'aristocratie nobiliaire, jamais le gouvernement de la raison. Les philosophes, qui sont les souverains de droit divin, agacent le peuple et ont sur lui peu d'influence. Voyez à Athènes le sort de tous les sages (οἱ ἄριστοι). Miltiade, Thémistocle, Socrate, Phocion. Ils n'ont pas d'éclat extérieur, ils ne flattent pas, ils sont sérieux et sévères, ils ne rient pas, ils parlent un langage difficile et que la multitude n'entend pas, celui de la raison. Comment voulez-vous que de telles gens, s'ils se mêlent de parler à la multitude, n'encourent pas sa disgrâce. Ceux-là seuls parlent au peuple un langage intelligible qui s'adressent à ses passions, ou qui s'intitulent ducs ou comtes. Ces deux langues-là sont faciles à comprendre.

Ainsi s'explique la mauvaise humeur que le peuple a montrée de tout temps contre les philosophes, surtout quand ils ont eu la maladresse de se mêler des affaires publiques. Placé entre le charlatan et le médecin sérieux, le peuple va toujours au charlatan. Le peuple veut qu'on ne lui dise que des choses claires, faciles à comprendre, et le malheur est qu'en rien la vérité n'est à la surface. Le peuple aime qu'on plaisante. Les vues les plus superficielles et les plus rebattues présentées sur un ton de grossière plaisanterie, qui fait grincer les dents à tout esprit délicat, font battre des mains aux ignorants. Les véritables intérêts du peuple ne sont presque jamais dans ce qui en a l'apparence. Les sages qui vont à la réalité ont l'air d'être ses ennemis ; et les charlatans qui s'en tiennent aux lieux communs sont de droit ses amis. Et puis, il y a dans les sages je ne sais quoi d'orgueilleux, quelque soin qu'ils mettent à se faire humbles et condescendants. Ce n'est pas leur faute ; l'orgueil (et ce mot ici n'a rien de condamnable) est dans ce qu'ils sont. Le grand seigneur est orgueilleux aussi ; mais son orgueil choque moins le peuple. Celui-ci se console de n'avoir pas l'or et les cordons du grand seigneur; mais il ne pardonne pas au penseur de lui être supérieur en intelligence, et il se croit au moins aussi compétent que lui en politique. Le peuple est bien plus indulgent pour les grands que pour les gens de classe moyenne qui sont instruits et éclairés. Ceux-ci lui paraissent sur le même niveau que lui, et il voit leur supériorité de mauvais œil. Le roi, la famille royale sont dieux pour lui, et il a la bonhomie de les aimer. Mais pour des bourgeois simples, que leurs talents ont portés au pouvoir, il faut que ce soient des voleurs, des intrigants. Les grands sont placés trop haut pour qu'il leur porte envie : la jalousie n'a lieu qu'entre égaux. Un gouvernement d'hommes sans nom est fatalement condamné à être soupçonné, calomnié. « Comment cet homme qui est mon égal a-t-il fait pour parvenir ? Il faut nécessairement que ce soit un malhonnête homme, autrement il me serait supérieur, ce qui ne peut pas être. Il a touché de près les deniers de l'État; il doit y avoir pris quelque chose; car si j'y étais, moi, je sais bien que j'en serais tenté ». Ainsi parle la vulgaire envie. Ces soupçons n'atteignent jamais ceux qu'on regarde comme d'une autre espèce et avec lesquels on a définitivement renoncé à se comparer. Me trouvant un jour avec des paysans, je remarquai qu'ils étaient très préoccupés de la légère indemnité accordée aux représentants; ils marchandaient, chicanaient, trouvaient mauvais qu'ils la touchassent pendant leurs congés, alors, disaient-les, qu'ils ne travaillent pas; et ces bonnes gens ne faisaient pas une observation sur les millions de la liste civile.

Certes, si tous étaient comme nous, non seulement le gouvernement serait plus facile, mais il serait à peine besoin d'un gouvernement. Les restrictions gouvernementales sont en raison inverse de la perfection des individus. Or tous seraient comme nous, si tous avaient notre culture, si tous possédaient comme nous l'idée complète de l'humanité. Pourquoi toute liberté est-elle accompagnée d'un danger parallèle et a-t-elle besoin d'un correctif? C'est que la liberté est pour les sages comme pour les fous. Mais quand tous seront sages, ou quand la raison publique sera assez forte pour faire justice des insensés, nulle restriction ne sera nécessaire.

Fichte a osé concevoir un état social si parfait que la pensée même du mal fût bannie de l'esprit de l'homme. Je crois comme lui que le mal moral n'aura signalé qu'un âge de l'humanité, l'âge où l'homme était délaissé par la société et ne recevait pas d'elle l'héritage religieux auquel il a droit. « Il y a des hommes, dit M. Guizot, qui ont pleine confiance dans la nature humaine. Selon eux, laissée à elle-même, elle va au bien. Tous les maux de la société viennent des gouvernements, qui corrompent l'homme en le violentant ou en le trompant. » Je suis de ceux qui ont cette confiance. Mais je crois que le mal ne vient pas de ce que les gouvernements violentent et trompent, mais *de ce qu'ils n'élèvent pas*. Moi qui suis cultivé, je ne trouve pas de mal en moi, et spontanément en toute chose je me porte à ce qui me semble le plus beau. Si tous étaient aussi cultivés que moi, tous seraient comme moi dans l'heureuse impossibilité de mal faire. Alors il serait vrai de dire : vous êtes des dieux et les fils du Très-Haut. La morale a été conçue jusqu'ici d'une manière fort étroite, comme une obéissance à une loi, comme une lutte intérieure entre des lois opposées (151). Pour moi, je déclare que quand je fais bien, je n'obéis à personne, je ne livre aucune bataille et ne remporte aucune victoire, que je fais un acte aussi indépendant et aussi spontané que celui de l'artiste qui tire du fond de son âme la beauté pour la réaliser au dehors, que je n'ai qu'à suivre avec ravissement et parfait acquiescement l'inspiration morale qui sort du fond de mon cœur. L'homme *élevé* n'a qu'à suivre la délicieuse pente de son impulsion intime ; il pourrait adopter la devise de saint Augustin et de l'abbaye de Thélème : « Fais ce que tu *voudras* » ; car il ne peut vouloir que de belles choses. L'homme vertueux est un artiste qui réalise le beau dans une vie humaine comme le statuaire le réalise sur le marbre, comme le musicien par des sons. Y a-t-il obéissance et lutte dans l'acte du statuaire et du musicien ?

C'est là de l'orgueil, direz-vous. Il faut s'entendre. Si l'on entend par humilité le peu de cas que l'homme ferait de sa nature, la petite estime dans laquelle il tiendrait sa condition, je refuse complètement à un tel sentiment le titre de vertu, et je reproche au christianisme d'avoir parfois pris la chose de cette manière. La base de notre morale, c'est l'excellence, l'autonomie parfaite de la nature humaine ; le fond de tout notre système philosophique et littéraire, c'est l'absolution de tout ce qui est humain.

Ennoblissement et émancipation de tous les hommes par l'action civilisatrice de la société, tel est donc le devoir le plus pressant du gouvernement dans la situation présente. Tout ce que l'on fait sans cela est inutile ou prématuré. On parle sans cesse de liberté, de droit de réunion, de droit d'association. Rien de mieux, si les intelligences étaient dans l'état normal ; mais jusque-là rien de plus frivole. Des imbéciles ou des ignorants auront beau se réunir, il ne sortira rien de bon de leur réunion. Les sectaires et les hommes de parti s'imaginent que la compression seule empêche leurs idées de parvenir, et s'irritent contre cette compression. Ils se trompent. Ce n'est pas le mauvais vouloir des gouvernements qui étouffe leurs idées; c'est que leurs idées ne sont pas mûres; de même que ce n'est pas la force des gouvernements absolus mais la dépression des sujets qui maintient les peuples dans l'assujettissement. Pensez-vous donc que, s'ils étaient mûrs pour la liberté, il ne se la feraient pas à l'heure même ? Notre libéralisme français, croyant tout expliquer par le despotisme, préoccupé exclusivement de liberté, considérant le gouvernement et les sujets comme des ennemis naturels, est en vérité bien superficiel. Persuadons-nous bien qu'il ne s'agit pas de liberté, mais de faire, de créer, de travailler. Le vrai trouve toujours assez de liberté pour se faire jour, et la liberté ne peut être que préjudiciable, quand ce sont des insensés qui la réclament. Elle n'aboutit qu'à favoriser l'anarchie, et n'est d'aucun usage pour le progrès réel de l'humanité. Qu'un commissaire de police s'introduise dans une salle où quelques têtes faibles et vides échauffent réciproquement leurs passions instinctives, nous jetons les hauts cris, la liberté est violée. Croyez-vous donc que ce seront ces pauvres gens qui résoudront le problème? Nous usons la force pour conserver à tous le droit de radoter à leur aise ; ne vaudrait-il pas mieux chercher à parler raison et enseigner à tous à parler et à comprendre ce langage? Fermez les clubs, ouvrez des écoles, et vous servirez vraiment la cause populaire.

La liberté de tout dire suppose que ceux à qui l'on s'adresse ont l'intelligence et le discernement nécessaires pour faire la critique de ce qu'on leur dit, l'accepter s'il est bon, le rejeter s'il est mauvais. S'il y avait une classe légalement définissable de gens qui ne pussent faire ce discernement, il faudrait surveiller ce qu'on leur dit ; car la liberté n'est tolérable qu'avec le grand correctif du bon sens public, qui fait justice des erreurs. C'est pour cela que la *liberté de l'enseignement* est une absurdité, au point de vue de l'enfant. Car l'enfant, acceptant ce qu'on lui dit sans pouvoir en faire la critique, prenant son maître non comme un homme qui dit son avis à ses semblables afin que ceux-ci l'examinent, mais comme une *autorité*, il est évident qu'une surveillance doit être exercée sur ce qu'on lui enseigne et qu'une autre liberté doit être substituée à la sienne pour opérer le discernement. Comme il est impossible de tracer des catégories entre les adultes, la liberté devient, en ce qui les concerne, le seul parti possible. Mais il est certain qu'avant l'éducation du peuple toutes les libertés sont dangereuses et exigent des restrictions. En effet, dans les questions relatives à la liberté d'exprimer sa pensée, il ne faut pas seulement considérer le droit qu'a celui qui parle, droit qui est naturel et n'est limité que par le droit d'autrui, mais encore la position de celui qui écoute, lequel n'ayant pas toujours le discernement nécessaire est comme placé sous la tutelle de l'État. C'est au point de vue de celui qui écoute et non au point de vue de celui qui parle que les restrictions sont permises et légitimes. La liberté de tout dire ne pourra avoir lieu que lorsque tous auront le discernement nécessaire, et que la meilleure punition des fous sera le mépris du public.

Que ne puis-je faire comprendre comme je le sens que toute notre agitation politique et libérale est vaine et creuse, qu'elle serait bonne dans un État où les esprits seraient généralement cultivés et où beaucoup d'idées scientifiques se produiraient (car la science ne saurait exister sans liberté); mais que, dans une société composée en grande majorité d'ignorants ouverts à toutes les séductions, et où la force intellectuelle est évidemment en décadence, se borner à défendre ces formes vides, c'est négliger l'essentiel pour s'attacher à des textes de lois à peu près insignifiants, puisque l'autorité peut toujours les tourner et les interpréter à son gré.

M. Jouffroy a dit cela d'une façon merveilleuse dans cet admirable discours sur le *scepticisme actuel*, que je devrais transcrire ici tout entier, si je voulais exprimer sur ce sujet ma pensée complète : « Chacune de nos libertés nous a paru tour à tour le bien après lequel nous soupirions, et son absence la cause de tous nos maux. Et cependant, nous les avons conquises ces libertés, et nous n'en sommes pas plus avancés, et le lendemain de chaque révolution nous nous hâtons de rédiger le vague programme de la suivante. C'est que nous nous méprenons; c'est que chacune de ces libertés que nous avons tant désirées, c'est que la liberté elle-même n'est pas et ne saurait être le but où une société comme la nôtre aspire... Prenez l'une après l'autre toutes nos libertés, et voyez si elles sont autre chose que des garanties et des moyens : garanties contre ce qui pourrait empêcher la révolution morale, qui seule peut nous guérir, moyens de hâter cette révolution... etc. »

Ce n'est pas beaucoup dire que d'avancer que les libertés publiques sont maintenant mieux garanties qu'à l'époque où apparut le christianisme: et pourtant je mets en fait qu'une grande idée trouverait de nos jours pour se répandre plus d'obstacles que n'en rencontra le christianisme naissant. Si Jésus paraissait de nos jours, on le traduirait en police correctionnelle ; ce qui est pis que d'être crucifié. Imaginez une mort vulgaire pour couronner la vie de Jésus, quelle différence ! On se figure trop facilement que la liberté est favorable au développement d'idées vraiment originales. Comme on a remarqué que, dans le passé, tout système nouveau est né et a grandi hors la loi, jusqu'au jour où il est devenu loi à son tour, on a pu penser qu'en reconnaissant et légalisant le droit des idées nouvelles à se produire, les choses en iraient beaucoup mieux. Or c'est le contraire qui est arrivé. Jamais on n'a pensé avec moins d'originalité que depuis qu'on a été libre de le faire. L'idée vraie et originale ne demande pas la permission de se produire, et se soucie peu que son droit soit ou non reconnu ; elle trouve toujours assez de liberté, car elle se fait toute la liberté dont elle a besoin. Le christianisme n'a pas eu besoin de la liberté de la presse ni de la liberté de réunion pour conquérir le monde. Une liberté reconnue légalement doit être réglée. Or, une liberté réglée constitue en effet une chaîne plus étroite que l'absence de la loi. En Judée, sous Ponce-Pilate, le droit de réunion n'était pas reconnu, et de fait on n'en était que plus libre de se réunir : car, par là-même que le droit n'était pas reconnu, il n'était pas limité. Mieux vaut, je le répète, pour l'originalité, l'arbitraire et les inconvénients qu'il entraîne que l'inextricable toile d'araignée où nous enserrent des milliers d'articles de lois, arsenal qui fournit des armes à toute fin. Notre libéralisme formaliste ne profite réellement qu'aux agitateurs et à la petite originalité, si fatale en ce qu'elle déprécie la grande, mais sert très peu le progrès véritable de l'esprit humain. Nous usons nos forces à défendre nos libertés, sans songer que ces libertés ne sont qu'un moyen, qu'elles n'ont de prix qu'en tant qu'elles peuvent faciliter l'avènement des idées vraies. Nous tenons par dessus tout à être libres de produire, et de fait nous ne produisons pas.

Nous avons horreur de la chaîne extérieure, je ne sais quelle fanfaronnade de libéralisme, et nous ne comprenons pas la grande hardiesse de la pensée. L'ombre de l'inquisition effraie jusqu'à nos catholiques, et à l'intérieur nous sommes timides et sans élan, nous nous subjuguons avec une déplorable résignation à l'opinion, à l'habitude, nous y sacrifions notre originalité ; tout ce qui sort de la banalité habituée est déclaré absurde. Sans doute l'Allemagne, à la fin du dernier siècle et au commencement de celui-ci, avait moins de liberté extérieure que nous n'en avons. Eh bien ! je mets en fait que tous les libres penseurs de notre République n'ont pas le quart de la hardiesse et de la liberté qui respire dans les écrits de Lessing, de Herder, de Gœthe, de Kant. De fait on a pensé plus librement il y a un demi-siècle à la cour de Weimar, sous un gouvernement absolu, que dans notre pays qui a livré tant de combats pour la liberté. Gœthe, l'ami d'un grand-duc, aurait pu se voir en France poursuivi devant les tribunaux ; le traducteur de Feuerbach n'a pas trouvé d'éditeur qui *osât* publier son livre. C'est là un peu notre manière ; nous sommes une nation extérieure et superficielle, plus jalouse des formes que des réalités. Les grandes et larges idées sur Dieu ont été et sont, en Allemagne, la doctrine de tout esprit cultivé philosophiquement ; en France, nul n'a encore osé les avouer, et celui qui oserait le faire trouverait plus d'obstacles qu'il n'en eût trouvé à Tubingue ou à Iéna sous des gouvernements absolus. D'où viendrait l'obstacle ? De la timidité intellectuelle, qui nous ferme à toute idée, et trace autour de nous l'étroit horizon du fini. Je le répète, la France n'a compris que la liberté extérieure, mais nullement la liberté de la pensée. L'Espagne, au fond tout aussi libre et aussi philosophique qu'aucune autre nation, n'a pas éprouvé le besoin d'une émancipation extérieure, et croyez-vous que, si elle l'eût sérieusement voulue, elle ne l'eût pas conquise? La liberté y est toute au dedans; elle a aimé à penser librement dans les cachots et sur le bûcher. Ces mystiques, sainte Thérèse, d'Avila, Grenade, ces infatigables théologiens, Soto, Bañez, Suarez, étaient au fond d'aussi hardis spéculateurs que Descartes ou Diderot.

Occupons-nous donc de penser un peu plus librement et savamment, et un peu moins d'être libres d'exprimer notre pensée. L'homme qui a raison est toujours assez libre. Ah! n'est-il pas bien probable que ceux qui crient à la liberté violée ne sont pas tant des gens qui, possédés par le vrai, souffrent de ne pouvoir le divulguer, que des gens qui, n'ayant aucune idée, exploitent à leur profit cette liberté qui ne devrait servir que pour le progrès rationnel de l'esprit humain? Les novateurs qui ont eu raison aux yeux de l'avenir ont pu être persécutés; mais la persécution n'a pas retardé d'une année peut-être le triomphe de leurs idées, et leur a plus servi par ailleurs que n'eût fait un avènement immédiat.

Sans doute nous devons soigneusement maintenir les libertés que nous avons conquises avec tant d'efforts; mais ce qui importe bien plus encore, c'est de nous convaincre que ce n'est là qu'une première condition avantageuse, si l'on a des idées, funeste, si l'on n'en a pas. Car à quoi sert d'être libre de se réunir, si l'on n'a pas de bonnes choses à se communiquer? A quoi sert d'être libre de parler et d'écrire, si l'on n'a rien de vrai et de neuf à dire ? A chacun son rôle : persécutés et persécuteurs poussent également à l'éternelle roue ; et après tout les persécutés doivent beaucoup de reconnaissance aux persécuteurs ; car sans eux ils ne seraient pas parfaitement beaux !

La persécution a le grand avantage d'écarter la petite originalité qui cherche son profit dans une mesquine opposition. Quand on joue sa tête pour sa pensée, il n'y a que les possédés de Dieu, les homme entraînés par une conviction puissante et le besoin invincible de parler qui se mettent en avant. Nos demi-libertés garanties font la partie trop belle à l'intrigue : car on ne risque pas beaucoup, et les tracasseries auxquelles on peut s'exposer ne sont après tout qu'un fonds bien placé pour l'avenir. C'est trop commode. Autrefois, sur dix novateurs, neuf étaient violemment étouffés, aussi le dixième était bien vraiment et franchement original. La serpe qui émonde les rameaux faibles ne fait que donner aux autres plus de force. Aujourd'hui, plus de serpe ; mais aussi plus de sève. En somme, tout cela est assez indifférent, et l'humanité fera son chemin sans les libéraux et malgré les rétrogrades. L'esprit n'est jamais plus hardi et plus fier que quand il sent un peu la main qui pèse sur lui. Laissez-lui carte blanche, il court à l'aventure, et est si content de sa liberté qu'il ne songe qu'à la défendre, sans penser à en profiter.

L'histoire de l'esprit humain nous montre toutes les idées naissant hors la loi et grandissant subrepticement. Qu'on remonte à l'origine de toutes les réformes, elles sembleront régulièrement inexécutables. Plaçons-nous par exemple en 1520, demandons-nous comment l'idée nouvelle fera pour percer cette mer de glace. C'est impossible, la chaîne est trop forte : le pape, l'empereur, les rois, les ordres religieux, les universités : et pour soulever tout cela, un pauvre moine. C'est impossible! c'est impossible! Plaçons-nous encore à l'origine du rationalisme moderne. Le siècle est enlacé par les jésuites, l'Oratoire, les rois, les prêtres. Les jésuites ont fait de l'éducation une machine à rétrécir les têtes et aplatir les esprits, selon l'expression de M. Michelet. Et vis-à-vis de tout cela, quelques obscurs savants, pauvres, sans appui dans les masses, Galilée, Descartes. Que prétendent-ils faire? Comment soulever un tel poids d'autorité? Cent cinquante ans après, c'était fait.

Ainsi toutes les réformes eussent été empêchées, si la loi eût été observée à la rigueur ; mais la loi n'est jamais assez prévoyante, et l'esprit est si subtil qu'il lui suffit de la moindre issue. Il importe donc assez peu que la loi laisse ou refuse la liberté aux idées nouvelles; car elles vont leur chemin sans cela, elles se font sans la loi et malgré la loi, et elles gagnent infiniment plus à se faire ainsi que si elles avaient grandi en toute légalité. Quand un fleuve débordé s'avance, on peut élever des digues pour arrêter sa marche, mais le flot monte toujours ; on travaille, on s'empresse, des ouvriers actifs réparent toutes les fissures, mais le flot monte toujours jusqu'à ce que le torrent surmonte l'obstacle, ou bien que, tournant la digue, il revienne par une autre voie inonder les champs qu'on voulait lui défendre.

XVIII

La fin de l'humanité, et par conséquent le but que doit se proposer la politique, c'est de réaliser la plus haute culture humaine possible, c'est-à-dire la plus parfaite religion, par la science, la philosophie, l'art, la morale, en un mot par toutes les façons d'atteindre l'idéal qui sont de la nature de l'homme.

Cette haute culture de l'humanité ne saurait avoir de solidité qu'en tant que réalisée par les individus. Par conséquent, le but serait manqué si une civilisation, quelque élevée qu'elle fût, n'était accessible qu'à un petit nombre, et surtout si elle constituait une jouissance personnelle et sans tradition. Le but ne sera atteint que quand tous les hommes auront accès à cette véritable religion, et que l'humanité entière sera cultivée.

Tout homme a droit à la vraie religion, à ce qui fait l'homme parfait; c'est-à-dire que tout homme doit trouver dans la société où il naît les moyens d'atteindre la perfection de sa nature, suivant la formule du temps; en d'autres termes, tout homme doit trouver dans la société, en ce qui concerne l'intelligence, ce que la mère lui fournit en ce qui concerne le corps, le lait, l'aliment primordial, le fond premier qu'il ne peut se procurer lui-même.

Cette perfection ne saurait aller sans un certain degré de bien-être matériel. Dans une société normale, l'homme aurait donc droit aussi au premier fond nécessaire pour se procurer cette vie.

En un mot, la société doit à l'homme *la possibilité de la vie*, de cette vie que l'homme à son tour doit, s'il en est besoin, sacrifier à la société.

Si le socialisme était la conséquence logique de l'esprit moderne, il faudrait être socialiste ; car l'esprit moderne, c'est l'indubitable. Plusieurs, en effet, dans des intentions opposées, soutiennent que le socialisme est la filiation directe de la philosophie moderne. D'où les uns concluent qu'il faut admettre le socialisme, et les autres qu'il faut rejeter la philosophie moderne.

Rien ne cause plus de malentendus dans les sciences morales que l'usage absolu des noms par lesquels on désigne les systèmes. Les sages n'acceptent jamais aucu de ces noms ; car un nom est une limite. Ils critiquent le doctrines, mais ne les prennent jamais de toute pièce. Quel est l'homme de quelque valeur qui voudrait de nos jours s'affubler de ces noms de panthéiste, matérialiste, sceptique, etc? Donnez-moi dix lignes d'un auteur, je vous prouverai qu'il est panthéiste, et avec dix autres, je prouverai qu'il ne l'est pas. Ces mots ne désignent pas une nuance unique et constante : ils varient suivant les aspects.

Il est de même du socialisme. Pour moi j'adopterais volontiers comme formule de mon opinion à cet égard ce que dit M. Guizot : « Le socialisme puise son ambition et sa force à des sources que personne ne peut tarir. Mais, dominé par les forces d'ensemble et d'ordre de la société, il sera incessamment combattu et vaincu dans ce qu'il a d'absurde et de pervers, tout en prenant progressivement sa place et sa part dans cet immense et redoutable développement de l'humanité tout entière qui s'accomplit de nos jours. »

Ce qui fait la force du socialisme, c'est qu'il correspond

à une tendance parfaitement légitime de l'esprit moderne, et en ce sens il en est bien le développement naturel. Il faut être aveugle pour ne pas voir que l'œuvre commencée il y a quatre cents ans dans l'ordre littéraire, scientifique, politique, c'est l'exaltation successive de toute la race humaine, la réalisation de ce cri intime de notre nature : Plus de lumière ! Plus de lumière !

A l'état où en sont venues les choses, le problème est posé dans des termes excessivement difficiles. Car, d'une part il faut conserver les conquêtes de la civilisation déjà faites ; d'autre part, il faut que tous aient part aux bienfaits de cette civilisation. Or cela semble contradictoire ; car il semble, au premier coup d'œil, que l'abjection de quelques-uns et même de la plupart soit une condition nécessaire de la société telle que l'ont faite les temps modernes, et spécialement le xviiie siècle.

Je n'hésite pas à dire que jamais, depuis l'origine des choses, l'esprit humain ne s'est posé un si terrible problème. Celui de l'esclavage dans l'antiquité l'était beaucoup moins, et il a fallu des siècles pour arriver à concevoir la possibilité d'une société sans esclaves.

A mesure que l'humanité avance dans sa marche, le problème de sa destinée devient plus compliqué : car il faut combiner plus de données, balancer plus de motifs, concilier plus d'antinomies. L'humanité va ainsi, d'une main serrant dans les plis de sa robe les conquêtes du passé, de l'autre tenant l'épée pour des conquêtes nouvelles. Autrefois, la question était bien simple : l'opinion la plus avancée, par cela seul qu'elle était la plus avancée, pouvait être jugée la meilleure. Il n'en est plus de la sorte. Sans doute il faut toujours prendre le plus court chemin, et je n'approuve nullement ceux qui soutiennent qu'il faut marcher, mais non courir. Il faut toujours faire le meilleur, et le faire le plus vite possible. Mais l'essentiel est de découvrir le meilleur, et ce n'est pas chose facile. Il y a à peine cinquante ans que l'humanité a aperçu le but qu'elle avait jusque-là poursuivi sans conscience. C'est un immense progrès, mais aussi un incontestable danger. Le voyageur qui ne regarde que l'horizon de la plaine risque de ne pas voir le précipice ou la fondrière qui est à ses pieds. De même l'humanité, en ne considérant que le but éloigné, est comme tentée d'y sauter, sans égard pour les obstacles intermédiaires, contre lesquels elle pourrait se briser. Le plus remarquable caractère des utopistes est de n'être pas historiques, de ne pas tenir compte de ce à quoi nous avons été amenés par les faits. En supposant que la société qu'ils rêvent fût possible, en supposant même qu'elle fût absolument la meilleure, ce ne serait pas encore la société véritable, celle qui a été créée par tous les antécédents de l'humanité. Le problème est donc plus compliqué qu'on ne pense ; la solution ne peut être obtenue que par le balancement de deux ordres de considérations : d'une part, le but à atteindre, de l'autre l'état actuel, le terrain qu'on foule aux pieds. Quand l'humanité se conduisait instinctivement, on pouvait se fier au génie divin qui la dirige ; mais on frémit en pensant aux redoutables alternatives qu'elle porte dans ses mains, depuis qu'elle est arrivée à l'âge de la conscience, et aux incalculables conséquences que pourrait avoir désormais une bévue, un caprice.

En face de ces grands problèmes, les philosophes pensent et attendent ; parmi ceux qui ne sont pas philosophes, les uns nient le problème et prétendent qu'il faut maintenir à tout prix l'état actuel, les autres s'imaginent y satisfaire par des solutions trop simples et trop apparentes. Inutile de dire qu'ils ont facilement raison les uns des autres : car les novateurs opposent aux conservateurs des misères évidentes, auxquelles il faut absolument un remède, et les conservateurs n'ont pas de peine à démontrer aux novateurs qu'avec leur système il n'y aurait plus de société. Or, mieux vaut une société défectueuse qu'une société nulle.

J'ai souvent fait réflexion qu'un païen du temps d'Auguste aurait pu faire valoir pour la conservation de l'ancienne société tout ce que l'on dit de nos jours pour prouver qu'on ne doit rien changer à la société actuelle. Que veut cette religion sombre et triste ? Quelles gens que ces chrétiens, gens qui fuient la lumière, insociables, plèbe, rebut du peuple (152). Je m'étonnerais fort si quelqu'un des satisfaits du temps n'a pas dit comme ceux du nôtre : « Il faut non pas réfuter le christianisme ; ce qu'il faut, c'est le supprimer. La société est en présence du christianisme comme en présence d'un ennemi implacable ; il faut que la société l'anéantisse ou qu'elle soit anéantie. Dans ces termes, toute discussion se réduit à une *lutte*, et toute raison à une *arme*. Que fait-on vis-à-vis d'un ennemi irréconciliable ? Fait-on de la controverse ? Non, *on fait de la guerre*. Ainsi la société doit se défendre contre le christianisme, non par des raisonnements, mais par la *force*. Elle doit, non pas discuter ou réfuter ses doctrines, mais les *supprimer*. » Je suppose Sénèque, tombant par hasard sur ce passage de saint Paul : *Non est Judæus, neque Græcus ; non est servus neque liber ; non est masculus neque femina ; omnes enim vos unum estis in Christo.* « Assurément, aurait-il dit, voilà un utopiste. Comment voulez-vous qu'une société se passe d'esclaves ? Faudrat-il donc que je cultive mes terres de mes propres mains ?

C'est renverser l'ordre public. Et puis, quel est ce Christus, qui joue là un rôle si étrange? Ces gens sont dangereux. J'en parlerai à Néron. » Certes, si les esclaves, prenant à la lettre et comme immédiatement applicable la parole de saint Paul, avaient établi leur domination sur les ruines fumantes de Rome et de l'Italie et privé le monde des bienfaits qu'il devait retirer de la domination romaine, Sénèque aurait eu quelque raison. Mais si un esclave chrétien eût dit au philosophe : « O Annæus, je connais l'homme qui a écrit ces paroles; il ne prêche que soumission et patience. Ce qu'il a écrit s'accomplira, sans révolte et par les maîtres eux-mêmes. Un jour viendra où la société sera possible sans esclave, bien que vous, philosophe, ne puissiez l'imaginer, » Sénèque n'aurait pas cru sans doute; peut-être pourtant aurait-il consenti à ne pas faire battre de verges cet innocent rêveur.

Le socialisme a donc raison, en ce qu'il voit le problème; mais il le résout mal, ou plutôt le problème n'est pas encore possible à résoudre. La liberté individuelle, en effet, est la première cause du mal. Or, l'émancipation de l'individu est conquise, définitivement conquise, et doit être conservée à jamais. « La société, disait Enfantin, ne se compose que d'oisifs et de travailleurs; la politique doit avoir pour but l'amélioration morale, physique et intellectuelle du sort des travailleurs et la déchéance progressive des oisifs. » Voilà un problème nettement défini. Écoutez maintenant la solution : « Les moyens sont, quant aux oisifs, la destruction de tous les privilèges de naissance, et, quant aux travailleurs, le classement selon les capacités et la rétribution selon les œuvres. » Voilà un remède pire que le mal. Il est dans la nécessité de l'esprit humain que, lorsqu'un problème est ainsi posé pour la première fois, certaines âmes naïves, généreuses, mais n'ayant pas assez de critique rationnelle ni une expérience suffisante de l'histoire, ni l'idée de l'extrême complexité de la nature humaine, rêvent une société trop simple, et s'imaginent avoir trouvé la solution dans quelque idée apparente ou superficielle, qui, si elle était réalisée, irait directement contre leur but. Aucun problème social n'est abordable de face ; du moment où une solution paraît claire et facile, il faut s'en défier. La vérité en cet ordre de choses est savante et cachée. Mais les esprits lourds, qui ne voient pas ces nuances, vont tout droit à travers marais et fondrières. C'est là un égarement inévitable et sans remède. Persuadées qu'elles possèdent le fin mot de l'énigme, ces bonnes âmes sont importunes, empressées ; elles veulent qu'on les laisse faire, elles s'imaginent qu'il n'y a que le vil intérêt et le mauvais vouloir qui empêchent d'adopter leurs systèmes. Ceux qui rient de ces naïfs croyants ou qui les injurient sont bien moins excusables encore ; car ils n'en savent pas plus qu'eux, et ils sont moins avancés peut-être, car ils n'ont pas aperçu le problème. Ma conviction est qu'un jour l'on dira du socialisme comme de toutes les réformes : Il a atteint son but, non pas comme le voulaient les sectaires, mais pour le plus grand bien de l'humanité. Les réformes ne triomphent jamais directement ; elles triomphent en forçant leurs adversaires, pour les vaincre, à se rapprocher d'elles. C'est une tempête qui entraîne à reculons ceux qui essaient de lui faire face (153), un fleuve qui emporte ceux qui le refluent, un nœud qu'on serre en voulant le délier, un feu qu'on allume en soufflant dessus pour l'éteindre. L'humanité, comme le Dieu biblique, fait sa volonté par les efforts de ses ennemis. Examinez l'histoire de toutes les grandes réformes. Il semble au premier coup d'œil qu'elles ont été vaincues. Mais de fait la réaction qui leur a résisté n'en a triomphé qu'en leur cédant ce qu'elles renfermaient de juste et de légitime. On pourrait dire des réformes comme des croisades : Aucune n'a réussi ; toutes ont réussi. Leur défaite est leur victoire, ou plutôt nul ne triomphe absolument dans ces grandes luttes, si ce n'est l'humanité, qui fait son profit et de l'énergique initiative des novateurs, et de la réaction, qui sans le vouloir corrige et améliore ce qu'elle voulait étouffer.

Il faut, à mon sens, savoir bon gré à ceux qui tentent un problème, lors même qu'ils sont fatalement condamnés à ne pas le résoudre. Car, avant d'arriver à la bonne solution, il faut en essayer beaucoup de mauvaises, il faut rêver la panacée et la pierre philosophale. Je ne puis faire grand cas de cette sagesse toute négative, si en faveur parmi nous, qui consiste à critiquer les chercheurs et à se tenir immobile dans sa nullité pour rester possible et ne pas être subversif. C'est un petit mérite de ne pas tomber quand on ne fait aucun mouvement. Les premiers qui abordent un nouvel ordre d'idées sont condamnés à être des charlatans de plus ou moins bonne foi. Il nous est facile aujourd'hui de railler Paracelse, Agrippa, Cardan, Van Helmont, et pourtant sans eux nous ne serions pas ce que nous sommes. L'humanité n'arrive à la vérité que par des erreurs successives. C'est le vieux Balaam qui tombe et ses yeux s'ouvrent (154). A voir les flots rouler sur la plage leurs montagnes toujours croulantes, le sentiment qu'on éprouve est celui de l'impuissance. Cette vague venait si fière, et elle s'est brisée au grain de sable, et elle expire en caressant faiblement la rive qu'elle semblait vouloir dévorer. Mais en y songeant, on trouve que ce travail n'est pas si vain qu'il semble; car chaque vague, en expirant, gagne toujours quelque chose, et toutes les vagues réunies font la marée montante, contre laquelle le ciel et l'enfer seraient impuissants.

Les nations étrangères se moquent souvent des pas de clercs que fait la France en fait de révolutions, et des déconvenues qui la font revenir tout bonnement au point d'où elle était partie, après avoir payé chèrement sa promenade. Il leur est facile, à eux qui ne tentent rien, et nous laissent faire les expériences à nos dépens, de rire quand nous faisons un faux pas sur ce terrain inconnu. Mais qu'ils essaient aussi quelque chose, et nous verrons... L'Angleterre, par exemple, se repose obstinément sur les plus flagrantes contradictions. Son système religieux est de tous le plus absurde, et elle s'y rattache avec frénésie. Elle refuse de voir. Son repos et sa prospérité font sa honte et arguent sa nullité.

Telle est donc la situation de l'esprit humain. Un immense problème est là devant lui; la solution est urgente, il la faut à l'heure même; et la solution est impossible, elle ne sera peut-être mûre que dans un siècle. Alors viennent les empiriques avec leur triste naïveté; chacun d'eux a trouvé du premier coup ce qui embarrasse si fort les sages, chacun d'eux promet de pacifier toute chose, ne mettant qu'une condition au salut de la société, c'est qu'on les laisse faire. Les sages qui savent combien le problème est difficile, haussent les épaules. Mais le peuple n'a pas le sentiment de la difficulté des problèmes, et la raison en est évidente: il se les figure d'une manière trop simple, et il ne tient pas compte de tous les éléments.

Chercher l'équilibre stable et le repos à une pareille époque, c'est chercher l'impossible ; on est fatalement dans le provisoire et l'instable. Le calme n'est qu'un armistice, un point d'arrêt pour prendre haleine. L'humanité, quand elle est fatiguée, consent à surseoir ; mais surseoir n'est pas se reposer. Il est impossible à la société de trouver le calme dans un état où elle souffre d'une plaie réelle, comme celle qu'elle porte de nos jours. La conscience seule du mal empêche le repos. On ne fait que sommeiller entre deux accès. A une telle époque nul n'a raison, si ce n'est le critique qui ne prononce pas. Car le siècle est sous le coup d'un problème à la fois inévitable et insoluble. A ces époques, l'embarras et l'indécision sont le vrai ; celui qui n'est pas embarrassé est un petit esprit ou un charlatan. La vie de l'humanité, comme la vie de l'individu, pose sur des contradictions nécessaires. La vie n'est qu'une transition, un intolérable longtemps continué. Il n'y a pas de moment où l'on puisse dire qu'on repose sur le stable ; on espère y arriver, et ainsi l'on va toujours.

Il ne faut donc pas s'étonner de ces antinomies insolubles. Il n'y a que les esprits étroits qui puissent se faire à chaque moment un système net, arrondi, et s'imaginer qu'avec une Constitution *à priori* on pourra combler ce vide infini (155). L'homme de parti a besoin de croire qu'il a absolument raison, qu'il combat pour la sainte cause, que ceux qu'il a en face de lui sont des scélérats et des pervers. L'homme de parti veut imposer ses colères à l'avenir, sans songer que l'avenir n'a de colère contre personne, que Spartacus et Jean de Leyde ne sont pour nous qu'intéressants. Chose étrange ! on est impartial et critique pour les fanatismes du passé, et on est soi-même fanatique. On se barricade dans son parti pour ne pas voir les raisons du parti contraire. Le sage n'a de colère contre personne, car il sait que la nature humaine ne se passionne que pour la vérité incomplète. Il sait que tous les partis ont à la fois tort et raison. Les conservateurs ont tort ; car l'état qu'ils défendent comme bon et qu'ils ont raison de défendre, est mauvais et intolérable. Les révolutionnaires ont tort ; car, s'ils voient le mal, ils n'ont pas plus que les autres l'idée organisatrice. Or il est absurde de détruire, quand on n'a rien à mettre en place. La révolution sera légitime et sainte, quand, l'idée régénératrice, c'est-à-dire la religion nouvelle, ayant été découverte, il ne s'agira plus que de renverser l'état vieilli pour lui faire sa place légitime ; ou plutôt alors la révolution n'aura pas besoin d'être faite ; elle se fera d'elle-même. Toute constitution serait par elle immédiatement abrogée ; car elle serait souveraine absolue. Il en fut ainsi en 89. La révolution était mûre alors ; elle était déjà faite dans les mœurs ; tout le monde voyait une flagrante contradiction entre les idées nouvelles, créées par le xviiie siècle, et les institutions existantes. Il en fut de même en 1830 : la révolution libérale avait précédé, les principes étaient acceptés d'avance. En fut-il ainsi en 1848 ? L'avenir le dira ; toujours est-il remarquable que les plus embarrassés au lendemain de la victoire ont été les vainqueurs. La révolution de 1848 n'est rien en tant que révolution politique ; comparez les hommes et la politique d'aujourd'hui aux hommes et à la politique d'avant Février, vous trouverez la plus parfaite identité. Elle ne signifie qu'en tant que révolution sociale. Or comme telle, elle était certainement prématurée, puisqu'elle a avorté. Les révolutions doivent se faire pour des principes acquis, et non pour des tendances, qui ne sont point encore arrivées à se formuler d'une manière pratique.

Là est donc le secret de notre situation. L'état actuel étant défectueux et senti défectueux, quiconque se propose comme pouvant y apporter le remède est le bienvenu. Le lendemain d'une révolution se pose le germe d'une autre révolution. De là la faveur assurée à tout parti qui n'a pas encore fait ses preuves. Mais aussitôt qu'il a triomphé, il est aussi embarrassé que les autres; car il n'en sait pas davantage. De là, l'impopularité nécessaire de tout pouvoir, et la position fatale faite à tout gouvernement. Car on exige de lui sur l'heure ce qu'il ne peut donner, et ce que personne ne possède, la solution du problème du moment. Tout gouvernement devient ainsi, par la force des choses, un point de mire exposé à tous les coups, et est fatalement condamné à ne pouvoir remplir sa tâche. C'est une tactique déloyale de rappeler aux gouvernants ce qu'ils ont dit et promis durant leur période d'opposition, et de les mettre en contradiction avec eux-mêmes; car cette contradiction est nécessaire, et ceux qui déclarent si fermement qu'ils feraient autrement s'ils étaient au pouvoir, mentent ou se trompent. S'ils étaient au pouvoir, ils subiraient les mêmes nécessités et feraient de même. Depuis soixante ans, il n'y a pas eu un chef de l'État qui ne soit mort sur l'échafaud ou dans l'exil, et cela était nécessaire. Tout autre aura le même sort, si une loi périodique, qui lui serait au fond plus favorable qu'on ne pense, ne vient à temps le *délivrer* du pouvoir. Comment voulez-vous qu'on ne succombe pas sous une tâche impossible? Au fond, cela fait honneur à la France; cela prouve qu'elle s'est fait une haute idée du parfait. C'est notre gloire d'être difficiles et mécontents. La médiocrité est facilement satisfaite ; les grandes âmes sont toujours inquiètes, agitées, car elles aspirent sans cesse au meilleur. L'infini seul pourrait les rassasier.

L'humanité est ainsi dans la position d'un malade, qui souffre dans toutes les positions, et pourtant se laisse toujours leurrer par l'espérance qu'il sera mieux en changeant de côté. Les révolutions sont les ébranlements de cet éternel Encelade se retournant sur lui-même quand l'Etna pèse trop fort. Il est superficiel d'envisager l'histoire comme composée de périodes de stabilité et de périodes de transition. C'est la transition qui est l'état habituel. Sans doute l'humanité demeure plus ou moins longtemps sur certaines idées; mais c'est comme l'oiseau de paradis de la légende, qui couve en volant. Tout est but, tout est moyen. Dans la vie humaine, l'âge mûr n'est pas le but de la jeunesse, la vieillesse n'est pas le but de l'âge mûr. Le but, c'est la vie entière prise dans son unité.

Il y a une illusion d'optique à laquelle nous autres, nés de 1815 à 1830, nous sommes sujets. Nous n'avons pas vu de grandes choses; alors nous nous reportons pour tout à la Révolution : c'est là notre horizon, la colline de notre enfance, notre bout du monde; or, il se trouve que cet horizon est une montagne ; nous mesurons tout sur cette mesure. Ceci est trompeur, et ne peut pas fournir d'induction pour l'avenir. Car, depuis l'invasion qui fait la limite de l'histoire ancienne et de l'histoire moderne, il n'y a pas de fait comme celui-là, et peut-être n'y en aura-t-il pas avant des siècles. Or, sitôt qu'il est question de révolution, s'agirait-il d'un enfantillage, nous nous reportons à cette gigantesque cataracte, et jamais aux changements bien plus lents que présente l'histoire antérieure, le xvie et le xviie siècle, par exemple.

Je me garderai de suivre l'économie politique dans ses déductions; les économistes attribueraient sans doute à mon incompétence les défiances que ces déductions m'inspirent; mais je suis compétent en morale et en philosophie de l'humanité. Je ne m'occupe pas des moyens; je dis, ce qui doit être et par conséquent ce qui sera. Eh bien, j'ai la certitude que l'humanité arrivera avant un siècle à réaliser ce à quoi elle tend actuellement, sauf, bien entendu, à obéir alors à de nouveaux besoins. Alors on sera critique pour tous les partis, et pour ceux qui résistèrent, et pour ceux qui s'imaginèrent reconstruire la société comme on bâtit un château de cartes. Chacun aura son rôle, et nous, les critiques, comme les autres. Ce qu'il y a de sûr, c'est que personne n'aura absolument raison ni absolument tort. Barbès lui-même, le révolutionnaire irrationnel, aura ce jour-là sa légitimité; on se l'expliquera et on s'y intéressera.

L'erreur commune des socialistes et de leurs adversaires est de supposer que la question de l'humanité est une question de bien-être et de jouissance. Si cela était, Fourier et Cabet auraient parfaitement raison. Il est horrible qu'un homme soit sacrifié à la *jouissance* d'un autre. L'inégalité n'est concevable et juste qu'au point de vue de la société morale. S'il ne s'agissait que de jouir, mieux vaudrait pour tous le brouet noir que pour les uns les délices, pour les autres la faim. En vérité, serait-ce la peine de sacrifier sa vie et son bonheur au bien de la société, si tout se bornait à procurer de fades jouissances à quelques niais et insipides satisfaits, qui se sont mis eux-mêmes au ban de l'humanité, pour vivre plus à leur aise? Je le répète, si le but de la vie n'était que de jouir, il ne faudrait pas trouver mauvais que chacun réclamât sa part, et, à ce point de vue, toute jouissance qu'on se procurerait aux dépens des autres serait bien réellement une injustice et un vol. Les folies communistes sont donc la conséquence du honteux hédonisme des dernières années. Quand les socialistes disent : le but de la société est le bonheur de tous; quand leurs adversaires disent : le but de la société est le bonheur de quelques-uns, tous se trompent; mais les premiers moins que les seconds. Il faut dire : le but de la société est la plus grande perfection possible de tous, et le bien-être matériel n'a de valeur qu'en tant qu'il est dans une certaine mesure la condition indispensable de la perfection intellectuelle. L'État n'est ni une institution de police, comme le voulait Smith, ni un bureau de bienfaisance ou un hôpital, comme le voudraient les socialistes. C'est une machine de progrès. Tout sacrifice de l'individu qui n'est pas une injustice, c'est-à-dire la spoliation d'un droit naturel, est permis pour atteindre cette fin; car dans ce cas le sacrifice n'est pas fait à la jouissance d'un autre, il est fait à la société tout entière. C'est l'idée du sacrifice antique, l'homme pour la nation : *expedit unum hominem mori pro populo.*

L'inégalité est légitime toutes les fois que l'inégalité est nécessaire au bien de l'humanité. Une société a droit à ce qui est nécessaire à son existence, quelque apparente injustice qui en résulte pour l'individu.

Le principe : il n'y a que des individus, est vrai comme fait physique, mais non comme proposition téléologique. Dans le plan des choses, l'individu disparaît; la grande forme esquissée par les individus est seule considérable. Les socialistes ne sont réellement pas conséquents, quand ils prêchent l'égalité. Car l'égalité ressort surtout de la considération de l'individu, et l'inégalité ne se conçoit qu'au point de vue de la société. La possibilité et les besoins de la société, les intérêts de la civilisation priment tout le reste. Ainsi, la liberté individuelle, l'émulation, la concurrence, étant la condition de toute civilisation, mieux vaut l'iniquité actuelle que les travaux forcés du socialisme. Ainsi, la culture savante et lettrée étant absolument indispensable dans le sein de l'humanité, lors même qu'elle ne pourrait être le partage que d'un très petit nombre, ce privilège flagrant serait excusé par la nécessité. Il n'y a pas en effet de tradition pour le bonheur, et il y a tradition pour la science. Je vais jusqu'à dire que, si jamais l'esclavage a pu être nécessaire à l'existence de la société, l'esclavage a été légitime; car alors les esclaves ont été esclaves de l'humanité (156), esclaves de l'œuvre divine, ce qui ne répugne pas plus que l'existence de tant d'êtres attachés fatalement au joug d'une idée qui leur est supérieure et qu'ils ne comprennent pas (157). S'il venait un jour où l'humanité eût de nouveau besoin d'être gouvernée à la vieille manière, de subir un code à la Lycurgue, cela serait de droit (158). Réciproquement, il se peut qu'un jour le droit international s'étende à ce point que chaque nation soit sensible comme un membre à tout ce qui se fera chez les autres. Avec une moralité plus parfaite, des droits qui sont maintenant faux et dangereux seront incontestés; car la condition de ces droits sera posée, et elle ne l'est pas encore (159). Cela se conçoit du moment que l'on attribue à l'humanité une fin objective (c'est-à-dire indépendante du bien-être des individus) la réalisation du parfait, la grande déification. La subordination des animaux à l'homme, celle des sexes entre eux ne choque personne, parce qu'elle est l'œuvre de la nature et de l'organisation fatale des choses. Au fond, la hiérarchie des hommes selon leur degré de perfection n'est pas plus choquante. Ce qui est horrible, c'est que l'individu, de son droit propre et pour sa jouissance personnelle, enchaîne son semblable pour jouir de son travail. L'inégalité est révoltante, quand on considère uniquement l'avantage personnel et égoïste que le supérieur tire de l'inférieur; elle est naturelle et juste, si on la considère comme la loi fatale de la société, la condition au moins transitoire de sa perfection.

Ceux qui envisagent les droits, aussi bien que le reste, comme *étant* toujours les mêmes d'une manière absolue, ont des anathèmes contre les faits les plus nécessaires de l'histoire. Mais cette manière de voir a vieilli; l'esprit humain a passé de l'absolu à l'historique; il envisage désormais toute chose sous la catégorie du *devenir*. Les droits *se font* comme toute chose; ils se font, non pas par des lois positives, bien entendu, mais par l'exaltation successive de l'humanité, laquelle se manifeste en la conquête qu'elle fait de ces droits. Le fait ne constitue pas le droit, mais manifeste le droit. Tous les droits doivent être conquis, et ceux qui ne peuvent pas les conquérir prouvent qu'ils ne sont pas mûrs pour ces droits, que ces droits n'existent pas pour eux, si ce n'est en puissance. L'affranchissement des noirs n'a été ni conquis ni mérité par les noirs, mais par les progrès de la civilisation de leurs maîtres. Ce n'est pas parce qu'on a prouvé à une nation qu'elle a droit à son indépendance qu'elle se lève : le jeune lion se lève pour la chasse, quand il se sent assez fort, sans qu'on le lui dise. La volonté de l'humanité ne fait pas le droit, comme le voulait Jurieu; mais elle est, dans sa tendance générale et ses grands résultats, l'indice du droit. Les défenseurs du droit absolu, comme les juristes, et du fait aveugle, comme Calliclès, ont tort les uns et les autres. Le fait est le *criterium* du droit. La révolution française n'est pas légitime, parce qu'elle s'est accomplie : mais elle s'est accomplie parce qu'elle était légitime. Le droit, c'est le progrès de l'humanité : il n'y a pas de droit contre ce progrès ; et réciproquement, le progrès suffit pour tout légitimer. Tout ce qui sert à avancer Dieu est permis.

Nous autres, Français, qui avons l'esprit absolu et exclusif, nous tombons ici en d'étranges illusions, et nous faisons fort souvent ce raisonnement, qui sent encore sa scolastique : « Tel système d'institution serait intolérable chez nous, au point où nous en sommes : donc il doit l'être partout, et il a dû l'être toujours. » Les simples portent cela jusqu'à des naïvetés adorables. Ne voulaient-ils pas, il y a quelques mois, rendre toute l'Europe républicaine malgré elle ? Nous voulons établir partout le gouvernement qui nous convient et auquel nous avons droit. Nous croirions faire une merveille en établissant le régime constitutionnel parmi les sauvages de l'Océanie, et bientôt nous enverrons des notes diplomatiques au grand Turc, pour l'engager à convoquer son parlement. Nous raisonnons de la même manière relativement à l'émancipation des noirs. Certes, s'il y a une réforme urgente et mûre, c'est celle-là. Mais nous en concluons qu'il faut sans transition appliquer aux noirs le régime de liberté individuelle qui nous convient à nous autres civilisés, sans songer qu'il faut avant tout faire l'éducation de ces malheureux, et que ce régime n'est pas bon pour cela. Le meilleur système que l'on puisse suivre pour faire l'éducation des races sauvages, c'est celui que la Providence a suivi dans l'éducation de l'humanité ; car ce n'est pas au hasard apparemment qu'elle l'a choisi. Or, voyez par combien d'étapes les peuples ont passé. Il est certain que la civilisation ne s'improvise pas, qu'elle exige une longue discipline, et que c'est rendre un mauvais service aux races incultes que de les émanciper du premier coup. J'imagine qu'il faudrait leur faire traverser un état analogue aux théocraties anciennes. L'esclavage n'élève pas le noir, ni la liberté non plus. Libre, il dormira tout le jour, ou il ira comme l'enfant courir les bois. Il y a dans l'abolitionnisme à outrance une profonde ignorance de la psychologie de l'humanité. J'imagine, du reste, que l'étude scientifique et expérimentale de *l'éducation des races sauvages* deviendra un des plus beaux problèmes proposés à l'esprit européen, lorsque l'attention de l'Europe pourra un instant se détourner d'elle-même.

L'histoire de l'humanité n'est pas seulement l'histoire de son *affranchissement*, c'est surtout l'histoire de son *éducation*. Que serait l'humanité si elle n'avait traversé les théocraties anciennes et les sévères législations à la Lycurgue ? Le fouet a été nécessaire dans l'éducation de l'humanité. Nous n'envisageons plus ces formes que comme des *obstacles,* que l'humanité a dû briser. Elle a dû les briser sans doute, mais après en avoir fait son profit. Et n'était-ce pas elle après tout qui se les était créés ? L'effort que l'on a fait pour les détruire aveugle sur leur utilité antérieure. Les histoires révolutionnaires ont le tort de présenter la destruction des formes anciennes comme le grand résultat du progrès de l'humanité. Détruire n'est pas un but. L'humanité a vécu dans les formes anciennes jusqu'à ce qu'elles soient devenues trop étroites ; alors elle les a fait éclater; mais croyez-vous que ce fût par colère contre ces formes? Croyez-vous que quand l'oiseau brise son œuf, son but soit de le briser? Non; son but est de passer à une vie nouvelle. Tout au plus, si l'œuf résistait, pourrait-il y déployer un peu de colère. De même, les formes de l'humanité s'étant durcies et comme pétrifiées, il a fallu un grand effort pour les rompre; l'humanité a dû recueillir ses forces et se proposer la destruction pour elle-même. Il est dans la loi des choses que les formes de l'humanité acquièrent une certaine solidité, que toute pensée aspire à se stéréotyper et à se poser comme éternelle (160). Cela devient par la suite un obstacle, quand il faut briser; mais dites donc aussi qu'on ne devrait bâtir que des chaumières de boue ou des tentes susceptibles d'être enlevées en une heure et qui ne laissent pas de ruines, parce qu'en bâtissant des palais, on aura beaucoup de peine quand il faudra les démolir.

Hélas! nous ne sommes que trop portés à cet établissement éphémère. L'humanité est, de nos jours, campée sous la tente. Nous avons perdu le long espoir et les vastes pensées. L'idée de démolition nous préoccupe et nous aveugle. Le christianisme, par exemple, n'est plus aujourd'hui qu'un barrage, une pyramide en travers du chemin, une montagne de pierres qui entrave les constructions nouvelles. A-t-on mal fait pour cela de bâtir la pyramide? Le moule, en acquérant de la dureté, devient une prison. N'importe; car il est essentiel que, pour bien imprimer ses formes, il soit dur. Il ne devient prison que du moment où l'objet moulé aspire à sortir. Alors luttes et malédictions, car on ne le voit plus que comme obstacle. Toujours la vue fatalement partielle et rendue telle par le but pratique qu'on se propose. Celui qui détruit ne peut être juste pour ce qu'il détruit ; car il ne l'envisage que comme une borne, une sottise, une absurdité. — Mais songez donc que c'est l'humanité qui l'a fait. Prenez l'institution la plus odieuse, l'Inquisition. L'Espagne l'a faite, l'a soufferte, et apparemment s'en serait débarrassée, si elle l'avait voulu. Ah ! si nous nous mettions au point de vue espagnol, nous la comprendrions sans doute. Le spéculatif seul peut être critique ; les libéraux ne le sont pas ; ils sont superficiels. L'humanité a tout fait. On ne déclame que parce que l'on se figure la chaîne comme imposée par une force étrangère à l'humanité. Or, l'humanité seule s'est donnée des chaînes.

Il y a dans l'humanité des éléments qui semblent uniquement destinés à arrêter ou modérer sa marche. Il ne faut pas les juger pour cela inutiles. La réaction a sa place dans le plan providentiel ; elle travaille sans le savoir au bien de l'ensemble. Il y a des pentes où le rôle de la traction se borne à retenir. Ceux qui veulent arrêter un mouvement lui rendent un double service : ils l'accélèrent et ils le règlent. Le but de l'humanité est d'approfondir successivement tous les modes de vie, de les couver, de les digérer, pour ainsi dire, pour s'assimiler ce qu'ils contiennent de vrai et rejeter le mauvais ou l'inutile. Il est donc essentiel qu'elle les garde quelque temps, pour opérer à loisir cette analyse ; autrement la digestion trop hâtée n'aboutirait qu'à l'affaiblir ; l'assimilation d'une foule d'éléments vraiment nutritifs serait empêchée. Si les hommes qui jouent ce rôle étaient désintéressés, c'est-à-dire s'ils ne se proposaient que le plus grand progrès de l'humanité, ce seraient des héros ; car c'est un vilain rôle que celui de réagisseur, et peu apprécié. L'essentiel pour l'humanité est de bien faire ce qu'elle fait, de telle sorte qu'il n'y ait plus à y revenir. Ce n'est pas en courant çà et là, en engouffrant et rejetant toutes les idées avec une effrayante voracité, sans les mastiquer ni les digérer, qu'une œuvre aussi sérieuse s'accomplira.

Je le répète, si l'on n'envisageait dans la civilisation que le bien personnel qui en résulte pour les civilisés, peut-être faudrait-il hésiter à sacrifier pour le bien de la civilisation une portion de l'humanité à l'autre. Mais il s'agit de réaliser une forme plus ou moins belle de l'humanité; pour cela, le sacrifice des individus est permis. Combien de générations il a fallu sacrifier pour élever les gigantesques terrasses de Ninive et de Babylone. Les esprits positifs trouvent cela tout simplement absurde. Sans doute, s'il s'était agi de procurer des jouissances d'orgueil à quelque tyran imbécile. Mais il s'agissait d'esquisser en pierre un des états de l'humanité. Allez, les générations ensevelies sous ces masses ont plus vécu que si elles avaient végété heureuses sous leur vigne et sous leur figuier (161).

J'ai sous les yeux en écrivant ces lignes la grande merveille de la France royale, Versailles. Je repeuple en esprit ces déserts de tout le siècle qui s'est envolé. *Le roi* au centre; ici Condé et les princes; là-bas, dans cette allée, Bossuet et les évêques; ici au théâtre, Racine, Lulli, Molière et déjà quelques libertins; sur les balustres de l'Orangerie, madame de Sévigné et les grandes dames; là-bas, dans ces tristes murs de Saint-Cyr, madame de Maintenon et l'ennui. Voilà une civilisation très critiquable assurément, mais parfaitement une et complète; c'est une forme de l'humanité, comme telle autre. Ce serait bien dommage après tout qu'elle n'eût pas été représentée. Eh bien, elle ne pouvait l'être qu'au prix de terribles sacrifices. L'abrutissement du peuple, l'arbitraire et le caprice, les intrigues de cour et les lettres de cachet, la Bastille, la potence et les *Grands-Jours* sont des pièces essentielles de cet édifice, de sorte que si vous récusez les abus, récusez aussi l'édifice ; car ils entrent comme parties intégrantes dans sa construction. Je préférerais pour ma part le siècle de Louis XIV, bien qu'il soit très antipathique à mon goût individuel et que je regarde comme assez niais l'engouement dont on s'était pris pour ce temps dans les dernières années de l'ancien régime, je le préférerais, dis-je, à un état parfaitement régulier, où tous les intérêts seraient assurés, toutes les libertés respectées, où chacun vivrait à son aise, ne créant rien, ne fondant rien, ne produisant rien. Car le but de l'humanité n'est pas que les individus vivent à l'aise, mais que les formes belles et caractérisées soient représentées, et que la perfection se fasse chair.

Au point de vue de l'individu, la liberté, l'égalité absolues semblent de droit naturel. Au point de vue de l'espèce, le gouvernement et l'inégalité se comprennent. Mieux vaut quelque brillante personnification de l'humanité, le roi, la cour, qu'une médiocrité générale. Il faut que la noble vie se mène par quelques-uns, puisqu'elle ne peut se mener par tous. Ce privilège serait odieux, si l'on n'envisageait que la jouissance de l'individu privilégié ; il cesse de l'être si l'on y voit la réalisation d'une forme humanitaire. Notre petit système de gouvernement bourgeois, aspirant par-dessus tout à garantir les droits et à procurer le bien-être de chacun, est conçu au point de vue de l'individu, et n'a pu rien produire de grand. Louis XIV eût-il bâti Versailles, s'il eût eu des députés grincheux pour lui rogner ses budgets ? L'avènement du peuple pourra seul faire revivre ces hautes aspirations du vieux monde aristocratique. Il vaudrait mieux sans doute que tous fussent grands et nobles. Mais, tandis que cela sera impossible, il est important que la tradition de la belle vie humaine se maintienne dans l'élite. Les petits seraient-ils plus grands, parce que les grands seraient de leur taille? L'égalité ne sera de droit que quand tous pourront être parfaits *dans leur mesure*. Je dis *dans leur mesure*; car l'égalité absolue est aussi impossible dans l'humanité que le serait l'égalité absolue des espèces dans le règne animal. L'humanité, en effet, n'existerait pas comme unité, si elle était formée d'unités parfaitement égales et sans rapport de subordination entre elles. L'unité n'existe qu'à condition que des fonctions diverses concourent à une même fin; elle suppose la hiérarchie des parties. Mais chaque partie est parfaite quand elle est tout ce qu'elle peut être, et qu'elle fait excellemment tout ce qu'elle doit faire. Chaque individu ne sera jamais parfait; mais l'humanité sera parfaite et tous participeront à sa perfection.

Rien n'est explicable dans le monde moral au point de vue de l'individu. Tout est confusion, chaos, iniquité révoltante, si on n'envisage la résultante transcendentale où tout s'harmonise et se justifie (162). La nature nous montre sur une immense échelle le sacrifice de l'espèce inférieure à la réalisation d'un plan supérieur. Il en est de même dans l'humanité. Peut-être même faudrait-il dépasser encore cet horizon trop étroit et ne chercher la justice, la grande paix, la solution définitive, la complète harmonie, que dans un plus vaste ensemble, auquel l'humanité elle-même serait subordonnée, dans ce τὸ πᾶν mystérieux, qui sera encore, quand l'humanité aura disparu.

XIX

On se figure volontiers que la civilisation moderne doit avoir un destin analogue à la civilisation ancienne, et subir comme elle une invasion de barbares. On oublie que l'humanité ne se répète jamais et n'emploie pas deux fois le même procédé. Tout porte à croire, au contraire, que ce fait d'une civilisation étouffée par la barbarie sera unique dans l'histoire, et que la civilisation moderne est destinée à se propager indéfiniment. Il en eût été ainsi vraisemblablement de la civilisation gréco-romaine, sans le grand cataclysme qui l'emporte. Le iv° et le v° siècle ne sont si maigres et si superstitieux dans le monde latin qu'à cause des calamités des temps. Si les barbares n'étaient pas venus, il est probable que le v° ou le vi° siècle nous eût présenté une grande civilisation, analogue à celle de Louis XIV, un christianisme grave et sévère, tempéré de philosophie.

Certaines personnes se plaisent à relever les traits qui, dans notre littérature et notre philosophie, rappellent la décadence grecque et romaine, et en tirent cette conclusion, que l'esprit moderne, après avoir eu (disent-elles) son époque brillante au xvii° siècle, déchoit et va s'éteignant peu à peu. Nos poètes leur rappellent Stace et Silius Italicus; nos philosophes, Porphyre et Proclus; l'éclectisme, des deux côtés, clot la série. Nos éditeurs, compilateurs, abréviateurs, philologues, critiques répondraient aux rhéteurs, grammairiens, scoliastes d'Alexandrie, de Rhodes, de Pergame. Nos politiques lettrés seraient les sophistes hommes d'État, Dion Chrysostôme, Themistius, Libanius. Nos jolies imitations du style classique, nos pastiches de couleur exotique sont bien du Lucien. Mais les vrais critiques n'emploient qu'avec une extrême réserve ce mot si trompeur de *décadence*. Les rhéteurs qui voudraient nous faire croire que Tacite, comparé à Tite-Live, est un auteur de décadence, prétendront aussi sans doute que MM. Thierry et Michelet sont des décadences de Rollin et d'Anquetil. L'esprit humain n'a pas une marche aussi simple. Expliquez donc par une décadence ce prodigieux développement de la littérature allemande, qui, à la fin du xviiiᵉ siècle, a ouvert pour l'Europe une vie nouvelle. Dites que saint Augustin, saint Jean Chrysostôme, saint Basile sont des génies de l'âge de fer. L'esprit humain ne voit pâlir une de ses faces que pour faire éclater par une autre de plus éblouissantes merveilles. La décadence n'a lieu que selon les esprits étroits qui se tiennent obstinément à un même point de vue en littérature, en art, en philosophie, en science. Certes le littérateur trouve saint Augustin et saint Ambroise inférieurs à Cicéron et à Sénèque, le savant rationaliste trouve les légendaires du moyen âge crédules et superstitieux auprès de Lucrèce ou d'Évhémère. Mais celui qui envisage la totalité de l'esprit humain, ne sait pas ce que c'est que décadence. Le xviiiᵉ siècle n'a ni Racine ni Bossuet; et pourtant il est bien supérieur au xviiᵉ; sa littérature, c'est sa science, c'est sa critique, c'est la préface de l'Encyclopédie, ce sont les lumineux essais de Voltaire. Il n'y avait qu'une vie pour les États antiques. Renverser les vieilles institutions de Sparte, c'était renverser Sparte elle-même. Il fallait alors, pour être bon patriote, être conservateur à tout prix : le sage antique est obstinément attaché aux usages nationaux. Il n'en est pas de même chez nous, puisque le jour où la France a détruit son vieil établissement a été le jour où a commencé son épopée. Pour moi, j'imagine que, dans cinq cents ans, l'histoire de France commencera au Jeu de Paume et que ce qui précède sera traité en arrière-plan, comme une intéressante préface, à peu près comme ces notions sur la Gaule antique, dont on fait aujourd'hui précéder nos Histoires de France.

C'est un facile lieu commun que de parler à tout propos de *palingénésie sociale*, de rénovation. Il ne s'agit pas de renaître, mais de continuer à vivre : l'esprit moderne, la civilisation, est fondée à jamais, et les plus terribles révolutions ne feront que signaler les phases infiniment variées de ce développement.

En prenant comme nécessaire le grand fait de l'invasion des barbares, et le critiquant *a priori*, on trouve qu'il eût pu se passer de deux manières. Dans la première manière (celle qui a eu lieu en effet), les barbares, plus forts que Rome, ont détruit l'édifice romain, puis, durant de longs siècles, ont cherché à rebâtir quelque chose sur le modèle de cet édifice et avec des matériaux romains. Mais une autre manière eût été également possible. Rome était parvenue à s'assimiler parfaitement les provinces, et à les faire vivre de sa civilisation; mais elle n'avait pu agir de même sur les barbares qui se précipitèrent au ive et au ve siècle. On ne peut croire que cela eût été à la rigueur impossible, quand on voit l'empressement avec lequel les barbares, dès leur entrée dans l'empire, embrassent les formes romaines, et se parent des oripeaux romains, des titres de consuls, de patrices, des costumes et des insignes romains. Nos Mérovingiens, entre autres, embrassèrent la vie romaine avec une naïveté tout à fait aimable, et, quant aux deux civilisations ostrogothes et visigothes, elles sont si bien la prolongation immédiate de la civilisation romaine qu'elles ajoutèrent un chapitre important, quoique peu original, à l'histoire des littératures classiques. Les barbares ne changèrent rien d'abord à ce qu'ils trouvèrent établi. Indifférents à la culture savante, ils la regardaient sans attention et par conséquent sans colère. Quelques-uns même (Théodoric, Chilpéric, etc.) y prirent goût avec une facilité et une promptitude qui étonnent. Je crois que, si l'empire eût eu au IVe siècle des grands hommes comme au second siècle, et surtout si le christianisme eût été aussi fortement centralisé à Rome qu'il le fut dans les siècles suivants, il eût été possible de rendre romains les barbares, avant leur entrée ou dès leur entrée, et de sauver ainsi la continuité de la machine. Il n'a tenu qu'à un fil qu'il n'y eût pas de moyen âge et que la civilisation romaine se continuât de plain-pied. Si les écoles gallo-romaines eussent été assez fortes pour faire en un siècle l'éducation des Francs, l'humanité eût fait une épargne de dix siècles. Si cela ne se fit pas, ce fut la faute des écoles et des institutions, non la faute des Francs; l'esprit romain était trop affaibli pour opérer sur le champ cette œuvre immense. La question, en un mot, était de savoir si le vieil édifice, où tant de matériaux nouveaux demandaient à entrer, se renouvellerait par une lente substitution de parties qui n'interrompît pas un instant son identité, ou s'il subirait une démolition complète pour être rebâti ensuite avec combinaison des nouveaux et des anciens matériaux, mais toujours sur l'ancien plan.

Comme Rome était trop faible pour s'assimiler immédiatement ces éléments nouveaux et violents, les choses se passèrent de cette seconde manière. Les barbares renversèrent l'empire; mais, au fond, quand ils essayèrent de reconstruire, ils revinrent au plan de la société romaine, qui les avait frappés dès le premier moment par sa beauté, et le seul d'ailleurs qu'ils connussent. Leur conversion au christianisme, qu'était-ce, sinon leur affiliation à Rome, par les évêques, continuateurs directs de l'habit, de la langue et des mœurs romaines? L'empire, dont ils reprirent l'idée pour leur compte, qu'était-il, sinon une façon de se rattacher à Rome, source unique de toute *autorité* légitime? Et la papauté, quelle est son origine, si ce n'est cette même idée, que tout vient de Rome, que Rome est la capitale du monde? L'empire romain ne doit pas tant être considéré comme un *État* qui a été renversé pour faire place à d'autres, que comme le premier essai de la civilisation universelle, se continuant à travers une extinction momentanée de la réflexion (qui est le moyen âge) dans la civilisation moderne. L'invasion et le moyen âge ne sont réellement que la crise provoquée par l'intrusion violente des éléments nouveaux qui venaient vivifier et élargir l'ancien cercle de vie. Ce ne sont que des accidents dans le grand voyage, accidents qui ont pu causer de fâcheux retards, bien compensés par les inappréciables avantages que l'humanité en a retirés.

Tout ceci peut être appliqué trait pour trait à l'avenir de la civilisation moderne. Dans l'hypothèse, infiniment peu probable, où les barbares (et ces barbares, bien entendu, ne doivent être cherchés que parmi nous), la renverseraient brusquement, et sans qu'elle eût eu le temps de se les assimiler, il est indubitable qu'après l'avoir renversée, ils retourneraient à ses ruines pour y chercher les matériaux de l'édifice futur, que nous deviendrions à leur égard des classiques et des éducateurs, que ce seraient des rhéteurs de la vieille société qui les initieraient à la vie intellectuelle et seraient l'occasion d'une autre Renaissance, qu'il y aurait encore des Martien Capella, des Boèce, des Cassiodore, des Isidore de Séville, bouclant en un viatique portatif et facilement maniable les données civilisatrices de l'ancienne culture, pour en former l'aliment intellectuel de la nouvelle société. Mais il est infiniment plus probable que la civilisation moderne sera assez vivace pour s'assimiler ces nouveaux barbares qui demandent à y entrer, et pour continuer sa marche avec eux. Voyez en effet comme les barbares aiment cette civilisation, comme ils s'empressent autour d'elle, comme ils cherchent à la comprendre avec leur sens naïf et délicat, comme ils l'étudient curieusement, comme ils sont contents de l'avoir devinée. Qui ne serait profondément touché en voyant l'intérêt que nos classes ignorantes prennent à cette civilisation qui est là au milieu d'eux, non pour eux? Ils me rappellent le naïf étonnement des barbares devant ces évêques, qui parlaient latin, et devant toute cette grande machine de l'organisation romaine. Certes il eût été difficile à Sidoine Apollinaire et à ces beaux esprits des Gaules de crier : « Vive les barbares ! » Et pourtant ils l'auraient dû, s'ils avaient eu le sentiment de l'avenir (163). Nous qui voyons bien les choses, après quatorze siècles, nous sommes pour les barbares. Que demandaient-ils ? Des champs, un beau soleil, la civilisation. Ah ! bienvenu soit celui qui ne demande qu'à augmenter la famille des fils de la lumière ! Les barbares sont ceux qui reçoivent ces nouveaux hôtes à coups de pique, de peur que leur part ne soit moindre.

Mais, dira-t-on, vos espérances reposent sur une contradiction. Vous reconnaissez que la culture intellectuelle, pour devenir civilisatrice, exige une vie entière d'application et d'étude. L'immense majorité du genre humain, condamnée à un travail manuel, ne pourra donc jamais en goûter les fruits?

Sans doute, si la culture intellectuelle devait toujours rester ce qu'elle est parmi nous, une profession à part, une spécialité, il faudrait désespérer de la voir devenir universelle. Un État où tous n'auraient d'autre profession que celle de poète, de littérateur, de philosophe, serait la plus étrange des caricatures. La culture intellectuelle est pour l'humanité comme si elle n'était pas, lorsqu'on n'étudie que pour écrire. La littérature sérieuse n'est pas celle du rhéteur, qui fait de la littérature pour la littérature, qui s'intéresse aux choses dites ou écrites, et non aux choses en elles-mêmes, qui n'aime pas la nature, mais aime une description, qui, froid devant un sentiment moral, ne le comprend qu'exprimé dans un vers sonore. La beauté est dans les choses; la littérature est image et parabole. Étrange personnage que ce lettré, qui ne s'occupe pas de morale ou de philosophie parce que cela est de la nature humaine, mais parce qu'il y a des ouvrages sur ce sujet, de même que l'érudit ne s'occupe d'agriculture ou de guerre, que parce qu'il y a des poèmes sur l'agriculture et des ouvrages sur la guerre! La chose dite ou racontée est donc plus sérieuse que la chose qui est? L'art, la littérature, l'éloquence ne sont vrais qu'en tant qu'ils ne sont pas des formes vides, mais qu'ils servent et expriment une cause humaine. Si le poète n'était, comme l'entendait Malherbe, qu'un *arrangeur de syllabes*, si la littérature n'était qu'un exercice, une tentative pour faire artificiellement ce que les anciens ont fait naturellement, oh ! je l'avoue, ce serait un bien léger malheur que tous ne pussent y être initiés.

Il faut donc arriver à concevoir la possibilité d'une vie intellectuelle pour tous, non pas en ce sens que tous participent au travail scientifique, mais en ce sens que tous participent aux résultats du travail scientifique. Il faut, par conséquent, concevoir la possibilité d'associer la philosophie et la culture d'esprit à un art mécanique.

C'est ce que réalisait merveilleusement la société grecque, si vraie, si peu artificielle. La Grèce ignorait nos préjugés aristocratiques, qui frappent d'ignominie quiconque exerce une profession manuelle, et l'excluent de ce qu'on peut appeler le monde *distingué*. On pouvait arriver à la vie la plus noble et la plus élevée, tout en étant pauvre et en travaillant de ses mains ; ou plutôt la moralité de la personne effaçait tellement sa profession, qu'on ne voyait d'abord que la personne, tandis que maintenant on voit d'abord la profession. Ammonius n'était pas un *portefaix* qui était philosophe, c'était un *philosophe* qui par hasard était portefaix. Ne peut-on pas espérer que l'humanité reviendra un jour à cette belle et vraie conception de la vie, où l'esprit est tout, où personne ne se définit par son métier, où la profession manuelle ne serait qu'un accessoire auquel on songerait à peine, à peu près ce qu'était pour Spinoza le métier de polisseur de verres de lunettes, un hors-d'œuvre qu'on ferait par la partie infime de soi-même, sans y penser et sans que les autres y pensent davantage ? Une telle œuvre ne serait point alors plus servile qu'il n'est servile qu'en écrivant ces lignes je remue ma plume et mes doigts.

Ce qui fait qu'un métier manuel est maintenant abrutissant, c'est qu'il absorbe l'individu et devient son être, son tout. La définition *(sermo explicans essentiam rei)* de ce misérable, c'est en effet *cordonnier*, *menuisier*. Ce mot dit sa nature, son essence ; il n'est que cela, une machine humaine qui fait des meubles, des souliers. Essayez donc de définir pareillement Spinoza, un fabricant de verres de lunettes, ou Mendelssohn, un commis de boutique (164) ! L'individualité professionnelle n'efface l'individualité morale et intellectuelle que quand celle-ci est en effet bien peu de chose. Supposez un homme instruit et noble de cœur exerçant un de ces métiers qui n'exigent que quelques heures de travail, bien loin que la vie supérieure soit fermée pour cet homme, il se trouve dans une situation mille fois plus favorable au développement philosophique que les trois quarts de ceux qui occupent des positions dites libérales. La plupart des positions libérales, en effet, absorbent tous les instants, et, qui pis est, toutes les pensées ; au lieu que le métier, n'exigeant aucune réflexion, aucune attention, laisse celui qui l'exerce vivre dans le monde des purs esprits. Pour ma part, j'ai souvent songé que, si l'on m'offrait un métier manuel qui, au moyen de quatre ou cinq heures d'occupation par jour, pût me suffire, je renoncerais pour ce métier à mon titre d'agrégé de philosophie ; car, ce métier n'occupant que mes mains, détournerait moins ma pensée que la nécessité de parler pendant deux heures de ce qui n'est pas l'objet actuel de mes réflexions. Ce seraient quatre ou cinq heures de délicieuse promenade, et j'aurais le reste du temps pour les exercices de l'esprit qui excluent toute occupation manuelle. J'acquerrais pendant ces heures de loisir les connaissances positives, je ruminerais pendant les autres ce que j'aurais acquis. Il y a certains métiers qui devraient être les métiers réservés des philosophes, comme labourer la terre, scier les pierres, pousser la navette du tisserand, et autres fonctions qui ne demandent absolument que le mouvement de la main (165). Toute complication, toute chose qui exigerait la moindre attention, serait un vol fait à sa pensée. Le travail des manufactures serait même à cet égard bien moins avantageux.

Croyez-vous qu'un homme, dans cette position, ne serait pas plus libre pour philosopher qu'un avocat, un médecin, un banquier, un fonctionnaire? Toute position officielle est un moule plus ou moins étroit ; pour y entrer, il faut briser et plier de force toute originalité. L'enseignement est maintenant le recours presque unique de ceux qui, ayant la vocation des travaux de l'esprit, sont réduits par des nécessités de fortune, à prendre une profession extérieure ; or l'enseignement est très préjudiciable aux grandes qualités de l'esprit ; l'enseignement absorbe, use, occupe infiniment plus que ne ferait un métier manuel. On se rappelle les lollards du moyen âge, ces tisserands mystiques, qui, en travaillant, *lollaient* en cadence, et mêlaient le rythme du cœur au rythme de la navette. Les béguards de Flandre, les *humiliati* d'Italie, arrivèrent aussi à une grande exaltation mystique et poétique, sous la pression vive de cet archet mystérieux, qui fait vibrer si puissamment les âmes neuves et naïves.

Si la plupart de ceux qui exercent les fonctions réputées serviles sont réellement abrutis, c'est qu'ils ont la tête vide, c'est qu'on ne les applique à ces nullités que parce qu'ils sont incapables du reste, c'est que cette fonction purement animale, quelque insignifiante qu'elle soit, les absorbe et les abâtardit encore davantage. Mais, s'ils avaient la tête pleine de littérature, d'histoire, de philosophie, d'humanisme, en un mot, s'ils pouvaient, en travaillant, causer entre eux des choses supérieures, quelle différence ! Plusieurs hommes dévoués aux travaux de l'esprit s'imposent journellement un nombre d'heures d'exercices hygiéniques, quelquefois assez peu différents de ceux que les ouvriers accomplissent par besoin, ce qui, apparemment, ne les abrutit pas (166). Dans cet état que je rêve, le métier manuel serait la récréation du travail de l'esprit. Que si l'on m'objecte qu'il n'est aucun métier auquel on puisse suffire avec quatre ou cinq heures d'occupation par jour, je répondrai que, dans une société savamment organisée, où les pertes de temps inutiles et les superfluités improductives seraient éliminées, où tout le monde travaillerait efficacement, et surtout où les machines seraient employées non pour se passer de l'ouvrier, mais pour soulager ses bras et abréger ses heures de travail ; dans une telle société, dis-je, je suis persuadé (bien que je ne sois nullement compétent en ces matières), qu'un très petit nombre d'heures de travail suffiraient pour le bien de la société, et pour les besoins de l'individu ; le reste serait à l'esprit. « Si chaque instrument, dit Aristote, pouvait, sur un ordre reçu ou même deviné, travailler de lui-même, comme les statues de Dédale ou les trépieds de Vulcain, qui se rendaient seuls, dit le poëte, aux réunions des dieux, si les navettes tissaient toutes seules, si l'archet jouait tout seul de la cithare, les entrepreneurs se passeraient d'ouvriers et les maîtres d'esclaves (167). »

Cette simultanéité de deux vies, n'ayant rien de commun l'une avec l'autre, à cause de l'infini qui les sépare n'est nullement sans exemple. J'ai souvent éprouvé que je ne vivais jamais plus énergiquement par l'imagination et la sensibilité que quand je m'appliquais à ce que la science a de plus technique et en apparence de plus aride. Quand l'objet scientifique a par lui-même quelque intérêt esthétique ou moral, il occupe tout entier celui qui s'y applique; quand, au contraire, il ne dit absolument rien à l'imagination et au cœur, il laisse ces deux facultés libres de vaguer à leur aise. Je conçois, dans l'érudit, une vie de cœur très active, et d'autant plus active que l'objet de son érudition offrira moins d'aliment à la sensibilité : ce sont alors comme deux rouages parfaitement indépendants l'un de l'autre. Ce qui tue, c'est le partage. Le philosophe est possible dans un état qui ne réclame que la coopération de la main, comme le travail des champs. Il est impossible, dans une position où il faut dépenser de son esprit et s'occuper sérieusement de choses mesquines, comme le négoce, la banque, etc. Effectivement, ces professions n'ont pas produit un seul homme qui marque dans l'histoire de l'esprit humain.

Dieu me garde de croire qu'un tel système de société soit actuellement applicable, ni même que, actuellement appliqué, il servît la cause de l'esprit. Il faut bien se figurer que l'immense majorité de l'humanité est encore à l'école, et que lui donner congé trop tôt serait favoriser sa paresse. Le besoin, dit Herder, est le poids de l'horloge, qui en fait tourner toutes les roues. L'humanité n'est ce qu'elle est que par la puissante gymnastique qu'elle a traversée, et la liberté ne serait pour elle qu'une décadence si la liberté devait aboutir à diminuer son activité. Je tenais seulement à faire comprendre la possibilité d'un état où la plus haute culture intellectuelle et morale, c'est-à-dire la vraie religion, fussent accessibles aux classes maintenant réputées les dernières de la société. Ah! si l'ouvrier avait de l'éducation, de l'intelligence, de la morale, une culture douce et bienfaisante, croyez-vous qu'il maudirait son infériorité extérieure? Non; car, outre que la moralité et l'intelligence amèneraient pour lui immanquablement l'ordre et l'aisance, cette culture le ferait considérer, aimer, estimer, le placerait dans ce joli monde des âmes polies, où l'on sent finement, et d'où il souffre de se voir exilé. Le paysan ne souffre pas de son abjection morale et intellectuelle; mais l'ouvrier des villes voit notre monde distingué, il sent que nous sommes plus parfaits que lui, il se voit condamné à vivre dans une fétide atmosphère de dépression intellectuelle et d'immoralité, lui qui a senti la bonne odeur du monde civilisé; il est condamné à chercher sa jouissance (car l'homme ne peut vivre sans jouissance de quelque sorte, le trappiste a les siennes) dans d'ignobles lieux qui lui répugnent, repoussé qu'il est par son manque de culture plus encore que par l'opinion, des joies plus délicates. Oh! comment ne se révolterait-il pas?

Quelque chimérique qu'elle puisse paraître au point de vue de nos mœurs actuelles, je maintiens comme possible cette simultanéité de la vie intellectuelle et du travail professionnel. La Grèce m'en est un illustre exemple ; je ne parle pas de sociétés plus naïves, comme la société indienne, la société hébraïque, où toute idée de *décorum* extérieur et de respect humain était complètement absente. Le brahmane dans la forêt, vêtu de quelques guenilles, se nourrissant de feuilles souvent sèches, arrive à un degré de spéculation intellectuelle, à une hauteur de conception, à une noblesse de vie, inconnus à l'immense majorité de ceux qui parmi nous s'appellent civilisés.

Il y a des hommes éminemment doués par la nature, mais peu favorisés par la fortune, qui deviennent fiers et presque intraitables, et mourraient plutôt que d'accepter pour vivre ce que l'opinion regarde comme une humiliation extérieure. Werther quitte son ambassadeur parce qu'il trouve dans son salon des sots et des impertinents ; Chatterton se suicide parce que le lord maire lui a offert une place de valet de chambre. Cette extrême sensibilité pour l'extérieur prouve une certaine humilité d'âme et témoigne que ceux qui l'éprouvent n'ont pas encore atteint les hauts sommets philosophiques. Ils sont même à la limite d'un suprême ridicule, car, s'ils ne sont pas en effet des génies (et qui les en assure ! Combien d'autres l'ont cru comme eux sans l'être ?), ils risquent de ressembler aux plus sots, aux plus ridicules, aux plus fats de tous les hommes, à ces Chatterton manqués, à ces jeunes gens de génie méconnus, qui trouvent tout au-dessous d'eux, et anathématisent la société, parce que la société ne fait pas un douaire convenable à ceux qui se livrent à de sublimes pensées. Le génie n'est nullement humilié pour travailler de ses mains. Certes, on ne peut exiger de lui qu'il se donne de toute âme à son métier, qu'il s'absorbe dans son bureau ou son atelier. Mais rêver n'est pas une profession, et c'est une erreur de croire que les grands écrivains eussent pensé beaucoup plus s'ils n'avaient eu autre chose à faire qu'à penser. Le génie est patient et vivace, je dirai presque robuste et paysan. « La force de vivre fait essentiellement partie du génie. » C'est à travers les luttes d'une situation extérieure que les grands génies se sont développés, et, s'ils n'avaient pas eu d'autre profession que celle de penseurs, peut-être n'eussent-ils pas été si grands. Béranger a bien été expéditionnaire. L'homme vraiment élevé a toute sa fierté au dedans. Tenir compte de l'humiliation extérieure, c'est témoigner qu'on fait encore quelque cas de ce qui n'est pas l'âme. L'esclave abruti, qui se sentait inférieur à son maître, supportait les coups comme venant de la fatalité, sans songer à réagir par la colère. L'esclave cultivé, qui se sentait l'égal de son maître, devait le haïr et le maudire, mais l'esclave philosophe, qui se sentait supérieur à son maître, ne devait se trouver en aucune façon humilié de le servir. S'irriter contre lui eût été s'égaler à lui; mieux valait le mépriser intérieurement et se taire. Marchander les respects et les soumissions, c'eût été les prendre au sérieux. On n'est sensible qu'aux offenses de ses égaux ; les injures d'un goujat touchent ses semblables, mais ne nous atteignent pas. De même ceux que leur excellence intérieure rend susceptibles, irritables, jaloux d'une dignité extérieure proportionnée à leur valeur, n'ont point encore dépassé un certain niveau, ni compris la vraie royauté des hommes de l'esprit.

L'idéal de la vie humaine serait un état, où l'homme aurait tellement dompté la nature que le besoin matériel ne fût plus un mobile, où ce besoin fût satisfait aussitôt que senti, où l'homme, roi du monde, eût à peine à dépenser quelque travail pour le maintenir sous sa dépendance, et cela presque sans y penser, et par la partie sacrifiée de sa vie, où toute l'activité humaine en un mot se tournât vers l'esprit, et où l'homme n'eût plus à vivre que de la vie céleste. Alors ce serait réellement le règne de l'esprit, la religion parfaite, le culte du Dieu esprit et vérité. L'humanité a encore besoin d'un stimulant matériel, et maintenant un tel état serait préjudiciable ; car il n'engendrerait que la paresse. Mais cet inconvénient est tout relatif. Pour nous autres, hommes de l'esprit, le travail de la vie et les nécessités matérielles ne sont absolument qu'un obstacle : c'est une portion du temps que nous donnons pour racheter l'autre. Si nous étions délivrés du souci des besoins matériels, comme les ordres religieux ou comme le brahmane, qui s'enfonce tout nu dans la forêt, nous voguerions à pleines voiles, nous conquerrions l'infini...

La vie patriarcale réalisait cette haute indépendance de l'homme, mais c'était en sacrifiant des éléments non moins essentiels : la civilisation, en effet, n'existe qu'à la condition du développement parallèle de l'intelligence, de la morale et du bien-être. La vie antique arrivait au même résultat par l'esclavage : l'homme libre était vraiment dans une belle et noble position, dispensé des soins terrestres et libre pour l'esprit. La savante organisation de l'humanité ramènera cet état, mais avec des relations bien plus compliquées que n'en comportait la vie patriarcale, et sans avoir besoin de l'esclavage. L'œuvre du XIXᵉ siècle aura été la conquête de ce bien-être matériel, qui, au premier abord, peut paraître profane, mais qui devient chose sainte, si l'on considère qu'il est la condition de l'affranchissement de l'esprit. Nul plus que moi n'est opposé à ceux qui ont prêché la réhabilitation de la chair, et je crois pourtant que le christianisme a eu tort de prêcher la lutte, la révolte des sens, la mortification. Cela a pu être bon pour l'éducation de l'humanité, mais il y a quelque chose de plus parfait encore. C'est qu'on ne pense plus à la chair, c'est qu'on vive si énergiquement de la vie de l'esprit que ces tentations des hommes grossiers n'aient plus de sens. L'abstinence et la mortification sont des vertus de barbares et d'hommes matériels, qui, sujets à de grossiers appétits, ne conçoivent rien de plus héroïque que d'y résister : aussi sont-elles surtout prisées dans les pays sensuels. Aux yeux d'hommes grossiers, un homme qui jeûne, qui se flagelle, qui est chaste, qui passe sa vie sur une colonne, est l'idéal de la vertu. Car lui, le barbare, est gourmand, et il sent fort bien qu'il lui en coûterait beaucoup s'il fallait vivre de la sorte. Mais pour nous, un tel homme n'est pas vertueux : car, ces jouissances de la bouche et des sens n'étant rien pour nous, nous ne trouvons pas qu'il ait de mérite à s'en priver. L'abstinence affectée prouve qu'on fait beaucoup de cas des choses dont on se prive. Platon était moins mortifié que Dominique Loricat, et apparemment plus spiritualiste. Les catholiques prétendent quelquefois que la désuétude où sont tombées les abstinences du moyen âge accusent notre sensualité : mais tout au contraire, c'est par suite des progrès de l'esprit que ces pratiques sont devenues insignifiantes et surannées. Il faut détruire l'antagonisme du corps et de l'esprit, non pas en égalant les deux termes, mais en portant l'un des termes à l'infini, de sorte que l'autre s'anéantisse et devienne comme zéro. Cela fait, accordez au corps ses jouissances ; car les lui refuser, ce serait supposer que ces misères ont quelque valeur. La devise des saint-simoniens : « Sanctifiez-vous par le plaisir », est abominable ; c'est le pur gnosticisme. Celle du christianisme : « Sanctifiez-vous en vous abstenant du plaisir », est encore imparfaite. Nous disons, nous autres spiritualistes : « Sanctifiez-vous, et le plaisir deviendra pour vous insignifiant, et vous ne songerez pas au plaisir. » La sainteté, c'est de vivre de l'esprit, non du corps. Des esprits grossiers ont pu s'imaginer qu'en s'interdisant la vie du corps, ils se rendaient plus aptes à la vie de l'esprit

Je me demande même si, un jour, on n'arrivera pas à une conception plus élevée encore. Ce qui fait que le plaisir est pour nous une chose tout à fait profane, c'est que nous le prenons comme une *jouissance personnelle;* or la jouissance personnelle n'a absolument aucune valeur suprasensible. Mais, si on prenait la volupté avec les idées mystiques que les anciens y attachaient, quand ils l'associaient aux temples, aux fêtes, si on réussissait à en éliminer toute idée de jouissance, pour n'y voir que le perfectionnement qui en résulte pour notre être, l'union mystique avec la nature, la sympathie qu'elle établit entre nous et les choses, je ne sais si on ne pourrait l'élever au rang d'une chose sacrée. Dans ma chambre nue et froide, abstème et vêtu pauvrement, je comprends, ce me semble, la beauté d'une manière assez élevée. Mais je me demande si je ne la comprendrais pas mieux encore, la tête excitée par une liqueur généreuse, paré, parfumé, seul à seul avec la Béatrix que je n'ai vue que dans mes rêves? Si ma pensée était là incarnée à côté de moi, ne l'aimerais-je pas, ne l'adorerais-je pas davantage? Certes, s'il y a quelque chose d'horrible, c'est de chercher du plaisir dans l'ivresse. Mais si on ne cherche qu'à aider l'extase par un élément matériel très noble, et qui a suscité de si nobles chants, c'est tout autre chose. J'ai lu quelque part qu'un poète ou philosophe (allemand, je crois) s'enivrait régulièrement et par conscience une fois par mois, afin de se procurer cet état mystique, où l'on touche de plus près l'infini. En vérité, je ne sais si tous les plaisirs ne pourraient subir cette épuration, et devenir des exercices de piété, où l'on ne songerait plus à la jouissance.

L'imperfection de l'état actuel, c'est que l'occupation extérieure absorbe toute la vie, en sorte qu'on est d'abord d'une profession, sauf ensuite à cultiver son esprit s'il reste du temps ou si l'on a ce goût. L'accidentel devient ainsi la vie même, et la partie vraiment humaine et religieuse disparaît presque. A regarder de près le spectacle de l'activité humaine, on reconnaît que la plus grande partie de cette activité est dépensée en pure perte. Élevez-vous en esprit au-dessus de Paris, et cherchez à analyser les mobiles qui dirigent les pas empressés de tant de milliers d'hommes. Vous trouverez que le gain, les affaires ou les besoins matériels dirigent les neuf dixièmes au moins de ces mouvements, que le plaisir sert de motif à un vingtième peut-être de cette agitation, qu'un centième à peu près de cette foule obéit à des affections douces, et qu'un millième au plus est guidé par des motifs religieux ou scientifiques. Il semble que les affaires extérieures soient le but premier de la vie, que la fin de la plus grande partie du genre humain soit de vivre sous l'empire pressant et continu de la préoccupation du pain du jour, en sorte que la vie n'aurait d'autre but que de s'alimenter elle-même. Étrange cercle vicieux! Dans un état meilleur de la société humaine, on serait d'abord homme, c'est-à-dire que le premier soin de chacun serait la perfection de sa nature. Puis, par un côté inférieur, auquel on songerait à peine, on appartiendrait à telle ou telle profession. Ce serait l'idylle antique, la vie pastorale rêvée par tous les poètes bucoliques, vie où l'occupation matérielle est si peu de chose qu'on n'y pense pas, et qu'on est exclusivement libre pour la poésie et les belles choses. Ce serait l'Astrée, où tout le soin était d'aimer. Alors l'on dira : « Nos pères eurent besoin de placer le paradis au ciel. Mais nous, nous tenons Dieu quitte de son paradis, puisque la vie céleste est transportée ici-bas! »

Un tel état de perfection n'exclurait pas la variété intellectuelle; au contraire, les originalités y seraient bien plus caractérisées, par suite du libre développement des individualités. Que si ultérieurement la variété des esprits devait disparaître devant une culture plus avancée, ce ne serait plus un mal. Mais hâtons-nous de dire que l'uniformité serait maintenant l'extinction de l'humanité. La ruche n'a jamais été une officine de progrès. Nous traversons l'âge d'analyse, c'est-à-dire de vue partielle, âge durant lequel la diversité des esprits est nécessaire. Quand Platon voulait que, dans sa République, tous vissent par les mêmes yeux et entendissent par les mêmes oreilles, il faisait sciemment abstraction de l'un des éléments les plus essentiels de l'humanité. L'humanité, en effet, n'est ce qu'elle est que par la variété. Quand deux oiseaux se répondent, en quoi leurs accents diffèrent-ils d'une élégie? Par la seule variété. Bien loin de prêcher le communisme dans l'état actuel de l'esprit humain, il faudrait prêcher l'individualisme, l'originalité. Il faudrait que deux hommes ne se ressemblent pas; car tous ceux qui se ressemblent ne comptent que pour un.

Dans le syncrétisme primitif, tous les hommes d'une même race se ressemblaient comme les poissons d'une même espèce. Il n'y a pas de *caractères* individuels dans les épopées primitives; ce que la vieille critique débitait sur les caractères d'Homère est fort exagéré, et encore le monde grec, si vivant, si varié, si multiple a-t-il atteint sur ce point, du premier coup, de très fines nuances. La vieille littérature hébraïque n'offre guère d'autre catégorie d'hommes que le bon et le méchant; et dans la littérature indienne, c'est à peine si cette catégorie existe. Tous sont présentés comme à peu près également bons

Nos types si délicats ne se dessinent que bien plus tard.

Comme c'est l'éducation, la variété des objets d'étude qui font la variété des esprits, tout ce qui tend à faire passer tous les esprits par un moule officiel est préjudiciable au progrès de l'esprit humain. Les esprits, en effet, diffèrent beaucoup plus par ce qu'ils ont appris, par les faits sur lesquels ils appuient leurs jugements, que par leur nature même (168). Les habitudes de la société française, si sévères pour toute originalité, sont à ce point de vue tout à fait regrettables. « Ce qui fait l'existence individuelle, dit madame de Staël, étant toujours une singularité quelconque, cette singularité prête à la plaisanterie : aussi l'homme qui la craint avant tout cherche-t-il, autant que possible, à faire disparaître en lui ce qui pourrait le signaler de quelque manière, soit en bien, soit en mal ». Les natures vraiment belles et riches ne sont pas celles où des éléments opposés se neutralisent et s'anéantissent ; ce sont celles où les extrêmes se réunissent, non pas simultanément, mais successivement, et selon la face des choses qu'il s'agit d'esquisser. L'homme parfait serait celui qui serait tour à tour inflexible comme le philosophe, faible comme une femme, rude comme un paysan breton, naïf et doux comme un enfant. Ces natures effacées, formées par une sorte de moyenne proportionnelle entre les extrêmes, sont de nulle valeur à une époque d'analyse.

L'analyse, en effet, n'existe que par la diversité des points de vue, et à condition que la science complète soit épuisée par ses faces diverses ; à chacun sa tâche, à chacun son atome à explorer, telle est sa maxime. Ce qu'il faut dans un tel état, c'est la plus grande variété possible entre les individus ; car chaque originalité c'est l'esquisse d'un aspect des choses; c'est une façon de prendre le monde. Mais il se peut qu'un jour l'humanité arrive à un tel état de perfection intellectuelle, à une synthèse si complète, que tous soient placés au point le plus légitimement gagné par les temps antérieurs, et que tous partent de là d'un commun effort pour s'élancer vers l'avenir. Et cette harmonie se réalisera, non par la théocratie, non par la suppression des individus, non par ce Père-roi des saint-simoniens qui réglait la croyance comme tout le reste, mais par l'aspiration commune et libre, comme cela a lieu pour les élus dans le ciel. Lier des gerbes coupées est facile. Mais lier des gerbes vivantes chacune de leur vie propre!... Maintenant tous sont attelés au même char; mais les uns tirent en avant, les autres en arrière, les autres en sens divers, et de ces efforts balancés, à peine sort-il une résultante caractérisée. Alors tous tireront dans le même sens; alors la science maintenant cultivée par un petit nombre d'hommes obscurs et perdus dans la foule sera poursuivie par des millions d'hommes, cherchant ensemble la solution des problèmes qui se poseront. O jour où il n'y aura plus de grands hommes, car tous seront grands, et où l'humanité revenue à l'unité marchera comme un seul être à la conquête de l'idéal et du secret des choses (169)! Qu'est-ce qui résistera à la science, quand l'humanité elle-même sera savante, et marchera tout d'un corps à l'assaut de la vérité?

Pourquoi, dira-t-on, s'occuper de ces chimères? Laissez là l'avenir et soyez du présent. — Rien de grand, répondrai-je, ne se fait sans chimères. L'homme a besoin, pour déployer toute son activité, de placer en avant de lui un but capable de l'exciter. A quoi bon travailler pour l'avenir, si l'avenir devait être pâle et médiocre? Ne vaudrait-il pas mieux songer à son bien-être et à son plaisir dans la vie présente que de se sacrifier pour le vide? Les premiers musulmans auraient-ils marché jusqu'au bout du monde, si Aboubekr ne leur eût dit : Allez, le paradis est en avant. Les *conquistadores* eussent-ils entrepris leurs aventureuses expéditions s'ils n'eussent espéré trouver l'Eldorado, la fontaine de Jouvence, Cipangu aux toits d'or? Alexandre poursuivait les Griffons et les Arimaspes. Colomb, en rêvant les îles de Saint-Brandon et le paradis terrestre, trouva l'Amérique. Avec l'idée que le paradis est par delà, on marche toujours et on trouve mieux que le paradis. « Le cœur, dit Herder (170), ne bat que pour ce qui est loin. » Les espérances, d'ailleurs, chimériques peut-être dans leur forme, ne le sont pas envisagées comme symbole de l'avenir de l'humanité. Les Juifs ont eu le Messie parce qu'ils l'ont fermement espéré. Aucune idée n'aboutit sans la grande gestation de la foi et l'espérance. Les premiers chrétiens s'attendaient tous les jours à voir descendre du ciel la Jérusalem nouvelle et le Christ venant pour régner. C'étaient des fous, n'est-ce pas, messieurs? Ah! l'espérance ne trompe jamais, et j'ai confiance que toutes les espérances du croyant seront accomplies et dépassées. L'humanité réalise la perfection en la désirant et en l'espérant, comme la femme imprime, dit-on, à l'enfant qu'elle porte, la ressemblance des objets qui frappent ses sens. Ces espérances sont si loin d'être indifférentes, que seules elles expliquent et rendent possible la grande vie de sacrifice et de dévouement. A quoi bon se dévouer, en effet, pour soulager des misères qui n'existent qu'au moment où elles sont senties? Pourquoi sacrifier son bien-être à celui des autres, s'il ne s'agit après tout que d'une mesquine et insignifiante question de jouissance ? Mon bonheur est aussi précieux que celui des autres, et je serais bien bon de leur en faire le sacrifice. Si je ne croyais que l'humanité est appelée à une fin divine, la réalisation du parfait, je me ferais épicurien, si j'en étais capable, et sinon, je me suiciderais.

XX

Ce serait bien mal comprendre ma pensée que de croire que, dans ce qui précède, j'aie eu l'intention d'engager la science à descendre de ses hauteurs pour se mettre au niveau du peuple. La *science populaire* m'est profondément antipathique, parce que la science populaire ne saurait être la vraie science. On lisait sur le fronton de telle école antique : Que nul n'entre ici s'il ne sait la géométrie. L'école philosophique des modernes porterait pour devise : Que nul n'entre ici s'il ne sait l'esprit humain, l'histoire, les littératures, etc. La science perd toute sa dignité quand elle s'abaisse à ces cadres enfantins et à ce langage qui n'est pas le sien. Pour rendre intelligibles au vulgaire les hautes théories philosophiques, on est obligé de les dépouiller de leur forme véritable, de les assujettir à l'étroite mesure du bon sens, de les fausser. Il serait infiniment désirable que la masse du genre humain s'élevât à l'intelligence de la science ; mais il ne faut pas que la science s'abaisse pour se faire comprendre. Il faut qu'elle reste dans ses hauteurs et qu'elle y attire l'humanité. Je ne suis pas hostile à la littérature ouvrière. Je crois, au contraire, avec M. Michelet, qu'il y a chez le peuple une sève vraie et supérieure en un sens à celle de la plupart des poètes aristocratiques. Les poésies des ouvriers sont peut-être les plus originales depuis que Lamartine et Victor Hugo ne chantent plus. Cela est surtout méritoire, si l'on considère que l'instrument que nous leur mettons entre les mains est tout ce qu'il y a au monde de plus aristocratique, de plus inflexible, de moins analogue à la pensée populaire.

Quant aux écrits sociaux et philosophiques, où la forme est moins exigeante qu'en littérature, les ouvriers y déploient souvent une intelligence supérieure à celle de la plupart des lettrés. L'homme qui n'a que l'instruction primaire est plus près du positivisme, de la négation du surnaturel, que le bourgeois qui a fait ses classes ; car l'éducation classique porte souvent à se contenter des mots. Mais les ouvriers commettent souvent une faute vraiment impardonnable : c'est d'abandonner le genre où ils pourraient exceller pour traiter des sujets où ils ne sont pas compétents et qui exigent une toute autre culture que celle des petits livres d'école. M. Agricol Perdiguier était original tant qu'il ne fut qu'ouvrier. On aimait en lui l'expression vraie de la façon de sentir d'une classe de la société, et le naïf effort du demi-lettré pour créer un instrument à sa pensée. Mais un beau jour, M. Agricol Perdiguier s'est mis à vouloir faire une *histoire universelle*. Une histoire universelle, grand Dieu ! mais Bossuet y a échoué, et je ne connais pas un seul homme capable de l'entreprendre. M. Perdiguier a beau nous dire que son histoire est pour les ouvriers ; que tous ses devanciers ont traité l'histoire en hommes classiques, en pédants de collège ; je ne sache pas qu'il y ait deux histoires, une pour les lettrés, une pour les illettrés ; et je ne connais qu'une seule classe d'hommes capables de l'écrire : ce sont les savants brisés par une longue culture intellectuelle à toutes les finesses de la critique.

La science et la philosophie doivent conserver leur haute indépendance, c'est-à-dire ne poursuivre que le vrai dans toute son objectivité, sans s'embarrasser d'aucune forme populaire ou mondaine. La science de salon est tout aussi peu la vraie science que la science des petits traités pour le peuple. La science se dégrade, du moment où elle s'abaisse à plaire, à amuser, à intéresser, du moment où elle cesse de correspondre directement, comme la poésie, la musique, la religion, à un besoin désintéressé de la nature humaine. Combien est rare, parmi nous, ce culte pur de toutes les parties de l'âme humaine? Groupant à part et comme en une gerbe inutile les soins religieux, nous faisons l'essentiel de la vie des intérêts vulgaires. Savoir, dit-on, ne sert point à faire son salut ; savoir ne sert point à faire sa fortune, donc, savoir est inutile (171).

Le grand malheur de la société contemporaine est que la culture intellectuelle n'y est point comprise comme une chose religieuse; que la poésie, la science, la littérature, y sont envisagées comme un art de luxe qui ne s'adresse guère qu'aux classes privilégiées de la fortune. L'art grec produisait pour la patrie, pour la pensée nationale ; l'art au XVIIe siècle produisait pour le roi, ce qui était aussi, en un sens, produire pour la nation. L'art, de nos jours, ne produit guère que sur la commande expresse ou supposée des individus. L'artiste correspond à l'amateur, comme le cuisinier au gastronome. Situation déplorable à une époque surtout où, sauf de rares exceptions, le morcellement de la propriété rend impossible les grandes choses aux particuliers. La Grèce tirait des poèmes, des temples, des statues de son intime spontanéité, pour épuiser sa propre fécondité et satisfaire à un besoin de la nature humaine. Chez nous, on accorde à l'art quelques subventions péniblement marchandées, non par le besoin qu'on éprouve de voir la pensée nationale traduite en grandes œuvres, non par l'impulsion intime qui porte l'homme à réaliser la beauté, mais par une vue réfléchie et critique, parce qu'on reconnaît, on ne sait trop pourquoi, que l'art doit avoir sa place, et qu'on ne veut pas rester en arrière du passé. Mais si l'on n'obéissait qu'à l'amour pur et spontané des belles choses, que ferait-on ? Une des raisons que l'on faisait valoir tout récemment en faveur du projet pour l'achèvement du Louvre, c'est que ce serait *un moyen d'occuper les artistes.* Je voudrais bien savoir si Périclès fit valoir ce motif aux Athéniens, quand il s'agit de bâtir le Parthénon.

Réfléchissez aux conséquences de ce déplorable régime qui soumet l'art, et plus ou moins la littérature ou la poésie, au goût des individus. Dans l'ordre des productions de l'esprit, comme dans tous les autres, on ne reproduit que sur la demande expresse ou supposée, et par la force des choses il arrive que c'est la richesse qui fait la demande. Celui donc qui songe à vivre de la production intellectuelle doit songer avant tout à deviner la demande du riche pour s'y conformer. Or, que demande le riche en fait de productions intellectuelles ? Est-ce de la littérature sérieuse ? Est-ce de la haute philosophie, ou, dans l'art, des productions pures et sévères, de hautes créations morales ? Nullement. C'est de la littérature amusante ; ce sont des feuilletons, des romans, des pièces spirituelles où l'on flatte ses opinions, des beautés appétissantes. Ainsi, le riche réglant plus ou moins la production littéraire et artistique par son goût suffisamment connu, et ce goût étant généralement (il y a de nobles exceptions) vers la littérature frivole et l'art indigne de ce nom, il devait fatalement arriver qu'un tel état de choses avilît la littérature, l'art et la science. Le goût du riche, en effet, faisant le prix des choses, un jockey, une danseuse qui correspondent à ce goût sont des personnages de plus de valeur que le savant ou le philosophe, dont il ne *demande* pas les œuvres. Voilà pourquoi un fabricant de romans-feuilletons peut faire une brillante fortune et arriver à ce qu'on appelle une position dans le monde, tandis qu'un savant sérieux, eût-il fait d'aussi beaux travaux que Bopp ou Lassen, ne pourrait en aucune manière vivre du produit vénal de ses œuvres.

J'appelle ploutocratie un état de société où la richesse est le nerf principal des choses, où l'on ne peut rien faire sans être riche, où l'objet principal de l'ambition est de devenir riche, où la capacité et la moralité s'évaluent généralement (et avec plus ou moins de justesse) par la fortune, de telle sorte, par exemple, que le meilleur critérium pour prendre l'élite de la nation soit le cens. On ne me contestera pas, je pense, que notre société ne réunisse ces divers caractères. Cela posé, je soutiens que tous les vices de notre développement intellectuel viennent de la ploutocratie, et que c'est par là surtout que nos sociétés modernes sont inférieures à la société grecque. En effet, du moment que la fortune devient le but principal à la vie humaine, ou du moins la condition nécessaire de toutes les autres ambitions, voyons quelle direction vont prendre les intelligences. Que faut-il pour devenir riche? Être savant, sage, philosophe? Nullement; ce sont là bien plutôt des obstacles. Celui qui consacre sa vie à la science peut se tenir assuré de mourir dans la misère, s'il n'a du patrimoine, ou s'il ne peut trouver à *utiliser sa science*, c'est-à-dire s'il ne peut trouver à vivre en dehors de la science pure. Remarquez, en effet, que quand un homme vit de son travail intellectuel, ce n'est pas généralement sa vraie science qu'il fait valoir, mais ses qualités inférieures. M. Letronne a plus gagné en faisant des livres élémentaires médiocres que par les admirables travaux qui ont illustré son nom. Vico gagnait sa vie en composant des pièces de vers et de prose de la plus détestable rhétorique pour des princes et seigneurs, et ne trouva pas d'éditeur pour sa *Science Nouvelle*. Tant il est vrai que ce n'est pas la valeur intrinsèque des choses qui en fait le prix, mais le rapport qu'elles ont avec ceux qui tiennent l'argent. Je puis sans orgueil me croire autant de capacité que tel commis ou tel employé. Eh bien ! le commis peut, en servant des intérêts tout matériels, vivre honorablement. Et moi, qui vais à l'âme, moi, le prêtre de la vraie religion, je ne sais en vérité ce qui, l'an prochain, me donnera du pain.

La profonde vérité de l'esprit grec vient, ce me semble, de ce que la richesse ne constituait, dans cette belle civilisation, qu'un mobile à part, mais non une condition nécessaire de toute autre ambition. De là la plus parfaite spontanéité dans le développement des caractères. On était poète ou philosophe, parce que cela est de la nature humaine et qu'on était soi-même spécialement doué dans ce sens. Chez nous, au contraire, il y a une tendance imposée à quiconque veut se faire une place dans la vie extérieure. Les facultés qu'il doit cultiver sont celles qui servent à la richesse, l'esprit industriel, l'intelligence pratique. Or ces facultés sont de très peu de valeur : elles ne rendent ni meilleur, ni plus élevé, ni plus clairvoyant dans les choses divines; tout au contraire. Un homme sans valeur, sans morale, égoïste, paresseux, fera mieux sa fortune, en jouant à la Bourse, que celui qui s'occupe de choses sérieuses. Cela n'est pas juste; donc cela disparaîtra.

La ploutocratie est donc peu favorable au légitime développement de l'intelligence. L'Angleterre, le pays de la richesse, est de tous les pays civilisés le plus nul pour le développement philosophique de l'intelligence. Les nobles d'autrefois croyaient forligner en s'occupant de littérature. Les riches ont généralement des goûts grossiers et attachent l'idée de bon ton à des choses ridicules ou de pure convention. Un *gentleman rider*, fût-il un homme complètement nul, peut passer pour un modèle de *fashion*. Moi, je dis tout bonnement que c'est un sot.

La ploutocratie, dans un autre ordre d'idées, est la source de tous nos maux, par les mauvais sentiments qu'elle donne à ceux que le sort a faits pauvres. Ceux-ci, en effet, voyant qu'ils ne sont rien parce qu'ils ne possèdent pas, tournent toute leur activité vers ce but unique; et, comme pour plusieurs cela est lent, difficile ou impossible, alors naissent les abominables pensées : jalousie, haine du riche, idée de le spolier. Le remède au mal n'est pas de faire que le pauvre puisse devenir riche, ni d'exciter en lui ce désir, mais de faire en sorte que la richesse soit chose insignifiante et secondaire; que sans elle on puisse être très heureux, très grand, très noble et très beau; que sans elle on puisse être influent et considéré dans l'État. Le remède, en un mot, n'est pas d'exciter chez tous un appétit que tous ne pourront satisfaire, mais de détruire cet appétit ou d'en changer l'objet, puisque aussi bien cet objet ne tient pas à l'essence de la nature humaine, qu'au contraire il en entrave le beau développement.

XXI

La science étant un des éléments vrais de l'humanité, elle est indépendante de toute forme sociale et éternelle comme la nature humaine. Aucune révolution ne la détruira, car aucune révolution ne changera les instincts profonds de l'homme. Sans doute, tout en lui vouant son culte, on peut trouver des instants pour d'autres devoirs : mais il faut que ce soit une suspension et non une démission. Il faut maintenir la haute et idéale valeur de la science, alors même qu'on vaque à des devoirs actuellement plus pressants. Il y a, je l'avoue, des sciences qu'on pourrait appeler *umbratiles*, qui aiment la sécurité et la paix. Il fallait être M. de Sacy pour publier en 1793, à l'Imprimerie du Louvre, un ouvrage sur les antiquités de la Perse et les médailles des rois sassanides. Mais, en prenant l'esprit humain dans son ensemble, en évaluant le progrès par le mouvement accompli dans les idées, on est amené à dire : Que la volonté de Dieu soit faite ! et l'on reconnaît qu'une révolution de trois jours fait plus pour le progrès de l'esprit humain qu'une génération de l'Académie des Inscriptions.

S'il est un lieu commun démenti par les faits, c'est que le temps des révolutions est peu favorable au travail de l'esprit, que la littérature, pour produire des chefs-d'œuvre, a besoin de calme et de loisir, et que les arts méritent en effet l'épithète classique d'*amis de la paix*. L'histoire démontre, au contraire, que le mouvement, la guerre, les alarmes sont le vrai milieu où l'humanité se développe, que le génie ne végète puissamment que sous l'orage, et que toutes les grandes créations de la pensée sont apparues dans des situations troublées. De tous les siècles, le xvi⁰ est sans doute celui où l'esprit humain a déployé le plus d'énergie et d'activité en tous sens : c'est le siècle créateur par excellence. La règle lui manque, il est vrai : c'est un taillis épais et luxuriant, où l'art n'a point encore dessiné des allées. Mais quelle fécondité ! Quel siècle que celui de Luther et de Raphaël, de Michel-Ange et de l'Arioste, de Montaigne et d'Érasme, de Galilée et de Copernic, de Cardan et de Vanini ! Tout s'y fonde : philologie, mathématiques, astronomie, sciences physiques, philosophies. Eh bien ! ce siècle admirable, où se constitue définitivement l'esprit moderne, est le siècle de la lutte de tous contre tous : luttes religieuses, luttes politiques, luttes littéraires, luttes scientifiques. Cette Italie, qui devançait alors l'Europe dans les voies de la civilisation, était le théâtre de guerres barbares, telles que l'avenir, il faut l'espérer, n'en verra plus. Le sac de Rome ne troublait pas le pinceau de Michel-Ange ; orphelin à six ans, mutilé à Brescia, Tartaglia devinait seul les mathématiques. Il n'y a que les rhéteurs qui puissent préférer l'œuvre calme et artificielle de *l'écrivain* à l'œuvre brûlante et vraie qui fut un *acte*, et apparut à son jour comme le cri spontané d'une âme héroïque ou passionnée. Eschyle avait été soldat de Salamine, avant d'en être le poète. Ce fut dans les camps et au milieu des hasards d'une vie aventureuse que Descartes médita sa méthode. Dante aurait-il composé au sein d'un studieux loisir ces chants, les plus originaux d'une période de dix siècles? Les souffrances du poète, ses colères, ses passions, son exil ne sont-ils pas une moitié du poème? Ne sent-on pas dans Milton le blessé des luttes politiques? Chateaubriand aurait-il été ce qu'il est, si le xix° siècle eût continué de plain-pied le xviii°?

L'état habituel d'Athènes, c'était la *terreur*. Jamais mœurs politiques ne furent plus violentes, jamais la sécurité des personnes ne fut moindre. L'ennemi était toujours à dix lieues; tous les ans on le voyait paraître, tous les ans il fallait aller guerroyer contre lui. Et à l'intérieur, quelle série interminable de péripéties et de révolutions! Aujourd'hui exilé, demain vendu comme esclave, ou condamné à boire la ciguë; puis regretté, honoré comme un dieu, exposé tous les jours à se voir traduit à la barre du plus impitoyable *tribunal révolutionnaire*, l'Athénien qui, au milieu de cette vie accidentée à l'infini, n'était jamais sûr du lendemain, produisait avec une spontanéité qui nous étonne. Concevons-nous que le Parthénon et les Propylées, les statues de Phidias, les *Dialogues* de Platon, les sanglantes satires d'Aristophane aient été l'œuvre d'une époque fort ressemblante à 1793, d'un état politique qui entraînait, proportion gardée, plus de morts violentes que notre première révolution à son paroxysme? Où est dans ces chefs-d'œuvre la trace de la terreur? Je ne sais quelle timidité s'est emparée chez nous des esprits. Sitôt que le moindre nuage paraît à l'horizon, chacun se renferme, se flétrit sous la peur : « Que faire en des temps comme ceux-ci? Il faudrait de la sécurité. On n'a goût à rien produire, quand tout est mis en question. » Mais songez donc que, depuis le commencement du monde, tout est ainsi en question, et que si les grands hommes dont les travaux nous ont faits ce que nous sommes eussent raisonné de la sorte, l'esprit humain serait resté éternellement stérile. Montaigne courait le risque d'être assassiné en faisant le tour de son château, et n'en écrivait pas moins ses *Essais*. La littérature romaine produisait ses œuvres les plus originales à l'époque des proscriptions et des guerres civiles. Ce fatal besoin de repos nous est venu de la longue paix que nous avons traversée, et qui a si puissamment influé sur le tour de nos idées. La forte génération qui a pris la robe virile en 1815 a eu le bonheur d'être bercée au milieu des grandes choses et des grands périls, et d'avoir eu pour exercer sa jeunesse une lutte généreuse. Mais nous, qui avons commencé à penser en 1830, nés sous les influences de Mercure, le monde nous est apparu comme une machine régulièrement organisée; la paix nous a semblé le milieu naturel de l'esprit humain, la lutte ne s'est montrée à nous que sous les mesquines proportions d'une opposition toute personnelle. Le moindre orage nous étonne. Conserver timidement ce que nos pères ont fait, voilà tout l'horizon qu'on nous a proposé. Malheur à la génération qui n'a eu sous les yeux qu'une police régulière, qui a conçu la vie comme un repos et l'art comme une jouissance! Les grandes choses n'apparaissent jamais dans ces tièdes milieux. Il ne faut pas refuser toute valeur aux productions des époques de calme et de régularité. Elles sont fines, sensées, raisonnables, pleines d'une délicate critique; elles se lisent avec agrément aux heures de loisir, mais elles n'ont rien de ferme et d'original, rien qui sente l'humanité militante, rien qui approche des œuvres hardies de ces âges extraordinaires où tous les éléments de l'humanité en ébullition apparaissent tour à tour à la surface. L'univers ne créa qu'aux périodes primitives et sous le règne du chaos. Les *monstres* ne sauraient naître sous le paisible régime d'équilibre qui a succédé aux tempêtes des premiers âges.

Ce n'est donc ni le bien-être ni même la liberté qui contribuent beaucoup à l'originalité et à l'énergie du développement intellectuel ; c'est le milieu des grandes choses, c'est l'activité universelle, c'est le spectacle des révolutions, c'est la passion développée par le combat. Le travail de l'esprit ne serait sérieusement menacé que le jour où l'humanité serait trop à l'aise. Grâce à Dieu, nous n'avons pas à craindre que ce jour soit près de nous.

Un journal sommait, il y a quelques mois, l'Assemblée nationale de proclamer le *droit au repos*; ingénieuse métaphore dont le sens n'échappait à personne. Certes, s'il ne fallait voir dans la vie que repos et plaisir, on devrait maudire l'agitation de la pensée, et traiter de pervers ceux qui viennent, pour satisfaire leur inquiétude, troubler ce doux sommeil. Les révolutions ne peuvent être que d'odieuses et absurdes perturbations aux yeux de ceux qui ne croient point au progrès. Sans l'idée du progrès on ne saurait rien comprendre aux mouvements de l'humanité. Si la vie humaine n'avait d'autre horizon que de végéter d'une façon ou d'une autre; si la société n'était qu'une agrégation d'êtres vivant chacun pour soi et subissant invariablement les mêmes vicissitudes ; s'il ne s'agissait que de naître, de vivre et de mourir d'une manière plus ou moins semblable, le seul parti à prendre serait d'endormir l'humanité et de subir patiemment cette vulgaire monotonie. Il y en a qui se félicitent que le temps des controverses religieuses soit passé. Pour moi, je les regrette. Je regrette cette bienheureuse controverse protestante qui, durant plus de deux siècles, a aiguisé et tenu en éveil tous les esprits de l'Europe civilisée; je regrette le temps où Lesdiguières et Turenne étaient controversistes, où un livre de Claude ou Jurieu était un événement, où Coton et Turretin, en champ clos, tenaient l'Europe attentive. Les guerres de religion sont après tout les plus raisonnables, et il n'y en aura plus désormais que de telles.

Il faut être juste : jamais on n'a vécu plus à l'aise que de 1830 à 1848, et nous attendrons longtemps peut-être un régime qui puisse permettre une aussi honnête part de liberté. Peut-on dire cependant que, pendant cette période, l'humanité se soit enrichie de beaucoup d'idées nouvelles, que la moralité, l'intelligence, la vraie religion aient fait de sensibles progrès? De même que la vie monastique, où tout est prévu et réglé dans ses moindres détails d'une manière invariable, détruit le pittoresque de la vie et efface toute originalité, de même une civilisation régulière, en traçant à l'existence un trop étroit chemin, et en imposant à la liberté individuelle de continuelles entraves, nuit plus à la spontanéité que le régime de l'arbitraire (172). « Cette liberté formaliste, a dit M. Villemain, fait naître plus de tracasseries que de grandes luttes, plus d'intrigues que de grandes passions. » L'esprit humain a infiniment plus travaillé sous les années de compression de la Restauration que sous les années de liberté raisonnable qui ont suivi 1830. La poésie devint égoïste et n'eut plus de valeur que comme accompagnement délicat du plaisir, l'originalité fut déplacée. On l'admira et on la rechercha curieusement dans le passé; on la honnit dans le présent. On se passionna pour les figures caractérisées que présente l'histoire, et on fut impitoyable pour ceux des contemporains que l'avenir envisagera avec le même intérêt. Ainsi un régime qui réalisa l'idéal de l'éclectisme passera, dans l'histoire de l'esprit humain, pour une période assez inféconde.

Au contraire, une époque, pourvu qu'elle sorte du milieu vulgaire, peut donner naissance aux apparitions les plus originales et les plus contradictoires. La même révolution n'a-t-elle pas produit parallèlement d'une part la vraie formule des droits de l'homme et le symbole nouveau de liberté, d'égalité, de fraternité; d'autre part des massacres et l'échafaud en permanence? Un même siècle n'a-t-il pas porté à la fois dans son sein le Talmud et l'Évangile, le plus effrayant monument de la dépression intellectuelle et la plus haute création du sens moral, Jésus d'une part, de l'autre Hillel et Schammaï? Il faut s'attendre à tout dans ces grandes crises de l'esprit humain, aux sublimités comme aux folies. Il n'y a que les pâles productions des époques de repos qui soient conséquentes avec elles-mêmes. L'apparition du Christ serait inexplicable dans un milieu logique et régulier; elle s'explique dans cet étrange orage que subissait alors la raison en Judée. Ces moments solennels où la nature humaine exaltée, poussée à bout, rend les sons les plus extrêmes sont les moments des grandes révélations. Si les circonstances renaissaient, les phénomènes reparaîtraient, et nous verrions encore des Christs, non plus probablement représentés par des individus, mais par un esprit nouveau, qui surgira spontanément, sans peut-être se personnifier aussi exclusivement en tel ou tel.

Il ne faut pas se figurer la nature humaine comme quelque chose de si bien délimité qu'elle ne puisse atteindre au delà d'un horizon vulgaire. Il y a des trouées dans cet horizon, par lesquelles l'œil perce l'infini; il y a des vues qui vont comme un trait au delà du but. Il peut naître chez les races fortes et aux époques de crise des *monstres* dans l'ordre intellectuel, lesquels, tout en participant à la nature humaine, l'exagèrent si fort en un sens qu'ils passent presque sous la loi d'autres esprits, et aperçoivent des mondes inconnus. Ces êtres ont été moins rares qu'on ne pense aux époques primitives. Il se peut qu'un jour il apparaisse encore de ces natures étranges, placées sur la limite de l'homme et ouvertes à d'autres combinaisons. Mais assurément ces monstres ne naîtront pas dans notre petit train ordinaire. Une conception étroite et régulière de la vie affaiblit les facultés créatrices. La civilisation, par l'extrême délimitation des droits qu'elle introduit dans la société, et par les entraves qu'elle impose à la liberté individuelle, devient à la longue une chaîne fort pénible, et ôte beaucoup à l'homme du sentiment vif de son indépendance. Je comprends que des écrivains allemands aient regretté à ce point de vue la vieille vie germanique, et maudit l'influence romaine et chrétienne qui en altéra la rude sincérité. Comparez l'homme moderne emmailloté de milliers d'articles de loi, ne pouvant faire un pas sans rencontrer un sergent ou une consigne, à Antar dans son désert, sans autre loi que le feu de sa race, ne dépendant que de lui-même, dans un monde où n'existe aucune idée de pénalité ni de coercition exercée au nom de la société.

Tout est fécond excepté le bon sens. Le prophète, l'apôtre, le poète des premiers âges passeraient pour des fous au milieu de la terne médiocrité où s'est renfermée la vie humaine. Qu'un homme répande des larmes sans objet, qu'il pleure sur l'universelle douleur, qu'il rie d'un rire long et mystérieux, on l'enferme à Bicêtre, parce qu'il ne cadre pas sa pensée dans nos moules habituels. Et je vous demande pourtant si cet homme n'est pas plus près de Dieu qu'un petit bourgeois bien positif, tout raccorni au fond de sa boutique. Qu'elle est touchante cette coutume de l'Inde et de l'Arabie : le fou honoré comme un favori de Dieu, comme un homme qui voit dans le monde d'au-delà ! Le soufi et le corybante croyaient, en s'égarant la raison, toucher la divinité ; l'instinct des différents peuples a demandé des révélations à l'état sacré du sommeil. Les prophètes et les inspirés des âges antiques eussent été classés par nos médecins au rang des hallucinés. Tant il est vrai qu'une ligne indécise sépare l'exercice légitime et l'exercice exorbitant des facultés humaines, et qu'elles parcourent une gamme sériaire, dont le milieu seul est attingible. Un même instinct, ici normal, là perverti, a inspiré Dante et le marquis de Sade. La plus grande des religions a vu son berceau signalé par les faits du plus pur enthousiasme et par des farces de convulsionnaires telles qu'on en voit à peine chez les sectaires les plus exaltés.

Il faut donc s'y résigner : les belles choses naissent dans les larmes ; ce n'est pas acheter trop cher la beauté que de l'acheter au prix de la douleur. La foi nouvelle ne naîtra que sous d'effroyables orages, et quand l'esprit humain aura été maté, déraillé, si j'ose le dire, par des événements jusqu'à présent inouïs. Nous n'avons pas encore assez souffert, pour voir le royaume du ciel. Quand quelques millions d'hommes seront morts de faim, quand des milliers se seront dévorés les uns les autres, quand la tête des autres égarée par ces funèbres scènes sera lancée hors des voies de l'ordinaire, alors on recommencera à vivre. La souffrance a été pour l'homme la maîtresse et le révélatrice des grandes choses. L'ordre est une fin, non un commencement.

Cela est si vrai que les institutions portent leurs plus beaux fruits, avant qu'elles soient devenues trop officielles. Il faudrait être bien naïf pour croire que, depuis qu'il y a une conférence du quai d'Orsay, il y aura de plus grands orateurs politiques. La première École Normale était certes moins réglée que la nôtre, et n'avait pas de maîtres comparables à ceux d'aujourd'hui. Et pourtant elle a produit une admirable génération; et la nôtre, qu'a-t-elle produit? Une institution n'a sa force que quand elle correspond au besoin vrai et actuellement senti qui l'a fait établir. Au premier moment, elle est en apparence imparfaite, et on s'imagine trop facilement que, quand viendra la période de calme et d'organisation paisible, elle produira des merveilles. Erreur: les petits perfectionnements gâtent l'œuvre; la force native disparaît; tout se pétrifie. Les règlements officiels ne donnent pas la vie, et je suis convaincu pour ma part qu'une éducation comme la nôtre aura toujours les défauts qu'on lui reproche, le mécanisme, l'artificiel. La prétention du règlement est de suppléer à l'âme, de faire avec des hommes sans dévouement et sans morale ce qu'on ferait avec des hommes dévoués et religieux : tentative impossible; on ne simule pas la vie; des rouages si bien combinés qu'ils soient ne feront jamais qu'un automate. Ce mal ne se corrige pas par des règlements, puisque le mal est précisément le règlement lui-même. La règle existait bien à l'origine, mais vivifiée par l'esprit, à peu près comme les cérémonies chrétiennes, devenues pure série de mouvements réglés, étaient dans l'origine vraies et sincères. Quelle différence entre chanter un bout de latin qu'on appelle l'*Épître* et lire en société la *correspondance* des confrères, entre un morceau de pain bénit qui n'a plus de sens et l'agape des origines ? La *séance* primitive, *l'agape* n'avait pas besoin d'être réglée, car elle était spontanée. La peinture a produit des chefs-d'œuvre, avant qu'il y eût des expositions annuelles. Donc elle en produira de plus beaux, quand il y aura des expositions. Les hommes de lettres et les artistes ne jouissaient pas, au xviie et au xviiie siècle, de la dignité convenable. Donc ils produiront beaucoup plus quand ils auront conquis la place qui leur est due. Conclusions erronées; car elles supposent que la régularisation des conditions extérieures de la production intellectuelle est favorable à cette production, tandis que cette production dépend uniquement de l'abondance de la sève interne et vivante de l'humanité.

Quelqu'un disait en parlant de la quiétude béate où vivait l'Autriche avant 1848 : « Que voulez-vous? Ce sont des gens qui ont la bêtise d'être heureux. » Cela n'est pas bien exact : être heureux n'est pas chose vulgaire; il n'y a que les belles âmes qui sachent l'être. Mais être à l'aise est en effet un souhait du dernier bourgeois. Il n'y a que des niais qui puissent prôner si fort le régime de la poule au pot.

Sitôt qu'un pays s'agite, nous sommes portés à envisager son état comme fâcheux. S'il jouit au contraire d'un calme plat, nous disons, et cette fois avec plus de raison : ce pays s'ennuie. L'agitation semble une regrettable transition; le repos semble le but; et le repos ne vient jamais, et s'il venait, ce serait le dernier malheur. Certes l'ordre est désirable et il faut y tendre; mais l'ordre lui-même n'est désirable qu'en vue du progrès. Quand l'humanité sera arrivée à son état rationnel, mais alors seulement, les révolutions paraîtront détestables, et on devra plaindre le siècle qui en aura eu besoin.

Le but de l'humanité n'est pas le repos ; c'est la perfection intellectuelle et morale. Il s'agit bien de se reposer, grand Dieu ! quand on a l'infini à parcourir et le parfait à atteindre. L'humanité ne se reposera que dans le parfait. Il serait par trop étrange que quelques profanes, par des considérations de bourse ou de boutique, arrêtassent le mouvement de l'esprit, le vrai mouvement religieux. L'état le plus dangereux pour l'humanité serait celui où la majorité se trouvant à l'aise et ne voulant pas être dérangée, maintiendrait son repos aux dépens de la pensée et d'une minorité opprimée. Ce jour-là il n'y aurait plus de salut que dans les instincts moraux de la nature humaine, lesquels sans doute ne feraient pas défaut.

La force de traction de l'humanité a résidé jusqu'ici dans la minorité. Ceux qui se trouvent bien du monde tel qu'il est ne peuvent aimer le mouvement, à moins qu'ils ne s'élèvent au-dessus des vues d'intérêt personnel. Ainsi plus s'accroît le nombre des satisfaits de la vie, plus l'humanité devient lourde et difficile à remuer ; il faut la traîner. Le bien de l'humanité étant la fin suprême, la minorité ne doit nullement se faire scrupule de mener contre son gré, s'il le faut, la majorité sotte ou égoïste. Mais pour cela il faut qu'elle ait raison. Sans cela, c'est une abominable tyrannie. L'essentiel n'est pas que la volonté du plus grand nombre se fasse, mais que le bien se fasse. Quoi ! des gens qui, pour gagner quelques sous de plus, sacrifieraient l'humanité et la patrie, auraient le droit de dire à l'esprit : Tu n'iras pas plus loin ; n'enseigne pas ceci ; car cela pourrait remuer les esprits et faire tort à notre commerce ! La seule portion de l'humanité qui mérite d'être prise en considération, c'est la partie active et vivante, c'est-à-dire celle qui ne se trouve pas à l'aise.

Ce sera donc bien vainement que nos pères, devenus *sages*, nous prieront de ne plus penser et de nous tenir immobiles, de peur de déranger la frêle machine. Nous réclamons pour nous la liberté qu'ils ont prise pour eux. Nous les laisserons se convertir, et nous en appellerons de Voltaire malade à Voltaire en santé.

Réfléchissez donc un instant à ce que vous voulez faire, et songez que c'est la chose impossible par excellence, celle que depuis le commencement du monde tous les conservateurs intelligents ont tentée sans y réussir ; arrêter l'esprit humain, assoupir l'activité intellectuelle, persuader à la jeunesse que toute pensée est dangereuse et tourne à mal. Vous avez pensé librement, nous penserons de même ; ces grands hommes du passé que vous nous avez appris à admirer, ces illustres promoteurs de la pensée que vous répudiez aujourd'hui nous les admirerons, comme vous. Nous vous rappellerons vos leçons, nous vous défendrons contre vous-mêmes. Vous êtes vieux et malades, convertissez-vous ; mais nous, vos élèves en libéralisme, nous, jeunes et pleins de vie, nous à qui appartient l'avenir, pourquoi accepterions-nous la communauté de vos terreurs ? Comment voulez-vous qu'une génération naissante se condamne à sécher de dépit et de frayeur ? L'espérance est de notre âge, et nous aimons mieux succomber dans la lutte que de mourir de froid ou de peur.

Il y a quelque chose de vraiment comique dans cette mauvaise humeur qui s'est tout à coup révélée contre les libres penseurs, comme si après tout le résultat de leurs spéculations leur était imputable, comme s'ils avaient pu faire autrement, comme s'il eût dépendu d'eux de voir les choses autrement qu'elles ne sont. On dirait que c'est par caprice et fantaisie pure qu'ils se sont attaqués un beau jour aux croyances du passé, et qu'il eût dépendu de leur bon vouloir ou de la sévérité de la censure que l'univers fût resté croyant. Un livre n'a de succès que quand il répond à la pensée secrète de tous ; un auteur ne détruit pas de croyances ; si elles tombent en apparence sous ses coups, c'est qu'elles étaient déjà bien ébranlées. J'en ai vu qui, s'imaginant que le mal venait de l'Allemagne, regrettaient qu'il n'y eût pas eu une inquisition contre Kant, Hegel et Strauss. Fatalité ! fatalité ! Vous admirez Luther, Descartes, Voltaire et vous anathématisez ceux qui, sans songer à les imiter, continuent leur œuvre, et, s'il y avait de nos jours des Luther, des Descartes, des Voltaire, vous les traiteriez d'hommes antisociaux, de dangereux novateurs. Vous blâmez le xviiie siècle, qu'autrefois vous aimiez ; blâmez donc aussi la Renaissance, blâmez tout l'esprit moderne, blâmez l'esprit humain, blâmez la fatalité. Maudissez, sceptiques, maudissez à votre aise. Mais, quoi que vous fassiez, je vous défie de croire ; je vous défie d'engourdir l'esprit humain sous un charme éternel, je vous défie de lui persuader de ne rien faire, de rester immobile pour ne rien risquer ; car cela c'est la mort. Nous ne le supporterons pas ; nous crierons plutôt au peuple : « C'est faux, c'est faux ; on vous ment ! » que de tolérer cette irrévérencieuse façon de traiter la vérité comme chose inférieure en valeur au repos de quelques peureux.

Tout le secret de la situation intellectuelle du moment est donc dans cette fatale vérité : le travail intellectuel a été abaissé au rang des jouissances, et, au jour des choses sérieuses, il est devenu insignifiant comme les jouissances elles-mêmes. La faute n'en est donc pas aux événements qui auraient dû plutôt éveiller les esprits et exciter la pensée ; elle est tout entière à la dépression générale amenée par la considération exclusive du repos ; honteux hédonisme dont nous recueillons les fruits, et dont les folies communistes ne sont après tout que la dernière conséquence. Il y a des jours où s'amuser est un crime ou tout au moins une impossibilité. La niaise littérature des coteries et des salons, la science des curieux et des amateurs est bien dépréciée par ces terribles spectacles ; le roman-feuilleton perd beaucoup de son intérêt au bas des colonnes d'un journal qui offre le récit du drame réel et passionné de chaque jour ; l'amateur doit bien craindre de voir ses collections emportées ou dérangées par le vent de l'orage. Pour prendre goût à ces paisibles jouissances, il faut n'avoir rien à faire ni rien à craindre ; pour rechercher d'aussi innocentes diversions, il faut avoir le temps de s'ennuyer. Mais rien de ce qui contribue à donner l'éveil à l'humanité n'est perdu pour le progrès véritable de l'esprit ; jamais la pensée philosophique n'est plus libre qu'aux grands jours de l'histoire. L'exercice intellectuel est plus pur alors, car il est moins entaché d'amusement. Il faut définitivement s'habituer à maintenir, au milieu de tous les bouleversements, le prix de la culture intellectuelle, de la science, de l'art, de la philosophie. Ce qui est bon est toujours bon, et si nous attendons le calme, nous attendrons longtemps peut-être. Si nos pères eussent ainsi raisonné, ils se fussent croisé les bras, et nous ne jouirions pas de leur héritage. Et qu'importe après tout que la journée de demain soit sûre ou incertaine ? Qu'importe que l'avenir nous appartienne ou ne nous appartienne pas ? Le ciel est-il moins bleu, Béatrix est-elle moins belle, et Dieu est-il moins grand ?

Le monde croulerait, qu'il faudrait philosopher encore, et j'ai la confiance que si jamais notre planète est victime d'un nouveau cataclysme, à ce moment redoutable, il se trouvera encore des âmes d'hommes qui, au milieu du bouleversement et du chaos, auront une pensée désintéressée et scientifique, et qui, oubliant leur mort prochaine, discuteront le phénomène, et chercheront à en tirer des conséquences pour le système général des choses (173).

XXII

Je demande pardon au lecteur pour mille aperçus partiellement exagérés qu'il ne manquera pas de découvrir dans ce qui précède, et je le supplie de juger ce livre, non par une page isolée, mais par l'esprit général. Un esprit ne peut s'exprimer que par l'esquisse successive de points de vue divers, dont chacun n'est vrai que dans l'ensemble. Une page est nécessairement fausse ; car elle ne dit qu'une chose, et la vérité n'est que le compromis entre une infinité de choses (174). Or ce que j'ai voulu inculquer avant tout en ce livre, c'est la foi à la raison, la foi à la nature humaine. « Je voudrais qu'il servît à combattre l'espèce d'affaissement moral qui est la maladie de la génération nouvelle ; qu'il pût ramener dans le droit chemin de la vie quelqu'une de ces âmes énervées qui se plaignent de manquer de foi, qui ne savent où se prendre et vont cherchant partout sans le rencontrer nulle part un objet de culte et de dévouement. Pourquoi se dire avec tant d'amertume que dans le monde constitué comme il est, il n'y a pas d'air pour toutes les poitrines, pas d'emploi pour toutes les intelligences? L'étude sérieuse et calme n'est-elle pas là? et n'y a-t-il pas en elle un refuge, une espérance, une carrière à la portée de chacun de nous? Avec elle, on traverse les mauvais jours, sans en sentir le poids, on se fait à soi-même sa destinée, on use noblement sa vie (175) ». « Voilà ce que j'ai fait, ajoutait le noble martyr de la science à qui j'emprunte cette page, et ce que je ferais encore; si j'avais à recommencer ma route, je prendrais celle qui m'a conduit où je suis. Aveugle et souffrant sans espoir, presque sans relâche, je puis rendre ce témoignage, qui de ma part ne sera pas suspect : il y a au monde quelque chose qui vaut mieux que les jouissances matérielles, mieux que la fortune, mieux que la santé même, c'est le dévouement à la science. »

Je sais qu'aux yeux de plusieurs, cette foi à la science et à l'esprit humain semblera un bien lourd béotisme, et qu'elle n'aura pas l'avantage de plaire à ceux qui, trop fins pour croire au vrai, trouvent le scepticisme lui-même beaucoup trop doctrinaire, et, sans plus insister sur ces pesantes catégories de vérité et d'erreur, bornent le sérieux de la vie aux jouissances de l'égoïsme et aux calculs de l'intrigue. On se raille de ceux qui s'enquièrent encore de la réalité des choses, et qui, pour se former une opinion sur la morale, la religion, les questions sociales et philosophiques, ont la bonhomie de réfléchir sur les raisons objectives, au lieu de s'adresser au *criterium* plus facile des intérêts et du bon ton (176). Le tour d'esprit est seul prisé ; la considération intrinsèque des choses est tenue pour inutile et de mauvais genre ; on fait le dégoûté, l'homme supérieur, qui ne se laisse pas prendre à ces pédanteries ; ou bien, si l'on trouve qu'il est distingué de faire le croyant, on accepte un système tout fait, dont on voit très bien les absurdités, précisément par ce qu'on trouve plaisant d'admettre des absurdités, comme pour faire enrager la raison. Ainsi, l'on devient d'autant plus lourd dans l'objet de la croyance qu'on a été plus sceptique et plus léger quant aux motifs de l'accepter. Il serait de mauvais ton de se demander un instant si c'est vrai ; on l'accepte comme on accepte telle forme d'habits ou de chapeaux ; on se fait à plaisir superstitieux, parce qu'on est sceptique, que dis-je, léger et frivole. Le grand scepticisme a toujours été peu caractérisé en France ; à commencer par Montaigne et Pascal, nos sceptiques ont été ou des gens d'esprit ou des croyants, deux scepticismes très voisins l'un de l'autre, et qui s'appuient réciproquement. Pascal voulait emprunter à Montaigne ses arguments sceptiques et leur donner une place de premier ordre dans son apologétique. « On ne peut voir sans joie, dit-il, dans cet auteur, la superbe raison si invinciblement froissée par ses propres armes... et on aimerait de tout son cœur le ministre d'une si grande vengeance, si... (177). »

Quand le scepticisme est devenu de mode, il ne suppose ni pénétration d'esprit ni finesse de critique, mais bien plutôt hébétude et incapacité de comprendre le vrai. « Il est commode, dit Fichte, de couvrir du nom ronflant de scepticisme le manque d'intelligence. Il est agréable de faire passer aux yeux des hommes ce manque d'intelligence qui nous empêche de saisir la vérité pour une pénétration merveilleuse d'esprit, qui nous révèle des motifs de doute inconnus et inaccessibles au reste des hommes (178). »
En se posant au delà de tout dogme, on peut à bon marché jouer l'homme avancé, qui a dépassé son

siècle, et les sots, qui ne craignent rien tant que de paraître dupes, renchérissent sur ce ton facile. De même qu'au xviiie siècle il était de mode de ne pas croire à l'honneur des femmes, de même il n'est pas de provincial quelque peu leste qui, de nos jours, ne se fasse un genre de n'avoir aucune foi politique et de ne pas se laisser prendre à la probité des gouvernants. C'est une manière de prendre sa revanche, et aussi de faire croire qu'il est initié aux hauts secrets.

L'honneur de la philosophie est d'avoir eu toujours pour ennemis les hommes frivoles et immoraux, qui, ne trouvant point en eux l'instinct des belles choses, déclarent hardiment que la nature humaine est laide et mauvaise, et embrassent avec une sorte de frénésie toute doctrine qui humilie l'homme et le tient fortement sous la dépendance. Là est le secret de la foi de cette jeunesse catholique dorée, profondément sceptique, dure et méprisante, qui trouve plaisant de se dire catholique, car c'est une manière de plus d'insulter les idées modernes. Cela dispense de sentir noblement ; à force de se dire que la nature humaine est sale et corrompue, on finit par s'y résigner et par prendre la chose de bonne grâce (179). L'Église aura des indulgences pour les égarements du cœur, et puis il est si commode à la fatuité aristocratique de croire que la masse du genre humain est absurde et méchante, et d'avoir sous la main une lourde autorité pour couper court aux raisonnements de ces impertinents philosophes, qui osent croire à la vérité et à la beauté. O vilaines âmes, qu'il fait nuit en vous, que vous aimez peu de choses ! Et on nous appellera les impies, et on vous appellera les croyants ! Cela n'est pas tolérable.

Dieu me garde d'insulter jamais ceux qui, dénués de

sens critique et dominés par des besoins religieux très puissants, s'attachent à un des grands systèmes de croyance établis. J'aime la foi simple du paysan, la conviction sérieuse du prêtre. Je suis convaincu, pour l'honneur de la nature humaine, que le christianisme n'est chez l'immense majorité de ceux qui le professent qu'une noble forme de vie. Mais je ne puis m'empêcher de dire que, pour une grande partie de la jeunesse aristocratique, le catholicisme n'est qu'une forme du scepticisme et de la frivolité. La première base de ce catholicisme-là, c'est le mépris, la malédiction, l'ironie : malédiction contre tout ce qui a fait marcher l'esprit humain et brisé la vieille chaîne. Obligés de haïr tout ce qui a aidé l'esprit moderne à sortir du catholicisme, ces frénétiques s'engagent à haïr toute chose : Louis XIV, qui, en constituant l'unité centrale de la France, travaillait si efficacement au triomphe de l'esprit moderne, comme Luther, la science comme l'esprit industriel, l'humanité en un mot. Ils croient faire l'apologie du christianisme en riant de tout ce qui est sérieux et philosophique.

Il m'est impossible d'exprimer l'effet physiologique et psychologique que produit sur moi ce genre de parodie niaise devenu si fort à la mode en province depuis quelques années. C'est l'agacement, c'est l'irritation, c'est l'enfer. Il est si facile de tourner ainsi toute chose sérieuse et originale. Ah! barbares, oubliez-vous que nous avons eu Voltaire, et que nous pourrions encore vous jeter à la face le père Nicodème, Abraham Chaumeix, Sabathier et Nonotte? Nous ne le faisons pas ; car vous nous avez dit que c'était déloyal. Mais pourquoi donc employer contre nous une arme que vous nous avez reprochée? Croyez-vous que si nous voulions nous moquer des théologiens, nous n'aurions pas aussi beau jeu que vous, quand, pour amuser les badauds, vous faites plaisamment déraisonner les philosophes ? Il m'est tombé par hasard sous la main une brochure, contre l'éclectisme, où Descartes est présenté comme un imbécile qui, pour tout problème philosophique, s'est demandé « si la raison n'est pas une chose qui déraisonne, » Kant comme un sot qui ne sait pas s'il existe, ni si le monde existe, Fichte comme un impertinent qui prétend « que lui, Fichte, est à la fois Dieu, la nature et l'humanité, » tous les philosophes, enfin, comme des fous pires que les magiciens, les alchimistes et les astrologues. Je pense au rire délicat qu'aura excité dans quelque coterie de province la lecture de ces jolies choses. Voilà un homme qui ne peut manquer de faire fortune, mieux que nous autres lourdauds qui avons la sottise de prendre les choses au sérieux...

Il est temps que tous les partis qui ont à cœur la vérité renoncent à ce moyen si peu scientifique. Il y a, je le sais, un rire philosophique, qui ne saurait être banni sans porter atteinte à la nature humaine ; c'est le rire des Grecs, qui aimaient à pleurer et à rire sur le même sujet, à voir la comédie après la tragédie, et souvent la parodie de la pièce même à laquelle ils venaient d'assister. Mais la plaisanterie, en matière scientifique, est toujours fausse ; car elle est l'exclusion de la haute critique. Rien n'est ridicule parmi les œuvres de l'humanité ; pour donner ce tour aux choses sérieuses, il faut les prendre par un côté étroit et négliger ce qu'il y a en elles de majestueux et de vrai. Voltaire se moque de la Bible, par ce qu'il n'a pas le sens des œuvres primitives de l'esprit humain. Il se serait moqué de même des Védas, et aurait dû se moquer d'Homère. La plaisanterie oblige à n'envisager les choses que par leur grossière apparence; elle s'interdit les nuances délicates. Le premier pas dans la carrière philosophique est de se cuirasser contre le ridicule. Si l'on s'assujettit à la tyrannie des rieurs vulgaires, si l'on tient compte de leurs fadaises, l'on se défend toute beauté morale, toute haute aspiration, toute élévation de caractère ; car tout cela peut être ridiculisé. Le rieur a l'immense avantage d'être dispensé de fournir ses preuves : il peut, selon son humeur, déverser le ridicule sur ce qui lui plaît, et cela sans appel, dans les pays du moins où, comme en France, sa tyrannie est acceptée pour une autorité légitime. Les seules choses qui échappent au ridicule sont les choses médiocres et vulgaires, en sorte que celui qui a la faiblesse de s'interdire tout ce qui peut y prêter, s'interdit par là même tout ce qui est élevé. Les siècles de réflexion sont exposés à voir les plus nobles sentiments et les états les plus sublimes de l'âme contrefaits par de sots plagiaires, dont le ridicule retombe parfois sur les types qu'ils prétendent imiter. Il faut un certain courage pour résister à la réaction que ces fats provoquent chez les esprits droits. C'est trop de condescendance que de se résigner à la vulgarité bourgeoise, parce qu'en poursuivant un type élevé, on risque de ressembler aux grands hommes manqués et aux aspirants malheureux du génie. On peut regretter le temps où le grand homme se formait sans y penser et sans se regarder lui-même ; mais les déportements ridicules de quelques faibles têtes ne sauraient faire condamner la volonté réfléchie et délibérée de viser à quelque chose de grand et de beau. Les faux René et les faux Werther ne doivent pas faire condamner les Werther et les René sincères. Combien d'âmes timides et pudiques la crainte de leur ressembler a reculées du beau ! Vive le penseur olympien qui, poursuivant en toute chose la vérité critique, n'a pas besoin de se faire rêveur pour échapper à la platitude de la vie bourgeoise, ni de se faire bourgeois pour éviter le ridicule des rêveurs.

Je regrette parfois que Molière, en stigmatisant les ridicules issus de l'hôtel de Rambouillet, ait semblé proposer pour modèles des types inférieurs par un côté à ceux qu'il ridiculise. L'amour pur d'Armande et de Bélise dans les *Femmes savantes*, celui même de Cathos et de Madelon dans les *Précieuses ridicules* n'ont d'autre défaut que d'être affectés et de couvrir le néant sous un pathos ridicule. S'il était vrai, il serait préférable à l'amour ordinaire de Clitandre et d'Henriette. J'aime mieux l'affectation de l'élevé que le banal. Boileau se moque de Clélie, « cette admirable fille, qui vivait de façon qu'elle n'avait pas un amant qui ne fût obligé de se cacher sous le nom d'ami; car autrement, ils eussent été chassés de chez elle. » Certes la subtilité n'est pas le vrai : mieux vaut pourtant être ridicule que vulgaire, et c'est un moyen trop commode pour échapper au ridicule que de se réfugier dans la banalité. Il serait trop exorbitant que des rieurs superficiels eussent le pouvoir de rendre suspect, suivant leur caprice, tout ce qu'il y a de noble, de pur et d'élevé, de traiter l'enthousiasme d'extravagance et la morale de duperie. Une seule chose ne prête point à rire ; c'est l'atroce. Parcourez l'échelle des caractères moraux : on a pu rire de Socrate, de Platon, de Jésus-Christ, de Dieu. On peut se moquer des savants, des poètes, des philosophes, des hommes religieux, des politiques, des plébéiens, des nobles, des riches bourgeois. On ne se moquera jamais de Néron, ni de Robespierre. Le rire ne saurait donc être un *criterium*. L'action paraît à plusieurs un moyen d'éviter la duperie où la frivolité suppose que se laissent tomber les hommes de pensée et de sentiment. Il semble que l'homme de guerre, le politique, l'homme de finances soient plus inattaquables que le philosophe ou le poète. Mais c'est une erreur. Tout est également risible, tout porte également sur une appréciation, et s'il y a quelque chose de sérieux, c'est le penseur critique, qui se pose dans l'objectivité des choses : car les choses sont sérieuses. Qui n'a senti, en face d'une fleur qui s'épanouit, d'un ruisseau qui murmure, d'un oiseau qui veille sur sa couvée, d'un rocher au milieu de la mer, que cela est sincère et vrai? Qui n'a senti, à certains moments de calme, que les doutes qu'on élève sur la moralité humaine ne sont que façons de s'agacer soi-même, de chercher au delà de la raison ce qui est en deçà, et de se placer dans une fausse hypothèse, pour le plaisir de se torturer? Le scepticisme seul a le droit de rire, car il n'a pas à craindre les représailles. Par quoi le prendrait-on, puisqu'il rit le premier de toutes choses? Mais comment un croyant qui se moque d'un autre croyant ne voit-il pas qu'il s'expose, par ce qu'il croit, au même ridicule? Laissons donc à la négation et à la frivolité le triste privilège d'être inattaquable, et glorifions-nous de prêter, par notre conviction et notre sérieux, au rire des sceptiques.

L'extrême réflexion amène ainsi fatalement une sorte d'affadissement et de scepticisme léger, qui serait la mort de l'humanité, si elle y trempait tout entière. De tous les états intellectuels, c'est le plus dangereux et le plus incurable. Ceux qui en sont atteints n'ont qu'à mourir. Comment en sortiraient-ils, en effet, ces misérables qui doutent du sérieux, et qui, à chaque effort qu'ils feraient pour sortir de cette paralysie intellectuelle, seraient arrêtés par l'arrière-pensée qu'eux aussi vont se mettre au nombre de ces badauds dont ils ont ri jadis? On ne guérit pas du raffinement. Mais l'humanité a des procédés de rajeunissement et d'oubli impossibles aux individus. Des générations jeunes et vives, et parfois des races nouvelles viennent sans cesse lui donner de la sève, et d'ailleurs ce mal, par sa nature même, ne saurait durer plus de quelques années comme mal social. Car, son essence étant de prendre les choses par des points de vue tout arbitraires, ceux qui viennent les seconds ne se croient pas obligés par les vues des premiers; au contraire, tout ce qui est conventionnel provoque une réaction en sens contraire : il est impossible qu'une *mode* soit *durable*. Le sérieux et le frivole vont ainsi s'étageant dans les fastes de la mode; la frivolité ne tarde pas à devenir niaise, et le ridicule est pliable à tous sens. On ne tardera donc pas à rire de ces rieurs et à retrouver le goût de la vie sérieuse. Alors viendra un *siècle dogmatique par la science*; on recommencera à croire au certain et à poser à deux pieds sur les choses, quand on saura qu'on est sur le solide.

La religion, la philosophie, la morale, la politique, trouvent de nombreux sceptiques ; les sciences physiques n'en trouvent pas (au moins quant à leur partie définitivement acquise et quant à leur méthode). La méthode de ces sciences est ainsi devenue le *criterium* de certitude pratique des modernes; cela leur paraît certain et scientifique, qui est acquis d'une manière analogue aux résultats des sciences physiques, et si les sciences morales leur paraissent fournir des résultats moins positifs, c'est qu'elles ne répondent pas à ce modèle de certitude scientifique qu'ils se sont formé. C'est là la planche de salut qui sauvera le siècle du scepticisme : on admet la certitude scientifique; on trouve seulement que l'on possède cette certitude sur trop peu de sujets. L'effort doit tendre à élargir ce cercle; mais enfin l'instrument est admis, on croit à la possibilité de croire. Ma conviction est qu'on arrivera, dans les sciences morales, à des résultats tout aussi définitifs, bien que formulés autrement et acquis par des procédés différents. Il y a des natures qui aiment à se torturer à plaisir et à se proposer l'insoluble. La morale et le sérieux de la vie n'ont pas d'autre preuve que notre nature. Chercher au delà et douter des bases de la nature humaine, c'est s'agacer à dessein, c'est s'irriter la fibre sensible pour le plaisir équivoque qu'on trouve à se gratter. Mauvais jeu que celui-là!

Les rieurs ne régneront jamais. Le jour n'est pas loin où tous ces prétendus délicats se trouveront si nuls devant l'immensité des événements, si incapables de produire, qu'ils tomberont comme une bourse vide. L'éternel seul a du prix; or ces frivoles ne s'attachent qu'aux floraisons successives, sachant bien qu'ils passeront comme elles. Semblables aux estomacs usés qui se dégoûtent vite et pour lesquels il faut tenter sans cesse de nouvelles combinaisons culinaires, ils attachent tout leur intérêt à la succession des manières qui toutes les dix années se supplantent les unes les autres. Littérature d'épicuriens, bien faite pour plaire à une classe riche et sans idéal, mais qui ne sera jamais celle du peuple : car le peuple est franc, fort et vrai; littérature au petit pied, renonçant de gaieté de cœur à la grande manière de traiter la nature humaine, où tout consiste en un certain mirage de pensées et d'arrière-pensées : nulle assise, un miroitement continuel.

Il ne s'agit plus de vérité, mais de bon goût et de bon ton. Il ne s'agit plus de dire ce qui est, mais ce qu'il convient de dire. « Qui ne croit rien ne vaut rien », a dit M. de Maistre. La vieille foi est impossible : reste donc la foi par la science, la foi critique.

La critique n'est pas le scepticisme, encore moins la légèreté. La critique est fine et délicate, subtile et ailée, sans être frivole. L'Allemagne a été durant un siècle le pays de la critique, et pourtant étaient-ce des hommes frivoles que Lessing, Kant, Hegel? En France, on a peine à concevoir un milieu entre la lourde érudition du XVII° siècle et la spirituelle et sceptique manière des critiques modernes (180). Quand on parle de sérieux, on se reporte au *bon petit esprit* de Rollin, qui n'est certainement pas ce qu'il nous faut. Ce qu'il nous faut, ce n'est pas la bonhomie qui excite la défiance, parce qu'elle suppose courte vue. C'est la critique complète, à la fois élevée et savante, indulgente et impitoyable. Le bon esprit étroit est en France très dangereux, par le soupçon qu'il fait naître, et qu'on ne manque pas d'étendre à tout ce qui est dogmatique et moral. Ce dont on a le plus horreur en France, c'est d'être dupe. On aime mieux passer pour leste et dégagé que pour un honnête nigaud, et, du moment que l'on associe à la morale quelque idée de pesanteur d'esprit, c'est assez pour qu'on la tienne en suspicion. De là l'extrême rabais où est tombé le titre de bon esprit. Ce titre, qui devrait être le plus beau des éloges est devenu presque synonyme d'esprit faible, et est accordé avec une étrange libéralité; on accorde, en effet, volontiers aux autres les qualités auxquelles on ne tient pas pour soi-même, et on pense qu'en accordant aux autres le bon esprit, on fera entendre qu'on est soi-même un grand ou brillant esprit. Nous craignons tant de nous laisser jouer que nous suspectons partout des attrapes, et nous sommes portés à croire que, si nos pères avaient été plus fins, ils n'eussent pas été si sérieux ni si honnêtes. Et pourtant, si la morale n'était qu'une illusion, oh! qu'il serait beau de s'être laissé duper par elle! *Domine, si error est, a te decepti sumus.* O toi qui t'es joué de ma simplicité, je te remercie encore de m'avoir volé la vertu.

Nous rejetons également le scepticisme frivole et le dogmatisme scolastique : nous sommes dogmatiques critiques. Nous croyons à la vérité, bien que nous ne prétendions pas posséder la vérité absolue. Nous ne voulons pas enfermer à jamais l'humanité dans nos formules; mais nous sommes religieux, en ce sens que nous nous attachons fermement à la croyance du présent et que nous sommes prêts à souffrir pour elle en vue de l'avenir. L'enthousiasme et la critique sont loin de s'exclure. Nous ne nous imposons pas à l'avenir, pas plus que nous n'acceptons sans contrôle l'héritage du passé. Nous aspirons à cette haute impartialité philosophique, qui ne s'attache exclusivement à aucun parti, non parce qu'elle leur est indifférente, mais parce qu'elle voit dans chacun d'eux une part de vérité à côté d'une part d'erreur; qui n'a pour personne ni exclusion, ni haine, parce qu'elle voit la nécessité de tous ces groupements divers et le droit qu'a chacun d'eux, en vertu de la vérité qu'il possède de faire son apparition dans le monde. L'erreur n'est pas sympathique à l'homme; une erreur dangereuse est une contradiction comme une vérité dangereuse. Le raisonnement de Gamaliel (181) est invincible. Si une doctrine est vraie, il ne faut pas la craindre; si elle est fausse, encore moins, car elle tombera d'elle-même. Ceux qui parlent de doctrines dangereuses devraient toujours ajouter dangereuses *pour moi*. Cabet n'a, j'en suis sûr, provoqué la colère de personne. L'erreur pure ne provoquerait dans la nature humaine, qui après tout est bien faite, que le dégoût ou le sentiment du ridicule.

Ce qui fait le prosélytisme, ce qui entraîne le monde, ce sont des vérités incomplètes. La vérité complète serait si quintessenciée, si pondérée qu'elle n'exciterait pas assez les passions, et ressemblerait au scepticisme. Cette largeur d'esprit, qui éliminerait dans son affirmation toute limite et toute exclusion, paraîtrait folie. La tête tourne quand on s'approche trop de l'identité ; l'esprit humain ne s'exerce qu'à la condition d'un cadre fini et de la négation antithétique. La passion, en même temps qu'elle adore son objet, a besoin de haïr son contraire. La France serait-elle si bien la France, si elle n'avait pour exalter sa personnalité l'antithèse de l'Angleterre ? On se serre, on se concentre en soi-même contre le dehors. La passion suppose exclusion, antagonisme, partialité. Toute doctrine, comme toute institution, porte en elle le germe de vie et le germe de mort. Appelée à vivre par sa vérité, elle développe parallèlement un principe de mort qui devient avec le temps intolérable et la tue. Le fruit, dès ses premiers jours, porte en lui le principe de sa pourriture ; étouffé d'abord durant la période de croissance par les forces organisatrices, ce principe se démasque à la maturité et prend dès lors le dessus, jusqu'à l'entière décomposition. Ce qu'un système affirme, c'est sa part de vérité, ce qu'il nie, c'est sa part d'erreur. Il n'erre que parce qu'il exclut tout ce qui n'est pas lui, parce qu'il participe de la faiblesse humaine, qui ne peut tout embrasser à la fois et crée la science d'une façon analytique et successive. Le critique est celui qui prend toutes les affirmations, et aperçoit la raison de toute chose. Le critique, parcourt tous les systèmes, non comme le sceptique, pour les trouver faux, mais pour les trouver vrais à quelques égards. Et c'est pour cela que le critique est peu fait pour le prosélytisme. Car ce qui est partiel est plus fort; les hommes ne se passionnent que pour ce qui est incomplet, ou, pour mieux dire, la passion, les attachant exclusivement à un objet, leur ferme les yeux sur tout le reste. C'est l'éternelle duperie de l'amour qui ne voit au monde que son objet. Amour exclusif est parallèle de haine et d'anathème. Le critique voit trop bien les nuances pour être énergique dans l'action. Lors même qu'il adopte un parti, il sait que ses adversaires n'ont pas tout à fait tort. Or, pour agir avec vigueur, il faut être un peu brutal, croire qu'on a absolument raison, et que ceux qu'on a en tête sont des aveugles ou des méchants. Si M. Cavaignac ou M. Changarnier eussent été aussi critiques que moi, ils ne nous eussent pas rendu le service de nous sauver en Juin ; car j'avoue que, depuis Février, la question ne s'est jamais posée assez nettement à mes yeux pour que j'eusse voulu me hasarder d'un côté ou de l'autre. Car, disais-je, peut-être mon frère est-il de ce côté; peut-être serai-je tué par celui qui veut ce que je veux.

Le scepticisme s'échelonne ainsi aux divers degrés de l'intelligence humaine, alternant avec le dogmatisme selon le développement plus ou moins grand des facultés intellectuelles. Au plus humble degré, est le dogmatisme absolu des ignorants et des simples, qui affirment et croient par nature et n'ont pas aperçu les motifs de douter. — Quand l'esprit, longtemps bercé dans cette foi naïve, commence à découvrir qu'il a pu être le jouet de sa croyance, il entre en suspicion, et s'imagine que le plus sûr moyen pour ne pas être trompé, c'est de rejeter toute chose : premier scepticisme qui a aussi sa naïveté (sophistes, Montaigne, etc.). — Un savoir plus étendu, prenant la nature humaine par son milieu, sans s'inquiéter des problèmes radicaux, essaie ensuite de fonder sur le bon sens un dogmatisme raisonnable, mais sans profondeur (Socrate, Th. Reid). — Plus de vigueur d'esprit montre bientôt le peu de fondement de cette nouvelle tentative ; on s'attaque à l'instrument même : de là un grand, terrible, sublime scepticisme (Kant, Jouffroy, Pascal). — Enfin, la vue complète de l'esprit humain, la considération de l'humanité aspirant au vrai et s'enrichissant indéfiniment par l'élimination de l'erreur, amène le dogmatisme critique, qui ne redoute plus le scepticisme, car il l'a traversé, il sait ce qu'il vaut, et, bien différent du dogmatisme des premiers âges, qui n'avait pas entrevu les motifs du doute, il est assez fort pour vivre face à face avec son ennemi. Comme tous les enfants du siècle, j'ai eu mes accès de scepticisme ; autant que Sténio j'ai aimé Lélia ; mais par la critique j'ai touché la terre, et, lors même que telle croyance ne paraît pas aussi scientifique qu'on pourrait le désirer, je dis encore sans hésiter : il y a là du vrai, bien que je ne possède pas la formule pour l'extraire. Aux yeux des scolastiques, Gœthe est un sceptique : mais celui qui se passionne pour toutes les fleurs qu'il trouve sur son chemin et les prend pour vraies et bonnes à leur manière, ne saurait être confondu avec celui qui passe dédaigneux sans se pencher vers elles. Gœthe embrasse l'univers dans la vaste affirmation de l'amour : le sceptique n'a pour toute chose que l'étroite négation.

En faisant au scepticisme moral la plus large part, — en supposant que la vie et l'univers ne soient qu'une série de phénomènes de même ordre, et dont on ne puisse dire autre chose, sinon qu'il en est ainsi ; — en accordant que pensée, sentiment, passion, beauté, vertu, ne soient que des faits, excitant en nous des sentiments divers, comme les fleurs diverses d'un jardin ou les arbres d'une forêt (d'où il résulterait, comme Gœthe et Byron le pensaient, que tout est poétique) ; — en admettant que, parvenu à l'atome final, on puisse, librement et à son choix, rire ou adorer, en sorte que l'option dépende du caractère individuel de chacun, — même à ce point de vue, dis-je, où la morale n'a plus de sens, la science en aurait encore. Car ce qu'il y a de certain, c'est que ces phénomènes sont curieux ; c'est que ce monde de mouvements divers nous intéresse et nous sollicite. La morale est aussi absente du monde d'insectes qui s'agite dans une pièce d'eau, et pourtant quel ravissant intérêt à voir ces gyrins dorés, qui tournent au soleil, ces salamandres qui courent au fond, ces petits vers qui s'enfoncent dans la vase pour y chercher leur proie. C'est la vie, toujours la vie (182). Ceci explique comment la science formait une partie essentielle du système intellectuel de Gœthe. Chercher, discuter, regarder, *spéculer*, en un mot, aura toujours été la plus douce chose, quoi qu'il en soit de la réalité (183). Quelque Werther qu'on puisse être, il y a tant de plaisir à décrire tout cela que la vie en redevient colorée ! Gœthe, j'en suis sûr, n'a jamais été tenté de se tirer un coup de pistolet. Il n'est pas impossible que l'humanité finisse, et qu'un jour nous n'ayons travaillé que pour la mer ou les volcans, pour les glaces ou les flammes. Mais ce qu'il y a de sûr, c'est que la connaissance et la réalisation du beau auront eu leur prix, et que la science, comme la vertu, pose dans le monde des faits d'une indiscutable valeur.

Les mystiques chrétiens ont développé sous toutes les formes ce thème favori que Marie, symbole de la contemplation, a dès ce monde la meilleure part, et que celui qui a embrassé la vie parfaite trouve ici-bas une récompense suffisante. Cela est vrai à la lettre de la science. Une des plus nobles âmes des temps modernes, Fichte, nous assure qu'il était arrivé au bonheur parfait et que par moments il goûtait de telles jouissances, qu'il en avait presque peur (184). Le pauvre homme ! en même temps il mourait de misère. Que de fois, dans ma pauvre chambre, au milieu de mes livres, j'ai goûté la plénitude du bonheur, et j'ai défié le monde entier de procurer à qui que ce soit des joies plus pures que celles que je trouvais dans l'exercice calme et désintéressé de ma pensée ! Que de fois, laissant tomber ma plume, et abandonnant mon âme à ces mille sentiments qui, en se croisant, produisent un soulèvement instantané de tout notre être, j'ai dit au ciel : Donne-moi seulement la vie, je me charge du reste !

Plût à Dieu que toutes les âmes vives et pures fussent convaincues que la question de l'avenir de l'humanité est tout entière une question de doctrine et de croyance, et que la philosophie seule, c'est-à-dire la recherche rationnelle, est compétente pour la résoudre ! La révolution réellement efficace, celle qui donnera la forme à l'avenir, ne sera pas une révolution politique, ce sera une révolution religieuse et morale. La politique a fourni tout ce qu'elle pouvait fournir ; c'est désormais un champ aride et épuisé, une lutte de passions et d'intrigues, fort indifférentes pour l'humanité, intéressantes seulement pour ceux qui y prennent une action. Il y a des époques où toute la question est dans la politique : ainsi, par exemple, à la limite du moyen âge et des temps modernes, à l'époque de Philippe le Bel, de Louis XI, les docteurs et les penseurs étaient peu de chose, ou n'avaient de valeur réelle qu'en tant qu'ils servaient la politique. Il en a été de même au commencement de ce siècle. La politique alors a mené le train du monde ; les gens d'esprit qui aspiraient à autre chose qu'à amuser leurs contemporains, devaient se faire hommes d'État, pour exercer sur leur époque leur légitime part d'influence. Un penseur sous l'Empire n'avait qu'à se taire. Ce n'est pas une blâmable ambition qui a entraîné dans ce tourbillon toutes les sommités intellectuelles de la première moitié de ce siècle ; ces hommes éminents ont fait ce qu'ils devaient faire pour servir la société de leur temps. Mais cet âge touche à son terme ; le rôle principal va de plus en plus, ce me semble, passer aux hommes de la pensée. A côté des siècles où la politique a occupé le centre du mouvement de l'humanité, il en est d'autres où elle s'est vue acculée dans le petit monde de l'intrigue, et où le grand intérêt s'est porté sur les hommes de l'esprit. Soit, par exemple, le XVIII° siècle, qui a tenu la haute main de l'humanité durant ce grand siècle ? Quels sont les noms qui frappent à la première vue jetée sur l'histoire de cette époque ? Est-ce Choiseul ? est-ce Richelieu ? est-ce Maupeou ? est-ce Fleury ? Non ; c'est Voltaire, c'est Rousseau, c'est Montesquieu, c'est toute une grande école de penseurs qui tient puissamment le siècle, le façonne et crée l'avenir. Que sont la guerre de la Succession d'Autriche, la guerre de Sept ans, le pacte de famille, comparés comme *événements* au *Contrat social* ou à *l'Esprit des Lois?* Les affaires étaient entre les mains d'un roi incapable, de courtisans oubliés, de grands seigneurs sans vues ni portée. Les vrais personnages historiques du temps sont des écrivains, des philosophes, des hommes d'esprit ou de génie. Et ces penseurs se mettent-ils activement aux affaires d'État, comme le fera plus tard la première génération du xix° siècle? Nullement; ils restent écrivains, philosophes, moralistes, et c'est par là qu'ils agissent sur le monde. J'imagine de même que ceux qui nous rendront la grande originalité ne seront pas des politiques, mais des penseurs. Ils grandiront en dehors du monde officiel, ne songeant même pas à lui faire opposition, le laissant mourir dans son cercle épuisé (185).

Dans les maigres pâturages des îles de la Bretagne, chaque brebis du troupeau, attachée à un pieu central, ne peut brouter une herbe rare que dans l'étroit rayon de la corde qui la retient. Telle me paraît la condition actuelle de la politique; elle a épuisé ses ressources pour résoudre le problème de l'humanité. La morale, la philosophie, la vraie religion ne sont pas à sa portée; elle tourne dans une fatale impuissance. De bonne foi, si le salut du siècle présent devait venir de l'*habileté*, espérons-nous trouver des hommes plus habiles que M. Guizot, que M. Thiers? Qui ne hausserait les épaules en voyant la naïve inexpérience prétendre mieux faire du premier coup que de tels hommes? Non, on ne les dépassera pas en faisant comme eux, mais en faisant autrement qu'eux. Si de tels hommes ont été frappés d'incapacité, est-ce leur faute? ou ne serait-ce pas plutôt qu'aucune habileté n'est égale à la situation?

Prenons encore les trois premiers siècles de l'ère chrétienne. Où se passaient alors les grandes choses? Où se fondait l'avenir? Quels étaient les noms désignés aux respects des générations futures? Étaient-ce Tibère et Séjan? Étaient-ce Galba, Othon, Vitellius, qui occupaient vraiment le centre de l'humanité, comme on le croyait sans doute de leur temps? Le centre du monde, c'était le coin de terre le plus méprisé de l'Orient. Les grands hommes marqués pour l'apothéose étaient des croyants enthousiastes fort étrangers aux secrets de la grande politique. Cinq siècles plus tard, on ne nommera entre les hommes illustres de ce siècle que Pierre, Paul, Jean, Matthieu, pauvres gens qui, assurément, faisaient peu figure. Qu'aurait dit Tacite, si on lui eût annoncé que tous ces personnages qu'il fait jouer si savamment seraient alors complètement effacés devant les chefs de ces chrétiens qu'il traite avec tant de mépris; que le nom d'Auguste ne serait sauvé de l'oubli que parce qu'en tête des fastes de l'année chrétienne on lirait: *Imperante Cœsare Augusto, Christus natus est in Bethlehem Juda;* qu'on ne se souviendrait de Néron que parce que, sous son règne, souffrirent, dit-on, Pierre et Paul, maîtres futurs de Rome; que le nom de Trajan se retrouverait encore dans quelques légendes, non pour avoir vaincu les Daces et poussé jusqu'au Tigre les limites de l'empire, mais parce qu'un crédule évêque de Rome du vi° siècle, eut un jour la fantaisie de prier pour lui? Voilà donc un immense développement, sourdement préparé durant trois siècles en dehors de la politique, grandissant parallèlement à la société officielle, persécuté par elle, et qui, un certain jour, étouffe la politique, ou plutôt reste vivant et fort, quand le monde officiel se meurt d'épuisement. Si saint Ambroise fût resté gouverneur de Ligurie, en supposant même qu'il eût eu de *l'avancement*, et fût devenu, comme son père, préfet des Gaules, il serait maintenant parfaitement oublié. Il a bien mieux fait de devenir évêque. Dites donc encore qu'il n'y a moyen de servir l'humanité qu'en se jetant dans la mêlée. Je dis, moi, au contraire, que celui qui embrasse de toute âme cet humiliant labeur, prouve par là même qu'il n'est pas appelé à la grande œuvre. Qu'est-ce que la politique de nos jours? Une agitation sans principe et sans loi, un combat d'ambitions rivales, un vaste théâtre de cabales, de luttes toutes personnelles. Que faut-il pour y réussir, pour être *possible*, comme l'on dit? une vive originalité? une pensée ardente et forte? une conviction impétueuse? Ce sont là au succès d'invincibles obstacles; il faut ne pas penser ou ne pas dire sa pensée; il faut user tellement sa personnalité, qu'on n'existe plus; songer toujours à dire, non pas ce qui est, mais ce qu'il convient de dire; s'enfermer en un mot dans un cercle mot de conventions et de mensonges officiels. Et vous croyez que ce sera de là que sortira ce dont nous avons besoin, une sève originale, une nouvelle manière de sentir, un dogme capable de passionner de nouveau l'humanité? Autant vaudrait espérer que le scepticisme engendrera la foi, et qu'une religion nouvelle sortira des bureaux d'un ministère ou des couloirs d'une assemblée.

La plus haute question de la politique est celle-ci : Qui sera ministre? Mais l'humanité sera-t-elle plus avancée, je vous prie, si c'est M.** ou M.*** qui tient le portefeuille? Je vous affirme que M.*** sait tout aussi peu que M.** le fin mot des choses, que le problème ne sera pas plus près de sa solution qu'il ne l'était auparavant, que tout cela est aussi insignifiant que quand on se demandait à Rome si ce serait Didius Julien ou Flavius Sulpicianus qui l'emporterait à l'enchère, et que les sept cent cinquante personnes intelligentes qui sont là attentives autour de cette arène, saisissant avidement toutes les péripéties du combat, perdent leur temps et leur peine. Là n'est pas le lieu des grandes choses. Ce qu'il faut à l'humanité, c'est une morale et une foi ; ce sera des profondeurs de la nature humaine qu'elle sortira, et non des chemins battus et inféconds du monde officiel.

Considérez combien est humiliant, aux époques comme la nôtre, le rôle de l'homme politique. Banni des hautes régions de la pensée, déshérité de l'idéal, il passe sa vie à des labeurs ingrats et sans fruit, soucis d'administration, complications bureaucratiques, mines et contre-mines d'intrigues. Est-ce la place d'un philosophe? Le politique est le goujat de l'humanité et non son inspirateur. Quel est l'homme amoureux de sa perfection qui voudra s'engager dans cet étouffoir?

M. de Chateaubriand a, je crois, soutenu quelque part que l'intrusion des hommes de lettres dans la politique *active* signale l'affaiblissement de l'esprit politique chez une nation. C'est une erreur; cela prouve un affaiblissement de l'esprit philosophique, de la spéculation, de la littérature ; cela prouve que l'on ne comprend plus la valeur et la dignité de l'intelligence, puisqu'elle ne suffit plus à occuper les esprits distingués : cela prouve enfin que le règne a passé de l'esprit et de la doctrine à l'intrigue et à la petite activité. Mais cette activité ne tardera pas à se proclamer elle-même impuissante, et l'on comprendra alors que la grande révolution ne viendra

pas des hommes d'action, mais des hommes de pensée et
de sentiment, et on laissera ce vulgaire labeur aux
esprits inquiets, et toutes les âmes nobles et élevées,
abandonnant la terre à ceux qui en ont le goût, tenant
pour choses indifférentes les formes de gouvernement,
les noms des gouvernants et leurs actes, se réfugieront
sur les hauteurs de la nature humaine, et, brûlant de
l'enthousiasme du beau et du vrai, créeront cette force
nouvelle qui, descendant bientôt sur la terre, renversera
les frêles abris de la politique, et deviendra à son tour la
loi de l'humanité. Il ne faut pas demander aux gouvernements plus qu'ils ne peuvent donner. Ce n'est pas à eux
de révéler à l'humanité la loi qu'elle cherche. Tout ce
qu'on peut leur demander, aux époques comme la nôtre,
c'est de maintenir tant bien que mal les conditions de
la vie extérieure, de manière qu'elle soit tolérable. Il
faut souhaiter aussi, sans l'espérer, qu'ils ne persécutent
pas trop les efforts dans le sens nouveau. L'humanité
fera le reste, sans demander permission à personne.

Nul ne peut dire de quel point du ciel apparaîtra l'astre
de cette rédemption nouvelle. Ce qu'il y a de sûr, c'est que
les bergers et les mages l'apercevront encore les premiers,
c'est que le germe est déjà posé, et que, si nous savions
voir le présent avec les yeux de l'avenir, nous démêlerions
dans la complication de l'actuel la fibre imperceptible qui
portera la vie à l'avenir. C'est au sein de la putréfaction
que se développe le germe de la vie future, et personne
n'a droit de dire : Celle-ci est une pierre réprouvée ; car
peut-être sera-ce la pierre angulaire de l'édifice futur. Un
sage des premiers siècles eût-il jamais pu croire que
l'avenir était à cette secte méprisée, insociable, convaincue
de la haine du genre humain, qui ne se présentait à

l'imagination qu'avec de nocturnes mystères et d'odieuses orgies? Nos beaux esprits eussent eu contre la doctrine nouvelle toute l'antipathie qu'ils ont contre les novateurs de nos jours. Ces chrétiens leur eussent semblé une plèbe vile, ignorante et superstitieuse. Il est certain que plusieurs sectes chrétiennes justifiaient les calomnies des païens. La ligne que depuis on a tirée entre l'Église orthodoxe et les sectes gnostiques était alors bien indécise; tout cela faisait corps, et il y avait solidarité des uns aux autres. Dans la secte orthodoxe elle-même, que de taches à nos yeux. Les médecins ont un nom pour désigner ceux qui croient posséder le don des langues, de prédication, de prophétie. Que dire de ceux qui attendent tous les jours la fin du monde et la venue d'un corps humain qui descendra du ciel pour régner? Les extravagances de nos fous du phalanstère ne sont rien auprès de celles de ces premiers enthousiastes. Jean Journet, de nos jours, a été mis à Bicêtre; or Jean Journet ne croit pas faire de miracles, parler des langues qu'il n'a pas apprises, avoir été au troisième ciel, etc. Notre *Journal des Débats* eût fait gorge chaude de ces gens-là, et cependant ils ont vaincu, et quatre siècles après, les plus beaux génies se sont fait gloire d'être leurs disciples, et, au xixe siècle encore, des intelligences distinguées les tiennent pour des inspirés. La mauvaise couleur d'un mouvement n'est jamais un argument décisif. Je verrais un mouvement populaire du plus odieux caractère, une vraie jacquerie, l'égoïsme disant à l'égoïsme : La bourse ou la vie, que je m'écrierais : Vive l'humanité! voilà de belles choses qui se fondent pour l'avenir. Les grandes apparitions sont toujours accompagnées d'extravagances; elles n'arrivent à une grande puissance que quand des esprits philosophiques leur ont donné la forme. Qui sait si le phalanstère n'aura pas été la gnose, l'aberration folle du mouvement nouveau? Il est indubitable au moins que la région est suffisamment désignée, et que, pour savoir d'où viendra la religion de l'avenir, il faut toujours regarder du côté de *Liberté, égalité, fraternité*.

C'est donc à l'âme, à la pensée, qu'il faut revenir. Or la pensée désormais ne pourra sérieusement s'exercer que sous la forme de science rationnelle. Il semble, au premier coup d'œil, que la science a peu influé jusqu'ici sur le développement des choses. Faites le tableau des hommes d'intelligence qui ont puissamment poussé à la roue, vous aurez des penseurs et des écrivains, comme Luther, Voltaire, Rousseau, Chateaubriand, Lamartine, mais très peu de savants ou de philosophes techniques. Les quatre mots que Voltaire savait de Locke ont fait plus pour la direction de l'esprit humain que le livre de Locke. Les quelques bribes de philosophie allemande qui ont passé le Rhin, combinées d'une façon claire et superficielle, ont fait une meilleure fortune que les doctrines elles-mêmes. Telle est la manière française; on prend trois ou quatre mots d'un système, suffisants pour indiquer un esprit; on devine le reste, et cela va son chemin. L'humanité, il faut le reconnaître, n'a pas marché jusqu'ici d'une manière assez savante, et bien des choses ont été (passez-moi le mot) bâclées, dans la marche de l'esprit humain. Mais ce qu'il y a de certain, c'est que si le genre humain était sérieux comme il devrait l'être, la raison éclairée et compétente en chaque ordre de choses gouvernerait le monde. Or, la raison éclairée et spécialement compétente, qu'est-ce autre chose que la science? En supposant même que l'érudit ne dût jamais figurer dans la grande histoire de l'humanité, son travail et ses résultats, assimilés par d'autres et élevés à leur seconde puissance, y trouveront leur place par cette influence secrète et cette intime infiltration qui fait qu'aucune partie de l'humanité n'est fermée pour l'autre.

L'Allemagne contemporaine nous offre un des rares exemples des effets directs de la science sur la marche des événements politiques. L'idée de l'unité allemande est venue par la science et la littérature. Ce peuple semblait résigné à la mort, il avait perdu toute conscience et ne comptait plus comme individualité dans le monde, quand un groupe incomparable de génies, Gœthe, Schiller, Kant, Beethoven sont venus le révéler à lui-même. Ce sont là les vrais fondateurs de l'unité allemande; du moment où toutes les parties de ce beau pays se sont retrouvées dans la langue, la gloire et le génie de ces grands hommes, elles ont senti le lien qui les unissait, et elles ont dû tendre à le réaliser politiquement. De là vient un fait caractéristique, la couleur savante, poétique, littéraire de ce mouvement, depuis Arndt, Kleist, Sand, jusqu'à cette assemblée de docteurs, dont la maladresse et la gaucherie ont pu faire sourire l'Europe et compromettre, mais non perdre, une idée désormais fondée.

XXIII

Je visitais un jour ce palais transformé en Musée, sur le front duquel une pensée de large éclectisme a fait écrire : *A toutes les gloires de la France.* J'avais parcouru la galerie des Batailles, la salle des Maréchaux, celles des diverses campagnes; j'avais vu des sacres de rois ou d'empereurs, des cérémonies royales, des prises de villes, des généraux, des princes, des grands seigneurs, des figures sottes ou insolentes, quand tout à coup je me pris à me demander : Où est donc la place de l'esprit ? Voilà les grands de chair, des fats, des gens sans idée, sans morale, qui ont bien peu fait pour l'humanité. Mais où est donc la galerie des saints, la galerie des philosophes, la galerie des poètes, la galerie des savants, la galerie des penseurs ? Je vois Louis XIV fondant je ne sais quel ordre nobiliaire, et je ne vois pas Vincent de Paul fondant la charité moderne ; je vois des scènes de cour plus ou moins insignifiantes, et je ne vois pas Abélard, au milieu de ses disciples, discutant les problèmes du temps sur la montagne Sainte-Geneviève ; je vois le serment du Jeu de Paume, et je ne vois pas Descartes, enfermé dans son poêle, jurant de ne pas lâcher prise qu'il n'ait découvert la philosophie. Je vois des physionomies brutales, grossières, sans idéal, et je ne vois pas Gerson, Calvin, Molière, Rousseau, Voltaire, Montesquieu, Condorcet, Lavoisier, Laplace, Chénier. Bossuet et Fénelon y sont plutôt à titre de courtisans qu'à titre d'hommes de l'esprit. Serait-ce que Rousseau et Montesquieu auraient moins fait pour la gloire de la France et le progrès de l'humanité que tel général obscur ou tel courtisan oublié ? C'en est fait, me disais-je, l'esprit est déshérité... Mais non. Au-dessus des uniformes terrasses du palais-musée, voyez s'élever ce majestueux édifice que couronne le signe du Christ. Entrez, et dites-moi si aucune gloire vaut la gloire de celui qui siège là-bas. Napoléon, dont le nom a fait des miracles, ne trône pas sur un autel. Dieu soit loué ! la plus belle place est encore à l'esprit. Les autres ont le palais, lui a le temple.

Aux yeux du philosophe, la gloire de l'esprit est la seule véritable, et il est permis de croire qu'un jour les philosophes et les savants hériteront de la gloire que, durant sa période d'antagonisme et de brutalité, l'humanité aura dû décerner aux exploits militaires. Je ne saurais approuver les lieux communs que l'on a coutume de débiter contre les conquérants ; il faut être bien superficiel pour ne voir dans Alexandre qu'un *écervelé, qui mit l'Asie en cendres*. La guerre et la conquête ont pu être, dans le passé, un instrument de progrès ; c'était une manière, à défaut d'autre, de mettre les peuples en contact et de réaliser l'unité de l'humanité. Où en serait l'humanité sans la conquête d'Alexandre, sans la conquête romaine ? Mais quand le monde sera rationaliste, le plus grand homme sera celui qui aura le plus fait pour les idées, qui aura le plus cherché, le plus découvert. La bataille ne sera pas gastrosophique, comme le voulait Fourier ; elle sera philosophique. Depuis l'origine c'est l'esprit qui a mené les choses (christianisme, croisade, Réforme, Révolution, etc.), et pourtant l'esprit est resté humble, méconnu, persécuté. Napoléon n'a pas remué le monde aussi profondément que Luther, et pourtant que fut Luther toute sa vie ? Un pauvre moine défroqué, qui n'échappa à ses ennemis que parce qu'il plut à quelques petits princes de le prendre sous leur protection ? Si quelque chose prouve la force intime de spéculation qui est dans la nature humaine, c'est que, malgré la triste part faite jusqu'ici aux penseurs, il y ait eu des hommes capables de dévouer leur vie aux injures, à la persécution, à la pauvreté, pour la recherche désintéressée du vrai.

Quand on songe que tout le mouvement intellectuel accompli jusqu'ici a été réalisé par des hommes malheureux, souffrants, harcelés de peines intérieures et extérieures, et que nous-mêmes nous en recueillons la tradition, d'un cœur agité, au milieu des craintes et des angoisses, on prend en meilleure estime cette nature humaine, capable de poursuivre si énergiquement un objet idéal.

Il est temps, définitivement, de revenir à la vérité de la vie, et de renoncer à tout cet artifice de convention, reste de nos distinctions aristocratiques et de la société artificielle du xviie siècle; il est temps de revenir à la vérité des mœurs antiques. Prenez Platon, Socrate, Alcibiade, Aspasie; imaginez-les vivant, agissant d'après les ravissants tableaux que nous en a laissés l'antiquité, Platon surtout. Ont-ils cette morgue froide, insignifiante et tirant son prix de son insignifiance, qui est le ton des salons aristocratiques? Ont-ils ce ton niais, ce rire sans délicatesse, cette face plate et prosaïque, cette manière de prendre la vie comme une affaire, qui est celle de la bourgeoisie? Ont-ils cette grossièreté, ce regard émoussé, cette face dégradée qui, je le dis avec tristesse et sans l'idée d'un reproche, est la manière du peuple? Non. Ils sont vrais, ils sont hommes.

Les âmes honnêtes des siècles raffinés, Rousseau, par exemple, Tacite peut-être, par réaction contre l'artificiel et le mensonge de la société de leur temps, se reportent souvent avec complaisance vers l'état sauvage, qu'ils appellent l'état de nature. Innocente illusion qui ne convertit personne, et n'inspire aux raffinés qu'une très facile résignation. On lit avec plaisir ces éloquentes déclamations; on les accepte comme des thèmes donnés, mais quoi qu'en dise Voltaire, il ne prend envie à personne en lisant Rousseau de marcher à quatre pieds. Il est puéril d'en appeler contre la civilisation raffinée à l'état sauvage ; il faut en appeler à la civilisation vraie, dont la Grèce nous offre un incomparable exemple. Ce qu'il nous faut, en fait de mœurs, c'est la Grèce moins l'esclavage. Où trouver une plus large part faite à l'individu, plus d'originalité personnelle, plus de spontanéité, plus de dignité ? Nous ne comprenons, nous autres, que la majesté royale ou aristocratique. La majesté de l'idéal se confond pour nous avec celle de la religion, que nous reléguons par delà l'humanité, et quant à la majesté du peuple, nous ne la comprenons pas, parce qu'elle n'existe pas. Athènes, au contraire, c'est l'humanité pure. M. de Maistre a dit que la *majesté* est toute romaine. Non certes. Le Jupiter Olympien et la Pallas grecque, Salamine et le Pirée, le Pnyx et l'Acropole ont leur majesté ; mais cette majesté est vraie et populaire ; au lieu que la majesté romaine est montée, machinée. Il n'y avait pas deux tons à Athènes ; au contraire, les fines mœurs du temps d'Auguste étaient à peu près celles de notre aristocratie, et à côté de cela se trouvait un peuple ridicule.

Il n'y a de majesté que celle de l'humanité vraie, celle de la poésie, celle de la religion, celle de la morale. Les autres prestiges à un certain jour deviennent ridicules. Il est dans la force des choses que tout ce qui n'a été imposé que par surprise, excite le rire, dès que le prestige est détruit. On veut se venger de ses respects passés, sitôt que l'échafaudage est dépouillé de sa tenture. Il faut, pour les grossières illusions du respect extérieur, une simplicité que nous n'avons plus ; nous sommes trop fins pour ne pas soulever le voile. Nous avons abattu la vieille idole du respect : une idole ne se relève pas. Comment, je vous prie, se donner du respect? Comment faire revivre par la réflexion ce qui avait pour condition essentielle l'absence de la réflexion? L'enfant peut avoir peur de la figure qu'il a barbouillée; mais, une fois qu'il en a ri, ne se rappellera-t-il pas toujours qu'il a barbouillé ce visage pour se faire peur à lui-même!

La condition essentielle d'un spectacle de marionnettes, c'est de ne pas apercevoir le fil. Les simples prennent la chose au sérieux, à peu près comme si ces pantins étaient des personnes réelles; les habiles s'en amusent, lors même qu'ils verraient un peu le fil; car après tout, ils savent fort bien qu'il y en a un. Mais si les demi-habiles ont le malheur de l'apercevoir, ils ont bien soin de se moquer du spectacle, pour prouver qu'ils ne sont pas dupes. Il en est ainsi du respect : le respect est naturel chez les simples; les superficiels s'en défendent avec une fatuité très comique; il renaît chez les sages par une vue supérieure. Les sages savent qu'il y a un fil sous tout cela, mais que ce n'est pas la peine de faire tant de fracas d'une découverte aussi simple. Les superficiels, au contraire, crient, tempêtent qu'il faut à tout prix délivrer l'humanité de ces préjugés. « Il faut avoir une pensée de derrière, dit Pascal, et juger du tout par là, en parlant cependant comme le peuple. » Mais, quand le nombre des finassiers est trop considérable, toute piperie devient impossible : car il devient alors de bon ton de faire le malin et de dire aux simples : « Ah! que vous êtes bons de vous y laisser prendre. » Alors il faut y aller simplement, et ne réclamer de respect que pour les choses réellement respectables.

L'avènement de la bourgeoisie a opéré, il faut l'avouer, une grande simplification dans nos mœurs. Notre costume est bien étroit et bien artificiel comparé à l'ampleur simple et noble du costume antique : mais enfin ce n'est plus un mensonge comme celui de l'ancienne aristocratie. Il y a encore beaucoup à faire : il faut simplifier et ennoblir. La bourgeoisie d'ailleurs a eu parfois le tort de chercher à revenir aux vieux airs de la noblesse ; à quoi elle n'a nullement réussi, et par là elle s'est rendue ridicule. Car rien de plus ridicule qu'une imitation manquée de la majesté. Ce qu'il nous faut, c'est la vraie politesse, la vraie douceur, la vie prise à plein et dans sa vérité, la vertu se traduisant dans les manières par l'aménité et la grâce. Les républicains prétendus austères se font une étrange illusion, en croyant qu'on peut bannir de l'humanité l'idée de majesté. Mieux vaudrait l'ancienne idolâtrie, entourant de splendeur quelques individus, que cette pâle vie où la majesté de l'humanité ne serait pas représentée. Mais il vaut mieux encore revenir à la vérité, et ne reconnaître d'autre majesté que celle de la nation et de l'idéal.

Ces mœurs, je les appellerais volontiers des *mœurs démocratiques*, en ce sens qu'elles ne reposent sur aucune distinction artificielle (186), mais seulement sur les relations naturelles et morales des hommes entre eux. On s'imagine souvent que des mœurs démocratiques sont des mœurs de cabaret, et c'est un peu la faute de ceux qui ont confisqué ce nom à leur profit. Mais les vraies mœurs démocratiques seraient les plus charmantes, les plus douces, les plus aimables. Elles ne seraient que la morale elle-même, plus ou moins belle, plus ou moins harmonieuse, selon que les individus seraient plus ou moins heureusement doués. Ce seraient les mœurs des poëmes et des romans idéaux, où les sentiments humains se feraient jour dans toute leur naïveté première, sans air bourgeois ni raffiné. Les vraies mœurs démocratiques supposeraient, d'une part, l'abolition du salon aristocratique et du café, d'autre part, l'extension des relations de famille et des réunions publiques. Il est vrai qu'à ce dernier égard notre société offre une lacune difficile à combler. Nous n'avons rien d'analogue à l'*école* antique. Notre école est exclusivement destinée à l'enfance et par là vouée à un demi-ridicule, comme tout ce qui est pédagogique ; notre club est tout politique, et pourtant il faut à l'homme des réunions spirituelles. L'école ancienne était pour tous les âges le gymnase de l'esprit. Le sage, comme Socrate, Stilpon, Antisthène, Pirrhon, n'écrivant pas, mais parlant à des disciples ou habitués (οἱ σύνοντες), est maintenant impossible. L'entretien philosophique, tel que Platon nous l'a conservé dans ses dialogues (187), la *Sympasie* antique, ne se conçoivent plus de nos jours (188). L'Église et la presse ont tué l'école. Maintenant que l'Église n'est plus rien pour le peuple, qui la remplacera ?

Ce qu'on appelle la société est loin d'être favorable au développement des jolies mœurs et des beaux caractères. Je n'oserais pas dire, si M. Michelet ne l'avait dit avant moi : « Après la conversation des hommes de génie et des savants très spéciaux, celle du peuple est certainement la plus instructive. Si l'on ne peut causer avec Béranger, Lamennais ou Lamartine, il faut s'en aller dans les champs et causer avec un paysan. Qu'apprendre avec ceux du milieu ? Pour les salons, je n'en suis sorti jamais sans trouver mon cœur diminué et refroidi. » L'impression qui me reste en sortant d'un salon, c'est le désespoir de la civilisation. Si la civilisation devait fatalement aboutir à cet avortement, si le peuple à son tour, devait s'user de la sorte, et, au bout de quelques siècles, s'affadir au sein de la vanité et du plaisir, Caton aurait raison, il faudrait envisager comme des instruments de mollesse et briser sagement tout ce qui est à nos yeux instrument de culture et de perfectionnement, mais qui, dans cette hypothèse, ne servirait qu'à faire des générations avides de servitude pour vivre à l'aise. Rien n'égale, en province surtout, la nullité de la vie bourgeoise, et, je ne vois jamais sans tristesse et sans une sorte d'effroi l'affaiblissement physique et moral de la génération qui s'élève ; et pourtant ce sont les petits-fils des héros de la grande épopée ! Je m'entends mieux avec les simples, avec un paysan, un ouvrier, un vieux soldat. Nous parlons à quelques égards la même langue, je peux au besoin causer avec eux : cela m'est radicalement impossible avec un bourgeois vulgaire : nous ne sommes pas de la même espèce.

Hermann n'a vécu qu'avec lui-même, sa famille et quelques amis. Avec eux il est naïf, vrai, plein de verve ; il touche le ciel. En société, il est d'une insoutenable bêtise, et condamné au mutisme par le tour entier de la conversation qui ne lui permet pas d'y insérer un mot. S'il s'avise de l'essayer, le ton insolite de sa voix fait dresser toutes les têtes ; c'est une discordance. Il ne sait pas rendre de monnaie ; veut-il riposter, il tire de sa poche de l'or et pas de sous. A l'Académie ou au Portique, il eût bien tenu sa place; il eût été des disciples favoris, il eût figuré dans un dialogue de Platon comme Lysis et Charmide. S'il eût vu Dorothée belle, courageuse et fière au bord de la fontaine, il eût osé lui dire : Laisse-moi boire. Si, comme Dante, il eût vu Béatrix sortant les yeux baissés de l'église de Florence, peut-être un rayon eût traversé sa vie, et peut-être la fille de Falco Portinari eût-elle souri de sa peine. Eh bien ! en face d'une demoiselle, il n'éprouve et ne fait éprouver que l'embarras. — Votre Hermann, dira-t-on, est un campagnard, qu'il aille au village. — Nullement. Au village, il trouvera la grossièreté, l'ignorance, l'inintelligence des choses fines et belles. Or, Hermann est poli et cultivé, plus raffiné même que les hommes de salon, mais non d'un raffinement artificiel et factice. Il y a en lui un monde de pensée et de sentiment, que ne sauraient comprendre ni la grossière stupidité ni le scepticisme frivole. C'est l'homme vrai et sincère, prenant au sérieux sa nature et adorant les inspirations de Dieu dans celles de son cœur.

Le travail intellectuel n'a donc toute sa valeur que quand il est purement humain, c'est-à-dire quand il correspond à ce fait de la nature humaine : l'homme ne vit pas seulement de pain. Le grand sens scientifique et religieux ne renaîtra que quand on reviendra à une conception de la vie aussi vraie et aussi peu mêlée de factice, que celle qu'on doit se faire, ce me semble, seul au milieu des forêts de l'Amérique, ou que celle du brahmane, quand, trouvant qu'il a assez vécu, il se dispose au grand départ, jette son pagne, remonte le Gange, et va mourir sur les sommets de l'Himalaya. Qui n'a éprouvé de ces moments de solitude intérieure, où l'âme descendant de couche en couche, et cherchant à se joindre elle-même, perce les unes après les autres toutes les surfaces superposées, jusqu'à ce qu'elle arrive au fond vrai, où toute convention expire, où l'on est en face de soi-même sans fiction ni artifice? Ces moments sont rares et fugitifs; habituellement nous vivons en face d'une tierce personne, qui empêche l'effrayant contact du moi contre lui-même. La franchise de la vie n'est qu'à la condition de percer ce voile intermédiaire, et de poser incessamment sur le fond vrai de notre nature pour y écouter les instincts désintéressés, qui nous portent à savoir, à adorer et à aimer.

Voilà pourquoi l'homme sincère se passionne si fort et s'épuise en adorations devant la *vie naïve*, devant l'enfant qui croit et sourit à toute chose, devant la jeune fille qui ne sait pas qu'elle est belle, devant l'oiseau qui chante sur la branche uniquement pour chanter, devant la poule qui marche fière au milieu de ses petits. C'est que là le Dieu est tout nu. L'homme raffiné trouve niaises les choses auxquelles le peuple et l'homme de génie prennent le plus d'intérêt, les animaux et les enfants. Le génie, c'est d'avoir à la fois la faculté critique et les dons du simple. Le génie est enfant; le génie est peuple, le génie est *simple*.

La vie brahmanique offre le plus puissant modèle de la vie possédée exclusivement par la conception religieuse, ou pour mieux dire sérieuse, de l'existence. Je ne sais si le tableau de la vie des premiers solitaires chrétiens de la Thébaïde, si admirablement tracé par Fleury, offre une telle auréole d'idéalisme. La vie brahmanique d'ailleurs a sur la vie cénobitique et érémitique cette supériorité, qu'elle est en même temps la vie humaine, c'est-à-dire la vie de famille, et qu'elle s'allie aux soins de la vie positive, sans prêter à ceux-ci une valeur qu'ils n'ont pas : l'ascète chrétien reçoit sa nourriture d'un corbeau céleste; le brahmane va lui-même couper du bois à la forêt; il doit posséder une hache et un panier pour recueillir les fruits sauvages. Les fils de Pandou, pendant leur séjour à la forêt, vont à la chasse, et leur femme Draupadi offre aux étrangers qu'elle reçoit dans son ermitage du gibier que ses époux ont tué. Les Vies des Pères du désert n'offrent rien à comparer au tableau suivant, extrait du Mahabharata : « Le roi s'avança vers le bosquet sacré, image des régions célestes ; la rivière était remplie de troupes de pèlerins, tandis que l'air retentissait des voix des hommes pieux qui répétaient chacun des fragments des livres sacrés. Le roi, suivi par son ministre et son grand prêtre, s'avança vers l'ermitage, animé du désir de voir le saint homme, trésor inépuisable de science religieuse ; il regardait le solitaire asile, pareil à la région de Brahma ; il entendit les sentences mystérieuses, extraites des Védas, prononcées sur un rythme cadencé... Ce lieu rayonnait de gloire par la présence d'un certain nombre de brahmanes... dont les uns chantaient le Samavéda, pendant qu'une autre troupe chantait le Bharoundasama... Tous étaient des hommes d'un esprit cultivé et d'un extérieur imposant... Ces lieux resssemblaient à la demeure de Brahma. Le roi entendit de tous côtés la voix de ces hommes instruits par une longue expérience des rits du sacrifice, de ceux qui possèdent les principes de la morale et la science des facultés de l'âme, de ceux qui sont habiles à concilier les textes qui ne s'accordent pas ensemble, ou qui connaissent tous les devoirs particuliers de la religion ; mortels dont l'esprit tendait à soustraire leur âme à la nécessité de la renaissance dans ce monde. Il entendit aussi la voix de ceux qui, par des preuves indubitables, avaient acquis la connaissance de l'être suprême, de ceux qui possédaient la grammaire, la poésie et la logique, et étaient versés dans la chronologie ; qui avaient pénétré l'essence de la matière, du mouvement et de la qualité ; qui connaissaient les causes et les effets, qui avaient étudié le langage des oiseaux et celui des abeilles (les bons et les mauvais présages), qui faisaient reposer leur croyance sur les ouvrages de Vyasa, qui offraient des modèles de l'étude des livres d'origine sacrée et des principaux personnages qui recherchent les peines et les troubles du monde (189). » L'Inde me représente du reste la forme la plus vraie et la plus objective de la vie humaine, celle où l'homme, épris de la beauté des choses, les poursuit sans retour personnel, et par la seule fascination qu'elles exercent sur sa nature.

Religion est le mot sous lequel s'est résumée jusqu'ici la vie de l'esprit. Prenez le chrétien des premiers siècles ; la religion est bien toute sa vie spirituelle. Pas une pensée, pas un sentiment qui ne s'y rattache : la vie matérielle elle-même est presque absorbée dans ce grand mouvement d'idéalisme. *Sive manducatis, sive bibitis*, dit saint Paul. Voilà un superbe système de vie, tout idéal, tout divin, et vraiment digne de la liberté des enfants de Dieu. Il n'y a pas là d'exclusion, la chaîne n'est pas sentie ; car, bien que la limite soit étroite, le besoin ne s'élance point au delà. La loi, toute sévère qu'elle est, est l'expression de l'homme tout entier. Au moyen âge, cette grande équation subsiste encore. Les foires, les réunions d'affaires ou de plaisir sont des fêtes religieuses ; les représentations scéniques sont des mystères ; les voyages sont des pèlerinages ; les guerres sont des croisades. Prenez, au contraire, un chrétien, même des plus sévères, du temps de Louis XIV, Montausier, Beauvilliers, Arnauld, vous trouverez deux parts dans sa vie : la part religieuse qui, toute principale qu'elle est, n'a plus la force de s'assimiler tout le reste ; la part profane, à laquelle on ne peut refuser quelque prix. Alors, mais non point auparavant, les ascètes commencent à prêcher le renoncement. Le premier chrétien n'avait besoin de renoncer à rien ; car sa vie était complète, sa loi était adéquate à ses besoins. Par la suite, la religion, n'étant plus capable de tout contenir, maudit ce qui lui échappe. Je suis sûr que Beauvilliers prenait un plaisir très délicat aux tragédies de Racine, peut-être même aux comédies de Molière; et pourtant il est bien certain qu'en y assistant, il ne pensait pas faire une œuvre religieuse, peut-être même croyait-il faire un péché. Ce partage était dans la nécessité des choses. La religion était reçue à cette époque comme une lettre close et cachetée, qu'il ne fallait pas ouvrir, mais qu'on devait recevoir et transmettre, et pourtant, la vie humaine s'élargissant toujours, il était nécessaire que les besoins nouveaux forçassent tous les scrupules, et que, ne pouvant se faire une place dans la religion, ils se constituassent vis-à-vis d'elle. De là un système de vie pâle et médiocre. On respecte la religion, mais on se tient en garde contre ses *envahissements* ; on lui fait sa part, à elle qui n'est quelque chose qu'à condition d'être tout. De là ces mesquines théories de la séparation des deux pouvoirs, des droits respectifs de la raison et de la foi.

Il devait résulter de là que la religion, étant isolée, interceptée du cœur de l'humanité, ne recevant plus rien de la grande circulation, comme un membre lié, se desséchât et devînt un appendice d'importance secondaire, qu'au contraire la vie profane où l'on plaçait tous les sentiments vivants et actuels, toutes les découvertes, toutes les idées nouvelles, devînt la maîtresse partie. Sans doute ces grands hommes du xviiie siècle étaient plus religieux qu'ils ne pensaient ; ce qu'ils bannissaient sous le nom de religion, c'étais le despotisme clérical, la superstition, la forme étroite. La réaction toutefois les entraîna trop loin ; la couleur religieuse manqua profondément à ce siècle. Les philosophes se plaçaient sans le savoir au point de vue de leurs adversaires, et, sous l'empire d'associations d'idées opiniâtres, semblaient supposer que la sécularisation de la vie entraînait l'élimination de toute habitude religieuse. Je pense, comme les catholiques, que nos sociétés, fondées sur un pacte supposé, notre loi athée sont des anomalies provisoires, et que jusqu'à ce qu'on en vienne à dire : *Notre sainte constitution,* la stabilité ne sera pas conquise. Or le retour à la religion ne saurait être que le retour à la grande unité de la vie, à la religion de l'esprit, sans exclusion, sans limites. Le sage n'a pas besoin de prier à ses heures ; car toute sa vie est une prière. Si la religion devait avoir dans la vie une place distincte, elle devrait absorber la vie tout entière ; le plus rigoureux ascétisme serait seul conséquent. Il n'y a que des esprits superficiels ou des cœurs faibles, qui, le christianisme étant admis, puissent prendre intérêt à la vie, à la science, à la poésie, aux choses de ce monde. Les mystiques regardent en pitié cette faiblesse, et ils ont raison. La vraie religion philosophique ne réduirait pas à quelques rameaux ce grand arbre qui a ses racines dans l'âme de l'homme, elle ne serait qu'une façon de prendre la vie entière en voyant sous toute chose le sens idéal et divin, et en sanctifiant toute la vie par la pureté de l'âme et l'élévation du cœur.

La religion, telle que je l'entends, est fort éloignée de ce que les philosophes appellent *religion naturelle,* sorte de théologie mesquine, sans poésie, sans action sur l'humanité. Toutes les tentatives en ce sens ont été et seront infructueuses. La théodicée n'a pas de sens, envisagée comme une science particulière. Y a-t-il encore un homme sensé qui puisse espérer de faire des découvertes dans un tel ordre de spéculations? La vraie théodicée, c'est la science des choses, la physique, la physiologie, l'histoire, prise d'une façon religieuse. La religion, c'est savoir et aimer la vérité des choses. Une proposition ne vaut qu'en tant qu'elle est comprise et sentie. Que signifie cette formule scellée, en langue inconnue, cet $a+b$ théologique, que vous présentez à l'humanité en lui disant : « Ceci gardera ton âme pour la vie éternelle : mange et tu seras guéri », pilule qu'il ne faut pas presser entre ses dents, sous peine de ressentir une cruelle amertume? Eh! que m'importe à moi, si je n'en sens pas le goût? Faites-moi avaler une balle de plomb, cela opérera tout de même. Que me font des phrases stéréotypées qui n'ont pas de sens pour moi, semblables aux formules de l'alchimiste et du magicien qui opèrent d'elles-mêmes, *ex opere operato*, comme disent les théologiens. Docteurs noirs et scolastiques, soigneux seulement de votre Incarnation et de votre Présence réelle, le temps est venu où l'on n'adorera le Père ni sur cette montagne ni à Jérusalem, mais en esprit et en vérité (190).

M. Proudhon est certainement une intelligence philosophique très distinguée. Mais je ne puis lui pardonner ses airs d'athéisme et d'irréligion. C'est se suicider que d'écrire des phrases comme celle-ci : « L'homme est destiné à vivre sans religion : une foule de symptômes démontrent que la société, par un travail intérieur, tend incessamment à se dépouiller de cette enveloppe désormais inutile. » Que si vous pratiquez le culte du beau et du vrai, si la sainteté de la morale parle à votre cœur, si toute beauté, toute vérité, toute bonté vous reporte au foyer de la vie sainte, à l'esprit, que si, arrivé là, vous renoncez à la parole, vous enveloppez votre tête, vous confondez à dessein votre pensée et votre langage pour ne rien dire de limité en face de l'infini, comment osez-vous parler d'athéisme? Que si vos facultés, résonnant simultanément, n'ont jamais rendu ce grand son unique, que nous appelons Dieu, je n'ai plus rien à dire; vous manquez de l'élément essentiel et caractéristique de notre nature.

L'humanité ne se convertit qu'éprise par l'attrait divin de la beauté. Or la beauté dans l'ordre moral, c'est la religion. Voilà pourquoi une religion morte et dépassée est encore plus efficace que toutes les institutions purement profanes; voilà pourquoi le christianisme est encore plus créateur, soulage plus de souffrances, agit plus vigoureusement sur l'humanité que tous les principes acquis des temps modernes. Les hommes qui feront l'avenir ne seront pas de petits hommes disputeurs, raisonneurs, insulteurs, hommes de parti, intrigants, sans idéal. Ils seront beaux, ils seront aimables, ils seront poétiques. Moi, critique inflexible, je ne serai pas suspect de flatterie pour un homme qui cherche la trinité en toute chose, et qui croit, Dieu me pardonne! à l'efficacité du nom de Jéhova; eh bien! je préfère Pierre Leroux, tout égaré qu'il est, à ces prétendus philosophes qui voudraient refaire l'humanité sur l'étroite mesure de leur scolastique et avoir raison avec de la politique des instincts divins du cœur de l'homme.

Le mot Dieu étant en possession du respect de l'humanité, ce mot ayant pour lui une longue prescription, et ayant été employé dans les belles poésies, ce serait dérouter l'humanité que de le supprimer. Bien qu'il ne soit pas très univoque, comme disent les scolastiques, il correspond à une idée suffisamment délimitée : le *summum* et *l'ultimum*, la limite où l'esprit s'arrête dans l'échelle de l'infini. Supposé même que, nous autres philosophes, nous préférassions un autre mot, *raison* par exemple, outre que ces mots sont trop abstraits et n'expriment pas assez la réelle existence, il y aurait un immense inconvénient à nous couper ainsi toutes les sources poétiques du passé, et à nous séparer par notre langage des simples qui adorent si bien à leur manière. Dites aux simples de vivre d'aspiration à la vérité et à la beauté, ces mots n'auront pour eux aucun sens. Dites-leur d'aimer Dieu, de ne pas offenser Dieu, ils vous comprendront à merveille. Dieu, providence, âme, autant de bons vieux mots, un peu lourds, mais expressifs et respectables, que la science expliquera, mais ne remplacera jamais avec avantage. Qu'est-ce que Dieu pour l'humanité, si ce n'est le résumé transcendant de ses besoins suprasensibles, *la catégorie de l'idéal*, c'est-à-dire la forme sous laquelle nous concevons l'idéal, comme l'espace et le temps sont les catégories, c'est-à-dire les formes sous lesquelles nous concevons les corps (191)? Tout se réduit à ce fait de la nature humaine : l'homme en face du divin sort de lui-même, se suspend à un charme céleste, anéantit sa chétive personnalité, s'exalte, s'absorbe. Qu'est-ce que cela si ce n'est adorer ?

Si l'on se place au point de vue de la substance, et que l'on se demande : Ce Dieu est-il ou n'est-il pas? — Oh, Dieu ! répondrai-je, c'est lui qui est, et tout le reste qui paraît être. Si le mot *être* a quelque sens, c'est assurément appliqué à l'idéal. Quoi, vous admettriez que la matière est, parce que vos yeux et vos mains vous le disent, et vous douteriez de l'être divin, que toute votre nature proclame dès son premier fait? Eh! que signifie cette phrase : « La matière est »? Que laisserait-elle entre les mains d'une analyse rigoureuse? Je ne sais, et à vrai dire, je crois la question impertinente; car il faut s'arrêter aux notions simples. Au delà est le gouffre. La raison ne porte qu'à une certaine région moyenne; au-dessus et au-dessous, elle se confond, comme un son qui, à force de devenir grave ou aigu, cesse d'être un son ou du moins d'être perçu. J'aime, pour mon usage particulier, à comparer l'objet de la raison à ces substances mousseuses ou écumeuses, où la substance est très peu de chose, et qui n'ont d'être que par la bouffissure. Si l'on poursuit de trop près le fond substantiel, il ne reste rien que l'unité décharnée; comme les formules mathématiques trop pressées rendent toutes l'identité fondamentale, et ne signifient quelque chose qu'à condition de n'être pas trop simplifiées. Tout acte intellectuel, comme toute équation, se réduit au fond à $A = A$. Or, à cette limite, il n'y a plus de connaissance, il n'y a plus d'acte intellectuel. La science ne commence qu'avec les détails. Pour qu'il y ait exercice de l'esprit, il faut de la superficie, il faut du variable, du divers, autrement on se noie dans l'Un infini. L'Un n'existe et n'est perceptible qu'en se développant en diversité, c'est-à-dire en phénomènes. Au delà, c'est le repos, c'est la mort. La connaissance, c'est l'infini versé dans un moule fini. Le nœud seul a du prix. Les faces de l'unité sont seules objet de science.

Il n'est pas de mot dans le langage philosophique qui ne puisse donner lieu à de fortes erreurs, si on l'entend ainsi dans un sens substantiel et grossier, au lieu de lui faire désigner des classes de phénomènes. Le réalisme et l'abstraction se touchent; le christianisme a pu être tour à tour et à bon droit accusé de réalisme et d'abstraction. Le phénoménalisme seul est véritable. J'espère bien que personne ne m'accusera jamais d'être matérialiste, et pourtant je regarde l'hypothèse de deux substances accolées pour former l'homme comme une des plus grossières imaginations qu'on se soit faites en philosophie. Les mots de corps et d'âme restent parfaitement distincts, en tant que représentant des ordres de phénomènes irréductibles; mais faire cette diversité toute phénoménale synonyme d'une distinction ontologique, c'est tomber dans un pesant réalisme, et imiter les anciennes hypothèses des sciences physiques, qui supposaient autant de causes que de faits divers, et expliquaient par des fluides réels et substantiels les faits où une science plus avancée n'a vu que des ordres divers de phénomènes. Certes il est bien plus absurde encore de dire avec exclusion : l'homme est un corps; le vrai est qu'il y a une substance unique, qui n'est ni corps ni esprit, mais qui se manifeste par deux ordres de phénomènes, qui sont le corps et l'esprit, que ces deux mots n'ont de sens que par leur opposition, et que cette opposition n'est que dans les faits. Le spiritualiste n'est pas celui qui croit à deux substances grossièrement accouplées; c'est celui qui est persuadé que les faits de l'esprit ont seuls une valeur transcendentale. L'homme est; il est matière, c'est-à-dire étendu, tangible, doué de propriétés physiques; il est esprit, c'est-à-dire pensant, sentant, adorant. L'esprit est le but, comme le but de la plante est la fleur; sans racines, sans feuilles, il n'y a pas de fleurs.

L'acte le plus simple de l'intelligence renferme la perception de Dieu; car il renferme la perception de l'être et la perception de l'infini. L'infini est dans toutes nos facultés et constitue, à vrai dire, le trait distinctif de l'humanité, la catégorie unique de la raison pure qui distingue l'homme de l'animal. Cet élément peut s'effacer dans les faits vulgaires de l'intelligence; mais comme il se trouve indubitablement dans les faits de l'âme exaltée, c'est une raison pour conclure qu'il se trouve en tous ses actes; car ce qui est à un degré est à tous les autres; et d'ailleurs, l'infini se manifeste bien plus énergiquement dans les faits de l'humanité primitive, dans cette vie vague et sans conscience, dans cet état spontané, dans cet enthousiasme natif, dans ces temples et ces pyramides, que dans notre âge de réflexion finie et de vue analytique. Voilà le Dieu dont l'idée est innée et qui n'a pas besoin de démonstration. Contre celui-là l'athéisme est impossible; car on l'affirme en le niant. Partout l'homme a dépassé la nature; partout, au delà du visible, il a supposé l'invisible. Voilà le seul trait vraiment universel, le fond identique sur lequel les instincts divers ont brodé des variétés infinies, depuis les forces multiples des sauvages jusqu'à Jéhova, depuis Jéhova jusqu'à l'Oum indien. Chercher un consentement universel de l'humanité sur autre chose que sur ce fait psychologique, c'est abuser des termes. L'humanité a toujours cru à quelque chose qui dépasse le fini; ce quelque chose, il est convenable de l'appeler Dieu. Donc l'humanité entière a cru à Dieu. A la bonne heure. Mais n'allez pas, abusant d'une définition de mots, prétendre que l'humanité a cru à tel ou tel Dieu, au Dieu moral et personnel, formé par l'analogie anthropomorphique. Ce Dieu-là est si peu inné que la moitié au moins de l'humanité n'y a pas cru, et qu'il a fallu des siècles pour arriver à formuler ce système d'une manière complète, en ordonnant à l'homme d'aimer Dieu. Ce n'est pas que je blâme entièrement la méthode d'anthropomorphisme psychologique. Dieu étant l'idéal de chacun, il convient que chacun le façonne à sa manière et sur son propre modèle. Il ne faut donc pas craindre d'y mettre tout ce qu'on peut imaginer de bonté et de beauté. Mais c'est une faute contre toute critique que de prétendre ériger une telle méthode en méthode scientifique, et de faire d'une construction idéale une discussion objective sur les qualités d'un être. Disons que l'être suprême possède éminemment tout ce qui est perfection, disons qu'il y a en lui quelque chose d'analogue à l'intelligence, à la liberté; mais ne disons pas qu'il est intelligent, qu'il est libre : car c'est essayer de limiter l'infini, de nommer l'ineffable (192).

On s'est accoutumé à considérer le monothéisme comme une conquête définitive et absolue, au delà de laquelle il n'y a plus de progrès ultérieur. A mes yeux, le monothéisme n'est, comme le polythéisme, qu'un âge de la religion de l'humanité. Ce mot d'ailleurs est loin de désigner une doctrine absolument identique. Notre monothéisme n'est qu'un système comme un autre, supposant il est vrai des notions très avancées, mais relatif comme tout autre. C'est le système juif; c'est Jéhova. Ni le polythéisme ancien, qui renfermait aussi une si grande part de vérité; ni l'Inde, si savante sur Dieu, ne comprirent les choses de cette manière. Le déva de l'Inde est un être supérieur à l'homme, nullement notre Dieu. Quoique le système juif soit entré dans toutes nos habitudes intellectuelles, il ne doit pas nous faire oublier ce qu'il y avait dans les autres systèmes de profond et de poétique. Sans doute, si les anciens eussent entendu par Dieu ce que nous entendons nous-mêmes, l'être absolu qui n'est qu'à la condition d'être seul, le polythéisme eut été une contradiction dans les termes. Mais leur terminologie à cet égard reposait sur des notions toutes différentes des nôtres sur le gouvernement du monde.

Ils n'étaient pas pas encore arrivés à concevoir l'unité de gouvernement dans l'univers. Le culte grec, représentant au fond le culte de la nature humaine et de la beauté des choses, et cela sans aucune prétention d'orthodoxie, sans aucune organisation dogmatique, n'est qu'une forme poétique de la religion universelle, peut-être assez peu éloignée de celle à laquelle ramènera la philosophie (193). Cela est si vrai que quand les modernes ont voulu faire quelques essais de culte naturel, ils ont été obligés de s'en rapprocher. La grande supériorité morale du christianisme nous fait trop facilement oublier ce qu'il y avait dans le mythologisme grec de largeur, de tolérance, de respect pour tout ce qui est naturel. L'origine des jugements sévères que nous en portons est dans la ridicule manière dont la mythologie nous est présentée. On se la figure comme un corps de religion, que nous faisons entrer de force dans nos conceptions. Une religion qui a un Dieu pour les voleurs, un autre pour les ivrognes, nous semble le comble de l'absurde. Or, comme l'humanité n'a jamais perdu le sens commun, il faut bien se persuader que, jusqu'à ce qu'on soit arrivé à concevoir naturellement ces fables, on n'a pas le mot de l'énigme. Le polythéisme ne nous paraît absurde que parce que nous ne le comprenons pas. L'humanité n'est jamais absurde. Les religions qui ne prétendent pas s'appuyer sur une révélation, si inférieures comme machines d'action aux religions organisées dogmatiquement, sont, en un sens, plus philosophiques, ou plutôt elles ne diffèrent de la religion vraiment philosophique que par une expression plus ou moins symbolique. Ces religions ne sont, au fond, que l'État, la famille, l'art, la morale, élevés à une haute et poétique expression. Elles ne scindent pas la vie ; elles n'ont pas la distinction du sacré et du profane. Elles ne connaissent pas le mystère, le renoncement, le sacrifice, puisqu'elles acceptent et sanctifient de prime abord la nature. C'étaient des liens, mais des liens de fleurs. Là est le secret de leur faiblesse dans l'œuvre de l'humanité; elles sont moins fortes, mais aussi moins dangereuses. Elles n'ont pas cette prodigieuse subtilité psychologique, cet esprit de limite, d'intolérance, de *particularisme*, si j'osais dire, cette force d'abstraction, vrai vampire qui est allé absorbant tout ce qu'il y avait dans l'humanité de suave et de doux, depuis qu'il a été donné à la maigre image du Crucifié de fasciner la conscience humaine. Elle suça tout jusqu'à la dernière goutte dans la pauvre humanité: suc et force, sang et vie, nature et art, famille, peuple, patrie ; tout y passa, et sur les ruines du monde épuisé, il ne resta plus que le fantôme du Moi, chancelant et mal sûr de lui-même.

On a fait jusqu'ici deux catégories parmi les hommes au point de vue de la religion : les hommes religieux, croyant à un dogme positif, et les hommes irréligieux, se plaçant en dehors de toute croyance révélée. Cela n'est pas supportable : désormais il faut classer ainsi : les hommes religieux, prenant la vie au sérieux et croyant à la sainteté des choses; les hommes frivoles, sans foi, sans sérieux, sans morale. Tous ceux qui adorent quelque chose sont frères, ou certes moins ennemis que ceux qui n'adorent que l'intérêt et le plaisir. Il est indubitable que je ressemble plus à un catholique ou à un buddhiste qu'à un rieur sceptique, et j'en ai pour preuve mes sympathies intérieures. J'aime l'un, je déteste l'autre. Je puis même me dire chrétien, en ce sens que je reconnais devoir au christianisme la plupart des éléments de ma foi, à peu près comme M. Cousin a pu se dire platonicien ou cartésien, sans accepter tout l'héritage de Platon et de Descartes, et surtout sans s'obliger à les regarder comme des prophètes. Et ne dites pas que c'est abuser des mots que de m'arroger ainsi un nom dont j'altère profondément l'acception. Sans doute, si l'on entend par religion un ensemble de dogmes imposés et de pratiques extérieures, alors je l'avoue, je ne suis pas religieux; mais je maintiens aussi que l'humanité ne l'est pas essentiellement et ne le sera pas toujours en ce sens. Ce qui est de l'humanité, ce qui par conséquent sera éternel comme elle, c'est le besoin religieux, la faculté religieuse, à laquelle ont correspondu jusqu'ici de grands ensembles de doctrine et de cérémonies, mais qui sera suffisamment satisfaite par le culte pur des bonnes et belles choses. Nous avons donc droit de parler de religion, puisque nous avons l'analogue, sinon la chose même, puisque le besoin qui autrefois était satisfait par les religions positives l'est chez nous par quelque chose d'équivalent, qui peut à bon droit s'appeler du même nom. Que si l'on s'obstinait absolument à prendre ce mot dans un sens plus restreint, nous ne disputerions pas sur cette libre définition, nous dirions seulement que la religion ainsi entendue n'est pas chose essentielle et qu'elle disparaîtra de l'humanité, laissant vide une place qui sera remplie par quelque chose d'analogue.

On a beaucoup parlé depuis quelques années de *retour religieux*, et je reconnais volontiers que ce retour s'est généralement traduit sous forme de retour au catholicisme. Cela devait être. L'humanité, sentant impérieusement le besoin d'une religion, se rattachera toujours à celle qu'elle trouvera toute faite. Ce n'est pas au catholicisme, en tant que catholicisme, que le siècle est revenu, mais au catholicisme, en tant que religion. Il faut avouer aussi que le catholicisme, avec ses formes dures, absolues, sa réglementation rigoureuse, sa centralisation parfaite, devait plaire à la nation qui y voyait le plus parfait modèle de son gouvernement. La France, qui trouve tout simple qu'une loi émanée de Paris devienne à l'instant applicable au paysan breton, à l'ouvrier alsacien, au pasteur nomade des Landes, devait trouver tout naturel aussi qu'il y eût à Rome un *infaillible* qui réglât la croyance du monde. Cela est fort commode. Débarrassé du soin de se faire son symbole et même de le comprendre, on peut, après cela, vaquer en toute sécurité à ses affaires, en disant : cela ne me regarde pas; dites-moi ce qu'il faut croire; je le crois. Étrange non-sens, car, les formules n'ayant de valeur que par le *sens* qu'elles renferment, il n'avance à rien de dire : « Je me repose sur le pape; il sait, lui, ce qu'il faut croire, et je crois comme lui. » On s'imagine que la foi est comme un talisman qui sauve par sa vertu propre; qu'on sera sauvé si l'on croit telle proposition inintelligible, sans s'embarrasser de la comprendre; on ne sent pas que ces choses ne valent que par le bien qu'elles font à l'âme, par leur application personnelle au croyant.

S'il s'est opéré un retour vers le catholicisme, ce n'est donc nullement parce qu'un progrès de la critique y a ramené, c'est parce que le besoin d'une religion s'est plus vivement fait sentir, et que le catholicisme seul s'est trouvé sous la main. Le catholicisme, pour l'immense majorité de ceux qui le professent, n'est plus le catholicisme ; c'est la *religion*. Il répugne de passer sa vie comme la brute, de naître, de contracter mariage, de mourir sans que quelque cérémonie religieuse vienne consacrer ces actes saints. Le catholicisme est là, satisfaisant à ce besoin ; passe pour le catholicisme. On n'y regarde pas de plus près ; on n'entre pas dans le détail des dogmes, on plaint ceux qui s'imposent ce labeur ingrat, on est cent fois hérétique sans s'en douter. Ce qui a fait la fortune du catholicisme de nos jours, c'est qu'on le connaît très peu. On ne le voit que par certains dehors imposants, on ne considère que ce qu'il a dans ses dogmes d'élevé et de moral, on n'entre pas dans les broussailles ; il y a plus, on rejette bravement ou on explique complaisamment ceux de ses dogmes qui contredisent trop ouvertement l'esprit moderne. S'il fallait faire en particulier un acte de foi sur chaque verset de l'Écriture ou sur chaque décret du Concile de Trente, ce serait bien autre chose ; on serait surpris de se trouver incrédule. Ceux que des circonstances particulières ont amenés à soutenir sur ce terrain un duel à la vie à la mort, ont des raisons pour n'être pas si commodes.

Telle est donc l'explication de ce retour au catholicisme, qui a l'air d'être une si forte objection contre la philosophie. Le xviiie siècle, ayant eu pour mission de détruire, y trouvait le plaisir que tout être rencontre à accomplir sa fin. Le scepticisme et l'impiété lui plaisaient pour eux-mêmes. Mais nous qui ne sommes plus enivrés de cette joie du premier emportement, nous qui, revenus à l'âme, y avons trouvé l'éternel besoin de religion, qui est au fond de la nature humaine, nous avons cherché autour de nous, et, plutôt que de rester dans cette pénurie devenue intolérable, nous sommes revenus au passé, et nous avons accepté telle quelle la doctrine qu'il nous léguait. Quand on ne sait plus créer de cathédrales, on les gratte, on les imite. Car on peut se passer d'originalité religieuse; mais on ne peut se passer de religion.

Les individus traversent dans leur vie intérieure des phases analogues En l'âge de la force, quand l'esprit critique est encore dans sa vigueur, que la vie apparaît comme une proie appétissante, et que le plein soleil de la jeunesse verse ses rayons d'or sur toute chose, les instincts religieux se contentent à peu de frais; on vit avec joie sans doctrine positive ; le charme de l'exercice intellectuel adoucit toute chose, même le doute. Mais quand l'horizon se rapproche, quand le vieillard cherche à dissiper les froides terreurs qui l'assiègent, quand la maladie a épuisé la force généreuse qui fait penser hardiment, alors il n'est pas de si ferme rationaliste qui ne se tourne vers le Dieu des femmes et des enfants, et ne demande au prêtre de le rassurer et de le délivrer des fantômes qui l'obsèdent sous ce pâle soleil. Ainsi s'expliquent les *faiblesses* de tant de philosophes en leurs derniers jours. Il faut une religion autour du lit de mort ; laquelle ? n'importe ; mais il en faut une. Il me semble bien en ce moment que je mourrais content dans la communion de l'humanité et dans la religion de l'avenir. Hélas ! je ne jurerais rien, si je tombais malade. Chaque fois que je me sens affaibli, j'éprouve une exaltation de la sensibilité et une sorte de retour pieux.

Mole sua stat : telle est de nos jours la raison d'être du christianisme. Qui ne s'est arrêté, en parcourant nos anciennes villes devenues modernes, au pied de ces gigantesques monuments de la foi des vieux âges ? Tout s'est renouvelé alentour ; plus un vestige des demeures et des habitudes d'autrefois ; la cathédrale est restée, un peu dégradée peut-être à hauteur de main d'homme, mais profondément enracinée dans le sol ; elle a résisté au déluge qui a tout balayé autour d'elle, et la famille de corbeaux, qui a placé son nid dans sa flèche, n'a pas encore été dérangée. Sa masse est son droit. Étrange prescription ! Ces barbares convertis, ces bâtisseurs d'églises, Clovis, Rollon, Guillaume le Conquérant, nous dominent toujours. Nous sommes chrétiens, parce qu'il leur a plu de l'être. Nous avons réformé leurs institutions politiques devenues surannées ; nous n'avons osé toucher à leur établissement religieux. On trouve mauvais que nous autres civilisés nous touchions au dogme que des barbares ont créé. Et quel droit avaient-ils que nous n'ayons ? Pierre, Paul, Augustin nous font la loi, à peu près comme si nous nous assujettissions encore à la loi Salique ou à la loi Gombette. Tant il est vrai qu'en fait de création religieuse les siècles sont portés à se calomnier eux-mêmes, et à se refuser le privilège qu'ils accordent libéralement aux âges reculés !

De là l'immense disproportion qui peut, à certaines époques, exister entre la religion et l'état moral, social et politique. Les religions sont pétrifiées et les mœurs se modifient sans cesse. Semblable à ces roches granitiques qui se sont prises en englobant dans leur masse encore liquide des substances étrangères, qui éternellement feront corps avec elles, le catholicisme s'est solidifié une fois pour toutes, et nulle épuration n'est désormais possible. Je sais qu'il est un catholicisme plus adouci qui a su pactiser avec les nécessités du temps, et jeter un voile sur de trop rudes vérités. Mais de tous les systèmes, celui-là est le plus inconséquent. Je conçois les orthodoxes, je conçois les incrédules ; mais non les néo-catholiques. L'ignorance profonde où l'on est en France, en dehors du clergé, de l'exégèse biblique et de la théologie, a seule pu donner naissance à cette école superficielle et pleine de contradictions. C'est dans les Pères, c'est dans les conciles qu'il faut chercher le vrai christianisme, et non chez des esprits à la fois faibles et légers qui l'ont faussé en l'adoucissant, sans le rendre plus acceptable.

Pour la grande majorité des hommes, le culte établi n'est que la part de l'idéal dans la vie humaine, et à ce titre il est souverainement respectable. Quel charme de voir dans des chaumières ou dans des maisons vulgaires, où tout semble écrasé sous la préoccupation de l'utile, des images ne représentant rien de réel, des saints, des anges ! Quelle consolation, au milieu des larmes de notre état de souffrance, de voir des malheureux, courbés sous le travail de six journées, venir au septième jour se reposer à genoux, regarder de hautes colonnes, une voûte, des arceaux, un autel, entendre et savourer des chants, écouter une parole morale et consolante. Oh ! barbares, ceux qui appellent cela du temps perdu, et spéculent sur le gain des dimanches et des fêtes supprimées ! Nous autres, qui avons l'art, la science, la philosophie, nous n'avons plus besoin de l'église. Mais le peuple, le temple est sa littérature, sa science, son art. Ce qu'il y a dans le christianisme de dangereux et de funeste, le peuple ne le voit pas. L'esprit qui aspire à une haute culture réfléchie doit préalablement s'affranchir du catholicisme ; car il y a dans le catholicisme des dogmes et des tendances inconciliables avec la culture moderne. Mais qu'importe au simple tout cela ? Il ne cueille que la fleur : que lui importe que les racines soient amères? Je m'indigne de voir un homme tant soit peu initié à la culture du xix⁰ siècle conserver encore les croyances et les pratiques du passé. Au contraire, quand je parcours les campagnes et que je vois à chaque angle de chemin et dans chaque chaumière les signes du plus superstitieux catholicisme, je m'attendris, et j'aimerais mieux me taire toute ma vie que de scandaliser un seul de ces enfants. Une Sainte-Vierge chez un homme réfléchi et chez un paysan, quelle différence ! Chez l'homme réfléchi, elle m'apparaît comme une révoltante absurdité, le signe d'un art épuisé, l'amulette d'une avilissante dévotion ; chez le paysan, elle m'apparaît comme le rayon de l'idéal qui pénètre jusque sous ce toit de chaume. J'aime cette foi simple, comme j'aime la foi du moyen âge, comme j'aime l'Indien prosterné devant Kali ou Krischna, ou présentant sa tête aux roues du char de Jagatnata. J'adore le sacrifice antique; je n'ai que du dégoût pour le niais taurobole de Julien. Le paysan sans religion est la plus laide des brutes, ne portant plus le signe distinctif de l'humanité *(animal religiosum)*. Hélas ! un jour viendra où ils devront subir la loi commune et traverser la vilaine période de l'impiété. Ce sera pour le plus grand bien de l'humanité ; mais, Dieu ! que je ne voudrais pour rien au monde travailler à cette œuvre-là. Que les laids s'en chargent ! Ces bonnes gens n'étant pas du xix⁰ siècle il ne faut pas trouver mauvais qu'ils soient de la religion du passé. Telle est ma manière : au village, je vais à la messe ; à la ville, je ris de ceux qui y vont.

Je suis quelquefois tenté de verser des larmes quand je songe que, par la supériorité de ma religion, je m'isole, en apparence de la grande famille religieuse où sont tous ceux que j'aime, quand je pense que les plus belles âmes du monde doivent me considérer comme un impie, un méchant, un damné, le doivent, remarquez bien, par la nécessité même de leur foi. Fatale orthodoxie, toi qui autrefois faisais la paix du monde, tu n'es plus bonne que pour séparer. L'homme mûr ne peut plus croire ce que croit l'enfant ; l'homme ne peut plus croire ce que croit la femme ; et ce qu'il y a de terrible, c'est que la femme et l'enfant joignent leurs mains pour vous dire : Au nom du ciel, croyez comme nous, ou vous êtes damné. Ah ! pour ne pas les croire, il faut être bien savant ou bien mauvais cœur !

Un souvenir me remonte dans l'âme, il m'attriste, sans me faire rougir. Un jour, au pied de l'autel, et sous la main de l'évêque, j'ai dit au Dieu des chrétiens : *Dominus pars hœreditatis meœ et calicis mei ; tu es qui restitues hœreditatem meam mihi.* J'étais bien jeune alors, et pourtant j'avais déjà beaucoup pensé. A chaque pas que je faisais vers l'autel, le doute me suivait ; c'était la science, et, enfant que j'étais, je l'appelais le démon. Assailli de pensées contraires, chancelant à vingt ans sur les bases de ma vie, une pensée lumineuse s'éleva dans mon âme et y rétablit pour un temps le calme et la douceur : Qui que tu sois, m'écriai-je dans mon cœur, ô Dieu des nobles âmes, je te prends pour la portion de mon sort. Jusqu'ici je t'ai appelé d'un nom d'homme ; j'ai cru sur parole celui qui dit : Je suis la vérité et la vie. Je lui serai fidèle en suivant la vérité partout où elle me mènera. Je serai le véritable nazaréen, tandis que, renonçant aux vanités et aux superfluités de la terre, je n'aurai d'amour que pour les belles choses, et ne proposerai à mon activité d'autre objet ici bas. Eh bien ! aujourd'hui je ne me repens pas de cette parole, et je redis volontiers: *Dominus pars hæreditatis meœ*, et j'aime à songer que je l'ai prononcée dans une cérémonie religieuse. Les cheveux ont repoussé sur ma tête ; mais toujours je fais partie de la sainte milice des déshérités de la terre. Je ne me tiendrai pour apostat que le jour où des intérêts usurperaient dans mon âme la place des choses saintes, le jour où, en pensant au Christ de l'Évangile, je ne me sentirais plus son ami, le jour où je prostituerais ma vie à des choses inférieures, et où je deviendrais le compagnon des joyeux de la terre.

Funes ceciderunt mihi in præclaris ! Mon lot sera toujours avec les déshérités ; je serai de la ligue des pauvres en esprit. Que tous ceux qui adorent encore quelque chose s'unissent par l'objet qu'ils adorent. Le temps des petits hommes et des petites choses est passé ; le temps des saints est venu. L'athée, c'est l'homme frivole ; les impies, les païens, ce sont les profanes, les égoïstes, ceux qui n'entendent rien aux choses de Dieu ; âmes flétries qui affectent la finesse et rient de ceux qui croient ; âmes basses et terrestres, destinées à jaunir d'égoïsme et à mourir de nullité. Comment, ô disciples du Christ, faites-vous alliance avec ces hommes ? Oh ! ne vaudrait-il pas mieux nous asseoir les uns et les autres à côté de la pauvre humanité, assise morne et silencieuse sur le bord du chemin poudreux, pour relever ses yeux vers le doux ciel qu'elle ne regarde plus ? Pour nous, le sort en est jeté ; et quand même la superstition et la frivolité, désormais inséparables et auxiliaires l'une de l'autre, parviendraient à engourdir pour un temps la conscience humaine, il sera dit qu'en ce xixe siècle, le siècle de la peur, il y eut encore quelques hommes qui, nonobstant le mépris vulgaire, aimèrent à être appelés des hommes de l'autre monde ;

des hommes qui crurent à la vérité, et se passionnèrent à sa recherche, au milieu d'un siècle frivole, parce qu'il était sans foi, et superstitieux parce qu'il était frivole.

J'ai été formé par l'Église, je lui dois ce que je suis, et ne l'oublierai jamais. L'Église m'a séparé du profane, et je l'en remercie. Celui que Dieu a touché sera toujours un être à part : il est, quoi qu'il fasse, déplacé parmi les hommes, on le remarque à un signe. Pour lui les jeunes gens n'ont pas d'offres joyeuses, et les jeunes filles n'ont point de sourire. Depuis qu'il a vu Dieu, sa langue est embarrassée ; il ne sait plus parler des choses terrestres. O Dieu de ma jeunesse, j'ai longtemps espéré revenir à toi enseignes déployées et avec la fierté de la raison, et peut-être te reviendrai-je humble et vaincu comme une faible femme. Autrefois tu m'écoutais ; j'espérais voir quelque jour ton visage ; car je t'entendais répondre à ma voix. Et j'ai vu ton temple s'écrouler pierre à pierre, et le sanctuaire n'a plus d'écho, et, au lieu d'un autel paré de lumières et de fleurs, j'ai vu se dresser devant moi un autel d'airain, contre lequel va se briser la prière, sévère, nu, sans images, sans tabernacle, ensanglanté par la fatalité. Est-ce ma faute? est-ce la tienne? Ah ! que je frapperais volontiers ma poitrine, si j'espérais entendre cette voix chérie qui autrefois me faisait tressaillir. Mais non, il n'y a que l'inflexible nature ; quand je cherche ton œil de père, je ne trouve que l'orbite vide et sans fond de l'infini, quand je cherche ton front céleste, je vais me heurter contre la voûte d'airain, qui me renvoie froidement mon amour. Adieu donc, ô Dieu de ma jeunesse ! Peut-être seras-tu celui de mon lit de mort. Adieu ; quoique tu m'aies trompé, je t'aime encore!

NOTES écrites en 1848.
v. p. XI

(1) Cette tendance à placer l'idéal dans le passé est particulière aux siècles qui reposent sur un dogme inattaqué et traditionnel. Au contraire, les siècles ébranlés et sans doctrine, comme le nôtre, doivent nécessairement en appeler à l'avenir, puisque le passé n'est plus pour eux qu'une erreur. Tous les peuples anciens plaçaient l'idéal de leur nation à l'origine; les *ancêtres* étaient plus que des hommes (héros, demi-dieux). Voyez au contraire, à l'époque d'Auguste, quand le monde ancien commence à se dissoudre, ces aspirations vers l'avenir, si éloquemment exprimées par le poète incomparable dans l'âme duquel les deux mondes s'embrassèrent. Les nations opprimées font de même : Arthur n'est pas mort, Arthur reviendra. Le plus puissant cri qu'une nation ait poussé vers l'avenir, la croyance de la nation juive au Messie, cette croyance, dis-je, naquit et grandit sous l'étreinte de la persécution étrangère. L'embryon se forme à Babylone; il se fortifie et se caractérise sous les persécutions des rois de Syrie; il aboutit sous la pression romaine.

(2) J'ai vu des hommes du peuple plongés dans une vraie extase à la vue des évolutions des cygnes d'un bassin. Il est impossible de calculer à quelle profondeur ces deux simples vies se pénétraient. Évidemment le peuple, en face de l'animal, le prend comme son frère, comme vivant d'une vie analogue à la sienne. Les esprits élevés, qui redeviennent peuple, éprouvent le même sentiment.

(3) Quelle bonhomie, par exemple, que celle de savants souvent éminents, déclarant en tête de leurs ouvrages qu'ils n'ont pas eu l'intention d'empiéter sur le terrain de la religion, qu'ils ne sont pas théologiens et que les théologiens ne peuvent pas trouver mauvaises leurs tentatives d'humble philosophie naturelle. Il y a en France des hommes qui admirent beaucoup *l'établissement* religieux de l'Angleterre, parce que c'est de tous le plus conservateur. A mes yeux, ce système est le plus illogique et le plus irrévérencieux envers les choses divines.

(4) Telle me paraît être la vraie définition du hasard dans l'histoire, bien mieux que : *Et quia sæpe latent causæ, fortuna vocatur.* Gustave-Adolphe est atteint d'un boulet à Lutzen, et sa mort change la face des affaires en Europe. Voilà un fait dont la cause n'est nullement ignorée, mais qui peut néanmoins s'appeler *hasard* ou *part irrationnelle* de l'histoire, parce que la direction d'un boulet à quelques centimètres près n'est pas un fait proportionné aux immenses conséquences qui en sortiront.

(5) La vie n'est pas autre chose : aspiration de l'être à être tout ce qu'il peut être ; tendance à passer de la puissance à l'acte. Dante, qui, dans son livre *De Monarchia*, a eu sur l'humanité des idées presque aussi avancées que les plus hardis humanitaires, a supérieurement vu cela : *Proprium opus humani generis totaliter accepti est actuare semper totam potentiam intellectus possibilis (De Monarchia, I)*. Herder dit de même : « La perfection d'une chose consiste en ce qu'elle soit tout ce qu'elle doit et peut être. La perfection de l'individu est donc qu'il soit lui-même dans toute la suite de son existence. » *(Ueber den Charakter der Menschheit.)*

(6) L'année 1789 sera dans l'histoire de l'humanité une année sainte, comme ayant vu la première se dessiner, avec une merveilleuse originalité et un incomparable entraînement, ce fait auparavant inconnu. Le lieu où l'humanité s'est proclamée, le Jeu de Paume, sera un jour un temple ; on y viendra comme à Jérusalem, quand l'éloignement aura sanctifié et caractérisé les faits particuliers en symboles des faits généraux. Le Golgotha ne devint sacré que deux ou trois siècles après Jésus.

(7) Voir comme éminemment caractéristique la Déclaration des Droits dans la Constitution de 91. C'est le xviiie siècle tout entier ; le contrôle de la nature et de ce qui est établi, l'analyse, la soif de clarté et de raison apparente.

(8) Que dire, par exemple, de notre éducation universitaire, réduite à une pure discipline extérieure ? Rien pour l'âme et pour la culture morale. Est-il étonnant, du reste, que Napoléon ait conçu un collège comme une caserne ou un régiment ? Notre système d'éducation, sans que nous nous en doutions, est encore trait pour trait celle des jésuites : idée que l'on style l'homme par le dehors, oubli profond de l'âme qui vivifie, machinisme intellectuel.

(9) Les langues offrent un curieux exemple de ceci. Les langues maniées, tourmentées, refaites de main d'homme, comme le français, en portent l'empreinte ineffaçable dans leur manque de flexibilité, leur construction pénible, leur défaut d'harmonie. La langue française, faite par des logiciens, est mille fois moins logique que l'hébreu ou le sans-

kri, créés par les instincts d'hommes primitifs. J'ai développé ce point dans un *Essai sur l'Origine du Langage*, inséré dans la *Liberté de penser*, revue philosophique (15 septembre et 15 décembre 1848).

(10) Voir, par exemple, les *Considérations sur la France*, de M. de Maistre. L'ingénieux publiciste a vu le défaut des réformateurs, l'artificiel, le formalisme, la fureur d'écrire et de rédiger ce qui est plus fort quand il n'est pas écrit. Mais il n'a pas vu que ces défauts étaient nécessaires comme condition d'un progrès ultérieur.

(11) Voltaire n'a pas prétendu dire autre chose dans ses nombreuses attaques contre l'optimisme : ce sont de justes satires des absurdités de son siècle.

(12) *De la Démocratie en France*, p. 76. Un peu plus loin on établit que la propriété territoriale est supérieure à toute autre, parce que le fruit en dépend moins de l'homme et plus des causes aveugles.

(13) L'extension plus ou moins grande qu'un peuple donne à la fatalité est la mesure de sa civilisation. Le Cosaque n'en veut à personne des coups de fouet qu'il reçoit : c'est la fatalité ; le raïa turc n'en veut à personne des exactions qu'il souffre : c'est la fatalité. L'Anglais pauvre n'en veut à personne, s'il meurt de faim : c'est la fatalité. Le Français se révolte s'il peut soupçonner que sa misère est la conséquence d'une organisation sociale réformable.

(14) Par la raison, je n'entends pas seulement la raison humaine, mais la réflexion de tout être pensant, existant ou à venir. Si je pouvais croire l'humanité éternelle, je conclurais sans hésiter qu'elle atteindrait le parfait. Mais il est physiquement possible que l'humanité soit destinée à périr ou à s'épuiser, et que l'espèce humaine elle-même s'atrophie, quand la source des forces vives et des races nouvelles sera tarie. (Lucrèce a là-dessus de sérieux arguments, liv. V, v. 381 et suiv.) Dès lors, elle n'aura été qu'une forme transitoire du progrès divin de toute chose, et du *fieri* de la conscience divine. Car lors même que l'humanité n'influerait pas directement sur les formes qui lui succéderont, elle aura eu son rôle dans le progrès gradué, comme rameau nécessaire pour l'apparition des rameaux plus élevés. Bien que ceux-ci ne soient pas greffés sur le premier rameau ils le seront sur le même tronc. Hegel est insoutenable dans le rôle exclusif qu'il attribue à l'humanité, laquelle n'est pas sans doute la seule forme consciente du divin, bien que ce soit la plus avancée que nous connaissions. Pour trouver le parfait et l'éternel, il faut dépasser l'humanité et plonger dans la grande mer ! Si je me disculpais ici de panthéisme, j'aurais l'air de le faire par condescendance pour une timidité soupçonneuse et de reconnaître à quelqu'un le droit d'exiger des

protestations d'orthodoxie; je ne le ferai donc pas. Qu'il me suffise de dire que je crois à une raison vivante de toute chose, et que j'admets la liberté et la personnalité humaine comme des faits évidents; que par conséquent toute doctrine qui serait amenée *logiquement* à les nier serait fausse à mes yeux. J'ajouterai que le panthéisme ne paraît si absurde à la plupart que parce qu'ils ne le comprennent pas, et parce qu'ils entendent le principe : *Tout est Dieu*, dans un sens *distributif*, et non dans un *collectif*. *Tout* n'est point ici synonyme de *chaque*, pas plus que dans cette phrase : *Tous* les départements de France forment un espace de tant de lieues carrées. Il y aurait peu d'absurdités comparables à celle-ci : chaque objet est Dieu. Hegel a fort bien expliqué ceci. (*Cours d'esthétique*, t. II, p. 108, trad. Bénard.)

(15) Qu'est-ce que la science du moyen âge, si ce n'est une dispute? La dispute est si chère aux scolastiques, qu'ils se la *réservent*, se la *ménagent*, et disposent leurs canons de façon à n'en pas supprimer la matière. Il y a des propositions reconnues fausses que l'on ne condamne pas, pour que l'on puisse en disputer. Lisez le traité que les théologiens appellent *Des lieux théologiques*, vous aurez une idée de cette étrange méthode. Il ne s'agit pas du vrai, mais du controversable ; savoir n'est rien, disputer est tout.

(16) Voulez-vous un type de cette manière irrévérencieuse de traiter la science, de la prendre comme un jeu d'esprit, bon à délasser d'une vie défleurie ou à faire naître ce rire inepte, si recherché de ceux à qui est interdit le rire de bon aloi, lisez le *Journal de Trévoux* et en général les ouvrages scientifiques sortis de la même Compagnie, laquelle, pour le dire en passant, n'a pu produire un seul savant sérieux (Kircher peut-être excepté, lequel a bien aussi ses folies; mais ces folies étaient celles de son siècle), et a produit par contre quelques types incomparables du charlatanisme scientifique, Bougeant, Hardouin, etc. Tout cela est du même ordre que le petit genre tout innocent et paterne des poètes de la Société, Du Cerceau, Commire, Rapin, etc. — Les travaux des bénédictins sont d'un tout autre ordre, mais ne prouvent pas contre ma thèse. Le besoin de remplir une vie calme et retirée par d'utiles travaux, des goûts studieux, l'instinct de la compilation et des collections, peuvent rendre à l'érudition d'immenses services, mais ne constituent pas l'amour pur de la science.

(17) Supposé que les *égards* de Descartes pour la théologie ne fussent pas purement politiques ; ce que je ne pense pas. Descartes était un esprit absolu, tout à fait dépourvu de critique; *il a bien pu croire à plein au christianisme*.

(18) Cela est si vrai que les esprits à demi critiques ne se résignent

à admettre le miracle que dans l'antiquité. Des récits qui feraient sourire, si on les donnait comme contemporains, passent grâce à la fantasmagorie de l'éloignement. Il semble qu'on admette tacitement que l'humanité primitive vivait sous d'autres lois que les nôtres.

(19) C'est chose merveilleuse comme chaque nation se reflète naïvement dans la physionomie de ses miracles. Comparez le miracle des Hébreux grave, sévère, sans variété comme Jehova; le miracle évangélique bienfaisant et moral, le miracle talmudique dégoûtant de vulgarité, le miracle byzantin terne et sans poésie, le miracle du moyen âge gracieux et sentimental; le miracle espagnol et jésuitique, matérialiste, amollissant, immoral. Cela n'est pas étonnant, puisque chaque peuple ne fait que mettre en scène dans ses miracles les agents surnaturels du gouvernement de l'univers, tels qu'il les entend; or ces agents, chaque race les façonne sur son propre modèle.

(20) Déjà l'étude de la science et de la philosophie grecques, avait produit chez les musulmans au moyen âge un résultat analogue. La plupart des philosophes arabes étaient hétérodoxes ou incroyants. Averroès peut être considéré comme un rationaliste pur. Mais ce beau mouvement fut comprimé par la persécution des musulmans rigides. Le nombre et l'influence des philosophes ne furent pas assez grands pour emporter la balance, comme cela a eu lieu en Europe.

(21) Voir l'admirable peinture de la réaction dévote du commencement du xvii° siècle, dans Michelet, *Du prêtre, de la femme, de la famille*, chap. I, et en général tout ce livre, peinture si vive et si originale des faits les plus délicats et les plus indescriptibles. Il y a là tout un monde que personne n'ose dire. Voir encore la fine analyse psychologique que M. Sainte-Beuve a si malheureusement intitulée *Volupté*. Ne pas oublier *Das ewig Weibliche* à la fin de Faust, et Méphistophélès vaincu par des roses tout en blasphémant, et l'admirable épisode de Dorothée et d'Agnès dans la *Pucelle* :

> Et se sentant quelque componction,
> Elle comptait s'en aller à confesse;
> Car de l'amour à la dévotion
> Il n'est qu'un pas ; l'une et l'autre est faiblesse.

Une rigoureuse analyse psychologique classerait l'instinct religieux inné chez les femmes dans la même catégorie que l'instinct sexuel. Tout cela apparaît pour la première fois au moyen âge d'une manière caractérisée dans les lollards, béguards, fraticelles, pauvres de Lyon, *humiliati*, flagellants, etc.

(22) Cette opposition produit quelquefois d'étranges effets. Certaines faiblesses des plus fiers rationalistes ne s'expliquent que par là. Il vient de moments de dégel, où tout se couvre d'humidité, devient flasque et sans tenue. J'ai souvent songé que ce type (haute fierté intellectuelle, jointe aux faiblesses les plus féminines) pourrait servir de sujet à un roman psychologique. Faust ne correspond qu'à une partie de ce que j'imagine. Les anciens, par une de ces distinctions que bannit notre physique, parce qu'elles ne s'appuient pas sur des faits assez précis, et qui pourtant avaient tant de vérité, distinguaient chaleur sèche et chaleur humide. Cette distinction est juste, du moins en psychologie.

(23) J'ai entendu un homme, excellent du reste, se réjouir du choléra; car, disait-il, ces calamités opèrent un retour aux idées religieuses. Cela, du reste, est conséquent. Qu'importe, pourvu que les âmes soient sauvées?

(24) Au fond, les différences entre les sectes religieuses ne sont pas moindres. Mais elles ne frappent pas autant, parce qu'on ne les voit pas exister simultanément dans un même pays, tandis que la philosophie est toujours envisagée synoptiquement et comme solidaire dans toutes ses parties. Aussi dans les pays où plusieurs sectes sont en présence, le scepticisme religieux ne tarde pas à se produire.

(25) Dans l'impossibilité d'exposer avec précision de telles idées, je renvoie à l'hymne où, dès ma première jeunesse, je cherchai à exprimer ma pensée religieuse, à la fin du volume. (*On l'a supprimée.*)

(26) Soient, par exemple, les preuves de l'existence de Dieu de Descartes. Jamais esprit de quelque finesse ne les a prises au sérieux, et je plaindrais fort celui dont la foi religieuse ne serait étayée que sur ce scolastique échafaudage. Et pourtant elles sont vraies au fond, toutes également vraies, mais étroitement exprimées.

(27) C'est en cela qu'excelle l'Allemagne. Ses aperçus sont complètement individuels et intraduisibles. Si l'on en change tant soit peu le tour, ils disparaissent, comme des essences qui s'évaporent si on les fait passer d'un vase à un autre. Tel ouvrage allemand de premier ordre est lourd et insupportable en français; ôtez à l'eau de rose sa senteur, elle ne vaut pas de l'eau ordinaire. Soit, par exemple, l'admirable introduction de G. de Humboldt à son essai sur le kawi, où se trouvent réunies les plus fines vues de l'Allemagne sur la science des langues; cet essai serait traduit en français qu'il n'aurait aucun sens et paraîtrait d'une insigne platitude: et c'est là ce qui en fait l'éloge; cela prouve la délicatesse du trait.

(28) Fichte, par exemple, répète sans cesse dans sa *Méthode pour arriver à la vie bienheureuse* : « Ceci n'est-il pas parfaitement évident, plus clair que le soleil ? Aucun esprit bien fait ne peut ne pas le comprendre. » Quand un homme sincère parle sur ce ton, je le crois toujours. Car comment un esprit droit, appliqué sérieusement à son objet, verrait-il faux ? Il est donc certain que le système de Fichte était parfaitement vrai pour lui, au point de vue où il se plaçait.

(29) Ainsi les hypothèses sur l'électricité, le magnétisme, *expliquent* les phénomènes ; elles sont un lien commode entre les faits ; mais on ne les prend pas comme ayant une valeur absolue et correspondant à des réalités physiques.

(30) « Je vois la mer, des rochers, des îles, » dit celui qui regarde par les fenêtres au nord du château. « Je vois, des arbres, des champs, des prés, » dit celui qui regarde par les fenêtres du sud. Ils auraient bien tort de se disputer ; ils ont raison tous les deux.

(31) Le type de cet esprit, c'est bien Joseph de Maistre, un grand seigneur impatient des lentes discussions de la philosophie : Pour Dieu ! une décision, et que ce soit fini ! Vraie ou fausse, n'importe. L'essentiel est que je sois en repos. Un pape infaillible, c'est bien plus court. Infaillible !... Oh ! c'est faire trop d'honneur à ces vils mortels. Non, un pape sans appel !

(32) Je ne connais rien de plus touchant et de plus naïf que les efforts que font les croyants, emportés forcément par le mouvement scientifique de l'esprit moderne, pour concilier leurs vieilles doctrines avec cette formidable puissance, qui les commande quoi qu'ils fassent. Si l'on ouvrait telle conscience, on trouverait là des trésors de pieuses subtilités, vraiment édifiants et indices d'une bien aimable moralité.

(33) L'un des hommes qui ont le plus vigoureusement insulté la nature humaine au profit de la révélation, a dit quelque part (voir l'*Univers* du 26 mars 1849) qu'il préférait de beaucoup Rabelais, Parny et Pigault-Lebrun à Lamartine. Je le crois sans peine. Voltaire aussi trouvait mieux son affaire avec le curé de Versailles, qui caressait tour à tour et volait ses ouailles, qu'avec saint Vincent de Paul ou saint François de Sales.

(34) Il y aurait une curieuse recherche à faire *sur le prix plus ou moins élevé de la vie humaine* aux diverses phases du développement de l'humanité. On trouverait que ce prix a toujours été estimé sur sa valeur réelle, c'est-à-dire qu'on a beaucoup plus respecté la vie humaine aux époques où elle a réellement le plus de valeur. La conscience se faisant peu à peu et traversant des degrés divers, une

conscience a d'autant plus de valeur qu'elle est plus faite, plus avancée. L'homme civilisé qui se possède si énergiquement est bien plus homme, si j'ose le dire, que le sauvage qui se sent à peine, et dont la vie n'est qu'un petit phénomène sans valeur. Voilà pourquoi le sauvage tient très peu à la vie; il l'abandonne avec une facilité étrange, et l'ôte aux autres comme en se jouant. Chez lui, la personnalité est à peine nouée. L'animal, et jusqu'à un certain point l'enfant, voient la mort d'un de leurs semblables sans effroi. Le prix qu'on fait de la vie pour soi est toujours celui qu'on en fait pour les autres. Plusieurs faits de notre Révolution ne s'expliquent que par là. La vie était tombée à un effrayant bon marché.

(35) Le christianisme, par ses tendances universelles et catholiques, a contribué à affaiblir le culte antique de la patrie. Le chrétien fait partie d'une société bien plus étendue et plus sainte, qu'il doit au besoin préférer à son pays.

(36) Dieu me garde d'insulter un esprit aussi distingué que Franklin. Mais comment un homme de quelque sens moral et philosophique a-t-il pu écrire des chapitres intitulés : *Conseils pour faire fortune. — Avis nécessaire à ceux qui veulent être riches. — Moyens d'avoir toujours de l'argent dans sa poche.* « Grâce à ces moyens, ajoute-t-il, le ciel brillera pour vous d'un éclat plus vif, et le plaisir fera battre votre cœur. Hâtez-vous donc d'embrasser ces règles et d'être heureux. » Voilà un charmant moyen pour ennoblir la nature humaine.

(37) La libation est de tous les usages de l'antiquité celui qui me semble le plus religieux et le plus poétique : sacrifice (perte sèche, comme diraient les gens positifs) des prémices à l'invisible.

(38) La même application irrationnelle, mais énergique et belle, d'un principe de la nature humaine se remarque dans les idées des religions sur l'expiation. Le besoin d'expiation, après une vie immorale ou frivole, est très légitime ; l'erreur est d'avoir cru qu'il s'agissait de se punir. La seule pénitence raisonnable, c'est le repentir et le retour avec plus d'amour à la vie sérieuse et belle.

(39) Les petits esprits qui conçoivent la perfection comme une médiocrité, résultant de la neutralisation réciproque des extrêmes, appellent cela des excès ; mais c'est là une étroite et mesquine manière d'expliquer de pareils faits. Ce qu'il y faut blâmer, ce n'est pas le trop d'énergie, c'est la mauvaise direction donnée à de puissants instincts.

(40) Ces harmonieuses plaintes sont devenues un des thèmes les

plus féconds de la poésie moderne. Après celle de Jouffroy, je n'en
connais pas de plus vraies que celles de Louis Feuerbach, un des
représentants les plus avancés de l'école ultra-hégélienne (*Souvenirs
de ma vie religieuse*, à la suite de *la Religion de l'Avenir*). Ce regret
ne se remarque pas chez les premiers sceptiques (les philosophes du
xviii° siècle par exemple) lesquels détruisaient avec une joie merveilleuse et sans éprouver le besoin d'aucune croyance, préoccupés qu'ils
étaient de leur œuvre de destruction et du vif sentiment de l'exertion
de leur force.

(41) Héraclite concevait les astres comme des météores s'allumant à
temps dans des réceptacles préparés à cette fin, sortes de chaudrons,
qui, en nous tournant leur partie obscure, produisent les phases, les
éclipses, etc. Anaxagore croit que la voûte du ciel est de pierre, et
conçoit le soleil et les astres comme des pierres enflammées. Cosmas
Indicopleustès imagine le monde comme un coffre oblong ; la terre
forme le fond ; aux quatre côtés s'élèvent de fortes murailles, et le
ciel forme le couvercle cintré. Les Hébreux supposaient le ciel semblable à un miroir d'airain (Job, xxxvii, 18), soutenu par des colonnes
(Job, xxvi, 11) ; au-dessus sont les eaux supérieures, qui en tombent
par des soupapes ou fenêtres munies de barreaux, pour former la
pluie (Ps. lxxviii, 23 ; Gen., vii, 11 ; viii. 2). Strepsiade se faisait un
système de météorologie analogue, quoique un peu plus burlesque
(Aristoph., *Nuées*, v. 372).

(42) Dirai-je que l'on peut déjà en soupçonner quelque chose ? En
effet, le terme du progrès universel étant un état où il n'y aura plus au
monde qu'un seul être, un état où toute la matière existante engendrera une résultante unique, qui sera Dieu ; où Dieu sera *l'âme* de
l'univers, et l'univers le *corps* de Dieu, et où, la période d'individualité étant traversée, l'unité, qui n'est pas l'exclusion de l'individualité,
mais l'harmonie et la conspiration des individualités, régnera seule ;
on conçoit, dis-je, que dans un pareil état, qui sera le résultat des
efforts aveugles de tout ce qui a vécu, où chaque individualité, jusqu'à celle du dernier insecte, aura eu sa part, toute individualité
se retrouve, comme dans le son lointain d'un immense concert.
C'est ainsi, du moins, que j'aime à l'entendre. Voir d'admirables
pages de *Spiridion*, présentées cependant sous des formes trop substantielles.

(43) Admirable expression de Schiller.

(44) Je parle surtout ici de la France. Les succès de M. Ronge et des
Catholiques allemands prouvent qu'un mouvement religieux n'est pas

tout à fait impossible en Allemagne. L'apparition incessante de nouvelles sectes, que les catholiques reprochent aux protestants comme une marque de faiblesse, prouve, au contraire, que le sentiment religieux vit encore parmi eux, puisqu'il y est encore créateur. En France, il n'y a pas de danger que cela arrive : tout est figé. Rien de plus mort que ce qui ne bouge pas. Plusieurs faits témoignent aussi que la fécondité religieuse n'est pas éteinte en Angleterre. Quant à l'Orient, les Arabes font observer que la liste des prophètes n'est pas close, et les succès des Wahhabites prouvent qu'un nouveau Mahomet n'est pas impossible. J'ai souvent fait réflexion qu'un Européen habile, sachant l'arabe, présentant une légende par laquelle il se rattacherait de façon ou d'autre à une branche de la famille du prophète, et prêchant avec cela les doctrines d'égalité ou de fraternité, si susceptibles d'être bien comprises par les Arabes, pourrait, avec huit ou dix mille hommes, faire la conquête de l'Orient musulman, et y exciter un mouvement comparable à celui de l'islamisme.

(45) Fichte, dans l'ouvrage où se révèle le mieux son admirable sens moral, a merveilleusement exprimé ce sacerdoce de la science (*De la destinée du savant et de l'homme de lettres*, 4ᵉ leçon. Voyez aussi *Méth. pour arriver à la vie bienheureuse*, 4ᵉ leçon).

(46) Cela est si vrai que des peuples entiers ont manqué d'un tel système religieux ; ainsi les Chinois qui n'ont jamais connu que la morale naturelle, sans aucune croyance mythique. Le culte de Fo ou Buddha est, on le sait, étranger à la Chine.

(47) Comment ne pas exprimer aussi un regret sur cette déplorable nullité à laquelle est condamnée la province, faute de grandes institutions et de mouvement littéraire ! Quand on songe que chaque petite ville d'Italie au XVIᵉ siècle avait son grand maître en peinture et en musique, et que chaque ville de 3,000 âmes en Allemagne est un centre littéraire, avec imprimerie savante, bibliothèque et souvent université, on est affligé du peu de spontanéité d'un grand pays, réduit à répéter servilement sa capitale. La distinction du bon goût parisien et du mauvais goût provincial est la conséquence de la même organisation intellectuelle ; or, cette distinction est aussi mauvaise pour la capitale que pour la province ; elle donne à la question de *goût* une importance exagérée. Tout cela prouve aussi une chose assez triste, c'est que l'art, la science et la littérature ne fleurissent pas chez nous par suite d'un besoin intime et spontané, comme dans l'ancienne Grèce, comme dans l'Italie du XVᵉ siècle ; puisque, là où il n'y a pas d'excitation extérieure, rien ne se produit.

(48) Les Allemands qui ont étudié notre système d'instruction publique prétendent que certains cours des lycées, ceux de philosophie, par exemple, rappellent seuls l'enseignement des universités allemandes. Voir L. Hahn, *Das Unterrichtswesen in Frankreich*, Breslau, 1848, 2ᵉ partie.

(49) Voici le *programme* d'une fête universitaire de Kœnigsberg. « *Conditi Prussiarum regni memoriam anniversariam die XVIII jan. MDCCCXL in auditorio maximo celebrandam indicunt, prorector, director, cancellarius et senatus Academiæ Albertinæ. Inest dissertatio de nominum tertiæ declinationis vicissitudine...* G.-B. Winer défraya une douzaine de solennités académiques avec une série de dissertations *sur l'usage des verbes composés d'une préposition dans le Nouveau Testament*.

(50) Voir les actes des Congrès annuels des philologues allemands : *Verhandlungen der Versammlungen deutscher Philologen und Schulmænner*.

(51) Malebranche, dans son admirable quoique trop sévère chapitre sur Montaigne, l'avait déjà appelé *un pédant à la cavalière*. Pascal, les Logiciens de Port-Royal et Malebranche avaient saisi très finement cette petite prétention de l'auteur des *Essais*.

(52) Cela est si vrai qu'un même sentiment peut fournir de la poésie, de l'éloquence, de la philosophie, selon qu'on le fait diversement vibrer; à peu près comme les vibrations diverses d'un même fluide produisent chaleur et lumière.

(53) Stobée, *Apophth.*, 8. II. p. 44, édit. Gaisford.

(54) Quintilien avait bien raison de dire : *Grammatica plus habet in recessu quam fronte promittit*.

(55) Voir l'histoire de la philologie classique dans l'antiquité *(Geschichte der klassischen Philologie im Alterthum)*, par M. Græfenhan, Bonn, 1843-46. Voici les objets divers qu'il y a fait rentrer : 1° GRAMMAIRE, et ses diverses parties; Rhétorique, Lexilogie (Étymologie, Synonymique, Lexicographie, Glossographie, Onomatologie, Dialectographie). — 2° EXÉGÈSE, allégorique, verbale, Commentaires des rhéteurs, des grammairiens, des sophistes, Scholies, Paraphrases, Traductions, Imitations. — 3° CRITIQUE des textes, critique littéraire (authenticité, etc.), critique, esthétique. — 4° ÉRUDITION, Théologie, Mythographie, Politique, Chronologie, Géographie, Littérature (Compilateurs, Abréviateurs, Bibliographie, Biographie, Histoire littéraire), Histoire et théorie des Beaux-Arts. — M. Haase, dans le *Journal d'Iéna*, critique

vivement l'emploi d'une acception aussi vaste (*Neue jenaische Literatur-Zeitung*, Febr. 1845, n° 35-37). — L'école de Heyne et de Wolf entendait par philologie la connaissance approfondie du monde antique (grec et romain) sous toutes ses faces, en tant qu'elle est nécessaire à la parfaite intelligence de ces deux littératures.

(56) Ainsi l'entendait l'antiquité. La grammaire, c'était l'encyclopédie, non pour la science positive elle-même, mais comme moyen nécessaire pour l'intelligence des auteurs. Tout était rapporté à ce but littéraire. Le tableau le plus complet de tout ce que devait savoir le grammairien ancien, se trouve dans l'éloge que Stace fait de son père *(Sylv.)*.

(57) Mot de Cratès de Mallos : « Le grammairien, c'est le manœuvre ; le critique, c'est l'architecte. » Wegener, *De aula attalica,* recueil des fragments de Cratès.

(58) Je parle seulement du moyen âge scolastique, du xie au xve siècle. Les rhéteurs de l'époque carlovingienne sont bien les successeurs des grammairiens romains, et ne sont que trop *philologues* dans le sens étroit et verbal. Roger Bacon, en qui se remarquent les premières étincelles de l'esprit moderne, et qui presque seul, en un espace de dix siècles, comprit la science comme nous la comprenons, avait déjà deviné la philologie. Il consacre la troisième partie de l'*Opus Majus* à l'utilité de l'étude des langues anciennes (grec, arabe, hébreu) et porte en ce sujet délicat la plus parfaite justesse de vues. L'étude des langues n'est plus pour lui un moyen pour exercer le *métier* d'interprète ou de traducteur, comme cela avait lieu presque toujours au moyen âge ; c'est un instrument de critique littéraire et scientifique.

(59) Il faut en dire autant de la connaissance que les Syriens, les Arabes et les autres Orientaux (les Arméniens peut-être exceptés) eurent de la littérature grecque. Elle fut des plus grossières, parce qu'elle ne fut pas philologique.

(60) J'ai placé, dit-il, le prince des poètes à côté de Platon, le prince des philosophes, et je suis obligé de me contenter de les regarder, puisque Sergius est absent et que Barlaam, mon ancien maître, m'a été enlevé par la mort. Tantôt je me console en jetant un regard sur ce chef-d'œuvre ; tantôt je l'embrasse, et je m'écrie en soupirant : Grand homme ! avec quel bonheur je t'entendrais, si la mort n'avait fermé l'une de mes oreilles (Barlaam) et si l'éloignement ne rendait l'autre impuissante (Sergius) ! (*Epist. Var.*, xx, Opp. p. 998, 999).

(61) Pour bien comprendre le caractère de la critique ancienne, voir l'excellent article de M. Egger sur Aristarque (*Revue des Deux Mondes*, 1er février 1846).

(62) *Aristarchus Homeri versum negat quem non probat.* Il serait à désirer que Porson, Brunck, et bien d'autres critiques allemands n'eussent pas choisi cet étrange moyen de devenir des Aristarques.

(63) C'est ainsi que les arabisants européens croient sans témérité mieux entendre certains passages du Coran que les Arabes. C'est ainsi encore que les hébraïsants modernes corrigent plusieurs explications de textes anciens donnés dans les livres hébreux d'une composition plus moderne, dans les *Chroniques* ou *Paralipomènes* par exemple, et relèvent même dans les livres anciens des étymologies plus que hasardées. Nul de nos philologues ne prétend mieux savoir le grec que Platon, le latin que Varron ; et pourtant nul d'entre eux ne se fait scrupule de corriger les étymologies de Platon et de Varron.

(64) Les vrais *manuels* de l'antiquité sont les compilations du ve et du vi^e siècle, celles de Marcien Capella, d'Isidore de Séville, de Boèce, etc. Le déluge des livres élémentaires est aussi chez nous un fait assez récent et ne témoigne certainement pas d'un progrès. Dans l'éducation vive, l'enfant fait pour lui le travail qu'on lui épargne par ces moyens artificiels, ce qui est d'un grand avantage pour l'originalité. Le xviie siècle apprenait mieux le latin dans les auteurs, ou même dans Despautères, que nous ne l'avons appris dans Lhomond, et qu'on ne l'apprendra dans des grammaires bien meilleures. Ici, comme en tant d'autres choses, on s'est laissé prendre à ce sophisme : Nos pères ont fait merveille avec des méthodes médiocrement régulières. Que ne feront pas nos enfants quand tout sera réglé et perfectionné? Dans les exercices de gymnastique, la perfection de l'outil n'importe pas.

(65) Polybe consacre un livre de son histoire aux notions les plus élémentaires de géographie et s'arrête à expliquer les points cardinaux, etc., comme des curiosités d'un très grand intérêt. Strabon (*Géogr.*, liv. VIII, *init.*) nous apprend qu'Éphore et plusieurs autres firent de même. Supposez un moment M. Thiers commençant son *Histoire de la Révolution* par un petit cours de cosmographie. Un bachelier ès lettres sourit maintenant de la controverse animée que Cicéron soutint contre Tiron pour savoir si toutes les villes du Péloponèse sont maritimes, et s'il y a des ports en Arcadie (*Lettres à Atticus*, liv. IV, 2).

(66) Jamais les anciens ne sont bien nettement sortis du point de vue étroit où l'esthétique est censée donner des *règles* à la production littéraire ; comme si toute œuvre devait être appréciée par sa conformité avec un type donné, et non par la quantité de beauté positive qu'elle présente. Une seule règle peut être donnée pour produire le beau : « Élevez votre âme, sentez noblement et dites ce

que vous sentez. » La beauté d'une œuvre, c'est la philosophie qu'elle renferme.

(67) Les réformateurs du xvi° siècle sont des philologues. Au xviii° siècle, l'œuvre s'accomplit surtout au nom des sciences positives. D'Alembert et l'*Encyclopédie* caractérisent ce nouvel esprit.

(68) Que serait-ce donc, si à l'expérimentation scientifique on pouvait joindre *l'expérimentation pratique de la vie ?* Saint-Simon mena, comme introduction à la philosophie, la vie la plus active possible, essayant toutes les positions, toutes les jouissances, toutes les façons de voir et de sentir, et se créant même des relations factices, qui n'existent pas ou se présentent rarement dans la réalité. Il est certain que l'habitude de la vie *apprend,* autant que les livres, et constitue une *culture* pour ceux qui n'en ont pas d'autre. Le seul homme inculte *(inhumanus)* est celui qui n'a pu participer ni à la culture pratique ni à la culture scientifique.

(69) Je dois répéter, pour éviter un étrange malentendu, que dans tout ce qui précède j'ai pris le mot de philologie dans le sens des anciens, comme synonyme de polymathie: ὡς φιλόλογός ἐστι καὶ πολυλόγος (Platon, Legg. I, 641, E.). — *Quæ quidem erant* φιλόλογα *et dignitatis meæ*, dit Cicéron en parlant de quelques demandes qu'il avait adressées à Cléopâtre *(Ad Atticum,* liv. XV, ép. xv).

(70) Ainsi (T. V, p. 47-48) M. Comte prophétise *a priori* que l'étude comparée des langues amènera à en reconnaître l'unité comme fait historique, car, dit-il, chaque espèce d'animal n'a qu'un cri. Or, c'est tout le contraire qui est arrivé.

(71) Les visions pseudo-daniéliques sont à mes yeux le plus ancien essai de philosophie de l'histoire, et reste fort intéressant à cet égard.

(72) La peine que se donne M. Jouffroy pour attribuer un sens spécial au mot *philosophie* vient de ce qu'il n'a pas assez remarqué le sens conventionnel qu'on prête à ce mot en France. (Voir son mémoire sur l'*Organisation des sciences philosophiques.*)

(73) Cicéron, *Tuscul.*, V, 3. Cité comme de Pythagore.

(74) M. Villemain écrivait à Geoffroy Saint-Hilaire, après avoir lu la partie générale de son *Cours sur les Mammifères :* « L'histoire naturelle ainsi entendue est la première des philosophies ». On pourrait en dire autant de toutes les sciences, si elles étaient traitées par des Geoffroy Saint-Hilaire.

(75) Cela doit même être admis dans les idées du théisme ancien, puisque, suivant cette manière de concevoir le système des choses,

Dieu est regardé comme ne créant plus dans le temps, mais ayant tout créé à l'origine.

(76) La vraie psychologie, c'est la poésie, le roman, la comédie. Une foule de choses ne peuvent s'exprimer qu'ainsi. Ce qu'on appelle psychologie, celle des Écossais par exemple, n'est qu'une façon lourde et abstraite, qui n'a nul avantage, d'exprimer ce que les esprits fins ont senti bien avant que les théoriciens ne le missent en formules.

(77) « Entourons, dit M. Michelet, écoutons ce jeune maître des vieux temps; il n'a nullement besoin pour nous instruire de pénétrer ce qu'il dit; mais c'est comme un témoin vivant : il y était, il en sait mieux le conte. » (*Du peuple*, p. 212.)

(78) M. Ozanam a montré d'une façon non subtile que Dante a conçu l'unité de l'humanité d'une façon presque aussi avancée que les modernes. Le christianisme par sa *catholicité* était un puissant acheminement vers cette idée. Ce n'est toutefois que vers la fin du xviiie siècle qu'elle nous apparait parfaitement dessinée. La vieille *humanité* française était une vertu ou une qualité morale, mais avec bien des nuances qui expliquent la transition. « *Je te le donne au nom de l'humanité,* » dit don Juan dans Molière. Je ne sache pas qu'au xviie siècle on ait écrit un mot plus avancé.

(79) M. de Maistre pousse le paradoxe jusqu'à nier l'existence même de la nature humaine et son unité. Je connais des Français, des Anglais, des Allemands, dit-il, je ne connais pas d'*hommes*. Nous autres nous pensons que le but de la nature est l'homme éclairé, qu'il soit français, anglais, allemand.

(80) L'analyse psychologique des facultés telle que la font les philosophes indiens est profondément différente de la nôtre. Les noms de leurs facultés sont intraduisibles pour nous; tantôt leurs facultés renferment plusieurs des nôtres sous un nom commun, tantôt elles subdivisent les nôtres. J'ai entendu M. Burnouf comparer cette divergence aux coupes que ferait un emporte-pièce sur une même surface, ou mieux à deux cartes de la même région à des époques diverses superposées l'une à l'autre. Posez une carte de l'Europe d'après les traités de 1815 sur une carte de l'Europe au vie siècle : les fleuves, les mers et les montagnes coïncideront, mais non les divisions ethnographiques et politiques, bien que là encore certains groupes se rappellent.

(81) *A dissertation on the theology of the Chinese, with a view to the elucidation of the most appropriate term for expressing the deity in the chinese language*, by M. H. Medhurst, 1847, in-8°. Voir

le rapport de M. Mohl, dans le *Journal Asiatique*, août 1848, page 160.

(82) *Cours de littérature dramatique*, t. I*ᵉʳ*, chap. xvii.

(83) Καλός dans le sens grec.

(84) Le défaut de la plupart de nos grammaires élémentaires est de subtituer le tour de *règles* et de *procédés* à l'histoire raisonnée des mécanismes de la langue. Ceci est surtout choquant, quand il s'agit des langues anciennes, lesquelles n'avaient pas de *règles* à proprement parler, mais une organisation vivante, dont on avait encore la conscience actuelle.

(85) « Quand on a une fois trouvé le commode et le beau, dit Fleury, on ne devrait jamais changer. » Il y a encore des gens qui regrettent qu'on n'écrive plus de la même manière que sous Louis-XIV, comme si ce style convenait à notre manière de penser.

(86) Le même progrès a eu lieu en mathématiques. Les anciens envisageaient la quantité dans son être actuel, les modernes la prennent dans sa génération, dans son élément infinitésimal. C'est l'immense révolution du calcul différentiel.

(87) L'Inde seule mérite à quelques égards d'être prise au sérieux et comme fournissant des documents positifs à la science. Nous avons à apprendre dans la métaphysique indienne. Les idées les plus avancées de la philosophie moderne, qui ne sont encore le domaine que d'un petit nombre, sont là doctrines officielles. L'Inde aurait presque autant de droits que la Grèce à fournir des thèmes à nos arts. Je ne désespère pas qu'un jour nos peintres n'empruntent des sujets à la mythologie indienne, comme à la mythologie grecque. Narayana étendu sur son lit de lotus, contemplant Brahma qui s'épanouit de son nombril, Lachmi reposant sous ses yeux, n'offrirait-il pas un tableau comparable aux plus belles images grecques. Les mathématiciens trouveraient aussi dans la théorie indienne des nombres des algorithmes fort originaux.

(88) L'Orient moderne est un cadavre. Il n'y a pas eu d'éducation pour l'Orient; il est aujourd'hui aussi peu *mûr pour les institutions libérales* qu'aux premiers jours de l'histoire. L'Asie a eu pour destinée d'avoir une ravissante et poétique enfance, et de mourir avant la virilité. On croit rêver quand on songe que la poésie hébraïque, les Moallacat et l'admirable littérature indienne ont germé sur ce sol aujourd'hui si mort, si calciné. La vue d'un Levantin excite en moi un sentiment des plus pénibles, quand je songe que cette triste personnification de la stupidité ou de l'astuce nous vient de la patrie

d'Isaïe et d'Antara, du pays où l'on pleurait Thammuz, où l'on adorait Jéhova, où apparurent le mosaïsme et l'islamisme, où prêcha Jésus !

(89) De là l'aversion ou la défiance qu'il est de bon goût de professer en France contre les littératures de l'Orient, aversion qui tient sans doute à la mauvaise critique avec laquelle on a trop souvent traité ces littératures, mais plus encore à nos façons trop exclusivement littéraires et trop peu scientifiques. « On a beau faire, dit M. Sainte-Beuve, nous n'aimons en France à sortir de l'horizon hellénique qu'à bon escient. » A la bonne heure ; mais, devant des méthodes offrant toutes les garanties, pourquoi ces défiances incurables ? Dugald Stewart, dans sa *Philosophie de l'esprit humain* (1827) croit encore que le sanskrit est un mauvais jargon composé à plaisir de grec et de latin.

(90) Voltaire ne faisait d'ailleurs que suivre les traces des apologistes. Ceux-ci prenaient la Bible comme une œuvre absolue, en dehors du temps et de l'espace ; Voltaire la critique comme il eût fait un livre du xviii° siècle, et, de ce point de vue, il y trouve bien entendu des absurdités.

(91) De là le pédantisme de toute prétention classique. Il faut laisser chaque siècle se créer sa forme et son expression originale. La littérature va dévorant ses formes à mesure qu'elle les épuise ; elle doit toujours être contemporaine à la nation. M. Guizot fait observer avec raison que la vraie littérature du v° et du vi° siècle, ce ne sont pas les pâles essais des derniers rhéteurs des écoles romaines, c'est le travail populaire de la légende chrétienne.

(92) *Discours de M. Burnouf, à la séance des cinq académies, le 25 octobre 1848.*

(93) Le grand progrès que l'histoire littéraire a fait de nos jours a été de porter l'attention principale sur les origines et les décadences. Ce qui nous proccupe le plus, c'est ce à quoi Laharpe ne pensait pas.

(94) *Verhandlungen der Versammlungen deutscher Philologen und Schulmänner*, Bonn 1841. — Voir un discours de M. Creuzer sur le même sujet, au congrès de Mannheim, 1839.

(95) Dans les écrits anciens, ce qui nous intéresse le plus est précisément ce à quoi les contemporains ne songeaient pas : particularités de mœurs, traits historiques, faits de linguistique, etc.

(96) C'est un usage en Bretagne de renfermer les têtes de morts dans une boîte de bois en forme de petite chapelle, au-devant de laquelle est

une ouverture en forme de cœur, et c'est par là que la tête voit le jour. On a soin qu'elle soit tellement disposée à l'intérieur que l'œil seul se montre à la lucarne. De temps en temps, on enterre ces reliques, et la procession passe à l'entour tous les dimanches.

(97) C'est pour cela que l'homme du peuple est bien plus sensible à la gloire patriotique que l'homme plus réfléchi, qui a une individualité prononcée. Celui-ci peut se relever par lui-même, par ses talents, ses titres, ses richesses. L'homme du peuple, au contraire, qui n'a rien de tout cela, s'attribue comme un patrimoine la gloire nationale et s'identifie avec la masse qui a fait ces grandes choses. C'est son bien, son titre de noblesse, à lui. Là est le secret de cette puissante adoption de Napoléon par le peuple. La gloire de Napoléon est la gloire de ceux qui n'en ont pas d'autres.

(98) Et encore ceux qui savent comment se font la plupart de ces recensions sont d'avis que, dans beaucoup de cas, le monographe ne saurait compter sur un seul lecteur. Le grand art des recensions, n'est plus, comme du temps de Fréron, de *juger du tout par la préface* ; c'est maintenant d'après le titre qu'on se met à disserter à tort et à travers sur le même sujet que l'auteur.

(99) Les historiens du XVIIe siècle qui ont prétendu écrire et se faire lire, Mézerai, Velly, Daniel, sont aujourd'hui parfaitement délaissés, tandis que les travaux de Du Cange, de Baluze, de Duchesne et des bénédictins, qui n'ont prétendu que recueillir des matériaux, sont aujourd'hui aussi frais que le jour où ils parurent.

(100) La perfection du Parthénon consiste surtout en ce que les parties non destinées à être vues sont aussi soignées que les parties destinées à être vues. Ainsi dans la science.

(101) Eugène Burnouf, *Comment. sur le Yaçna*, préf., p. v.— Voyez dans le *Journal des Savants*, avril 1848, quelques excellentes pensées de M. Biot sur le respect qui est dû aux travaux antérieurs.

(102) Il faut en dire autant de la connaissance que les Arabes du moyen âge eurent de la littérature grecque.

(103) En voici un exemple qui n'intéressera pas seulement les théologiens. A propos du célèbre passage *Regnum meum non est de hoc mundo...* NUNC AUTEM *regnum meum non est hinc* (Joann., XVIII, 36), plusieurs écoles, dans des intentions très différentes, ont insisté sur le νῦν δέ; et, le traduisant par *maintenant*, en ont tiré diverses conséquences. Cette remarque inexacte n'eût pas été si souvent répétée, si l'on eût su que cet idiotisme νῦν δέ est la traduction littérale d'une locution hébraïque (*ve-atta*), qui sert de conjonction adversative,

sans aucune notion de temps. La même locution s'emploie, d'ailleurs, en grec et en latin pour signifier: *Or, d'ailleurs, mais*. Il faut donc simplement traduire : « *Mais* mon royaume n'est pas de ce monde. » — Une autre discussion des plus importantes et des plus vives de toute l'exégèse biblique (Isaïe, ch. LIII) roule tout entière sur l'emploi d'un pronom (*lamo*).

(104) Traduction du *Bhagavata-Purana* de M. Eugène Burnouf, t. Ier, préf., p. IV, CLXII, CLXIII.

(105) M. Auguste Comte a beaucoup arrêté son attention sur ce difficile problème, et propose de remédier à la dispersion des spécialités en créant une spécialité de plus, celle des savants qui, sans être spéciaux dans aucune branche, s'occuperaient des généralités de toutes les sciences. (Voir *Cours de Philosophie positive*, t. Ier, 1re leçon, p. 30, 31, etc.

(106) Pour le dire en passant, je ne conçois qu'un moyen de sauver cette précieuse collection et de la conserver maniable, c'est de la clore, et de déclarer, par exemple, qu'il n'y sera plus admis aucun livre postérieur à 1850. Un dépôt séparé serait ouvert pour les publications plus récentes. Il y a évidemment une limite où la richesse d'une bibliothèque devient un obstacle et un véritable appauvrissement, par l'impossibilité de s'y retrouver. Cette limite, je la crois atteinte.

(107) Les charges qu'on impose au contribuable pour ces fins spiritualistes sont au fond un service qu'on lui rend. Il bénéficie d'un emploi de ses écus qu'il n'était pas assez éclairé pour vouloir directement. On fournit ainsi au contribuable, souvent matérialiste endurci, l'occasion, rare en sa vie, de faire un acte idéaliste. Le jour où il paie ses contributions est le meilleur de sa vie. Cela expie son égoïsme et sanctifie son bien souvent mal acquis et dont il fait mauvais usage. En général, l'impôt est la partie la mieux employée de la fortune du laïque, et elle sanctifie le reste. C'est l'analogue de ce qu'était dans les mœurs antiques, la libation, acte de haut idéalisme, prélèvement touchant fait pour l'invisible, l'inutile, l'inconnu, et qui d'un acte vulgaire fait un acte idéal. L'impôt presque tout employé à des fins civilisatrices, est, de la sorte, par sa signification suprasensible, ce qui légitime la fortune du paysan et du bourgeois ; c'en est, en tout cas, la partie la mieux employée. De profane qu'elle est, la richesse devient ainsi quelque chose de sacré. L'impôt est de notre temps ce qu'était, dans les anciens usages, la part que chacun faisait « pour sa pauvre âme » à l'Église et aux œuvres pies. Il faut, pour le bien même du contribuable, tâcher de faire cette part aussi grosse que

possible, mais non en donnant au contribuable les vraies raisons qu'il ne comprendrait pas.

(108) Il faut dire qu'alors ils n'eussent pas existé. L'homme spirituel ne vit jamais de l'esprit. Copernic ne vécut pas de ses découvertes; il vécut de son exactitude au chœur comme chanoine de Thorn. Les bénédictins du xvii° siècle vécurent d'anciennes fondations n'ayant en vue que les pratiques monacales. De nos jours, le penseur et le savant vivent de l'enseignement, emploi social qui n'a presque rien de commun avec la science.

(109) Le type de cette science de grand seigneur à coups de cravache, est M. de Maistre. On ferait une collection des amusantes bévues qu'il débite avec son infaillibilité de gentilhomme. *Oratio*, nous apprend-il, vient de *os* et *ratio* (raison de la bouche, ce qui lui parait d'une admirable profondeur), *cœcutire, cœcus ut ire; sortir, sehorstir; maison* est un mot celtique; *sopha* vient de l'hébreu, de la racine *saphan*, laquelle, dit-il, signifie *élever*, d'où vient le mot *sofetim*, juge, les éleveurs des peuples (encore un sens profond)! Le malheur est que la racine *saphan* n'est connue d'aucun hébraïsant et que la racine *schafat*, d'où vient le nom des «juges», ne signifie en aucune façon élever. Mais c'est égal; cela fait des éclairs de génie.

(110) Voir une belle page de Laplace, à la fin du *Système du Monde*, 1re édition.

(111) Voyez dans l'ouvrage d'un missionnaire anglais, Robert Moffat (*Vingt-trois ans de séjour dans le Sud de l'Afrique*), p. 84, 157, 158), de curieux exemples du mythe improvisé sur place. Je vis un jour un enfant quelque temps pensif, puis tout à coup affirmer sérieusement et avec un étrange caractère d'insistance, qu'il avait vu quelques jours auparavant une tête humaine dans le soleil. Or il était évident que cette pensée venait d'éclore en son cerveau, en se combinant peut-être de quelque souvenir d'almanach. Tel est le procédé qui préside à la formation des mythes les plus anciens : *le rêve affirmé*.

(112) Où la vie est-elle plus naïve que dans l'animal? Malebranche donne un coup de pied à une chienne qui était pleine, Fontenelle en est touché: Eh quoi! reprend le dur cartésien, ne savez-vous pas bien que cela ne sent point ? Le père Poirson prouve ainsi que les bêtes n'ont pas d'âme: la souffrance est une punition du péché ; or les bêtes n'ont pas péché ; donc elles ne peuvent souffrir, donc elles sont de pures machines. Le P. Bougeant échappait à l'argument, en supposant que les bêtes étaient des démons ; que, par conséquent, elles avaient péché.

(113) Nul n'a mieux exposé ces lois que M. Fauriel. Voir l'analyse de son cours de 1836, faite par M. Egger dans une série d'articles du *Journal de l'instruction publique* de cette année, et l'excellente notice de M. Ozanam sur son illustre prédécesseur (*Correspondant*, 10 mai 1845).

(114) *Antar*, bien qu'il soit devenu centre d'un cycle bien caractérisé, n'est pas une épopée. Tout y est individuel, et, bien que l'orgueil national de l'Arabie soit le fond de la texture, aucune cause suffisamment nationale n'est mise en jeu pour que cette belle composition dépasse la sphère du roman.

(115) En revanche, les Sémites ont conçu en Dieu avec une remarquable facilité d'autres relations, celles de père, de fils, des distinctions de puissances, d'attributs (Cabbale, etc.).

(116) Les efforts que l'on a faits pour retrouver la loi de la succession des systèmes grecs dans la philosophie indienne sont à peu près chimériques. On ne peut dire que la loi du développement des langues sémitiques soit de la synthèse à l'analyse, comme cela a lieu dans les langues indo-germaniques. De même l'arménien moderne semble avoir beaucoup plus de syntaxe et de construction synthétique que l'arménien antique, qui pousse très loin la dissection de la pensée. On ne peut dire aussi que le chinois moderne soit plus analytique que le chinois ancien, puisque au contraire les flexions y sont plus riches, et que l'expression des rapports y est plus rigoureuse. Les lois sont analogues de ces différents côtés, mais non les mêmes, quoique toujours parfaitement rationnelles, à cause de l'élément individuel de chaque race qui modifie le résultat. Toute formule est partielle, parce qu'elle n'est moulée que sur quelques cas particuliers.

(117) M. Auguste Comte, par exemple, prétend avoir trouvé la loi définitive de l'esprit humain dans la succession des trois états *théologique, métaphysique, scientifique*. Voilà, certes, une formule qui renferme une très grande part de vérité; mais comment croire qu'elle explique toute chose? M. Comte commence par déclarer qu'il ne s'occupe que de l'Europe occidentale (*Philosophie positive*, t. V, p. 4-5). Tout le reste n'est que pure sottise et ne mérite pas qu'on s'en occupe. Et en Europe, il ne s'occupe que du développement scientifique. Poésie, religion, fantaisie, tout cela est méconnu.

(118) En entendant l'histoire de la philosophie comme l'histoire de l'esprit humain, et non comme l'histoire d'un certain nombre de spéculations.

(119) La plupart des jugements et des proverbes populaires sont de cette espèce, et expriment un fait vrai compliqué d'une cause fictive. La

simple énonciation du fait est ce qu'il y a de plus difficile pour le peuple; il y mêle toujours quelque explication apparente. Quand les nourrices disent: *Il y a un ange pour les petits enfants*, elles expriment un fait vrai, savoir que les petits enfants ne se font aucun mal dans des circonstances où des grandes personnes se blesseraient; mais n'en voyant pas la cause, elles trouvent tout simple d'en appeler à un ange. L'explication des maladies par des démons, qui se montre si naïvement dans l'Évangile, tient au même procédé intellectuel.

(120) L'islamisme ne se fortifia qu'un ou deux siècles après la mort du prophète, et depuis, il est toujours allé se consolidant par la force du dogme établi. Il est prouvé que l'immense majorité de ceux qui suivirent le hardi Koreïschite n'avaient en lui aucune foi religieuse. Après sa mort, on mit sérieusement en délibération si on n'abandonnerait pas son œuvre religieuse pour continuer seulement son œuvre politique.

(121) Ceci ne nuit pas, bien entendu, à l'originalité de ce produit divin. Les savants israélites cherchent souvent à prouver par des rapprochements de textes que Jésus a *volé* toute sa doctrine à Moïse et aux prophètes, et que ce qu'on a appelé la *morale chrétienne* n'est au fond que la *morale juive*. Cela serait vrai, si une religion consistait en un certain nombre de propositions dogmatiques, et une morale en quelques aphorismes. Ces aphorismes étant pour la plupart simples et de tous les temps, il n'y a pas de découverte à faire en morale; l'originalité s'y réduit à une touche indéfinissable et à une façon nouvelle de sentir. Or, que l'on mette en face l'Évangile et le recueil des apophthegmes moraux des rabbins contemporains de Jésus, le *Pirké Avoth*, et que l'on compare *l'impression morale* qui résulte de ces deux livres!

(122) Voir dans le *Dictionnaire philosophique* de Voltaire le charmant article *Gargantua*, où il est prouvé par des arguments tout semblables à ceux des apologistes que les faits merveilleux de l'histoire de Gargantua sont indubitables. Rabelais les atteste; aucun historien ne les a contredits; le sceptique Lamothe Le Vayer les a si fort respectés qu'il n'en dit pas un mot. Ces prodiges ont été opérés à la vue de toute la terre. Rabelais dit en avoir été témoin; il n'était ni trompé ni trompeur. S'il se fût écarté de la vérité, les journaux auraient réclamé. Et si cette histoire n'était pas vraie, qui aurait osé l'imaginer? La grande preuve qu'il faut y croire, c'est qu'elle est incroyable, etc. Le défaut de la critique des supernaturalistes est en effet de juger toutes les époques de l'esprit humain sur la même mesure.

(123) Quand les Arabes eurent adopté Aristote comme grand maître de la science, ils lui firent une légende miraculeuse comme à un *pro-*

phète. On prétendait qu'il avait été enlevé au ciel sur une colonne de feu, etc.

(124) Il est étrange que l'Europe ait adopté pour base de sa vie spirituelle les livres qui sont les moins faits pour elle, la littérature des Hébreux, ouvrage d'une autre race et d'un autre esprit. Aussi ne se les accommode-t-elle qu'à force de contresens. Les Védas auraient beaucoup plus de droit que la Bible à être le livre sacré de l'Europe. Ceux-là sont bien l'œuvre de nos pères.

(125) En Orient, un livre *ancien* est toujours *inspiré*, quel qu'en soit le contenu. Il n'y a pas d'autre criterium pour la canonicité d'un livre. Quant aux époques primitives, tout livre, par cela seul qu'il était *livre écrit*, était *sacré*. Eh quoi! ne parlait-il pas des choses divines? Son auteur n'était-il pas un prêtre, en relation avec les dieux? Ce n'est que plus tard qu'on arrive à concevoir le livre profane, œuvre individuelle, bonne ou mauvaise, de tel ou tel.

(126) J'entendais, il y a quelques mois, un orateur admiré classer ainsi les religions du haut de la chaire de Notre-Dame: il y a trois religions: le christianisme, le mahométisme et le paganisme. C'est exactement comme si l'on classifiait ainsi le règne animal: il y a trois sortes d'animaux: les hommes, les chevaux et les plantes.

(127) Je ne parle pas de la Chine. Cette curieuse nation est de toutes peut-être la moins religieuse et la moins supernaturaliste. Ses livres sacrés ne sont que des livres *classiques*, à peu près ce que les *anciens* sont pour nous, ou du moins ce qu'ils étaient pour nos humanistes. Là est peut-être le secret de sa médiocrité. Il est beau, non de rêver toujours, comme l'Inde, mais d'avoir rêvé dans son enfance: il en reste un beau parfum durant la veille, et toute une tradition de poésie, qui défraie l'âge où l'on n'imagine plus.

(128) La religion des Sémites nomades est extrêmement simple. C'est le culte patriarcal du Dieu unique, pur, chaste, sans symboles, sans mystères, sans orgies. Tous ces grands systèmes de symbolisme assyrien, persan, égyptien, ne sont pas d'origine sémitique, et révèlent un tout autre esprit, bien plus profond, plus hardi, plus chercheur. Ce n'est qu'au vi[e] siècle environ avant l'ère chrétienne que ces sortes d'idées s'introduisirent chez les Sémites. Il y a un monde entre le Dieu monarque et solitaire de Job, d'Abraham, des Arabes, et ces grands poèmes panthéistes que nous révèlent les monuments de l'Égypte et de l'Assyrie. Il paraît, du reste, que le culte primitif de l'Égypte se rapprochait de la simplicité sémitique, et que le symbolisme polythéiste y fut une importation étrangère.

(128 *bis*) Les Arabes, à s'en tenir aux mots reçus, ont offert un développement philosophique et scientifique ; mais leur science est tout entière empruntée à la Grèce. Il faut d'ailleurs observer que la science gréco-arabe n'a nullement fleuri en Arabie ; elle a fleuri dans les pays non sémitiques soumis à l'islamisme et ayant adopté l'arabe comme langue savante, en Perse, dans les provinces de l'Oxus, dans le Maroc, en Espagne. La presqu'île est toujours restée pure d'hellénisme, et n'a jamais compris que le Coran et les vieilles poésies.

(129) La vraie mythologie des modernes serait le christianisme, dont les monuments sont encore vivants parmi nous. Mais le siècle de Louis XIV, qui prenait dogmatiquement cette mythologie comme une théologie, n'en pouvait faire une machine poétique. Boileau a raison : *donner l'air de la fable* à de *saintes vérités*, c'est un péché. Un jour que je visitai M. Michelet, il me fit admirer autour de son salon les plus beaux sujets chrétiens des grands maîtres, le *Saint-Paul* d'Albert Dürer, les *Prophètes* et les *Sibylles* de Michel-Ange, la *Dispute du Saint-Sacrement*, etc., et il se prit à me les commenter. Je suis sûr que Racine, qui croyait, lui, avait dans son salon, des images païennes. S'il avait eu des gravures chrétiennes, il les eût traitées comme des *images de dévotion*. Syracuse ne voyait nulle bigoterie à faire figurer sur ses médailles la belle tête d'Aréthuse, ni Athènes celle de Minerve. Pourquoi donc crierait-on à l'envahissement si nous mettions sur nos monnaies Saint Martin ou saint Remi ? On n'a pu commencer à voir dans le christianisme une *Poétique* que quand on a cessé d'y voir une *Théologie*, et je me suis souvent demandé si Chateaubriand a voulu faire autre chose qu'une révolution *littéraire*.

(130) Les prescriptions mosaïques, par exemple, sur l'abstinence d'animaux tués d'une certaine façon, si respectables quand on les envisage comme moyen d'éducation de l'humanité, et qui avaient toutes une raison très morale et très politique chez une ancienne tribu de l'Orient, que deviennent-elles transportées dans nos États modernes? De simples incommodités, qui obligent certains religionnaires à avoir des bouchers particuliers, se pourvoyant de bêtes d'après certaines règles ; pure affaire d'abattoir et de cuisine.

(131) Les auteurs latins de la décadence, les tragédies de Sénèque, par exemple, ont souvent meilleur air, quand elles sont traduites en français, que les chefs-d'œuvre de la grande époque.

(132) Comme type de cette sotte admiration, voyez la Préface de la traduction des *Psaumes* de La Harpe. M. de Maistre a dit très naïvement: « Pour sentir les beautés de la Vulgate, faites choix d'un ami *qui ne soit pas hébraïsant*, et vous verrez comment une syllabe, un

mot, *et je ne sais quelle aile légère donnée à la phrase*, feront jaillir sous vos yeux des beautés de premier ordre. » *(Soirées de Saint-Pét., 7ᵉ entretien.)* Avec ce système-là, et surtout avec le secours d'un ami qui ne soit pas helléniste, je me charge de trouver des beautés de premier ordre dans la plus mauvaise traduction d'Homère ou de Pindare, — indépendamment de celles qui y sont. Cela rappelle madame Dacier s'extasiant sur tel passage d'Homère, parce qu'il peut fournir cinq à six sens, tous également beaux.

(133) Je ne releverai qu'un trait entre plusieurs. Nous n'ôterons rien à la gloire de l'illustre auteur du *Génie du christianisme* en lui refusant le titre d'helléniste. Il admire *(Génie du christ.*, liv. V, ch. ɪ ou ɪɪ), la simplicité d'Homère ne décrivant la grotte de Calypso que par cette simple épithète « tapissée de lilas ». Or voici le passage: ἐν σπέσσι γλαφυροῖσι, λιλαιομένη πόσιν εἶναι. *(Odyssée*, I, 15.) Je crois, Dieu me pardonne! qu'il a vu des lilas dans λιλαιομένη.

(134) On ne peut se figurer, à moins d'avoir lu les œuvres exégétiques de ce grand homme, à quel point il manquait radicalement de critique. Il est exactement au niveau de saint Augustin, son maître. Pour n'en citer qu'un exemple, n'a-t-il pas fait un livre pour justifier la politique de Louis XIV par la Bible? La mauvaise humeur avec laquelle Bossuet accueillit les travaux par lesquels Ellies Dupin, Richard Simon, le docteur Lannoy préludaient à la grande critique, et les persécutions qu'il suscita contre ces hommes intelligents sont, après la révocation de l'édit de Nantes, le plus triste épisode de l'histoire de l'Église gallicane, au XVIIᵉ siècle.

(135) « Les simples, dit M. Michelet, rapprochent et lient volontiers, divisent, analysent peu. Non seulement toute division coûte à leur esprit, mais elle leur fait peine, leur semble un démembrement. Ils n'aiment pas à scinder la vie, et tout leur paraît avoir vie. Non seulement ils ne divisent pas, mais, dès qu'ils trouvent une chose divisée, partielle, ou ils la négligent, ou ils la rejoignent en esprit au tout dont elle est séparée... C'est en cela qu'ils existent comme *simples.* » Voir tout cet admirable passage *(Du peuple*, p. 242-243). Une conséquence de cette manière simple de prendre la vie, c'est d'apercevoir la *physionomie* des choses, ce qui ne font jamais les savants analystes, qui ne voient que l'élément inanimé. La plupart des catégories de la science ancienne exclues par les modernes correspondaient à des caractères extérieurs de la nature, qu'on ne considère plus, et avaient bien leur part de vérité.

(136) La poésie elle-même présente une marche analogue. Dans la poésie primitive, tous les genres étaient confondus; l'élément lyrique,

élégiaque, didactique, épique, y coexistaient dans une confuse harmonie. Puis est venue l'époque de la distinction des genres, durant laquelle on eût blâmé l'introduction du lyrisme dans le drame ou de l'élégie dans l'épopée. Puis la forme supérieure dans la grande poésie de Gœthe, de Byron, de Lamartine, admettant simultanément tous les genres. *Faust, Don Juan, Jocelyn* ne rentrent dans aucune catégorie littéraire.

(137) Ce tour, particulier au génie allemand, explique la marche singulière des idées en ce pays depuis un quart de siècle environ, et comment, après les hautes et idéales spéculations de la grande école, l'Allemagne fait maintenant son xviii° siècle à la française; dure, acariâtre, négative, moqueuse, dominée par l'instinct du fini. Pour l'Allemagne, Voltaire est venu après Herder, Kant, Fichte, Hegel. Les écrits de la jeune école sont nets, cassants, réels, matérialistes. Ils nient hardiment l'*au-delà (das Jenseits)*, c'est-à-dire le suprasensible, le religieux sous toutes ses formes, déclarant que c'est abuser l'homme que de le faire vivre dans ce monde fantastique. Voilà ce qui a succédé au développement littéraire le plus idéaliste que présente l'histoire de l'esprit humain, et cela, non par une déduction logique ou une conséquence nécessaire, mais par contradiction réfléchie et en vertu de cette vue prédécidée : la grande école a été idéaliste; nous allons réagir vers le réel.

(138) Les langues présentent un développement analogue. Prenons une famille de langues, qui renferme plusieurs dialectes, la famille sémitique par exemple. Certains linguistes supposent qu'à l'origine, il y avait une seule langue sémitique, dont tous les dialectes sont dérivés par altération; d'autres supposent tous les dialectes également primitifs. Le vrai, ce semble, est qu'à l'origine les divers caractères qui, en se groupant, ont formé plus tard le syriaque, l'hébreu, etc., existaient syncrétiquement et sans constituer encore des dialectes indépendants. Ainsi : 1° existence confuse et simultanée des variétés dialectales; 2° existence isolée des dialectes; 3° fusion des dialectes en une unité plus étendue.

(139) Le divin Sphérus d'Empédocle, où tout existe d'abord à l'état syncrétique sous l'empire de la φιλία, avant de passer sous celui de la Discorde, νεῖκος (analyse), offre une belle image de cette grande loi de l'évolution divine.

(140) *Le peuple*, p. 251.

(141) Le plus curieux exemple de cela, c'est M. de Talleyrand, se convertissant en ses derniers jours. Il avait été assez fin pour jouer tous les diplomates de l'Europe, assez hardi pour célébrer la messe de la liberté et se constituer schismatique; mais, quand il s'agit d'une

question théorique, il est un esprit faible, et trouve tout simple que Nabuchodonosor ait été changé en bête, que l'âne de Balaam ait conversé avec son maître, et que les diplomates du concile de Trente aient été assistés du Saint-Esprit. Talleyrand, me direz-vous, n'admit point tout cela. Non ; mais il aurait dû l'admettre, s'il avait été conséquent.

(142) Fichte, qu'en France, bien entendu, on eût appelé un impie, faisait tous les soirs la prière en famille ; puis on chantait quelques versets avec accompagnement de piano ; puis le philosophe faisait à la famille une petite homélie sur quelques pages de l'Évangile de saint Jean, et, selon l'occasion, y ajoutait des paroles de consolation ou de pieuses exhortations.

(143) Un chiffonnier passant devant les Tuileries peut-il dire : C'est là mon œuvre? Pouvons-nous concevoir le sentiment des artisans, des cultivateurs de l'Attique devant ces monuments qui leur appartenaient, qu'ils comprenaient, qui étaient bien réellement l'expression de leur pensée?

(144) C'est un des bienfaits de l'empire d'avoir donné au peuple des souvenirs héroïques et un nom facile à comprendre et à idolâtrer. Napoléon, si franchement adopté par l'imagination populaire, en lui offrant un grand sujet d'enthousiasme national, aura puissamment contribué à l'exaltation intellectuelle des classes ignorantes, et est devenu pour elles ce qu'Homère était pour la Grèce, l'initiateur des grandes choses, celui qui fait tressaillir la fibre et étinceler l'œil.

(145) Il va sans dire que cette excuse, si c'en est une, ne s'applique jamais aux imbéciles plagiaires, qui viennent à froid imiter les fureurs d'un autre âge. Je suis bien aise de dire une fois pour toutes que celui qui me supposerait des sympathies avec aucun parti politique, mais surtout avec celui-là, méconnaîtrait bien profondément ma pensée. Je suis pour la France et la raison, voilà tout.

(146) Comment, au milieu du XIXe siècle, un membre de l'Académie des sciences morales et politiques a-t-il pu écrire des axiomes comme ceux-ci : « La société n'est pas les hommes, elle n'est que leur union. *Les hommes vivent pour eux et non pour cette chimère, cette vaine abstraction que l'on nomme humanité...* Le destin d'un État libre ne saurait être subordonné à aucun autre destin. » (*L'homme et la société*, p. 53, 81). Cela, cinquante ans après que Herder avait dit : « L'homme, quand il le voudrait, ne pourrait vivre pour lui seul. L'influence bienfaisante de l'homme sur ses semblables est le but de toute société humaine. Outre le fond individuel, que chacun fait valoir, il y a le cens du capital, qui, s'accumulant toujours, forme le fonds commun de

l'espèce, etc. » (Voir l'admirable fragment intitulé: *Ueber den Charakter der Menschheit.*) La cellule de l'abeille ne saurait exister sans la ruche. La ruche a donc une reprise à exercer sur l'abeille.

(147) Quelle folie de s'intéresser à des créatures aussi dégradées ! dit toujours le maître en parlant des noirs, quand c'est lui-même qui les tient dans la dégradation.

(148) (*Polit.*, l. I, ch. ıı. § 8 et suiv.). Aristote va jusqu'à dire que, si la beauté était un indice de la valeur individuelle, les moins beaux devraient être les esclaves des plus beaux.

(149) Si ce n'est par politique, et pour des raisons extérieures, comme de surveiller de si importantes machines. A la bonne heure! mais c'est là une autre question. Ajoutons qu'il est assez étrange de voir la politique moderne et indifférente salarier ses plus mortels ennemis, ceux qui l'ont combattue à outrance, ceux qui ne l'embrassent que pour l'étouffer ou en faire leur profit.

(150) L'Inquisition est la conséquence logique de tout le système orthodoxe. L'Église, *quand elle le pourra*, devra ramener l'Inquisition, et, si elle ne le fait pas, *c'est qu'elle ne le peut pas.* Car enfin pourquoi cette répression serait-elle aujourd'hui moins nécessaire qu'autrefois ? Est-ce que notre opposition est moins dangereuse ? Non, certes. C'est donc que l'Église est plus faible. On nous souffre parce qu'on ne peut nous étouffer. Si l'Église redevenait ce qu'elle a été au moyen âge, souveraine absolue, elle devrait reprendre ses maximes du moyen âge, puisqu'on avoue que ces maximes étaient bonnes et bienfaisantes. Le pouvoir a toujours été la mesure de la tolérance de l'Église. En vérité ceci n'est point un reproche : cela devait être. On a tort de tourmenter les orthodoxes sur l'article de la tolérance. Demandez-leur de renoncer à l'orthodoxie, à la bonne heure ; mais ne leur demandez pas, en restant orthodoxes, de supporter l'hétérodoxie. Il s'agit là pour eux d'être ou de n'être pas.

(151) Voir l'admirable sermon de Bossuet sur la profession de mademoiselle de La Vallière et pour la fête de la Présentation.

(152) La première impression que produisait le christianisme sur les peuples barbares, dominés par des préjugés aristocratiques et grossiers, était la répulsion à cause de ce qu'il y avait dans ses préceptes de spiritualiste et de démocratique. Les légendes irlandaises aiment à opposer Ossian, chantant les héros, les guerres, les chasses magnifiques, etc., à saint Patrice et à son troupeau psalmodiant. Mihir Nerseh, dans une proclamation adressée aux Arméniens pour les détourner du christianisme, leur demande comment ils peuvent croire des gueux

mal habillés, qui préfèrent les gens de petit état aux gens de bonne maison, et sont assez absurdes pour faire peu de cas de la fortune.

(153) Ce revirement s'opère ordinairement de la manière que voici. Il vient un jour où le parti rétrograde est obligé de se poser en persécuté et de réclamer pour lui les principes qu'il avait combattus. Soient, par exemple, les principes de la souveraineté du peuple et de la liberté. Ceux mêmes qui les avaient si vivement niés quand ils leur étaient contraires se sont trouvés par la force des choses amenés à les invoquer et à exiger qu'on pousse à leurs dernières conséquences les hérésies qui les avaient détrônés. Les idées nouvelles ne peuvent être vaincues que par elles-mêmes, ou plutôt ce sont elles qui vainquent leurs adversaires en les obligeant à recourir à elles pour les vaincre. Enfants qui croyez tirer en arrière le char de l'humanité, ne voyez-vous pas que c'est le char qui vous traîne ?

(154) Cadit et sic aperiuntur oculi ejus (*Num.*, XXIV, 4.)

(155) Chose curieuse ! Un mois après que la constitution a commencé à fonctionner, elle a besoin d'être interprétée. — Elle est violée, disent les uns. — Non, disent les autres. Qui décidera ? M. de Maistre a raison : pour couper la racine des disputes, il faudrait l'*infaillibilité*. Le malheur est que l'infaillibilité n'est pas. Les principes ne portent que dans une certaine région. Il faut donc renoncer à trouver en quoi que ce soit l'ultérieur définitif, et maintenir la raison savante comme la dernière autorité. Il est si commode pourtant de se reposer sur l'absolu, d'embrasser de toute son âme une petite formule étroite et finie ! L'immensité de l'humanité effraie : la tête tourne sur ce gouffre.

(156) Il résulterait de là une situation très poétique et inconnue jusqu'ici : un esclavage senti et supporté avec délicatesse et résignation. L'esclave ancien n'était pas poétique, parce qu'il n'était pas considéré comme une personne morale. L'esclave des comédies antiques est crapuleux et infâme ; il n'a que la bassesse pour se consoler ; il n'est pas susceptible de vertu. Le nôtre serait supérieur à son maître, parce qu'il sentirait mieux le divin, et échapperait par l'amour à l'affreuse réalité.

(157) On est parfois tenté de se demander si l'humanité n'a pas été trop tôt émancipée. Les consciences fortes et individuelles comme les nôtres sont bien plus difficiles à atteler à une grande œuvre. On tient trop à sa volonté et aussi à la vie. Comment fera l'humanité, avec une liberté individuelle aussi développée que la nôtre, pour conquérir les déserts. Sera-t-il dit que l'homme sera devenu incapable de dompter tout l'univers, parce qu'il est devenu trop tôt libre ? Toute

grande entreprise de cette sorte demande une première assise d'hommes. Songez à ce qu'ont coûté les colonies anglaises, celles des presbytériens et des méthodistes aux États-Unis, par exemple. De tels sacrifices sont devenus impossibles maintenant; car le prix de la vie humaine s'est élevé : on est trop regardant. Qu'une vingtaine de colons tombent malades au début d'une colonie, on jette les hauts cris. Mais songez donc que les premières générations de colonisateurs ont presque partout été sacrifiées. L'Icarie de M. Cabet eût pu réussir il y a deux cents ans; de nos jours, et surtout avec des Français, c'était une folie. Les grandes choses ne se font pas sans sacrifice, et la religion, conseillère des sacrifices, n'est plus ! Je me berce parfois de l'espoir que les machines et les progrès de la science appliquée compenseront un jour ce que l'humanité aura perdu d'aptitude au sacrifice par le progrès de la réflexion. L'homme accepte toujours le risque ; il va moins au-devant de la mort à coup sûr.

(158) Je suppose, par exemple, que la chimie découvrît à l'heure qu'il est un moyen pour rendre l'acquisition de l'aliment si facile qu'il suffît presque d'étendre la main pour l'avoir; il est certain que les trois quarts du genre humain se réfugieraient dans la paresse, c'est-à-dire dans la barbarie. On pourrait employer le fouet pour les forcer à bâtir de grands monuments sociaux, des pyramides, etc. ; il serait permis d'être tyran pour procurer le triomphe de l'esprit.

(159) Nous sommes indignés de la manière dont l'homme est traité en Orient et dans les États barbares, et du peu de prix que l'on y fait de la vie humaine. Cela n'est pas si révoltant, quand on considère que le barbare se possède peu et a, en effet, infiniment moins de valeur que l'homme civilisé. La mort d'un Français est un événement dans le monde moral ; celle d'un Cosaque n'est guère qu'un fait physiologique : une machine fonctionnait qui ne fonctionne plus. Et quant à la mort d'un sauvage, ce n'est guère un fait plus considérable dans l'ensemble des choses que quand le ressort d'une montre se casse, et même ce dernier fait peut avoir de plus graves conséquences, par cela seul que la montre en question fixe la pensée et excite l'activité d'hommes civilisés. Ce qui est déplorable, c'est qu'une portion de l'humanité soit à ce point dégradée qu'elle ne compte guère plus que l'animal; car tous les hommes sont appelés à une valeur morale.

(160) Exemple : il a été essentiel pour l'humanité que la nation juive existât, et fût dure, indestructible, toute d'airain comme elle a été. Passé le II⁰ ou le III⁰ siècle, le tour était joué ; l'humanité n'avait plus que faire des juifs. Les juifs subsistent pourtant comme une branche morte. C'est qu'il fallait que les juifs fussent durs, vivaces, ce qui

entraînait bien un inconvénient; c'était qu'ils vécussent au delà du jour où ils étaient utiles. Mais, si on y regarde de près, on voit encore que cette branche morte n'a pas été aussi inutile qu'on le pense.

(161) On ne tient pas assez compte du *pittoresque* dans la direction de l'humanité. Or cela est au moins aussi sérieux que le bonheur. J'ai entendu parler d'un ingénieur qui, dans la direction des routes, cherchait à procurer aux voyageurs de jolis sites, même aux dépens de la commodité et de la promptitude. J'aurais aimé cet homme-là.

(162) Je n'admets pas comme rigoureuse la preuve de l'immortalité tirée de la nécessité où serait la justice divine de réparer, dans une vie ultérieure, les injustices que l'ordre général de l'univers entraîne ici-bas. Cette preuve est conçue au point de vue de l'individu. Nos pères ont souffert, et nous héritons du fruit de leurs souffrances. Nous souffrons, l'avenir en profitera. Qui sait si un jour on ne dira pas: « En ce temps-là, on devait croire ainsi, car l'humanité fondait alors par ses souffrances l'état meilleur dont nous jouissons. Sans cela nos pères n'eussent point eu le courage de supporter la chaleur du jour. Mais maintenant nous avons la clef de l'énigme, et Dieu est justifié par le plus grand bien de l'espèce. » Pendant que la croyance à l'immortalité aura été nécessaire pour rendre la vie supportable, on y aura cru.

(163) En général, les barbares furent reçus à bras ouverts. Les évêques, et tout ce qu'il y avait d'éclairé, saint Augustin, Salvien, leur tendaient les bras. Au contraire, les derniers représentants de la vieille société polie, corrompue, affadie, Sidoine Apollinaire, Aurélius Victor les insultent obstinément, et se cramponnent aux abus du vieil empire, sans voir qu'il était décidément condamné.

(164) Mendelssohn déjà célèbre, déjà l'un des premiers critiques de l'Allemagne, était encore facteur dans une boutique de soieries. Lessing, venu exprès pour le voir, le trouva au comptoir, occupé à auner de la soie.

(165) Le caractère sordide ou prétendu bas de certaines occupations pourrait aussi les désigner pour les personnes vouées aux travaux de l'esprit; car ce caractère de bassesse devrait correspondre ou à une paye supérieure ou, ce qui revient au même, à une moindre durée des heures de travail. La bassesse, selon les idées mondaines, n'existe pas pour l'homme placé à un point de vue moral.

(166) La gymnastique, par exemple, est considérée par plusieurs comme une utile diversion au travail intérieur. Or ne serait-il pas plus utile et plus agréable d'exercer durant deux ou trois heures le

métier de menuisier ou de jardinier, en le prenant au sérieux, c'està-dire avec un intérêt réel, que de se fatiguer ainsi à des mouvements insignifiants et sans but?

(167) Aristote, *Polit.* l. I, ch. ɪɪ, 5. (Traduct. Barthélemy Saint-Hilaire).

(168) Je me représente l'esprit comme un arbre dont les branches seraient garnies de crocs de fer. L'étude est comme une corne d'abondance versant d'en haut sur cet arbre des choses de mille couleurs et de mille formes. Les crocs ne retiennent pas tout, ni pour toujours. Tel objet, après y avoir pendu quelque temps tombe, et c'est le tour d'un autre. Ainsi l'esprit, à ses différentes époques, est comme garni d'un assortiment divers de choses, et cela, joint aux modifications intimes de son être, fait la diversité de ses aspects.

(169) Je pousse si loin le respect de l'individualité que je voudrais voir les femmes introduites pour une part dans le travail critique et scientifique, persuadé qu'elles y ouvriraient des aperçus nouveaux, que nous ne soupçonnons pas. Si nous sommes meilleurs critiques que les savants du xvɪɪ° siècle, ce n'est pas que nous sachions davantage, mais c'est que nous voyons de plus fines choses. Eh bien, je suis persuadé que les femmes porteraient là leur individualité, et réfracteraient l'objet en couleurs nouvelles. Les socialistes se trompent grossièrement sur le rôle intellectuel de la femme: ils voudraient en faire un homme. Or, la femme ne sera jamais qu'un homme très médiocre. Il faut qu'elle reste ce qu'elle est, mais qu'elle soit éminemment ce qu'elle est. Elle est diverse de l'homme, mais non inférieure à l'homme. Une femme parfaite vaut un homme parfait. Mais elle doit être parfaite à sa manière, et non en ressemblant à l'homme. Elle en diffère comme l'électricité négative et l'électricité positive, c'est-à-dire par le sens et la direction, non par l'essence. Le négatif n'est pas inférieur au positif, mais il va en sens contraire; toute quantité peut être indifféremment considérée comme négative ou positive. Le négatif et le positif réunis forment le complet, ce qui ne désire plus rien. Toute chose désire son complément; le positif attire nécessairement le négatif, l'angle rentrant appelle l'angle saillant. Ainsi la vie est partagée, tous ont la meilleure part, et il y a place pour l'amour.

(170) Dans sa belle pièce du *Crépuscule*.

(171) « Nous saurons tout cela dans le paradis. » Réponse spirituelle que faisaient les religieuses hospitalières un peu impatientées, à un toqué scientifique, qui, échoué dans un hospice, assommait les pauvres filles qui le soignaient de ses élucubrations déplacées.

(172 Parcourez nos villes, nos promenades publiques, partout des

barrières, des consignes nécessaires il est vrai pour l'ordre, mais défendant toute fantaisie. Chacun a éprouvé l'effet humiliant et désagréable que produit toute consigne prohibitive, lors même qu'on la sait générale: c'est une limite. Quand je me promène dans les allées du parc de Versailles, toujours entre deux haies, je ne suis jamais satisfait. C'est là que je voudrais aller, dans le massif, et il m'est défendu. Combien nos routes grandes et nettes sont ennuyeuses! J'aime cent fois mieux les chemins raboteux de Bretagne, au bord desquels paissent les moutons. Quoi de plus horrible qu'un grand chemin? Quoi de plus charmant qu'un sentier?

(173) Une des plus nobles morts qui se puissent imaginer est celle du curieux, indifférent à sa fin pour n'être attentif qu'à la levée de rideau qui va se faire et aux grands problèmes qui vont se dénouer pour lui.

(174) « Quand il croit avoir avancé quelque chose d'exagéré, dit Gœthe en parlant d'Albert, de trop général ou de douteux, il ne cesse de limiter, de modifier, d'ajouter ou de retrancher jusqu'à ce qu'il ne reste plus rien de sa proposition. » Plusieurs fausseront sans doute ma pensée, parce que je n'ai pas suivi cette sotte manière-là.

(175) Augustin Thierry, *Dix années d'études historiques*, préf.

(176) Étudier les personnages de Polus et de Calliclès dans le *Gorgias* de Platon.

(177) Voir la curieuse conversation avec Le Maistre de Sacy conservée par Fontaine.

(178) *Méthode pour arriver à la vie bienheureuse*, dern. leçon. Toute cette leçon est admirable. Jamais la sainte colère des âmes honnêtes contre le scepticisme ne s'est exprimée avec plus d'éloquence.

(179) Un des traits caractéristique des hommes dont je parle est d'affecter un profond mépris pour l'art idéal, la passion noble et pure. Ils s'en moquent et diraient volontiers avec Byron : « O Platon, tu n'étais qu'un entremetteur ! » Ils traitent l'idéalisme de niaiserie, et déclarent préférer de beaucoup l'épicuréisme franchement avoué.

(180) Ou bien encore l'érudition spirituelle de Barthélemy, qui, pour être d'un ordre plus élevé, n'est pourtant pas encore la grande manière philosophique et scientifique.

(181) *Actes des Apôtres*, v, 38-39.

(182) Je vis un jour dans un bois un essaim de vilains petits insectes, qui avaient entouré de leurs filets une jeune plante et suçaient

ses pousses vertes avec un si laid caractère de parasitisme, que cela faisait répugnance. J'eus un instant l'idée de les détruire. Puis je me dis : Ce n'est pas leur faute s'ils sont aids; c'est une açon de vivre. Il est d'un petit esprit, me disais-je, de moraliser la nature et de lui imposer nos jugements. Mais maintenant je vois que j'eus tort; j'aurais dû les tuer; car la mission de l'homme dans la nature c'est de réformer le laid et l'immoral.

(183) La science la plus vide d'objet, les mathématiques, est précisément celle qui passionne le plus, non pas tant par sa vérité que par le jeu des facultés et la force de combinaison qu'elle suppose. La jouissance que procurent les mathématiques est de même ordre que celle du jeu d'échecs. Aucune n'est plus tyrannique. Quand Archimède était appliqué à son tableau de démonstration, il fallait que ses esclaves l'en arrachassent pour le frotter d'huile; mais lui, il traçait des figures géométriques sur son corps ainsi frotté.

(184) *Méthode pour arriver à la vie bienheureuse*, dernière leçon.

(185) « Aucuns, voyants la place du gouvernement politique saisie par des hommes incapables, s'en sont reculés. Et celuy qui demanda à Cratès jusques à quand il faudrait philosopher, en receut cette response : Jusques à tant que ce ne soient plus des asniers qui conduisent nos armées. » (Montaigne, livre I, c. XXIV.)

(186) Les guerres de géants de la Révolution nous ont tous faits nobles. Nous sommes les fils d'une race de héros. Chacun de nos pères a pu dire : « Je suis un ancêtre, moi. » Vous êtes arrière-petits-fils de croisés; moi, je suis fils d'un soldat de la République. Nous nous valons.

(187) J'imagine qu'un dialogue de Platon nous représente réellement une conversation d'Athènes, bien différent des compositions analogues de Cicéron, de Lucien et de tant d'autres, qui ne prennent le dialogue que comme une forme factice pour revêtir leurs idées, sans aspirer à rendre aucune scène de la vie réelle.

(188) La présence et le rôle essentiel de la femme dans nos sociétés modernes en est sans doute la cause. Comme il ne faut rien dire qui dépasse la portée de cette portion de l'auditoire, le cercle des discours est assez restreint. Si les sept sages, dans leur *banquet*, avaient été assujettis à cette condition, je doute qu'ils eussent si hautement disserté.

(189) *Nouveau Journal asiat.*, vol. I, p. 345. — Comparez, dans le poëme de Saint-Brandon, la peinture de cette île merveilleuse, où les moines ne vieillissent pas et reçoivent leur pain du ciel, où les lampes

s'allument d'elles-mêmes pour les fêter ; vie de silence, de liberté, de calme, idéal de la vie monastique au milieu des flots.

(190) Chateaubriand s'est profondément trompé en cherchant de la poésie dans l'état actuel du christianisme. Son œuvre a été de révéler à la critique une veine de beauté inaperçue dans les dogmes et le culte chrétiens ; mais il aurait dû s'en tenir au passé, et ne pas chercher de poésie dans des platitudes jésuitiques. On aura beau faire, ces pratiques modernes ne seront jamais que niaises. Le christianisme a perdu sa poésie depuis le xvi° siècle. Ceci a faussé toute la poétique de ce grand homme. Admirable quand il touche la grande corde religieuse, il tombe dans les petitesses du prédicateur et de l'apologiste, quand il veut relever des détails de sacristie. En cela madame de Staël lui est bien supérieure.

(191) Je prendrais volontiers la formule de Malebranche : *Dieu est le lien des esprits comme l'espace est le lien des corps*, si elle n'était trop conçue au point de vue de la substance, ce qui lui donne quelque chose de grossier et de faux. Dieu, esprit, corps, comme il les entend, sont des mots trop objectifs et trop pleins.

(192) On dit, par exemple, Dieu est un esprit, il a tous les attributs des esprits. Esprit signifiant seulement tout ce qui n'est pas corps, ce raisonnement équivaut à celui-ci : Il y a deux classes d'animaux, les chevaux et les non-chevaux. L'oiseau est un non-cheval. Le poisson est aussi un non-cheval. Donc l'oiseau et le poisson sont de la même espèce, et ce qui se dit de l'oiseau peut se dire du poisson.

(193) Le christianisme n'a reçu tout son développement qu'entre les mains des Grecs. Aussi fut-il peu sympathique, dans sa forme définitive, aux peuples orientaux. S'il fût resté, au contraire, tel qu'il était pour les premiers judéo-chrétiens, pour saint Jacques par exemple, il eût conquis l'Orient, et il n'y aurait pas eu d'islam ; mais, en revanche, il n'aurait eu aucune influence sur l'Europe.

TABLE ANALYTIQUE DES MATIÈRES

                                                    Pages.

PRÉFACE I
A M. Eugène Burnouf 1

I

Une seule chose est nécessaire. Le sacré et le profane. Ascétisme chrétien. Sanctification de la vie inférieure. Unité de la vie supérieure. Possibilité de réaliser cette unité. Maintenant une trop riche nature est un supplice 7

II

Savoir. Sa valeur objective. Sa base psychologique. Curioriosité primitive. Des premières tentatives scientifiques. La science conçue comme un attentat. Des résultats et des applications de la science. Idée de la science pure : résoudre l'énigme. De la science dans le gouvernement de l'humanité réfléchie. Bévues et mécomptes nécessaires des premiers moments de réflexion. Tâche de notre temps : reconstruire par la science l'édifice bâti par les forces spontanées de la nature humaine. Comment la philosophie gouvernera un jour le monde, et comment la politique disparaîtra 17

III

La science positive peut seule fournir les vérités vitales. De ceux qui prétendent les tirer : 1° de la spéculation abstraite; 2° des instincts poétiques; 3° d'une autorité révélée. Impossibilité de la haute science dans un système de révélation; car la science n'a de valeur qu'en tant que cherchant ce que donne la révélation. Des savants orthodoxes. Silvestre de Sacy. La science n'est sérieuse que quand on en fait l'affaire essentielle de la vie. Du naturel et du surnaturel. Εὖ καὶ πᾶν. Indépendance de la science. Esprit moderne. Il faut le continuer. Œuvre de la critique moderne. Exemple tiré de l'islamisme. Molle réaction contre la ferme tenue du rationalisme. Les calamités dépriment. Nous tiendrons ferme. Symbole rationaliste. Qui sont les sceptiques? Le rationalisme, c'est la reconnaissance de la nature humaine dans toutes ses parties. Une nation rationaliste et réfléchie serait-elle faible? La réflexion attache à la vie. Quoi qu'il en soit, les critiques ont raison. Possibilité de grands dévouements dans un état critique très avancé. Y a-t-il des illusions nécessaires? Sève éternelle de l'humanité. Ne nous objectez pas les égoïstes frivoles... La religion chez les modernes ne fait rien pour la force des nations. Exemple de l'Italie. Que si la civilisation succombait sous la barbarie, elle vaincrait encore une fois ses vainqueurs, et ainsi de suite jusqu'à ce qu'elle n'eût plus personne à vaincre. — 4° du bon sens. En quoi le bon sens est compétent. Il ne peut apercevoir les fines vérités. Ton agaçant   38

IV

Les frivoles. Jamais la frivolité ne gouvernera le monde. L'humanité est sérieuse. Tendances utilitaires. Les améliorations matérielles servent la cause de l'esprit. Du petit esprit d'industrialisme. Mieux vaut le peuple tel qu'il est. La science du bonhomme Richard. Grande vie désintéressée. Noblesse de l'ascétisme. Défauts de notre civilisation bourgeoise, nécessaires et justifiés. Du peu d'originalité de notre temps. La liberté ne sert de rien pour la production d'idées nouvelles. Le christianisme n'a pas eu besoin de la liberté de la presse ni de la liberté de réunion. Toute idée naît hors la loi. La petite police gêne plus l'originalité de la pensée que l'arbitraire pur et la persécution. Jésus en police correctionnelle. Le progrès de la réflexion ramènera la grande originalité. Ne désespérez jamais de l'esprit humain. La science est une religion. Sacerdoce rationaliste. . . 77

V

Idée d'une science positive des choses métaphysiques et morales. Elle n'est pas faite. État fatalement incomplet. Regret des illusions détruites. Il faut en appeler à l'avenir. Il serait plus commode de croire. Courage de s'abstenir. Ignorer pour que l'avenir sache. La réalité que la science révèle supérieure à toutes les imaginations. Sécurité contre les résultats futurs de la science. Le monde de Cosmas et celui de Humboldt ; de même, le vrai système des choses se trouvera infiniment supérieur à nos pauvres imaginations. Humanisme pur. Le temps des sectes est fini. Couleur sectaire. Impossibilité d'une nouvelle secte religieuse. Pierre Leroux. L'universel . 91

VI

La science, en général, peu comprise et ridiculisée. La science n'est comprise qu'en vue de l'école et de l'enseignement. Étrange cercle vicieux. Défauts de l'enseignement supérieur en France. Le ministère de l'Instruction publique, considéré à tort comme le ministère de la science. Fabricants et débitants. La science n'est pas une affaire de collège. De la science d'amateurs. De la science de salons. Du technique. Du bon goût dans la science. Du pédantisme. De la science allemande. Ne pas chercher l'amusement dans la science. . . 108

VII

De l'érudition. Elle n'a pas, et il n'est pas nécessaire qu'elle ait toujours la conscience de son but. Services rendus à l'esprit humain par des esprits très médiocres. Déperdition de forces par suite de cette inintelligence. Vaine manière de concevoir la science. La perte de la vie ne se répare pas. Du curieux et de l'amateur. Services qu'ils peuvent rendre. En quel sens la science est vanité. L'*Imitation* 119

VIII

De la philologie. Difficulté de saisir l'unité de cette science. Vague expressif. Elle désigne une nuance de recherches plutôt qu'un objet spécial de recherches. Le philologue et le logophile. La philologie conçue comme l'illustration du passé. La philologie n'a pas son but en elle-même. L'apparition de la philologie signale un certain âge de toutes les littératures. La philologie envisagée comme fournissant les matériaux de l'histoire de l'humanité. Nécessité des recherches positives et des derniers détails. La philosophie suppose l'érudition. Dans l'état actuel de l'esprit humain, les travaux spéciaux sont plus urgents que les considérations générales et surtout que les spéculations abstraites. Les recherches particulières. Union de la philologie et de la philosophie. Grands résultats de l'érudition moderne. Il ne s'agit pas d'étudier le passé pour le passé. Science des produits de l'esprit humain. C'est surtout par la philologie et la

TABLE ANALYTIQUE.   533

critique que les temps modernes sont supérieurs au moyen âge. Les fondateurs de l'esprit moderne ont été des philologues. La philologie des modernes supérieure à celle des anciens. Révolution opérée par la philologie. Le jour où la philologie périrait, la barbarie renaîtrait. Ce qui lui reste à faire. Philosophie des choses. . . . 126

IX

Philosophie critique. L'éclectisme. La philosophie n'est pas une science à part. Le philosophe, c'est le spectateur dans le monde. Notion primitive de la philosophie; il faut y revenir. La philosophie est une face de toutes les sciences. Dispersion de la science, et retour à l'unité. Exemple de la cosmologie. La philosophie ne peut se passer de science. Exemple d'un problème philosophique résolu par les sciences spéciales : problème des origines de l'humanité 153

X

Lacunes de la psychologie à combler par la science. 1° Idée d'une embryogénie de l'esprit humain. Moyens et méthode à suivre. Psychologie primitive. Les lois de l'état primitif identiques à celles de l'état actuel. Insuffisance de la psychologie qui n'étudie que l'état actuel. 2° La psychologie jusqu'ici n'a étudié que l'individu. Idée d'une psychologie de l'humanité. La science de l'esprit humain, c'est l'histoire de l'esprit humain. La psychologie n'a pas un objet stable; son objet se fait sans cesse. Tout ce qui tient à l'humanité est dans le *devenir*. Comparaison de la psychologie et de la linguistique. L'âme n'est pas un être stable, objet d'une analyse faite une fois pour toutes. La conscience se fait. La science d'un tout qui vit, c'est son histoire. Nécessité d'étudier les œuvres de l'esprit humain. Rien n'est à négliger. Les états exceptionnels, les extravagances, les fables fournissent plus à la science que les états réguliers. Exemple tiré de l'histoire des origines du christianisme. Autre exemple tiré de l'étude des littératures de l'Orient. Les études orientales en apparence insignifiantes. Elles n'ont d'intérêt qu'en vue de l'esprit humain. Les anciennes littératures de l'Orient, qui sont incontestablement belles, ne le sont qu'au point de vue de l'esprit humain. L'humanité seule est belle dans toutes les littératures. Tout ce qui représente l'humanité est beau. Esthétique humanitaire. Elle préfère pour l'étude les littératures primitives. La vraie esthétique suppose la science. Le savant seul a le droit d'admirer 163

XI

La philologie envisagée comme moyen d'éducation et de culture intellectuelle. M. Welcker. Ce point de vue ne suffit pas. Les langues classiques sont un fait général. Aucune langue n'est classique d'une manière absolue. Le choix des langues classiques n'a rien d'arbitraire. Partout l'histoire des langues montre deux idiomes superposés, langue ancienne synthétique, langue moderne analytique. La langue ancienne, bannie de l'usage, reste sacrée, savante, classique. Nécessité de l'étude de la langue et de la littérature anciennes. Les racines de la langue et de la nation sont là 202

XII

Groupe de sciences qu'on doit appeler *sciences de l'humanité*. La vraie science ne s'inquiète pas de l'humilité des moyens, ni même du peu de résultats que semblent amener les premières recherches. Exemple des inscriptions cunéiformes. La science doit s'esquisser largement comme toutes les formes de l'humanité. Prodigalité de l'individu. Large élimination de superflu. Ce qui reste du travail scientifique. Façon d'entendre l'immortalité littéraire. Un livre est un fait. Rôle nouveau de l'histoire littéraire. 211

XIII

Manière dont les résultats scientifiques prennent place dans la science. Différence de la science et de l'art à cet égard. Des spécialités scientifiques. Les travaux généraux sont encore prématurés dans plusieurs branches de la science. Nécessité de monographies sur *tous* les points. Que les grandes histoires générales sont encore impossibles. Ces grandes histoires ne valent d'ordinaire que pour le point sur lequel l'auteur avait fait des recherches spéciales. L'œuvre des monographies devrait être celle du xixe siècle. Combien elle suppose de désintéressement et de vertu scientifique. La monographie tout entière n'est pas faite pour rester. Ses conclusions tranformées restent. Manière étroite de prendre sa spécialité. Travaux de première main. Insuffisance de la science, qui ne touche pas incessamment les sources. Exemple du moyen âge et de nos histoires générales. Inexactitudes fabuleuses et traditionnelles. Nécessité d'une vaste élaboration scientifique. Rien de futile. Questions capitales dépendant de recherches en apparence frivoles. Dangers d'essayer les travaux généraux avant les élaborations préliminaires. Exemple de la littérature sanskrite. Morale du spécialiste. Il travaille trop souvent pour lui seul ou pour sa coterie. Dispersion du travail et isolement des recherches. Nécessité d'une organisation du travail scientifique. 228

XIV

L'État doit patronner la science, comme tout ce qui est de l'humanité et a besoin de l'aide de la société. État social où la science remplacerait les cultes. L'État ne peut rien sur la direction de la science. Liberté parfaite. Grands ateliers de travail scientifique. Ordres religieux. Sinécures 251

XV

Exemples de recherches constituant une philosophie scientifique. Immenses résultats sortant des sciences de la nature. Sciences historiques et philologiques : âges divers de l'humanité. Révolution opérée par cette distinction dans la critique historique. Exemple tiré de l'histoire des religions. Façon dont l'homme primitif envisageait la nature. Théorie de l'épopée et de la poésie primitive. Théorie des mythologies. Étude comparée des religions. Nouvelle manière de les critiquer. L'esprit humain a tout fait. Combien l'étude des religions est indispensable à la vraie psychologie. Caractère subjectif des religions ; de là leur intérêt psychologique ; l'homme s'y met plus que dans la science : l'humanité est là tout entière. Nécessité de travaux spéciaux sur les religions diverses ; islamisme, buddhisme, judaïsme, christianisme. Essai d'une classification des religions : religions organisées, mythologies. Influence des races. Difficulté de comprendre ces œuvres d'un autre âge. Étude comparée des langues. Philosophie qu'on en a tirée et qu'on en peut tirer. Nécessité de l'érudition pour constituer définitivement la philosophie de l'histoire et la critique littéraire. Sotte manière d'admirer l'antiquité. Le savant seul a le droit d'admirer. Influence des résultats de la haute science sur la littérature productive. M. Fauriel. La critique n'est possible que par la comparaison. Défaut de la critique du XVII° siècle. Manière d'inoculer le sens critique. Les résultats de la critique ne se prouvent pas, mais s'aperçoivent 257

XVI

La philosophie parfaite serait la synthèse de la connaissance humaine. Trois phases de l'esprit humain. 1° Syncrétisme primitif : livre sacré ; beauté et harmonie de cet état. 2° Analyse. Vue partielle et claire. Comment la théologie se conserve encore en cet état. En quoi cet état est inférieur et supérieur au précédent. 3° Synthèse définitive. Il y aura encore des Orphées et des Trismégistes. Généralisation de cette loi du développement de toute vie. L'analyse ne vaut qu'en vue de la synthèse à venir. Nous ne travaillons pas pour nous. L'analyse est la méthode française par excellence. La France n'entend rien en religion. Pourquoi la France est restée catholique, tandis que l'Allemagne est devenue protestante. De l'Espagne. Que malgré notre libéralisme, nous sommes de timides penseurs. 301

XVII

Qu'il y a une religion dans la science. Un scrupule. Cette religion ne peut être pour tous. Je l'avoue. Tous pourtant ont leur part à l'idéal. Marie a la meilleure part. Inégalité fatale. Travailler à élever tous les hommes à la hauteur du culte pur. Différence de la condition du peuple, relativement à la culture intellectuelle, dans l'antiquité et dans les temps modernes. Tradition intellectuelle chez les nations antiques, épopée. L'homme du peuple chez nous déshérité de l'esprit. Cela n'est pas tolérable. Autrefois, quand il y avait une religion pour le peuple, à la bonne heure ! Impossibilité de résoudre ce problème ; la brutalité le résoudra. Des révolutionnaires. Nous avons détruit le paradis et l'enfer ; il ne faut pas rester en chemin. Impossibilité de rétablir des croyances détruites. Hypocrisie. Laisser faire le prêtre ! Inutile ; eh bien ! nous allons nous convertir! Impossible. Reste la force. Ne vous y fiez pas. Et puis, c'est immoral. Fatalité de tout ce développement. Une seule solution : élever tous à l'intelligence. La société doit à tous l'éducation. On n'est pas homme pour naître homme. De quoi punissez-vous ce misérable? Le peuple n'est pas responsable de ses folies. Injustice des reproches qu'on lui adresse. Ils retombent sur ceux qui ne l'ont pas élevé. Plus de barbares! Dangers du suffrage universel avec des barbares. L'intrigue et le mensonge aux enchères. Le souverain de droit divin, c'est la raison. La majorité ne fait pas la raison. Idée d'un gouvernement scientifique. Le suffrage d'un peuple ignorant ne peut amener que la démagogie ou l'aristocratie nobiliaire. Le peuple n'aime pas les sages et les savants. Il n'y a qu'une chose à faire : *cultiver* le peuple. Tout ce qu'on fera avant cela sera funeste. Du libéralisme français. Qu'il ne profite qu'aux agitateurs, qui n'ont rien de bon à faire. Qu'il n'avance en rien les idées. Nos institutions n'ont de sens qu'avec un peuple intelligent. Droit à la culture qui fait homme 318

XVIII

Le socialisme est-il la conséquence de l'esprit moderne? La tendance à laquelle correspond le socialisme est la vraie; ses moyens sont mauvais et iraient contre son but. Le problème n'est que posé. Solution trop simple et apparente. Analogie du problème de l'esclavage dans l'antiquité. Charlatanisme naïf. Cela est autrement difficile. Ne pas injurier ceux qui tentent sans réussir. Antinomie nécessaire. Tous ont tort, excepté les sages qui attendent. Révolutionnaires et conservateurs. Le but de l'humanité n'est pas le bonheur, mais la perfection. Ce qui est nécessaire pour la perfection de l'humanité est légitime. Les droits se font et se conquièrent. Le but de l'humanité n'est pas son affranchissement, mais son éducation. Détruire n'est pas un but. Si le but de l'humanité était la jouissance, l'égalité la plus absolue serait de droit. Le sacrifice des individus ne se conçoit qu'au point de vue de la perfection de l'humanité. Société ayant un dogme et société qui n'en a pas. La première est essentiellement intolérante; c'est le dogme qui gouverne. Le dogme n'est tyrannique que le jour où il n'est plus vrai 364

XIX

La civilisation moderne aura-t-elle le sort de la civilisation antique? Assimilation des barbares aux peuples civilisés. Possibilité d'allier la culture intellectuelle avec une profession manuelle. Pourquoi le métier est chez nous abrutissant. Société grecque. Douleur de voir une portion de l'humanité condamnée à la dépression intellectuelle. Simultanéité de deux vies. État où le travail matériel deviendrait presque insignifiant. Règne de l'esprit. Variété individuelle. Ah ! ne nous défendez pas ces chimères ! 388

XX

De la science populaire. Ne pas abaisser la science. Décadence de la culture désintéressée parmi nous. La ploutocratie, cause de cette décadence. Le riche ne demande pas de science sérieuse. Les facultés que développe la ploutocratie sont de nulle valeur pour les travaux de l'esprit. Il ne s'agit pas de faire que tous soient riches, mais qu'il soit insignifiant d'être riche 411

XXI

La science est indépendante de toute forme sociale. Les révolutions sont préjudiciables à la petite science d'érudit et d'amateur, mais non au grand développement intellectuel. Le génie ne végète puissamment que sous l'orage. Le xviᵉ siècle. Athènes. L'état habituel d'Athènes, c'était la *Terreur*. Habitude de repos et de sécurité que nous avons contractée. Les époques de calme ne produisent rien d'original. L'ordre n'est désirable que pour le progrès. Il ne faut pas sacrifier le progrès de l'humanité à la commodité d'un petit nombre. Tout ce qui émeut et réveille l'humanité lui fait du bien. Il faut toujours philosopher 418

XXII

Foi à la science. Nous sommes béotiens. Les sceptiques superstitieux. Ces gens sont incurables. Mais l'humanité n'est jamais sceptique. Il viendra un siècle dogmatique par la science. Du bon petit esprit de Rollin. Ce qu'il faut, c'est la critique. Il y a des sciences auxquelles tout le monde croit. Possibilité de la science avec un certain scepticisme moral ; Gœthe. Des jouissances de la science. Que la science est la grande affaire. Que la révolution qui renouvellera l'humanité sera religieuse et morale, non politique. Il n'y a rien à faire en politique. Époques où la politique est ou n'est pas en première ligne. Le christianisme. Le xviiiᵉ siècle. Combien est humiliant le rôle du politique. Pourquoi la science pure paraît avoir peu agi sur l'humanité. Mœurs vraies qui ne seraient ni aristocratiques, ni bourgeoises, ni plébéiennes. La Grèce. Il n'y a de majesté que celle de l'humanité, celle de l'esprit. Simplification de mœurs opérée par la bourgeoisie. Mœurs purement humaines. Le salon et le café. L'école antique et le gymnase. L'église et le club. Mauvaise influence de ce qu'on appelle la *société*. Hermann. Vie prise à plein ; franchise avec soi-même. Retour à la Grèce. La religion hellénique vaut mieux qu'on ne pense : forme poétique du culte de la nature. 433

XXIII

Où est la place de l'esprit? Il a tout fait, et il ne paraît pas. Les religions ont jusqu'ici représenté l'esprit dans l'humanité. Première vie religieuse, une et complète. Deuxième moment où, à côté du religieux, on admet du profane. Le profane prend le dessus, et étouffe la religion. Il faut revenir à l'unité et proclamer tout religieux. On est religieux dès qu'on adore quelque chose. Disputer sur l'image divine, c'est de l'idolâtrie. Douleur de s'isoler de la grande famille religieuse. Douleur d'entendre les femmes et les enfants nous dire: Vous êtes damné! Il faut être religieux. Absurdité de l'athéisme. Dieu, c'est la catégorie de l'idéal. Ce Dieu est-il ou n'est-il pas? Les questions d'être nous dépassent. Nous sommes avec les croyants. Les impies sont les frivoles. Nous avons au moins l'analogue des religions. Soyons frères, au nom de Dieu. 459

NOTES 493

FIN

www.ingramcontent.com/pod-product-compliance
Lightning Source LLC
Chambersburg PA
CBHW072020240426
43667CB00044B/1595